普通高校经济管理类应用型本科系列教材
安徽省高等学校"十一五"省级规划教材

现代物流管理

主　编／曹桂银　郑晓奋
副主编／魏　遥　雷勋平

中国科学技术大学出版社

内 容 简 介

本书在借鉴和吸收国内外物流管理的基本理论和最新研究成果的基础上，密切结合我国物流业发展和物流管理教学的实际，从介绍物流的基本概念、基本理论入手，结合当前物流业界的最新实践，对现代物流基本理论进行了较为细致、系统的阐述。

本书可作为相关专业的教学用书，也可作为相关从业人员的职业培训用书和岗位培训的参考用书。

图书在版编目(CIP)数据

现代物流管理/曹桂银，郑晓奋主编. ——合肥：中国科学技术大学出版社，2013.6
ISBN 978-7-312-03221-9

Ⅰ. 现… Ⅱ. ①曹… ②郑… Ⅲ. 物流—物资管理 Ⅳ. F252

中国版本图书馆 CIP 数据核字(2013)第 109881 号

出版	中国科学技术大学出版社 安徽省合肥市金寨路 96 号，230026 网址：http://press.ustc.edu.cn
印刷	合肥学苑印务有限公司
发行	中国科学技术大学出版社
经销	全国新华书店
开本	787 mm×1092 mm 1/16
印张	22
字数	562 千
版次	2013 年 6 月第 1 版
印次	2013 年 6 月第 1 次印刷
定价	39.00 元

前　言

　　随着现代信息网络技术的日益完善和世界运输业的自由化,物流的发展非常迅猛,该产业已经成为国民经济中的一个重要的新兴产业。在我国,特别是在当前社会主义市场经济的发展中,物流作为经济活动的一个过程越来越显现出其重要性,物流的地位、功能都发生了深刻的变化。目前许多市场意识较为敏锐的企业,早已把物流作为提高市场竞争力和提升企业核心竞争力的重要手段,但与此不相对应的是,我国的物流教育仍十分滞后,现代物流综合性人才严重匮乏。21世纪的物流管理是一体化的物流管理,也是现代企业竞争优势的来源。作为一种先进有效的组织形式和管理技术,在当代,物流管理越来越被政府和企业所重视,而物流的研究和教育也方兴未艾,许多学者积极介入该领域的研究,并取得了丰硕的成果。

　　本书在借鉴和吸收国内外物流管理的基本理论和最新研究成果的基础上,密切结合我国物流业发展和物流管理教学的实际,从介绍物流的基本概念、基本理论入手,结合当前物流业界的最新实践,对现代物流基本理论进行了较为细致、系统的阐述。本书还选用了近年来国内外物流管理领域中的最新技术和研究成果,理论性、实践性和适用性均较强,不仅能推动我国高等院校物流管理专业的教材建设,还能够较好地满足当前企业物流管理人员的实践需要。

　　全书共十四章,分为三部分,其中第一部分是绪论,包括第一章和第二章,介绍物流的基本概念和分类;第二部分介绍物流实体功能,包括第三章到第八章;第三部分介绍物流企业管理有关知识,包括第九章到第十四章。本书注重实践性、应用性,采取理论和实践相结合的方式进行阐述,理论简明适用,实际操作简单明了,并适当使用具体案例说明问题。本书可作为各类物资、物流、交通运输、运输管理、电子商务、工商企业管理、市场营销、营销管理等专业的"物流管理""物流工程"方向课程的教学用书,也可作为仓储、物资管理、流通企业在职从业人员的职业培训用书和岗位培训的参考用书。

　　本书凝结着参与编写的八位同志的辛勤劳动和心血。这八位同志分别是曹桂银(第一、二、八、九章)、张萍(第三章)、郑晓奋(第四、五章)、魏遥(第六章)、吴琳娜(第七章)、许乃如(第十章)、雷勋平(第十一章)、费瑞波(第十二章)、盛旗锋(第十三章)、彭惠梅(第十四章)。全书由曹桂银统稿。中国科学技术大学司有和教授对本书的编写给予了热情的指导,在此表示感谢,并向所有对本书的编写给予热心支持与关心的同志深表谢意。

  本书在编写中参考了国内外大量的文献资料,引用了一些专家学者的研究成果,在此对这些文献作者表示诚挚的谢意。由于物流管理特别是第三方物流、物流成本管理、供应链管理在我国正处在阶段性的变革发展中,一些理论和实际操作还正在探索之中,加上编写时间的紧迫,作者认识的局限,研究有待进一步深入,本书在叙述中难免存在一些不足之处,我们衷心希望读者予以指正,以利于我们水平的提高,共同促进现代物流管理研究的发展。

编　者

2012 年 12 月

目 录

前言 ·· (ⅰ)

第一部分 绪 论

第一章 物流概述 ··· (3)
 第一节 物流的概念及特征 ·· (4)
 第二节 物流的性质与作用 ·· (15)

第二章 物流类型 ··· (31)
 第一节 物流分类 ··· (31)
 第二节 第三方物流 ·· (38)
 第三节 第四方物流 ·· (47)
 第四节 国际物流 ··· (48)

第二部分 物流活动管理

第三章 包装 ··· (57)
 第一节 包装的功能与分类 ·· (58)
 第二节 包装材料与包装技术 ··· (65)
 第三节 商品包装的合理化 ·· (74)
 第四节 包装标记和标志 ·· (79)
 第五节 集合包装 ··· (82)

第四章 装卸搬运 ··· (87)
 第一节 装卸搬运概述 ·· (88)
 第二节 装卸搬运的作用和特点 ·· (90)
 第三节 装卸搬运的分类和方法 ·· (92)
 第四节 装卸搬运的原则和合理化 ·· (96)
 第五节 装卸搬运设备和设施 ··· (101)

第五章 运输 ··· (105)
 第一节 运输概述 ··· (106)

第二节　运输方式 …………………………………………………… (108)
　　第三节　运输合理化 ………………………………………………… (113)
　　第四节　集装箱运输 ………………………………………………… (119)
　　第五节　物资调运方案的优选 ……………………………………… (124)

第六章　储存 …………………………………………………………… (130)
　　第一节　储存的定义及其作用 ……………………………………… (131)
　　第二节　库存和储存合理化 ………………………………………… (136)
　　第三节　仓库概述 …………………………………………………… (141)
　　第四节　自动化立体仓库 …………………………………………… (151)

第七章　流通加工 ……………………………………………………… (157)
　　第一节　流通加工概述 ……………………………………………… (158)
　　第二节　流通加工的地位和作用 …………………………………… (161)
　　第三节　流通加工的类型和方式 …………………………………… (163)
　　第四节　流通加工的合理化 ………………………………………… (168)

第八章　配送 …………………………………………………………… (172)
　　第一节　配送概述 …………………………………………………… (174)
　　第二节　配送制的形成和配送的发展 ……………………………… (181)
　　第三节　配送的要素与一般流程 …………………………………… (186)
　　第四节　配送模式及配送合理化 …………………………………… (193)
　　第五节　配送线路设计 ……………………………………………… (199)
　　第六节　配送应用 …………………………………………………… (206)

第三部分　物流企业管理

第九章　配送中心管理 ………………………………………………… (213)
　　第一节　配送中心概述 ……………………………………………… (215)
　　第二节　配送中心的基本作业 ……………………………………… (220)
　　第三节　配送中心的模式 …………………………………………… (224)
　　第四节　配送中心的选址 …………………………………………… (230)
　　第五节　配送中心系统的设计 ……………………………………… (238)
　　第六节　配送中心的内部布局及设施构造 ………………………… (242)

第十章　物流组织管理 ………………………………………………… (248)
　　第一节　物流组织管理概述 ………………………………………… (249)
　　第二节　物流组织管理的结构形态 ………………………………… (251)

第三节 物流组织设计原则 ………………………………………………… (255)

第十一章 物流成本管理 ………………………………………………… (258)
  第一节 物流成本概述 ……………………………………………………… (259)
  第二节 物流成本管理概述 ………………………………………………… (266)
  第三节 物流成本控制的方法 ……………………………………………… (272)

第十二章 物流质量管理 ………………………………………………… (278)
  第一节 物流质量管理概述 ………………………………………………… (279)
  第二节 物流标准化 ………………………………………………………… (283)
  第三节 物流标准化方法 …………………………………………………… (289)

第十三章 物流信息管理 ………………………………………………… (292)
  第一节 物流信息综述 ……………………………………………………… (293)
  第二节 物流信息技术 ……………………………………………………… (298)
  第三节 现代信息技术在物流中的应用 …………………………………… (308)

第十四章 供应链管理 …………………………………………………… (313)
  第一节 供应链与供应链管理概述 ………………………………………… (315)
  第二节 供应链管理中的物流运作技术 …………………………………… (325)
  第三节 供应链管理方法 …………………………………………………… (329)
  第四节 供应链管理中其他先进管理理念的应用 ………………………… (336)

参考文献 ……………………………………………………………………… (340)

第一部分

绪论

第一章 物流概述

 学习目标

- 掌握物流概念及物流演进历史；
- 掌握有关的物流理论；
- 掌握物流的功能及其形式；
- 理解现代物流的特征，掌握物流在社会经济中的作用。

引入案例　物流发展不畅严重影响我国经济发展速度

2010年我国全社会支出的流通费用高达1.9万亿元，约占GDP的18%左右，而发达国家大约只有10%，物流最发达的美国2009年却只有7.7%。如果我国物流成本能够降低1%，那么可以节约资金190亿元。我国产品在物流过程中的浪费现象十分严重，物流成本已经占到一些商品流通成本的50%~60%。主要原因表现在以下几个方面：

（1）不合理运输以及损耗现象比较普遍。新鲜水果和蔬菜从采摘到送到顾客手中在我国主要以公路运输为主。中国的公路运输中，易腐保鲜食品的冷藏运输只占运输总量的20%，其余80%的水果、蔬菜、禽肉、水产品大多用普通卡车运输。由于公路冷藏运输效率低，食品损耗高，整个物流费用占到食品售价的70%，而按照国际标准，食品物流成本最高不能超过食品总成本的50%。此外我国果蔬损耗率为25%~30%，年损失价值近800亿元人民币；而欧美日等发达国家和地区肉蛋禽、乳制品、饮料等食品冷藏运输率达到100%，蔬菜冷藏运输率达到95%，果蔬产后损耗率在5%以下。

（2）物流速度与生产节奏不相匹配。以汽车组装为例，要组装一辆汽车大约需要3万个零部件，由这些零部件又组成合件、组合件、总成件、车身覆盖件等多种形式。因物流速度慢，跟不上生产节奏，致使只有4%的时间真正用于生产加工，96%的时间用于原材料采购、运输、产成品包装、储存、装卸搬运和等待上，而真正用于生产的时间很少。以麦片粥为例，从工厂到超级市场，途经一连串各有库房的批发商、分销商、集运人，居然要走上104天。在英国举办的供应链管理专题会议上，一位欧洲日杂公司参会者提到，从渔场码头得到原材料，经过加工、配送到产品的最终销售需要150天时间，而产品加工只需要45分钟。

（3）物流成本高是我国企业经营成本高、产品价格高的重要原因。其根本原因是因为物流产业发展缓慢，中小物流公司众多，因难以整合导致物流效率低。近几年，随着互联网的发展和交通基础设施的建设，情况有了明显地改善。许多城市开始重视物流规划和建设，把物流作为一种产业来发展，但实质性的发展并不多，主要还是以传统物流为主，离现代物流还差太远。

随着经济全球化和信息技术（IT）的迅速发展，以及企业生产资料的获取与产品经营范围的日趋扩大，社会生产、货物流通、商品交易及其管理方式正在并将继续发生深刻变革。

物流作为一个现代概念,其本质体现的是一种新的思维模式和管理方式。现代物流作为一种先进的组织方式和管理技术,被广泛认为是企业第三利润源泉,并在国民经济和社会发展中发挥着重要作用。

第一节 物流的概念及特征

一、物流的定义

在介绍物流的定义之前,首先请大家注意:物流的定义至今还在修改、演变。物流定义在各个经济发展阶段,适应不同的经济活动目的,不断地进化、调整和完善;即便在同一历史时期同一经济发展阶段,也因不同的学派、不同的学术团体、不同的机构和不同的国家,出自不同的角度和观点而有所差别,以致物流的定义至今仍有争论。不过物流定义的演变过程也恰恰反映了不同时期物流理论、物流管理以及物流技术的进步轨迹。物流在英语中有两个词,一个是 Physical Distribution,简写为 PD;另一个是 Logistics,这两个英语名词基本是在同一时期出现的,只不过角度不同,范围有别,所强调的内容相异。

(一)国外的定义

物流概念产生于 1901 年。约翰·克罗威尔(John F. Crowell)于 1901 年首先研究了物流问题,其在为美国政府提供的《行业协会关于农产品配送报告》的第一部分中,研究了影响农产品配送成本的因素。

1905 年,琼西·B·贝克写道:"与战术部门相关的军备流通和供应称为物流。"

1915 年,美国阿奇·萧在《市场流通中的若干问题》一书中指出了"物流是与创造需求不同的一个问题,物质经过时间和空间的转移,会产生附加价值"。

关于物流活动的最早文献记载是在英国。1918 年,英国犹尼利弗的哈姆勋爵成立了"即时送货股份有限公司",旨在全国范围内把商品及时送达到批发商、零售商和用户手中。

物流的概念最早是在美国形成的,当时被称为 Physical Distribution(即 PD),译成汉语是"实物分配"或"货物配送"。1935 年,美国销售协会阐述了"实物分配"的概念:"实物分配(当时不直接称呼为'物流')是包含于销售之中的物质资料和服务在从生产场所的流动过程中所伴随的种种经济活动。"美国市场营销协会(AMA,American Marketing Associat)1935 编写的《市场营销用语集》中,对物流下了这样的定义:"物流是市场营销活动中所伴随的物质资料,从产地到消费地的种种企业活动,包括服务过程。"1948 年,该协会对这个定义作了修改,"物流是物质资料从生产者到消费者或消费地流动过程中所决定的企业活动费用。"后来,该协会又一次将物流的定义修改为:"所谓物流,就是物质资料从生产阶段移动到消费或利用者手里,并对该移动过程进行管理。"

美国物流管理协议会(NCPDM,National Council of Physical Distribution Management) 1960 年下的定义:"所谓物流,就是把完成品从生产线的终点有效地移动到消费者手里的广范围的活动,有时也包括从原材料的供给源到生产线的始点的移动"。美国物流管理协议会在下这个物流定义的同时还列举了物流活动的诸种要素,即货物运输、仓库保管、装卸、工业包装、库存管理、工厂和仓库选址、订货处理、市场预测和客户服务。

1956年,物流的概念被引入日本,当时的物流被理解为"在连接生产和消费间对物资履行保管、运输、装卸、包装、加工等功能,以及作为控制这类功能后援的信息功能,它在物资销售中起了桥梁作用"。

日本通产省1965年曾委托日本财团法人机械振兴会对全日本的物流现状进行了一次调查,该协会在调查报告书中对物流的定义作了这样的描述:"所谓物的流通,就是把制品从生产者手里,物理性地移转到最终需要者手里所必要的诸种活动。具体讲,即包装、装卸、运输、通信等诸种活动。"

日本日通综合研究所1981年2月编写的《物流手册》对物流下了这样的定义:"物流是物质资料从供给者向需要者的物理性移动,是创造时间性、场所性价值的经济活动。从物流的范围来看,包括包装、装卸、保管、库存管理、流通加工、运输、配送等诸种活动。如果不经过这些过程,物就不能移动。"

1985年,美国物流管理协议会的英文名称改为Council of Logistics Management (CLM),与此同时,对物流定义作了调整和修改:"所谓物流,就是为了满足顾客需要而对原材料、半成品、成品及其相关信息从产地到消费地有效率或有效益地移动和保管进行计划、实施、统管的过程。这些活动包括但不局限于顾客服务、搬运及运输、仓库保管、工厂和仓库选址、库存管理、接受订货、流通信息、采购、装卸、零件供应并提供服务、废弃物回收处理、包装、退货业务、需求预测等。"美国物流管理协会的物流定义范围比美国市场营销协会的物流定义范围有所扩大,不仅指制品从生产厂的生产线起,经过批发、零售,最终到消费者手里,而且还包括把原材料从生产厂到加工厂生产线的始点的移动。

欧洲物流协会1994年公布的物流术语中,对物流下了这样的定义:"物流是在一个系统内对人员或商品的运输、安排及与此相关的支持活动的计划、执行与控制,以达到特定的目的。"

1998年美国物流管理协议会又一次对物流下了如下的定义:"物流是供应链流程的一部分,是为了满足客户需求而对商品、服务及相关信息从原产地到消费地的高效率、高效益地正向和反向流动及储存进行的计划、实施与控制过程。"美国物流定义的变化如表1.1所示。

表1.1 美国物流定义的变化

	Physical Distribution	Logistics
概念的由来	1915年美国阿奇·萧出版的著作《市场流通中的若干问题》	1905年琼西·B·贝克提出并解释了"物流",一般认为该概念在第二次世界大战期间才得以广泛使用
最先使用的领域	流通领域	军事领域
目前使用的领域	流通领域	整个供应链(包含生产、流通、消费、军事等各个领域)
概念的外延	包含在Logistics中	包含Physical Distribution

续表

	Physical Distribution	Logistics
概念的内涵	物流管理是为了计划、执行和控制原材料、在制品库存及制成品从起源地到消费地的有效率地流动而进行的两种或多种活动的集成。这些活动可能包括但不限于：顾客服务、需求预测、交通、库存控制、物料搬运、订货处理、零件及服务支持、工厂及仓库选址、采购、包装、退货处理、废弃物回收、运输、仓储管理	物流是对货物、服务及相关信息从起源地到消费地的有效率、有效益地流动和储存进行计划、执行和控制，以满足顾客要求的过程。该过程包括进向、去向、内部和外部的移动以及以环境保护为目的的物料回收
美国物流管理协会使用的名词	从1963年成立到1985年上半年使用 Physical Distribution，1985年下半年以后用 Logistics 取代 Physical Distribution。	

（二）中国的物流定义

我国是在20世纪80年代才接触物流这个概念的，此时的物流已被称为 Logistics，已经不是过去 PD 的概念了。

概念1：物流是指物资实体物理流动过程及其有关活动的总称。它不仅包括物的搬运和运输，还包括与此相联系的包装、装卸、储存保管、配送和流通加工等。

概念2：物流活动包括，但不局限于：为用户服务，需求预测，销售情报，库存控制，物料搬运，订货销售，零配件供应，工厂及仓库选址，物资采购，包装，退换货，废物利用及处置，运输及仓储等。

概念3：物流是指包装、运输、输送、保管、装卸工作，主要以有形物资为中心，所以称之为物资流通。在物资流通过程中加进情报流通，于是称之为物流。

2001年我国国家标准《物流术语》（GB/T 18354—2001）中，对物流下的定义是："物品从供应地向接收地的实体流动过程。根据实际需要，将运输、储存、装卸、搬运、包装、流通加工、配送、信息处理等基本功能实施有机结合。"

现代物流起源于美国，发展于日本，成熟于欧洲，拓展于中国。这是现代物流历史发展的一条公认的轨迹。

知识窗　Physical Distribution 向 Logistics 的演变

根据日本物流权威中西睦教授发表的资料，Logistics 本来是法语，是军队用语，意思是兵站，在日本企业中被当做物流管理之意。1985年之前，日本基本使用 PD 这个词表示物流，但因为美国后来转为使用 Logistics，欧洲也都用 Logistics 这个词，加之，物流的范围不断扩大，内涵不断更新，目标由物流活动本身转向了对物流活动的管理，强调从企业经营战略的高度重视物流，并以消费者为核心，而不是仅仅强调企业效益。所以20世纪80年代后半期，欧美各国都基本使用 Logistics 这个英文词，而不再使用 Physical Distribution 来表示物流了。

尽管如此，我们仍然要了解，Logistics 本来应译为兵站或者后勤，不然会引起词义的混乱。其实，Logistics 是美国军队在第二次世界大战中使用的军事术语，主要强调军队在作战时，能否以最快的速度、最高的效率，安全无误地将武器、弹药以及军队吃、住、行等所有必需物品按要求供给前线，这是军队打胜仗还是败仗的重要因素。兵站如果不做好后勤供应，军队就不能打胜仗，而兵站做到及时、准确地供给，则必须有一整套科学的后勤供应管理系统，包括军需品的订货、生产计划制定、采购、库存管理、配给、运输以及通信等。后来企业界便将二战期间的兵站后勤这种科学有效的管理系统引入企业经营，以寻求企业的物流也能像军队兵站后勤那样，科学管理、高效运营。

这里，有一点要指出的是，即便是现在，日本的物流界仍然是日文汉字的"物流"与英文的"Logistics"并用，这是因为有些日本人认为两个用语的意思并不完全相同，出发点和侧重面也有一定差别。Physical Distribution 即日文汉字的"物流"，是侧重运输、保管、包装、装卸以及信息活动本身，而 Logistics 侧重于对物流的管理，所以，有人主张把 Logistics 翻译成"物流管理"，也有的物流学者认为，Physical Distribution 应理解为传统物流，Logistics 应理解为现代物流。

二、物流的内涵

从上述介绍的物流概念中我们可以看到不同的时期、不同的国家对物流概念的理解有所不同，但是它们反映出以下几个基本点：

（一）基于社会化大生产、市场营销、企业管理等的发展而发展

现代物流是社会化大生产条件下一种新的组织方式和管理技术，是经济、社会和技术发展到一定阶段的产物，是基于社会化大生产、市场营销、企业管理等的发展而发展的，其核心是突出系统整合的理念，利用先进信息技术和供应链管理技术，对分散的运输、储存、装卸、搬运、包装、流通加工、配送和信息处理等基本功能，进行资源整合和一体化运作，以达到降低成本、提高效率、优化服务的目的。

（二）物流概念与物流实践最早始于军事后勤，但不限于军事后勤

物流概念与物流实践最早始于军事后勤，但不限于军事后勤。而"物流"一词没有限定在商业领域还是军事领域。物流管理对公共企业和私人企业活动都适用。（见 Donald J. Bowersox 1986 年出版的《物流管理》。）

（三）强调了"实物"流动

物流无论从 Physical Distribution 还是 Logistics 的内涵中都强调了"实物流动"的核心。物流中的"物"既包括有形的实体产品，也包括无形的服务；物流中的"流"是从起始点向最终点的动静结合的流动过程。

1. "物"的概念

物流中"物"的概念是指一切可以进行物理性位置移动的物质资料。这类物质资料可以是有形的，也可以是无形的。物流中所指"物"的一个重要特点，是其必须可以发生物理性

位移。

(1) 物资。我国专指生产资料，有时也泛指全部物质资料，较多指工业品生产资料。

(2) 物料。物料是我国生产领域中的一个专门概念。生产企业习惯将最终产品之外的，在生产领域流转的一切材料（不论其来自生产资料还是生活资料）、燃料、零部件、半成品、外协件以及生产过程中必然产生的边、角、余料及各种废物统称为"物料"。物料也具有可运动之性质，是物流学中"物"的一部分。所以说，生产领域中物流学的"物"主要指的就是物料。

(3) 货物。货物是我国交通运输领域中的一个专门概念。交通领域将其经营的对象分为两大类，一类是人，一类是物，除人之外，"物"的这一类统称为货物。

(4) 商品。商品和物流学的"物"的概念是互相包含的。商品中的一切可发生物理性位移的物质实体，即商品中凡具有可运动要素及物质实体要素的，都是物流研究的"物"，有一部分商品则不属于此。

(5) 物品。物品是生产、办公、生活领域常用的一个概念，在生产领域中，一般指不参加生产过程，不进入产品实体，而仅在管理、行政、后勤、教育等领域使用的与生产相关的或有时完全无关的物质实体。

2. "流"的概念

物流学中之"流"，指的是物理性运动。物流主要研究物理性运动，这种物理性运动也有其限定的含义，那就是以地球为参照系，相对于地球而发生的物理性运动，这种运动也称之为"位移"。"流"在不同领域的表现形式为：

(1) 流通领域。物流的"流"，经常被人误解为"流通"。"流"的概念和流通概念是既有联系又有区别的。其联系在于，流通过程中，物的物理行为时常伴随着交换的发生，这种物的物理行为已是最终实现流通不可缺少的物的转移过程。其区别在于，一是涵盖的领域，"流"不但涵盖流通领域，也涵盖生产、生活等领域，凡是有物发生物理运动的，都是"流"的领域。而流通中的"流"从范畴来看只是全部"流"的一部分，是以其实物物理性运动的局部构成"流"的一部分。在流通领域商业活动中的交易、谈判、契约、分配、结算等所谓"商流"活动和贯穿于之间的信息流等等都不能纳入到物理性运动之中。

(2) 生产领域。物流中之"流"可以理解为生产的"流程"。生产领域中之物料是按工艺流程要求进行运动的，这个流程水平高低、合理与否对生产的成本和效益以及生产规模影响颇大，因而生产领域"流"的问题是非常重要的。

（四）由一系列的活动环节构成

物流主要由运输、储存、装卸、包装、流通加工、配送以及信息等活动所构成。

（五）物流是一种经济活动

现在的社会是供应大于需求，物流主要是满足社会需求，实现顾客满意，连接供给主体和需求主体，克服空间和时间阻碍的，有效、快速的，商品、服务流动的经济活动过程。

（六）物流可以创造物品的时间价值、空间价值、形态价值和负价值

物质在物流系统流动的过程中"物"的性质、尺寸、形状都不应当发生改变。也就是说物流活动和加工活动不同，不创造"物"的形式价值，因此在社会经济活动中起着不可或缺的作用,这也就是物流活动的价值所在。因此,物流主要是通过创造时间价值和空间价值来体现其自身价值的。另外在特定情况下,它也可能创造一定的加工附加价值和形成负价值。

三、物流的发展阶段

(一)国外物流发展阶段

从世界物流研究与实践的发展历史来看,国外物流发展大致可分为 4 个阶段:

1. 物流观念的萌芽和产生阶段(20 世纪初至 40 年代)

美国是物流最发达、最先进的国家。这一时期主要是以美国物流发展为主导。

1901 年 J. F. Growell 在美国政府的"工业委员会关于农场产品配送的报告"中首次讨论了影响农产品配送的成本和影响因素。1916 年,A. W. Shaw 在他的"商业问题的对策"中讨论了物流在流通战略中的作用。同年,L. D. H. Weld 在"农场产品的市场营销"中论述了市场营销的效用中包括时间效用、场所效用、所有权效用的概念和营销渠道的概念,从而肯定了物流在创造产品的市场价值中的时间价值及场所价值中的重要作用。1922 年,F. H. Clark 在"市场营销原理"中将市场营销定义为影响商品所有权转移的活动和包括物流的活动。1927 年,R. Borsodi 在"配送时代"中首次在文章中对目前仍沿用的 Logistic 下了定义。说明人们在这一时期对物流的意义有了初步的认识,并随着以农业为主体的经济向工业化经济发展过程中不断深化,明确了物流在商品流通及市场营销中的地位和作用,但在当时社会生产力发展条件影响下,物流仍然被看做为市场营销的附属功能。随着二战的爆发,美国军事后勤活动为怎样将物资配送集成于一体提供了经验,推动了战后对物流活动的研究以及实业界对物流的重视,使物流得到了长足的发展。1946 年,美国正式成立了全美交通与物流协会(American society of Trafficand Logistics),这是美国第一个关于运输和物流业进行考查和认证的组织。这一时期是物流的萌芽和产生阶段。

2. 物流管理的实践与推广阶段(20 世纪 50 年代至 70 年代末)

进入 20 世纪 50 年代后,对物流的重视程度有了很大提高,物流特别是物流配送得到了快速地发展,其背景是现代市场营销观念的形成,彻底改变了企业经营管理的行为使企业意识到顾客满意是实现企业利润的唯一手段,顾客服务成为经营管理的核心要素,而物流起到了为顾客提供服务的重要作用。1954 年在美国波士顿商业委员会召开的第 26 届流通会议上,P. D. Converse 作了"市场营销的另一半"的演讲,其意义在于通过一个商业和教育的领导机构来指出教育界和实业界都需要研究和重视市场营销中物流的重要作用,从而为物流管理学的形成及对物流的研究起到积极的推动作用。1963 年,物流管理委员会(National Council of Physical Distribution)成立。集中了物流实业界及教育界的专家,通过对话和讨论,促进了对物流过程的研究和理解及物流管理理论的发展,以及物流界与其他组织的联系与合作。这一时期最重要研究成果之一是物流总成本分析概念的形成。

20 世纪 60 年代后期至 80 年代,关于物流管理的研究和讨论相当活跃,出版了大量物流管理的教材、论文、杂志。1978 年,A. T. Kearney 公司在美国物流管理委员会的资助下,对物流生产率开展研究,发表了题为"物流生产率的评估"(Measaring Productivityin Physical Distribution)的报告,其研究成果对物流领域产生了久远的影响,上述研究在物流管理研究方面起到很好的先导作用。

1956年日本开始从美国引入物流概念,在对国内物流状况进行调查研究的基础上,将物流称之为"物的流通"。20世纪60年代中期至70年代初是日本经济高速增长的时期之一,商品流通量大大增加。随着这一时期生产技术向机械化、自动化发展以及销售体制的不断扩充,物流已成为企业发展的制约因素,因此日本在这一时期开始进行较大规模的物流设施的建设。这一时期是日本物流建设大发展的时期,原因在于社会各个方面都对物流的落后及其对经济发展的制约性有着共同认识。这一阶段的发展直到1973年第一次石油危机爆发才告一段落。

这一时期,欧洲各国为了降低产品成本,开始重视工厂范围内的物流过程中的信息传递,对传统的物料搬运进行变革,对厂内的物流进行必要的规划,以寻求物流合理化的途径。20世纪70年代是欧洲经济快速发展,商品生产和销售进一步扩大的时期,出现了由多个工厂联合的企业集团或大公司,工厂内部的物流已不能满足企业集团对物流的要求,因此出现了综合物流,即基于工厂集成的物流。

3. 物流管理逐步走向现代化(20世纪70年代末至80年代中期)

20世纪70年代末到80年代中期,计算机技术特别是微电脑技术及应用软件的发展为企业提供了有效的辅助管理手段,计算机的普及应用,使MRP、MRPⅡ、DRP、DRPII、Kanban(看板制)和Just in Time等先进的物流管理技术产生并得到不断的完善,在生产调度、存量控制、订单处理等一系列活动中得到应用,从中推动了物流活动一体化的进程。随着计算机技术、系统分析方法、定量分析技术的发展以及物流总费用分析概念的逐步形成及在企业中的应用,使物流的作用在社会及企业中进一步得到确认,同时,从许多公司的管理实践中发现,在企业的制造、市场及物流的三个重要方面,能为公司提高利润的最有效手段是降低物流成本,因此,物流一体化管理是公司保持持续发展的最有效途径。

20世纪80年代在欧洲开始应用物流供应链的概念,发展联盟型或合作型物流新体系,供应链物流强调的是在商品的流通过程中企业间加强合作,改变原来各企业分散的物流管理方式,通过供应链物流这种合作型(统称共生型)的物流体系来提高物流效率,创造的成果由参与企业共同分享。这一时期制造业已采用准时生产(JIT)模式,客户的物流服务需求已发展到可同一天供货(或服务)。因此供应链的管理进一步得到加强,实现供应的合理化,如组织好港站库的交叉与衔接、零售商管理控制总库存量、产品物流总量的分配等。这时期物流需求信息可直接从仓库出货点获取通过传真方式进行信息交换,产品跟踪采用条形码扫描;信息处理的软硬件平台是客户—服务器模式和购买商品化的软件包,值得一提的是这一时期欧洲第三方物流开始兴起。

20世纪80年代以来,日本的生产经营发生了重大变革,消费需求差异化的发展,尤其是20世纪90年代日本泡沫经济的崩溃,以前那种大量生产、大量销售的生产经营体系出现了问题,产品的个性化、多品种和小批量成为新时期的生产经营主流,这使得市场的不透明度增加,在库排除的观念越来越强,结果使整个流通体系的物流管理发生了变化,即从集化物流向多频度、少量化、短时化发展,日本物流步入现代化阶段。

4. 物流国际化、信息化及迅速发展的阶段(20世纪80年代中期至今)

20世纪80年代以来,随着科技进步和经济发展步伐加快,以及世界经济一体化的趋势,国际贸易量大大增加,20世纪90年代早期,美国在进出口贸易方面在世界上占领先地位。另外,为降低成本,不少企业纷纷把加工厂移到劳动力便宜的国家和地区。为了促进产品的销售,各公司也热衷于建设自身的全球网络,如可口可乐、百事可乐以及世界上最大的3.5

英寸软盘生产商 Kao Infer Systems 都通过遍及全球的物流网络扩大世界范围服务。沃尔玛(Wal-Mart)和其他的主要零售商建立了他们自己的自由贸易区。国际物流量的增加,使物流业在美国占有越来越重要的地位。20 世纪 90 年代以来,全球经济一体化的发展趋势十分强劲,欧洲企业纷纷在国外,特别是在劳动力比较低廉的亚洲地区建立生产基地,生产零部件,甚至根据市场的预测和区位的优势分析在国外建立总装厂、由于从国外生产基地直接向需求国发送的商品增加迅速这一趋势大大增加了国与国之间的商品流通量,又由于国际贸易的快速增长,全球物流应运而生。

20 世纪 90 年代以来,第三方物流(TPL)在美国得到迅速发展,整个美国 TPL 的收入从 1994 年约 160 万美元增长到 1995 年的 250 亿美元。另外服务工厂(Service Factory)概念的产生,企业柔性制造、小批量、多品种的生产方式及顾客对物流业快速反应的要求也对物流业的服务水平提出了更高的要求,这些都促使了物流业向信息化、自动化及决策上的智能化(如专家系统的应用)方向发展。此外基于互联网和电子商务的电子物流在欧洲兴起以满足客户越来越苛刻的物流需求,例如,要求在同一小时供货。物流的来源由电子商务服务,供应方提供;并实现供应—运输交易的最优化供应链管理进一步扩展,可实现物流的协同规划,预测和供应。组织机构采用横向供应链管理模式,需求信息直接从顾客消费点获取,采用在运输链上实现组装的方式,使库存量实现极小化,信息交换采用数字编码分类技术和无线因特网,产品跟踪利用激光制导标识技术(Smart Ink)。为了满足物流国际化,服务形式多样化和快速反应的要求,物流信息系统和电子数据交换(EDI)技术,以及 Internet、条形码、卫星定位系统(GPS)及无线射频技术在物流领域中得到愈来愈广的应用。

从国外物流发展过程中所得到的某些启示:

(1) 物流和物流业的发展必须在政府的宏观指导下进行,政府对物流发展作出规划和提出实施原则,以指导行业的发展,同时又要制定必要的政策法规对物流进行监控、协调和管理,以促进经济及物流业的发展。从美国、日本、欧洲物流发展的过程中可清楚地看到政府在上述方面所起到的强有力的作用,如《美国运输部 1997～2002 财政年度战略规划》已成为美国物流现代化发展的一个指南。日本政府 1997 年制定的《综合物流施策大纲》成为日本物流现代化发展的方针,欧洲提出的首席物流主管模式解决了供应链管理中的主导者和主导权问题,强化了政府对物流的管理。

(2) 相应的物流管理组织,对物流业发展起了良好的促进作用。它们可以是政府组织的,也可以是行业民间组织的,如美国成立的国家实物配送管理委员会(后来更名为国家物流管理协会),欧洲成立的协作物流委员会等。

(3) 政府重视物流基础设施的规划与建设,采用政府投资和社会集资相结合的方式,有重点地加快物流基础设施的建设。例如,日本政府在物流近代化和现代化阶段均在全国范围内开展高速道路网、港口设施、流通聚集地、大都市圈物流中心等物流设施的建设,使日本在不太长的时间内成为物流先进国家。物流业的发展不仅取决于经济的发展水平,而且也取决于科学技术的发展水平,国外物流发展的 4 个阶段充分说明了这一点。例如没有网络和电子信息技术就不可能出现电子物流。

(二) 中国物流发展阶段

在物流概念传入我国之前,我国实际上一直存在着物流活动,即运输、保管、包装、装卸、流通加工等物流活动,其中主要是存储运输即储运活动。概括起来,我国物流业的发展大体上可以分为4个阶段：

1. 第一阶段（新中国成立到 1965 年）形成阶段

这个阶段，我国从半封建、半殖民地的压迫下解放出来，经过全国人民的共同奋斗，国民经济开始恢复，并进入比较稳定的发展时期，工业生产有了很大的增长，交通运输建设取得了较大的进展，社会商品流通也不断扩大，因此，我国物流业也得到了相应的发展，在物资、商业、供销、粮食、外贸等流通部门相继建立了储运公司、仓储等附属于专业公司、批发站的"商物合一"型、兼营性的物流企业，就其业务范围来说，这些物流企业担负着国家大量物流业务，它是我国物流业的主流。在这期间，国家对物流这一行业比较重视，我国专业性的物流企业得到了加强和发展，物流人才的培养也引起各部门的重视和关注，所以称这一阶段为我国物流业务的形成阶段。

2. 第二阶段（1966～1976 年）停滞阶段

这个阶段是"文化大革命"时期，科学技术不被重视，经济发展遭到破坏，国家建设停滞不前，有的甚至倒退，在这种形势下，物流业和其他行业一样，根本谈不上发展，仅仅是维持现状或陷于停滞状态，个别地方物流企业遭到破坏。

3. 第三阶段（1977～1991 年）改革开放阶段

这个阶段，自党的十一届三中全会以来，全国全党学习、贯彻、落实党的"一个中心，两个基本点"的基本路线，我国社会主义四个现代化建设取得了迅速发展，特别是党中央提出"对外开放，对内搞活经济"和进行经济体制改革以后，工农业生产得到了迅速发展，交通运输建设也加快了步伐。随着国内商品流通和对外贸易的不断扩大，我国物流业有了很大的发展。除流通部门的专业性和兼营的物流企业不断增加外，在生产部门也开始重视物流合理化的研究。同时，不仅加强和巩固了国有物流企业，而且还出现了集体和个体的物流企业和储运专业户。这一时期出现了国营、集体、个体一齐上，大、中、小并举，兴办物流企业的新形势，在交通运输方面，由于增建了公路、铁路、港口、码头，部分区段实现电气化、高速化，并增加了车辆，改进了技术装备，开展了联合运输，散装运输和集装箱运输等先进的运输方式。这些都为物流业的发展和物流合理化创造了条件。同时，物流业也和其他行业一样，随着改革的潮流，坚持开放搞活，加强横向联合，逐步打破了部门、地区的界限，使物流走向专业化、社会化，为社会提供更好的服务，而且外贸部门还积极开展物流对外服务，使物流向国际化方向迈进。

4. 第四阶段（1992 年至今）市场经济发展阶段

这一阶段是我国经济的起飞阶段，随着市场经济体制的建立，生产过程越来越建立在流通的基础上，物流受到重视。国内贸易部的成立，改变了原来生产资料和生产资料流通分割的局面，为建立统一的市场，实现物流社会化、现代化、合理化创造了条件，国家计划分配的物资从改革开放前的 800 多种减少到 9 种，通过市场交换的品种和比重逐渐扩大。对交通运输更加重视，目前已形成以首都为中心，县县通公路的运输网络，公路里程居世界第六位。在公路运输中，提高了直达运输比重，大力发展大型车、特种车，货物向专业化方向发展，引进了一批具有国际先进水平的物流技术设备，并在一些部门、地区和企业逐步使用了电子计算机。货运委托代办、联运、货物配载、信息咨询、理货打包、仓储保管、中转等运输服务业迅速发展。配送等现代的流通方式在 80 多个城市试点，配送物资过百种。20 多个省、区、市和计划单列市物资配送率约为 4%，高的超过 20%。在一些大、中城市，出现了新型的物流服务公司，并取得了良好的经济效益，物流信息受到重视，全国性物流信息系统正在建立。确立了要建立全国统一、开放、竞争、有序的大市场、大流通,实现物流社会化、现代化、合理化的目标。我国物流业正进入一个自觉调整的发展时期。

物流是社会赖以生存和发展的基础,它对经济的发展,特别是对我国市场经济体制的建立和完善起着积极的保证和促进作用,物流业在西方工业发达国家,经过几十年的发展,已初步形成了安全、经济、高效、而稳定的较为合理的物流系统。在社会、经济的发展中发挥着积极的作用。我国的物流经过近二十年的发展,也取得了较大的成就。

四、现代物流的特征

在现代物流管理和运作当中,广泛采用了代表着当今生产力发展水平的管理技术、工程技术以及信息技术等。随着时代的进步,物流管理和物流活动的现代化程度也会不断提高。现代化是一个朝着先进水平靠近的过程,从这个意义上讲,现代物流的特征可以概括为以下几个方面:

(一)物流系统化

物流不是运输、保管等活动的简单叠加,而是通过彼此的内在联系,在共同目的下形成的一个系统,构成系统的功能要素之间存在着相互作用的关系。在考虑物流最优化的时候,必须从系统的角度出发,通过物流功能的最佳组合实现物流整体的最优化目标。局部的最优化并不代表物流系统整体的最优化,树立系统化观念是搞好物流管理,开展现代物流活动的重要基础。

(二)物流总成本最小化

物流管理追求的是物流系统的最优化,在成本管理上体现为要实现物流总成本最小化,物流总成本最小化是物流合理化的重要标志。传统的管理方法将注意力集中于尽可能使每一项个别物流活动成本最小化,而忽视了物流总成本,忽视了各项成本之间的相互关系。

物流要素之间存在着二律背反关系,现代物流管理在控制物流总成本的时候正是基于这种关系的存在。所谓二律背反(或效益背反)是指一个部门的高成本会因其他部门成本的降低或效益的增加而相抵消的这种相关活动之间的相互作用关系。

从系统的观点看,构成物流的各功能之间明显存在着效益背反关系。例如,减少仓库设置的数量可以节省保管费用,但是,另一方面会由于加大了运输距离和运输次数而使运输费用增加,从而有可能使物流总费用水平不但没有降低反而提高。再比如,采用高速运输会增加运输费用,但是,由于运输的迅速化会使得库存量降低,从而节省了库存费用和保管费用,最终导致物流总费用的降低。现代物流建立在物流总成本的意识基础之上,利用物流要素之间存在的二律背反关系,通过物流各个功能活动的相互配合和总体协调达到物流总成本最小化的目的。

(三)物流信息化

现代物流可以理解为物资的物理性流通与信息流通的结合,信息在实现物流系统化、实现物流作业一体化方面发挥着重要作用。传统物流的各个功能要素之间缺乏有机的联系,对物流活动的控制属于事后控制。而现代物流通过信息将各项物流功能活动有机结合在一起,通过对信息的实时把握控制物流系统按照预定的目标运行。准确地掌握信息,如库存信息、需求信息,可以减少非效率、非增值的物流活动,提高物流效率和物流服务的可靠性。

(四)物流手段现代化

在现代物流活动中,广泛使用先进的运输、仓储、装卸搬运、包装以及流通加工等手段。运输手段的大型化、高速化、专用化、装卸搬运机械的自动化、包装的单元化、仓库的立体化、自动化以及信息处理和传输的计算机化、电子化、网络化等为开展现代物流提供了物质保证。现代物流使用先进的技术、设备与管理为销售提供服务,生产、流通、销售规模越大、范围越广,物流技术、设备及管理越现代化。计算机技术、通信技术、机电一体化技术、语音识别技术等得到普遍应用。世界上先进的物流系统运用了GPS(全球卫星定位系统)、卫星通信、射频识别装置(RF)、机器人,实现了自动化、机械化、无纸化和智能化,如20世纪90年代中期,美国国防部(DOD)为在前南地区执行维和行动的多国部队提供的军事物流后勤系统就采用了这些技术,其技术之复杂与精坚堪称世界之最。

(五)物流服务社会化

在现代物流时代,物流业得到充分发展,企业物流需求通过社会化物流服务满足的比重在不断提高,第三方物流形态成为现代物流的主流,物流产业在国民经济中发挥着重要作用。

(六)物流功能集成化

现代物流着重于将物流与供应链的其他环节进行集成,包括:物流渠道与商流渠道的集成、物流渠道之间的集成、物流功能的集成、物流环节与制造环节的集成等。

(七)物流电子化

现代信息技术、通信技术以及网络技术广泛应用于物流信息的处理和传输过程、物流各个环节之间,物流部门与其他相关部门之间,不同企业之间的物流信息交换传递和处理可以突破空间和时间的限制,保持实物流与信息流的高度统一和对信息的实时处理。

(八)物流快速反应化

在现代物流信息系统、作业系统和物流网络的支持下,物流适应需求的反应速度加快,物流前置时间缩短。及时配送,快速补充订货以及迅速调整库存结构的能力在加强。物流服务提供者对上游、下游的物流、配送需求的反应速度越来越快,前置时间越来越短,配送间隔越来越短,物流配送速度越来越快,商品周转次数越来越多。

(九)物流网络化

随着生产和流通空间范围的扩大,为了保证产品高效率的分销和材料供应,现代物流需要有完善、健全的物流网络体系,网络上点与点之间的物流活动保持着系统性、一致性,这样可以保证整个物流网络有最优的库存总水平及库存分布,将干线运输与支线末端配送结合起来,形成快速灵活的供应通道。这样可以保证整个物流网络有最优的库存总水平及库存分布,运输与配送快速、机动,既能铺开又能收拢。分散的物流单体只有形成网络才能满足现代生产与流通的需要。

(十)物流柔性化

随着消费者需求的多样化、个性化,物流需求呈现出小批量、多品种、高频次的特点。订货周期变短、时间性增强,物流需求的不确定性提高。物流柔性化就是要以顾客的物流需求为中心,对顾客的需求作出快速反应,及时调整物流作业,同时可以有效地控制物流成本。

(十一)物流管理专门化

企业物流活动开始由专门的部门负责,不再依附于其他部门,成立了专门的物流管理部门,物流管理技术日趋成熟。

第二节 物流的性质与作用

物流自始至终构成流通的物质内容,没有物流,也就不存在实际的物资流通过程,物资的价值和使用价值就不能实现,社会再生产就无法进行。

一、物流的性质

(一)物流的生产性质

物流是社会再生产中的必要环节。物资的实物流动是社会化生产的客观要求,是社会分工和专业化生产的条件下解决产品的生产和消费在时间上和空间上矛盾的必须,是社会再生产过程顺利进行的必要条件。物流的一系列工作像物资的生产一样能够创造价值。正因为物流所付出的劳动与实现物资的使用价值直接联系,所以它是社会必要劳动。

物流同样具备生产力三要素,即劳动力、劳动资料和劳动对象。

物流活动是具有一定技能的劳动者通过各种物流设施、物流机械、劳动工具对物资进行时间和空间的转移而进行的社会经济活动。

(二)物流的社会性质

物流是国民经济的动脉系统,它联结社会生产各个部分,使之成为一个有机整体。任何一个社会(或国家)的经济,都是由众多的产业、部门、企业组成的,这些企业又分布在不同的地区、城市和乡村,属于不同的所有者,它们之间相互供应其产品用于对方的生产性消费和人们的生活消费,它们互相依赖而又互相竞争,形成极其错综复杂的关系。物流的社会性质是由一定的社会生产关系决定的性质。在不同的社会形态中物流除受到它自身运动规律的影响之外,亦常常受到物资所有者和物流组织者个人意志的影响。物流就是维系这些复杂关系的纽带和血管。马克思对此曾有过如下一段论述:"交换没有造成生产领域之间的差别,而是使不同的生产领域发生关系;并把它们变成社会总生产的多个互相依赖的部门"。"商流"和"物流"一起,把各个生产部门变成社会总生产中互相依赖的部门。

(三) 物流的服务性质

物流商品的特点是服务型商品,物流业属于第三产业(服务业)。主要由运输业、仓储业、配送业和承办经纪行业等组成。

物流可以提供良好的服务,客户满意度,准确、快速响应客户的需求,"7R"(Right Product or Service、Right Time、Right Place、Right Cost、Right Customer、Right Quality、Right Quantity)。

二、物流的双重性

(一) 物流的使用价值

具体表现:合适的时间,准确的数量,正确的场所,需要的形体。

(二) 物流的价值

物流可以提供良好的服务,这种服务有利于参与市场竞争,有利于树立企业和品牌的形象,有利于和服务对象结成长期的、稳定的战略性合作伙伴,这对企业长远的、战略性的发展有非常重要的意义。物流的服务价值,实际上就是促进企业战略发展的价值。

物流作为一种社会经济活动,对社会生产和生活活动的效用主要表现为创造时间价值和创造空间价值两个方面。

1. 时间价值

时间价值是指"物"从供给者到需要者之间本来就存在有一段时间差,由于改变这一时间差创造的价值,称作"时间价值"。现代科学技术在物流领域里的应用,大大加快了物流的速度,节约了时间。比如集装箱、条码、网络信息等新技术的应用和推广,加快了物流速度,使现代物流创造出了前所未有的时间价值。

时间价值通过物流获得的形式有以下几种:

(1) 缩短时间创造价值

缩短时间创造价值主要表现在运输方面。缩短物流时间,可获得多方面的好处,如减少物流损失、降低物流消耗、加速物的周转、节约资金等。从全社会物流的总体来看,加快物流速度,缩短物流时间,是物流必须遵循的一条经济规律。

(2) 弥补时间差创造价值

弥补时间差创造价值主要表现在仓储方面。供给与需求之间存在时间差,是一种普通的客观存在,正是有了这个时间差,商品才能取得自身最高价值,才能获得十分理想的效益。物流便是以科学的、系统方法弥补,有时是改变这种时间差,以实现其"时间价值"。

(3) 延长时间创造价值

延长时间差创造价值主要表现在仓储方面。在某些具体物流中存在人为地能动地延长物流时间来创造价值的。例如,秋季集中产出的粮食、棉花等农作物,通过物流的储存、储备活动,有意识延长物流的时间,以均衡人们的需求。

2. 空间价值(场所价值)

空间价值是指通过改变物质的空间距离而创造的价值。物流创造场所价值是由现代社会产业结构、社会分工所决定的,主要原因是供给和需求之间的空间差,商品在不同地理位置有不同的价值,通过物流将商品由低价值区转到高价值区,便可获得价值差,即"场所价值",有以下几种具体形式:

(1) 从集中生产场所流入分散需求场所创造价值

现代化大生产通过集中的、大规模的生产以提高生产效率,降低成本。在一个小范围集中生产的产品可以覆盖大面积的需求地区,有时甚至可覆盖一个国家乃至若干国家。通过物流将产品从集中生产的低价位区转移到分散于各处的高价值区有时可以获得很高的利益。例如:山西的煤,埋藏在深山中和泥土、石块一样,只有经过采掘、输送到别的地方用来作为发电、取暖的燃料的时候,才能实现价值。它的使用价值是通过运输克服了空间距离才得以实现的,这就是物流的空间价值。

(2) 从分散生产场所流入集中需求场所创造价值

和上面一种情况相反的情况在现代社会中也不少见,例如粮食是在一亩地一亩地上分散生产出来的,而一个大城市的需求却相对大规模集中,这也形成了分散生产和集中需求。

(3) 从低价值地生产流入高价值地需求创造场所价值

现代社会中供应与需求的空间差十分普遍,现代人每日消费的物品几乎都是在相距一定距离的地方生产的。这么复杂交错的供给与需求的空间差都是靠物流来弥合的,物流也从中取得了利益。

在经济全球化的浪潮中,国际分工和全球供应链的构筑,一个基本选择是在成本最低的地区进行生产,通过有效的物流系统和全球供应链,在价值最高的地区销售。

3. 加工附加价值

有时,物流也可以创造加工附加价值。加工是生产领域常用的手段,并不是物流的本来职能。但是,现代物流的一个重要特点是根据自己的优势从事一定的补充性加工活动,这种加工活动不是创造商品的主要实体并形成商品,而是带有完善、补充、增加性质的加工活动。这种活动必然会形成劳动对象的附加价值。虽然在创造加工附加价值方面,物流不是主要责任者,其创造的价值也不能与时间价值和空间价值相比拟,但这毕竟是现代物流有别于传统物流的重要方面。

关于物流创造附加价值主要表现在流通加工和配送加工方面,比如,把钢卷剪切成钢板、把原木加工成板材、把粮食加工成食品、把水果加工成罐头,名烟、名酒、名著、名画都会通过流通中的加工,使装帧更加精美,从而大大提高了商品的欣赏性、艺术性和附加价值。

4. 负价值

物流占用成本,解决物流问题主要是降低物流的成本。物流在整个企业战略中,只对企业营销活动的成本发生影响,物流是企业成本的重要的产生点,因而,解决物流的问题,并不主要是为要搞合理化、现代化,也不主要在于支持保障其他活动,而主要是通过物流管理和物流的一系列活动降低成本。所以,物流成本中心理论指出物流是要成本的产生点,也是降低成本的关注点,物流是"降低成本的宝库"和"降低成本的处女地"等说法正是这种认识的形象阐述。

知识窗　物流价值发现过程

1. 第一次价值发现可以称为物流系统功能价值的发现

在第二次世界大战期间，美国在军队中采用了托盘、叉车的后勤军事系统，这个系统贯穿了军事物资从单元组合（集装）的装卸活动开始，高效连贯了搬运、运输、储存、再运输搬运、直到按指定军事目标到达目的地为止的整个过程，有效地支撑了庞大的战争机器。这就促使人们认识到物流作为一种系统的活动能够实现以往由许多活动才能完成的各项功能，使人们认识到物流系统功能的价值。

2. 第二次价值发现可以称之为物流经济活动价值的发现

第二次世界大战以后，大量军事技术和军事组织方式转移到民间活动中去，物流系统的思想方法和相关技术、相关管理方式实现了"军转民"，取得了成功。这就使人们认识到，"物流"不仅有非常重要的军事价值，而且也具备非常重要的经济活动价值，可以在经济界广泛地采用，可以为企业增加一些新的管理思想和结构模式。第二次世界大战以后，像价值工程、物流等在战争期间形成的形态，都成功地实现了向经济领域的转移，从军事活动的价值转变为经济活动的价值。

3. 第三次价值发现是物流利润价值的发现

第二次世界大战以后，主要国家的经济发展面对的是一个"无限的市场"，只要能够快速地、顺利地实现产品向用户转移就能够获取利润。企业界采用物流技术和物流管理方式之后，能够有效地增强企业的活力，提高企业的效率和效益，从而增加企业的利润。在产业革命以后，经济领域对于人力、原材料这两个利润源泉挖掘已经有了一百多年的历史，虽然在现代社会中仍然可以用新的方式来开发这两个利润源泉，但是，寻找新的利润源泉就变得更为迫切。物流作为"第三个利润源泉"就是在这种情况下被发现的，是对物流效益价值的发现。

4. 第四次价值发现是物流成本价值的发现

20世纪70年代初，世界爆发了"第一次石油危机"，实际上是以石油为首的能源、原料、材料、劳动力价格的全面上涨。传统的第一、第二利润源泉已经变成了企业的成本负担，在这种情况下，人们发现，物流领域有非常大的降低成本的空间。当企业和经济界有效地利用物流系统技术和现代物流管理方式之后，有效地弥补了原材料、能源、人力成本上扬的压力，从而使人们认识到，"物流"还具备非常重要的降低成本的价值。物流的这一价值的发现，大大提高了物流在国际上的声誉。石油危机期间，许多经济学家预言的全世界的长期的经济衰退并没有出现，这和经济领域中成功地发掘物流的降低成本价值有相当大的关系。

5. 第五次价值发现是物流环境价值的发现

物流系统的开发、物流合理化的广泛推行和系统物流管理的普遍实施，在有效地降低成本的同时，由于物流合理化，能够在合理的、更节约使用物流设备的情况下完成资源配置任务；物流系统化以后，物流装备可以得到全面的、系统的开发，装备的效率大大提高而同时装备的能耗大大降低。这些努力汇集起来之后，人们惊喜发现，"物流"对改善环境、降低污染、实施可持续发展有重大作用，这就使受现代城市病之苦的许多工业化城市对用"物流"这种系统经济形态来改善分立的、混乱的交通，减少交通阻塞、运输损失、降低污染、改善企业外部供应环境格外重视和关爱。

6. 第六次价值发现是物流对企业发展战略价值的发现

这个发现实际上是对物流服务价值的发现。20世纪70年代之后,企业普遍从过去那种狭窄的、近期的、微观的视野,从当前的利益的和当前的成本考虑转向了长期的、战略性的发展的考虑。这个长期的、战略性的发展有两个非常重要的支持因素,一个支持因素是在现代信息技术支撑下建立的稳定的、有效的"供应链",以增强企业的本体能力;另一个支撑因素就是贴近用户的服务,而这个服务是远远超出所谓"售后服务"水平之上的全面贴近用户的服务。在物流领域里面出现了广泛配送方式、流通加工方式以及更进一步的"准时供应系统"、"即时供应系统"、"零库存系统"等等,这些都成功地使企业获得了更长远的战略发展的能力。

7. 第七次发现是物流对国民经济价值的发现

1997年东南亚爆发了经济危机,危机过后,人们在分析和总结东南亚各国和各地区的情况时发现,以"物流"为重要支柱产业的新加坡有较强的抗御经济危机的能力。例如1998年受金融风波影响较大的马来西亚经济增长为-6.8%,泰国为-8.0%,东盟为-9.4%,而新加坡当年实现了1.5%的正增长。这个发现非常重要,它的重要性在于,物流不仅对于微观企业有非常重要的意义,而且对于国家经济发展也有非常重要意义。物流作为一个产业,在国民经济中地位也非常重要,它能够起到完善结构、提高国民经济总体质量和抗御危机的作用。

8. 第八次价值发现是物流对新经济价值的发现

我国的网络经济在经过了两三年的探索和发展之后,终于认识到,网上的虚拟运作和实际的物流相结合,才是一个完整的新经济形态。这一点在电子商务中反映的更为明确。物流是新经济的一个组成部分,使人们对物流的发展前景越发具有信心。

三、物流的作用

从社会再生产过程来看,物流的作用如下所述。

(一)宏观方面

物流不仅支撑着人类社会的生产,而且也支撑着人类社会的消费,并与交易特别是有形商品的交易活动息息相关。

(1)物流是国民经济运行的动脉,是联结社会经济各个方面的纽带,对国民经济的持续、稳定、健康发展起保障作用;

(2)对国民经济各行业资源配置的促进作用;

(3)物流发展水平的高低直接影响着一国的经济增长和该国的经济竞争力(重要指标——物流成本占GDP的比重);

(4)对推动经济增长方式转变的作用;

(5)对区域经济发展的促进作用;

(6)对物流业相关产业快速发展的推动作用。

（二）微观层面

物流效率的高低，成本大小，也直接影响着其他经济活动（生产、消费、流通）的效率与成本，影响着其他经济活动（生产、消费、交易）的实现程度。

（1）物流是企业生产经营连续进行的前提条件。

（2）降低企业物流成本。

（3）实现企业竞争战略。

提高企业核心竞争力的重要因素，物流是继企业降低资源消耗、提高劳动生产率之后，又一增加利润的源泉。

（4）满足消费者多样化需求，增加消费者剩余。

（5）物流是保障商流顺利进行、实现商品价值和使用价值的基础。

无论是生产资料商品还是生活资料商品，在其设备进入生产性消费和生活性消费之前，其价值和使用价值始终是潜在的。为了能把这种潜在变为现实，物资必须借助其实物运动即物流来得以实现。物流是实现商品价值和使用价值的基础。

（6）合理的物流对提高全社会的经济效益起着十分重要的作用。

（三）物流的具体作用

现在，许多人都知道物流重要，应该重视物流。那么物流为什么重要，物流的实质是什么？物流究竟起什么作用呢？前面讲到过，物流是物质资料，包括原材料的物理性移动，是从供应者到使用者的运输、包装、保管、装卸搬运、流通加工、配送以及信息传递的过程，这就是说物流活动本身一般并不创造产品价值，只创造附加价值。这样一讲，物流是不是多余的了呢？答案无疑是否定的。为什么？因为任何产品都不可能生产出来，不经过搬运装卸、包装、运输、保管就立即消费，充其量可以节省物流七大环节中的一个或两个。所以说，物流是一个不可省略或者说不可跨越的过程，而且，随着这个过程的发生，就会产生费用、时间、距离以及人力、资源、能源、环境等一系列问题。人们只有客观地认识这些问题，正确地对待、科学地解决好这些问题，才是惟一的正确态度和选择。笼统地说，物流的实质和作用主要表现在以下七个方面。

1. 保值

物流有保值作用。也就是说，任何产品从生产出来到最终消费，都必须经过一段时间、一段距离，在这段时间和距离过程中，都要经过运输、保管、包装、装卸搬运等多环节、多次数的物流活动。在这个过程中，产品可能会淋雨受潮、水浸、生锈、破损、丢失等。物流的使命就是防止上述现象的发生，保证产品从生产者到消费者移动过程中的质量和数量，起到产品的保值作用，即保护产品的存在价值，使该产品在到达消费者时使用价值不变。

2. 节约

合理的物流能够节约大量的物质资料。搞好物流，能够节约自然资源、人力资源和能源，同时也能够节约费用。比如，集装箱化运输，可以简化商品包装，节省大量包装用纸和木材；实现机械化装卸作业，仓库保管自动化，能节省大量作业人员，大幅度降低人员开支。重视物流可节约费用的事例比比皆是。被称为中国物流管理觉醒第一人的海尔企业集团，加强物流管理，建设起现代化的国际自动化物流中心，一年时间将库存占压资金和采购资金，从 15 亿元降低到 7 亿元，节省了 8 亿元开支。合理的物流，对于消除迂回、相向、过远等不合理运输,节约运力具有重要意义。

3. 缩短距离

物流可以克服时间间隔、距离间隔和人的间隔,这自然也是物流的实质。现代化的物流在缩短距离方面的例证不胜枚举。在北京可以买到世界各国的新鲜水果,全国各地的水果也长年不断;邮政部门改善了物流,使信件大大缩短了时间距离,全国快递两天内就到;美国联邦快递,能做到隔天送达亚洲15个城市;日本的配送中心可以做到,上午10点前订货、当天送到。这种物流速度,把人们之间的地理距离和时间距离一下子拉得很近。随着物流现代化的不断推进,国际运输能力大大加强,极大地促进了国际贸易,使人们逐渐感到这个地球变小了,各大洲的距离更近了。

城市里的居民不知不觉地享受到物流进步的成果。南方产的香蕉全国各大城市一年四季都能买到;新疆的哈密瓜、宁夏的白兰瓜、东北大米等都不分季节地供应市场;中国的纺织品、玩具、日用品等近年大量进入美国市场,除了中国的劳动力价格低廉等原因外,则是国际运输业发达,国际运费降低的缘故。

4. 增强企业竞争力、提高服务水平

在新经济时代,企业之间的竞争越来越激烈。在同样的经济环境下,制造企业,比如家电生产企业,相互之间的竞争主要表现在价格、质量、功能、款式、售后服务的竞争上,可以讲,像彩电、空调、冰箱等这类家电产品在工业科技如此进步的今天,质量、功能、款式及售后服务,目前各企业的水平已经没有太大的差别,唯一可比的地方往往是价格。近几年全国各大城市此起彼伏的家电价格大战,足以说明这一点。那么支撑降价的因素是什么?如果说为了占领市场份额,一次、两次地亏本降价,待市场夺回来后再把这块亏损补回来也未尝不可。然而,如果降价亏本后仍不奏效又该如何呢?不言而喻,企业可能就会一败涂地。在物资短缺的年代,企业可以靠扩大产量、降低制造成本去攫取第一利润。在物资丰富的年代,企业又可以通过扩大销售攫取第二利润。可是在新世纪和新经济社会,第一利润源和第二利润源已基本到了一定极限,目前剩下的一块未开垦的处女地就是物流。降价是近几年家电行业企业之间主要的竞争手段,降价竞争的后盾是企业总成本的降低,即功能、质量、款式和售后服务以外的成本降价,也就是我们所说的降低物流成本。

国外的制造企业很早就认识到了物流是企业竞争力的法宝,搞好物流可以实现零库存、零距离和零流动资金占用,是提高为用户服务,构筑企业供应链,增加企业核心竞争力的重要途径。在经济全球化、信息全球化和资本全球化的21世纪,企业只有建立现代物流结构,才能在激烈的竞争中,求得生存和发展。

5. 加快商品流通、促进经济发展

在谈这个问题时,我们用配送中心的例子来讲最有说服力。可以说,配送中心的设立为连锁商业提供了广阔的发展空间。利用计算机网络,将超市、配送中心和供货商、生产企业连接,能够以配送中心为枢纽实现商业、物流业和生产企业的有效组合。有了计算机迅速及时地信息传递和分析,通过配送中心的高效率作业、及时配送,并将信息反馈给供货商和生产企业,可以形成一个高效率、高能量的商品流通网络,为企业管理决策提供重要依据,同时,还能够大大加快商品流通的速度,降低商品的零售价格,提高消费者的购买欲望,从而促进国民经济的发展。

6. 保护环境

环境问题是当今时代的主题,保护环境,治理污染和公害是世界各国的共同目标。有人会问,环保与物流有什么关系?这里不妨介绍一下。

你走在马路上,有时会看到马路上有一层黄土,这是施工运土的卡车夜里从车上漏撒的,碰上拉水泥的卡车经过,你会更麻烦;马路上堵车越来越厉害,你连骑自行车都无法通过,灰尘和废气使你不敢张嘴呼吸;深夜的运货大卡车不断地轰鸣,疲劳的你翻来覆去睡不着……所有这一切问题都与物流落后有关。卡车撒黄土是装卸不当,车厢有缝;卡车水泥灰飞扬是水泥包装苦盖问题;马路堵车属流通设施建设不足。这些如果从物流的角度去考虑,都会迎刃而解。

比如,我们在城市外围多设几个物流中心、流通中心,大型货车不管白天还是晚上就都不用进城了,只利用二吨小货车配送,夜晚的噪音就会减轻;政府重视物流,大力建设城市道路、车站、码头,城市的交通阻塞状况就会缓解,空气质量自然也会改善。

7. 创造社会效益和附加价值

实现装卸搬运作业机械化、自动化,不仅能提高劳动生产率,而且也能解放生产力。把工人从繁重的体力劳动中解脱出来,这本身就是对人的尊重,是创造社会效益。

比如,日本多年前开始的宅急便、宅配便,国内近年来开展的宅急送,都是为消费者服务的新行业,它们的出现使居民生活更舒适、更方便。当你去滑雪时,那些沉重的滑雪用具,不必你自己扛、自己搬、自己运,只要给宅急便打个电话就有人来取,人还没到滑雪场,你的滑雪板等用具已经先到了。

再如,超市购物时,那里不单单是商品便宜、安全、环境好,而且为你提供手推车,你可以省很多力气,轻松购物。手推车是搬运工具,这一个小小的服务,就能给消费者带来诸多方便,这也是创造的社会效益。

第三节 物流的基本理论

一、商物分离理论

(一)商物分离的定义

同一笔物资的流通活动包括两个方面,一方面是它的商流活动,如洽谈、支付等,商流的特点是灵活、机动、活跃、相对成本低;另一方面是它的物流活动,如运输、储存等,而物流的特点是费人、费事、费成本。商流是非常灵活机动的,但是物流则不同,它的每一步运动,都要耗费成本,运动路程越多,耗费成本就越高。因此,为了活跃交易,又为了降低物流成本,商物分离是经济运行规律的必然体现。商物分离实际上是流通总体中的专业分工,职能分工,是通过这种分工实现大生产式的社会再生产的产物。

所谓商物分离,是指流通中的商业流通和实物流通各自按照自己的规律和渠道独立运动。从来,商流、物流是紧密地结合在一起的。商品交易一次,商品实体便发生一次运动,两者共同在流通过程中运动,但是运动形式不同。甚至今日,这种情况仍不少见。商物分离是物流科学赖以存在的先决条件。第二次世界大战后,商业流通和实物流通出现了明显的分离,从不同形式逐渐变成了两个有一定独立运动能力的不同运动过程,这就是所谓的"商物分离"。"商"指"商流",即商业性交易,实际是商品价值运动,是商品所有权的转让。"物"即"物流",是商品实体的流通。

商物分离理论产生于第二次世界大战之后,该理论认为,在商品流通过程中,存在着两种既相互联系又相互独立的运动过程,分别是商流和物流。商流指以产品的所有权转移为前提,通过买卖活动而发生商品价值形式的变化,叫作商业流通,简称商流。它注重于经济关系、分配关系、所有权关系的研究,属于生产关系的研究范畴;物流指的是商品使用价值的运动,主要解决商品实体的运动,明显偏重于工具、装备、设施及技术,因而属于生产力的研究范畴。

从交易的情况来看,商流与物流分离的类型可以划分为:商流中转、物流直达;商流在前、物流在后;物流在前、商流在后;只有商流、没有物流等。

商流和物流也有其不同的物质基础和不同的社会形态。从马克思主义政治经济学角度看,在流通这一统一体中,商流明显偏重于经济关系、分配关系、权力关系,因而属于生产关系范畴。而物流明显偏重于工具、装备、设施及技术,因而属于生产力范畴。

商物分离实际是流通总体中的专业分工、职能分工,是通过这种分工实现大生产式的社会再生产的产物。这是物流科学中重要的新观念。物流科学正是在商物分离基础上才得以对物流进行独立的考察,进而形成科学。如图1.1所示。

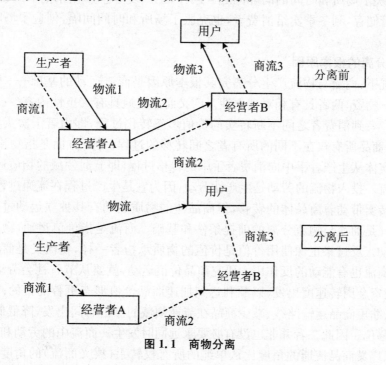

图 1.1　商物分离

（二）商流与物流的关系

商流和物流是商品流通活动的两个方面。它们互相联系,又互相区别;互相结合,又互相分离。

1. 物流和商流是统一分离的辩证关系

(1) 商流与物流的统一

商流和物流是商品流通中的两个方面,两者是互相制约的。在商流的一切活动中,中心的环节是销售,其他活动都是为了实现商品的销售。离开销售,社会的需要就无从满足。商流堵塞,物流随之不畅。反过来,物流是商流的物质基础。物流堵塞,商流也不能畅通无阻。商流是物流的前提,物流是商流的保证。

(2) 商流与物流的分离

商流是物质资料所有权的转移,克服人为间隔,创造所有权价值,是一种非物理性的移动。商流包括批发、零售、网上购物等交易活动,体现的是买与卖的关系。让我们以自行车为例讲讲商流的概念。在自行车出厂销售之前,所有权是生产厂家的,批发给销售商后,所有权转移到销售商手中,当销售商把自行车批发给商店后,所有权又转移到商店,而商店把自行车卖给消费者后,所有权则属于了消费者。这种买卖交易的过程,使自行车的所有权几次发生了转移,我们把这几次的转移过程称为商流。由于商流的发生,自然伴生出物流活动,即自行车出厂后的包装、装卸、运输、保管以及这一系列过程中必不可少的信息传递过程。我们把运输、保管、包装、装卸、流通加工、配送和信息这七大环节,作为一个整体或系统考虑,并且将这七大环节物质资料的物理性移动称为物流。也可以说物流是克服场所间隔和时间间隔,创造场所效益和时间效益的活动。比如说我们把农村生产的大米供应给城市居民,就是解决了场所和时间的间隔问题。同样,工厂夏季生产出来的取暖设备,要经过一段时间的保管储存,到冬季卖给消费者,也克服了场所和时间间隔,创造了场所效益和时间效益。

2. 商物分离的根本原因

一般情况下:商流与物流产生分离究其根本原因是商流运动的基础——资金与物流运动的实体——物资,两者具有相对独立性。广义商品流通具有二重性内容。一方面是商流,即商品从生产者到消费者之间不断转卖的价值形态转化过程,即由若干次买卖所组成的序列而言,这是商品所有权在不同的所有者之间转移的过程;另一方面是指物流,即由商流所带动的商品实体从生产者手中向消费者手中的转移过程,即流通领域的物质运动,也就是流通领域的物流。投入物流的劳动是生产性劳动,因为它是生产过程在流通过程延续的劳动。虽然商品以转卖带动着商品体的转移,但商品体的物质运动有其独立运动过程。商品二因素的对立统一是商流与物流分离的前提条件和基础。商流是指价值运动,物流是指使用价值的物质运动。反过来正像使用价值是价值的物质承担者一样,物流又是商流运动的物质内容。它对商流也有能动的反作用。研究商品价值运动,就要从节省社会劳动、减少流通费用开支、加快资金周转速度出发,以顺利达到加速商品价值形态更替的目的;研究使用价值过程,则要从缩短商品运输路线、减少商品在流通领域的停留时间出发,降低储运成本,使商品实体顺利移位。因此二者并非也没有必要永远同时发生。商流中的劳动和物流中的劳动性质不同,从广义商品流通的角度比从单纯的所有权转手(狭义商流)的角度来研究流通过程更为重要。如何减少物流中的劳动量,正是讨论商流与物流分离的目的所在。

特殊情况下:在商品交易中,只有商流而没有物流的特殊现象,这就是房屋、建筑物等的交易。马克思说:"A卖给B的房屋,是作为商品流通的,但是它并没有移动。"这些商品虽然会发生所有权转移,但并不发生位置上的转移。

(三) 商流与物流分离的表现形式

1. 商流与物流分离的种类

(1) 商流与物流过程的分离

如果物流以本身的特殊性与商流过程分离，与商流过程完全一致，显然会合理得多。在经济全球化的趋势下，国际分工越来越深入，商业交易可以在全球范围内进行，甚至可以采用电子商务的形式进行虚拟运作，在这种情形下，商流过程与物流过程的分离，将成为网络经济时代的一个趋势，这种分离在网络经济时代将越发彻底。

(2) 商流责任人与物流责任人的分离

网络经济时代，由于物流服务供应商（如第三方物流等）的出现，商品的交易双方只进行商流的运作，而物流则由第三方来承担。这种商流运作和物流运作责任人的分离，是网络经济时代商物分离的一个标志。

2. 商流与物流分离的表现形式

(1) 物流在前，商流在后

在商品赊销的条件下，买者不是先付贷款，而是先取得商品。商品实体首先发生包装、装卸、运输、储运等物流活动。过一个时期，才实行付款和结算，商流是在物流之后完成的。具体细分又有：① 赊销；② 先发货后付款的结算方式；③ 分期付款。

(2) 商流在前，物流在后

物流是在商流之后完成的。商品的预购就是如此，实行商品预购，首先是买卖双方的一系列交易活动，如商务谈判、签订合同、交付订金或预付货款等。这时商品可能还没有生产出来，当然也不会有物流，经过一定的时间，等商品生产出来以后，才从产地运送到销地的购买者手里，这时也有商品的包装、装卸、运输、保管等物流活动。表现形式有：① 预购；② 款到发货的结算方式。

(3) 商流迂回，物流直达

例如在商流中，产品的所有权多次易手，但产品实体可能从最初的售卖者直接送达最终的购买者。在这种场合，商流是曲线迂回地进行，但物流则不需要迂回进行，而是直达供货。

(4) 只有商流，没有物流

只有商流没有物流。至少有以下两种情况。一种是建筑物、房产的买卖。一所大楼，可以经过许多卖主与买主的交易，反复地发生由商品变为货币和由货币变为商品的价值形态的变化，所有权出现多次的转移，但这所大楼依旧岿然不动，根本没有物的流通。第二种情况是商品的投机活动。在投机活动中，由商品变为货币和由货币变为商品可以进行过多次，由一个投机者手里转移到另一个投机者手里，商流不断地进行，但商品却可以沉睡在仓库里。这就是只有商流而没有物流。除此以外，也还有只有物流而没有商流的现象。我国农村农民家庭副业中的自给产品，就是这种情况。马克思在《资本论》中虽不曾使用商流与物流的概念，但对只有商流没有物流或只有物流没有商流的情况都做过分析。

二、第三利润源泉理论

该理论认为，生产领域依靠挖掘劳动对象来创造利润的"第一利润源泉"（资源领域，物质资源的节约）和挖掘劳动者的劳动来提高利润"第二利润源泉"（人力领域，劳动消耗的降低)的潜力越来越小,并已几乎开发殆尽,渐趋枯竭。在此情况下,通过有效地降低物流费用,可以有效地增加利润(第三利润)。人们转向流通领域。商品流通由物流、商流和信息流组成,而商流和信息流一般不会创造新的价值,所以物流成了众人瞩目的焦点,成为企业的"第三利润源泉"(物流领域)。物流被看做"降低成本的最后边界"。

第一利润源:从历史发展来看,人类历史上曾经有过两个大量提供利润的领域。第一个是资源领域,第二个是人力领域。资源领域起初是廉价原材料、燃料的掠夺或获得,其后则是依靠科技进步、节约消耗、节约代用、综合利用、回收利用乃至大量人工合成资源而获取高额利润,习惯称之为"第一个利润源"。

第二利润源:人力领域最初是廉价劳动,其后则是依靠科技进步提高劳动生产率,降低人力消耗或采用机械化、自动化来降低劳动耗用从而降低成本,增加利润,这个领域习惯称作"第二个利润源"。

这三个利润源注目于生产力的不同要素;第一个利润源的挖掘对象是生产力中的劳动对象,第二个利润的挖掘对象是生产力中的劳动者,第三个利润源则主要挖掘生产力要素中劳动工具的潜力,与此同时又挖掘劳动对象和劳动者的潜力,因而更具有全面性。

在近几年我国物流"热"持续升温的过程中,"第三利润源"说也随之被广为引用,耳熟能详。其实,日本早稻田大学教授、权威物流成本研究学者西泽修先生1970年提出的"第三利润源"说,早在1979年就被原国家物资总局组织的赴日考察团带回我国,在该代表团考察报告中对此有过介绍。1982年3月5日至19日,西泽修教授随以林周二教授为团长的日本物的流通协会访华团,应中国物资经济学会邀请来华,当时作者和该学会秘书长高博同志陪同访华团在北京、广州、南昌、合肥、上海考察访问,学到了许多宝贵的物流知识。西泽修教授给作者印象最深的一件事至今难忘。记得学会理事长、原国家物资总局副总局长余啸谷同志在北京民族宫宴会厅宴请访华团时,特意走到西泽修教授面前提起他的"第三利润源"说,西泽修教授当时非常惊喜,根本没想到他的学说竟然早已传播到中国,并被中国同行关注,于是马上拿出一本他新出版的关于物流成本的书,送给了余理事长。

西泽修教授在他的著作《物流——降低成本的关键》中谈到企业的利润源泉随着时代的发展和企业经营重点的转移而变化。日本1950年因朝鲜战争受到美国的经济援助和技术支持,很快实现了企业机械化、自动化生产。当时日本正处于工业化大生产时期,企业的经营重点放在了降低制造成本上,这便是日本第二次世界大战后企业经营的第一利润源。然而,依靠自动化生产手段制造出来的大量产品,引起了市场泛滥,产生了对大量销售的需求。于是,1955年从美国引进了市场营销技术,日本迎来了市场营销时代。这一时期,企业顺应日本政府经济高速增长政策,把增加销售额作为企业的经营重点。这便是日本第二次世界大战后企业经营的第二个利润源。1965年起,日本政府开始重视物流,1970年开始,产业界大举向物流进军,日本又进入了物流发展时代。这一时期,降低制造成本已经有限,增加销售额也已经走到尽头,切望寻求新的利润源,物流成本的降低使"第三利润源"的提法恰恰符合当时企业经营的需要,因而"第三利润源"说一提出,就备受关注,广为流传。

西泽修教授的"第三利润源泉"说,不仅推动了当时日本物流的发展,也对我国和亚太地区的物流发展产生了重要影响。

知识窗　如何来理解物流是第三利润源？

物流成为第三利润源的说法主要出自日本。第三利润源的理论最初认识是基于两个前提条件：物流是可以完全从流通中分化出来，自成一个独立运行的，有本身目标、本身的管理，因而能对其进行独立的总体的判断；物流和其他独立的经营活动一样，它不是总体的成本构成因素，而是单独盈利因素，物流可以成为"利润中心"型的独立系统。物流成为第三利润源是基于两个自身能力：一是物流在整个企业战略中，对企业营销活动的成本发生重要影响，二是物流活动最大的作用，不仅在于为企业节约了消耗，降低了成本或增加了利润，更重要的是在于提高企业对用户的服务水平进而提高了企业的竞争力。

第三利润源的理论最初认识是基于以下几方面的认识：

（1）物流是可以完全从流通中分化出来，自成一个独立运行的，有本身目标、本身的管理，因而能对其进行独立的总体的判断；

（2）物流和其他独立的经营活动一样，它不是总体的成本构成因素，而是单独盈利因素，物流可以成为"利润中心"型的独立系统；

（3）从物流服务角度来讲，通过有效的物流服务，可以给接受物流服务的生产企业创造更好的盈利机会，成为生产企业的"第三个利润源"。

（4）通过有效的物流活动，可以优化社会经济系统和整个国民经济的运行，降低国民经济的总成本，提高国民经济的总效益，将此看成为整个经济的"第三个利润源"。

三、效益背反（二律背反）理论

效益背反理论指的是在物流活动中，物流的若干功能要素之间存在着损益的矛盾，也即，某一个功能要素的优化和利益发生的同时，必然会存在另一个或另几个功能要素的利益损失，反之也如此。即一个环节费用的降低就可能意味着另一个环节费用的上升。这是一种此涨彼消，此盈彼亏的现象，虽然在许多领域中这种现象都是存在着的，但在物流领域中，这个问题似乎尤其严重。比如，要降低运输费用，那么仓储费用就会提高。

认识物流具有与商流不同特性而独立运动这一点，是物流科学走出的第一步；在认识效益背反的规律之后，物流科学也就迈出了认识物流功能要素这一步，而寻求解决和克服各功能要素效益背反现象。在系统科学已形成和普及的时代，必将导致人们寻求物流的总体最优化。为解决这一矛盾，就出现了物流的整体理论，即应该把物流看作一个整体，从整体的角度对物流进行研究，对物流从整体方面进行研究和运作，大体相同的还有物流系统理论、物流一体化观念、综合物流等等。

这里需要注意的是，物流的各项活动（运输、保管、搬运、包装、流通加工）之间存在二律背反（trade-off）问题。所谓二律背反是指对于同一资源（例如成本）的两个方面处于相互矛盾的关系中，想要较多地达到其中一个方面的目的，必然使另一方面的目的受到损失。"效益背反"如图1.2所示。

库存量与仓库费用的二律背反：

（1）减少库存据点并尽量减少库存，势必使库存补充变得频繁，增加运输次数。

（2）简化包装，则包装强度降低，仓库里的货物就不能堆放过高，降低了保管效率；而且在装卸和运输过程中容易出现破损，以致搬运效率下降，破损率增加。

(3) 将铁路运输改为航空运输,虽然运费增加了,而运输速度却大幅度提高了,不但减少了各地物流据点的库存,还大量减少了仓储使用。

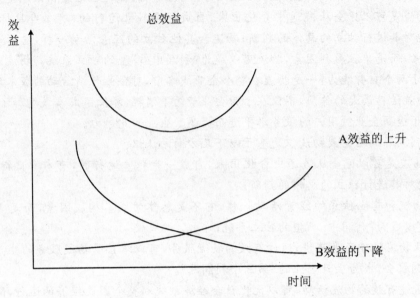

图 1.2　效益背反和总体效益

由于各种物流活动之间存在着二律背反,因而就必须研究其总体效益,使物流系统化。前面我们已经指出,物流系统是为了达成物流目的的有效机制。物流的各项活动如运输、保管、搬运、包装、流通加工等都各自具有提高自身效率的机制,也就是说物流系统具有运输系统、保管系统、搬运系统、包装系统、流通加工系统等分系统。因此我们必须使各个系统以实现其最佳效益为目的。

这些系统之间存在着二律背反,因而物流系统就是以成本为核心,按照最低成本的要求,使整个物流系统化。也就是说,物流系统就是要调整各个分系统之间的矛盾,以追求物流整体效果最佳,这正是物流领域的一个新发展。

四、物流的"黑大陆"说

著名的管理学权威 P·F·德鲁克曾经讲过:"流通是经济领域里的黑暗大陆",德鲁克泛指的是流通,但是,由于流通领域中物流活动的模糊性尤其突出,是流通领域中人们更认识不清的领域,所以,"黑大陆"说法现主要针对物流而言。

"黑大陆"说法主要是指尚未认识、尚未了解,在黑大陆中,如果理论研究和实践探索照亮了这块黑大陆,那么摆在人们面前的可能是一片不毛之地,也可能是一片宝藏之地。"黑大陆"说是对 20 世纪中在经济界存在的愚昧的一种反对和批判,指出在当时资本主义繁荣和发达的状况下,科学技术也好,经济发展也好都远未有止境;黑大陆说也是对物流本身的正确评价:这个领域未知的东西还很多,理论和实践皆不成熟。

五、物流冰山说

物流冰山说是日本早稻田大学西泽修教授提出来的,他研究物流成本时发现,现行的财务会计制度和会计核算方法都不可能掌握物流费用的实际情况,因而人们对物流费用的了解是一片空白,而反映出来的甚至还带有很大的虚假性,他把这种情况比作"物流冰山"。冰山的特点是大部分沉在水面之下,而露出水面的仅是冰山的一角。物流便是一座冰山,其中沉在水面以下的是我们看不到的区域,而我们看到的不过是物流的一部分。同时西泽修教授通过物流成本的具体分析论证了德鲁克的"黑大陆"理论,认为物流是一个极具开发前景的经济领域。

关于物流费用,有一种提法叫"物流冰山",其含义是说,人们对物流费用的总体内容并不掌握,提起物流费用大家只看到露出海面的冰山的一角,而潜藏在海水下面的冰山主体却看不见,海水中的冰山才是物流费用的主要部分。一般情况下,企业会计科目中,只把支付给外部运输企业、仓库企业的费用列入成本,实际这些费用在整个物流费用中犹如冰山的一角。因为物流基础设施建设费、企业利用自己的车辆运输、利用自己的库存保管货物、由自己的工人进行包装、装卸等费用都没计入物流费用科目内。一般来说,企业向外部支付的物流费是很小的一部分,真正的大头是企业内部发生的各种物流费用。基于这个现实,日本物流成本计算的权威早稻田大学教授西泽修先生提出了"物流冰山"说。

"物流冰山"说之所以成立,有三个方面的原因。① 物流成本的计算范围太大。包括:原材料物流、工厂内物流、从工厂到仓库、配送中心的物流、从配送中心到商店的物流等。这么大的范围,涉及的单位非常多,牵涉的面也特别广,很容易漏掉其中的某一部分。漏掉哪部分,计算哪部分,物流费用的大小相距甚远。② 运输、保管、包装、装卸、流通加工以及信息等各物流环节中,以哪几个环节作为物流成本的计算对象问题。如果只计算运输和保管费用不计算其他费用,与运输、保管、装卸、包装、流通加工以及信息等全部费用的计算,两者的费用计算结果差别相当大。③ 把哪几种费用列入物流成本中去的问题。比如,向外部支付的运输费、保管费、装卸费等费用一般都容易列入物流成本;可是本企业内部发生的物流费用,如:与物流相关的人工费、物流设施建设费、设备购置费,以及折旧费、维修费、电费、燃料费等是否也列入物流成本中去等都与物流费用的大小直接相关。因而我们说物流费用确实犹如一座海里的冰山,露出水面的仅是冰山的一角。

六、后勤理论

后勤理论认为物流活动主要是为其他经济活动作后勤保障,它对其他经济活动的顺利进行有着非常重要的作用。

后勤理论认为,后勤活动研究的内容主要包括:订单处理、运输、仓库和储存、物料采购、备件和维修服务保障、工业包装、存货控制、需求预测、客户服务、工厂和仓库布局、配送网络、退货处理、废弃物处理等。

七、成本中心理论、服务中心理论

1. 成本中心理论

解决物流问题主要是降低物流的成本。成本中心的含义,是物流在整个企业战略中,只对企业营销活动的成本发生影响,物流是企业成本的重要的产生点,因而,解决物流的问题,并不主要是为要搞合理化、现代化,不主要在于支持保障其他活动,而主要是通过物流管理和物流的一系列活动降低成本。所以,成本中心既是指主要成本的产生点,又是指降低成本的关注点,物流是"降低成本的宝库"等说法正是这种认识的形象阐述。

2. 服务中心理论

解决物流问题主要是为客户提供更好的服务。服务中心说代表了美国和欧洲等一些国家学者对物流的认识。即物流活动最大的作用,并不在于为企业节约了消耗,降低了成本或增加了利润,而是在于提高企业对用户的服务水平进而提高了企业的竞争能力。因此,他们在使用描述物流的词汇上选择了"后勤"一词,特别强调其服务保障的职能。通过物流的服务保障,企业以其整体能力来压缩成本增加利润。

八、供应链理论

供应链理论认为,企业的生产经营活动都存在着供应、生产、销售问题,这些在企业生产经营活动中并不是孤立的,而是紧密地联系在一起的,是通过一定的物流量来进行联系的,应该在现代信息技术的支撑下,通过信息共享和交流,把供应链中的企业物流活动作为一个统一过程来进行管理。

九、产业理论

产业理论认为,物流是国民经济活动的一个重要组成部分,在社会分工体系中,有其不同于其他经济活动的职能,也有自身独特的运动规律,应该把物流作为一个产业来进行发展和管理。

十、战略理论

战略说是盛行的说法,学术界和产业界越来越多的人已逐渐认识到,物流更具有战略性,是企业发展的战略,而不是一项具体的任务。应该说这种看法把物流放在了很高的位置,企业战略是什么呢?是生存和发展。物流会影响企业总体的生存和发展,而不是在哪个环节搞得合理一些,省了几个钱。

思考与练习

1. 物流的含义与功能是什么?
2. 物流的价值有哪些?
3. 物流的作用有哪些?
4. 如何理解物流冰山说?
5. 试述物流管理在企业管理中的作用。
6. 从网站或报刊中查找有关我国现代物流发展和企业实施有效物流管理的文章,并写出读后感。

第二章 物流类型

 学习目标

通过本章学习,你应该能够:
- 掌握现代物流的不同类型及其特点;
- 掌握第三方物流的相关内容;
- 了解第四方物流的定义和特征。

引入案例 第三方物流为网购快速发展提供基础和支持

> 电子商务是当代贸易发展的最新趋势,现代物流配送是与电子商务相配套的重要服务领域,物流企业的现代化是电子商务进一步发展的重要基础。网购无论多么方便快捷,唯一不能减少的就是商品的物流配送,配送服务如不能与之相匹配,则网购方便快捷的优势就很难发挥出来,电子商务的发展就会受到严重的影响。
>
> 随着网络在我国逐渐普及,网购近年来也快速发展,快递件数 2006 年为 2.7 亿件,2010 年就翻了三番,达到 23.4 亿件。网购的迅速发展,导致商品的物流配送需求旺盛。国内外许多物流配送企业,如 UPS、FedEx、TNT、中外运敦豪、顺丰、申通、天天快递、宅急送、圆通、中通、韵达等快递企业近年来在国内许多城市建立实体配送网络,与中邮物流 EMS 进行激烈地竞争,力争扩大配送市场范围,争取在众多快递企业中脱颖而出,顺应网购快速发展的浪潮,为网购快速发展提供支持。

根据物流的需求、物流在社会再生产过程中的地位与作用等不同角度,可以将物流划分为不同类型。在物流研究与实践过程中,针对不同类型的物流,需要采取不同的运作方式、管理方法等;针对相同类型的物流活动,可以进行类比分析、规模整合等。

第一节 物流分类

一、宏观物流与微观物流

(一)宏观物流与微观物流的定义

宏观物流是指社会再生产总体的物流活动,其主要特点是综观性和全局性。宏观物流主要研究内容包括物流总体构成,物流与经济发展的相互关系等。

微观物流是指消费者、生产者所从事的具体的物流活动,其主要特点是具体性和局部性。

(二)宏观物流与微观物流的关系

1. 内涵不同

宏观物流是指社会再生产总体的物流活动,从社会再生产总体角度认识和研究的物流活动。宏观物流主要研究内容包括物流总体构成,物流与经济发展的相互关系等,是从一个总体上看物流而不是从物流的某一个构成环节来看物流。

微观物流是指消费者、生产者所从事的实际的、具体的物流活动。在整个物流活动之中的一个局部、一个环节的具体物流活动也属于微观物流。

2. 领域不同

一般地,在大空间范畴内发生的物流活动,往往带有宏观性,属于宏观物流;在小空间范畴发生的物流活动,往往带有微观性,属于微观物流。

宏观物流,包括社会物流、国民经济物流、国际物流。

微观物流的研究内容贴近企业经营管理的实际,包括生产物流、供应物流、销售物流、回收物流及废弃物物流等。

3. 研究特点不同

宏观物流:综合性和全局性;微观物流:具体性和局部性。

(三)宏观物流的分类

宏观物流可以从以下几个角度进行分类:

从物品的角度分,可以分为自然资源物流、能源物流、原料物流、材料物流、机电产品物流、日用工业品物流、日用农产品物流、医药产品物流、文化产品物流、废旧物品物流、垃圾物流和其他物流(包括特殊产品物流、军用物资物流)等十二大类。每一大类还可再分为若干种类,最后细分到每一种具体物品物流。物品自身的特点决定物流活动的特点,物流活动中采用的各种技术和管理手段要适合物品自身的特点。因此,研究物流活动要以物品为基础,以研究物品的性质为基础。

从物流活动所属产业的角度分,可分为第一产业物流(农业物流)、第二产业物流(工业物流和建筑业物流)、第三产业物流(商业物流、服务业物流及军事物流等)等,也可根据各产业中的具体业态对物流活动作进一步的划分。隶属于不同产业的物流活动,在流体、载体、流量、流向与流程上有各自的特点,相互之间差异很大,对物流服务的需求也各不相同。

从物流活动地域范围的角度分,可以分为国际物流(不同国家之间的物流)和国内物流,国内物流又可以分为区域物流和城乡物流,前者又可以细分为行政区域物流和经济区域物流;后者又可以细分为城镇物流和乡村物流。

由于地域范围具有层次性,因此按照地域范围划分的物流活动也具有层次性,不同层次的物流活动也各自具有不同的特点。因此,研究不同层次的物流活动,应该有不同的研究侧重点。

(四)微观物流的分类

微观物流可以从以下几个角度进行分类:

从物流作业执行者的角度分,可以分为企业自营物流和第三方物流(也有人分为第一方物流、第二方物流和第三方物流)。第三方物流是指由供方和需方以外的物流企业提供物流服务的业务模式。随着社会经济的发展和社会分工的不断深化,第三方物流得到了巨大发展,成为了日益重要的物流模式。

从物流活动发生主体的角度分,可以分为工业企业物流、商业企业物流(包括批发企业物流、零售企业物流等)、非盈利组织物流(包括医院、社会团体、学校、军事等单位物流)及废品回收企业物流等。

从物流活动在企业中的地位角度分,可以分为供应物流、生产物流、销售物流、回收物流和废弃物物流。

供应物流是指为生产企业提供原材料、零部件或其他物品时,物品在提供者与需求者之间的实体流动。

生产物流指生产过程中,原材料、在制品、半成品、产成品等,在企业内部的实体流动。

销售物流是指生产企业、流通企业出售商品时,物品在供方和需方之间的实体流动。

回收物流是指不合格物品的返修、退货以及周转使用的包装容器从需方返回到供方所形成的物品实体流动。

废弃物物流是指将经济活动中失去原有使用价值的物品,根据实际需要进行收集、分类、加工、包装、搬运、储存等,并分送到专门处理场所时所形成的物品实体流动。

二、按照物流活动覆盖的范围分类

按照物流活动覆盖的范围分类可分为国际物流和国内物流。

(一)国际物流

国际物流是指货物(包括原材料、半成品、制成品)及物品(包括邮品、展品、捐赠物资等)在不同国家和地区间的流动和转移,是伴随和支撑国际间经济交往、贸易活动和其他国际交流所发生的物流活动。

(二)国内物流

国内物流是指一个国家范围内一个地区或一个区域范围的货物运输、保管、装卸搬运、包装、流通加工、配送以及相关的信息传递活动,区域物流的主体是货物运输。可以分为区域物流和城乡物流,前者又可以细分为行政区域物流和经济区域物流;后者又可以细分为城镇物流和乡村物流。

三、按照物流在供应链中的作用分类

企业物流可理解为围绕企业经营的物流活动,是具体的、微观物流活动的典型领域。企业系统活动的基本结构是投入→转换→产出,对于生产类型的企业来讲,是原材料、燃料、人力、资本等的投入,经过制造或加工使之转换为产品或服务;对于服务型企业来讲则是设备、人力、管理和运营,转换为对用户的服务。物流活动便是伴随着企业的投入→转换→产出而发生的。相对于投入的是企业外供应或企业外输入物流,相对于转换的是企业内生产物流或企业内转换物流,相对于产出的是企业外销售物流或企业外服务物流。由此可见,在企业经营活动中,物流是渗透到各项经营活动之中的活动。

按照企业经营活动的环节,企业物流可以分成供应物流、生产物流、销售物流、回收物流及废弃物物流等不同的类别。从企业角度上研究与之有关的物流活动,是具体的、微观的物流活动的典型领域。企业物流又可以区分为如图 2.1 所示的具体的物流活动。

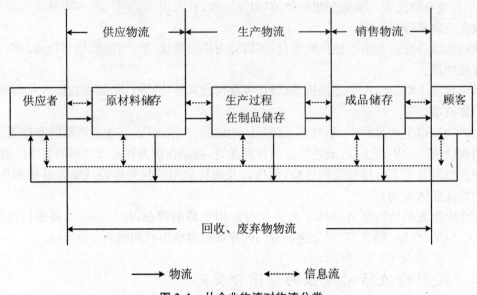

图 2.1　从企业物流对物流分类

（一）供应物流（Supply Logistics）

供应物流是企业为保证生产与经营活动的进行,组织原材料、零部件等生产因素所构成的物流。为生产企业、流通企业或消费者购入原材料、零部件或商品时,物品在提供者与需求者之间的实体流动过程称为供应物流。

供应物流包括原材料等一切生产物资的采购、进货运输、仓储、库存管理、用料管理和供应管理,也称为原材料采购物流。

企业为保证本身生产的节奏,不断组织原材料、零部件、燃料、辅助材料供应的物流活动,这种物流活动对企业生产的正常、高效进行起着重大作用。企业供应物流不仅是一个保证供应的目标,而且还是在最低成本,以最少消耗,以最大的保证来组织供应物流活动的限定条件下,因此,就带来很大的难度。企业竞争的关键在于如何降低这一物流过程的成本,可以说这是企业物流的最大难点。为此,企业供应物流就必须解决有效的供应网络问题,供应方式问题,零库存问题等。

（二）生产物流（Production Logistics）

生产物流是指在生产过程中,原材料、在制品、半成品、产成品等在企业内部的实体流动。这种物流活动是与整个生产工艺过程伴生的,实际上已构成了生产工艺过程的一部分。企业生产物流的过程大体为:原材料、零部件、燃料等辅助材料从企业仓库或企业的"门口"开始,进入到生产线开始端,再进一步随生产加工过程各个环节运动,在运动过程中,本身被加工,同时产生一些废料、余料,直到生产加工终结,再经过检查而最终运动至成品仓库便终结了企业生产物流过程。

过去,人们在研究生产活动时,主要注重一个一个的生产加工过程,而忽视了将每一个生产加工过程串在一起,使得一个生产周期内,物流活动所用的时间远多于实际加工的时间。所以企业生产物流的研究,可以大大缩减生产周期,节约劳动力。

(三) 销售物流(Distribution Logistics)

销售物流是伴随着销售过程所发生的物流活动。生产企业、流通企业出售产品或商品时,物品在供方与需方之间的实体流动称为销售物流。

销售物流是伴随销售活动,将产品实体转给用户的物流活动。企业销售物流是企业为保证本身的经营效益,不断伴随销售活动,将产品所有权转给用户的物流活动。在现代社会中,市场是一个完全的买方市场,因此,销售物流活动带有极强的服务性,以满足买方的需求,最终实现销售。在这种市场前提下,销售往往要送达用户并经过售后服务才算终止,因此,销售物流的空间范围很大,这便是销售物流的难度所在。在这种前提下,企业销售物流便是通过包装、送货、配送等一系列物流实现销售,这就需要研究送货方式、包装水平、运输路线等并采取各种诸如少批量、多批次、定时、定量配送等特殊的物流方式达到目的,因而,其研究领域是很宽的。

销售物流的起点,一般情况下是生产企业的产成品仓库,经过分销物流,完成长距离、干线的物流活动,再经过配送完成市内和区域范围的物流活动,到达企业、商业用户或最终消费者。销售物流是一个逐渐发散的物流过程,这和供应物流形成了一定程度的镜像对称,通过这种发散的物流,使资源得以广泛地配置。

(四) 回收物流(Returned Logistics)

回收物流指对供应、生产、销售等活动所产生的各种边角余料和废弃物等进行回收所产生的物流。回收物流也指不合格物品的返修、退货以及周转使用的包装容器从需方返回到供方所形成的物品实体流动。

回收物流:(逆向)有关可以利用的回收能够产生经济效益。企业在生产、供应、销售的活动中总会产生各种边角余料和废料,这些东西回收是需要伴随物流活动的,而且在一个企业中,回收物品处理不当,往往会影响整个生产环境,甚至影响产品质量,也会占用很大空间,造成浪费。

(五) 废弃物物流(Waste Material Logistics)

废弃物流是指将经济活动中失去原有使用价值的物品,根据实际需要进行收集、分类、加工、包装、搬运、储存,并分送到专门处理场所时所形成的物品实体流动。企业废弃物物流是指对企业排放的无用物进行运输、装卸、处理的物流活动。

四、按物流的流向来分类

(一) 正向物流和逆向物流的定义

正向物流是从生产地(或供应地)到消费地(或需要地)、或与企业生产经营过程相一致的物流。

逆向物流是从消费地(或需要地)到生产地(或供应地)、或与企业生产经营过程呈相反方向的物流。

(二) 逆向物流与正向物流的联系

正向物流和逆向物流是一个完整物流系统的两个子系统,两者相互联结、相互作用、相互制约,共同构成了一个开放式的物流循环系统。

逆向物流是在正向物流运作过程中产生和形成的,没有正向物流,就没有逆向物流;逆向物流流量、流向、流速等特性是由正向物流属性决定的。如果正向物流利用效率高、损耗小,则逆向物流必然流量小、成本低,反之则流量大、成本高。另外在一定条件下,正向物流与逆向物流也可以相互转化,正向物流管理不善、技术不完备就会转化成逆向物流;逆向物流经过再处理、再加工、改善管理方法制度,又会转化成正向物流,被生产者和消费者再利用。

(三) 逆向物流与正向物流的区别

与正向物流相比,逆向物流有着明显的不同特点:

1. 逆向物流的反向性

逆向物流同正向物流运作的起始点和方向基本相反,它更加趋向于反应性的行为与活动,其中实物和信息的流动基本都是由供应链末端的成员或最终消费者引起的。

2. 逆向物流的分散性和不确定性

由于退回的物品有各种不同的原因,逆向物流产生的地点、时间和数量是难以预见的,因此废旧物资流可能产生于生产领域、流通领域或生活消费领域,涉及任何领域、任何部门、任何个人,在社会的每个角落日夜不停地发生。

3. 逆向物流的缓慢性

回流物品的数量少,种类多,只有在不断汇集的情况下才能形成较大的流动规模。废旧物资的产生往往不能立即满足人们的某些需要,它需要经过收集、分类、整理、运输、加工、改造等环节,甚至只能作为原料回收使用,这是一个较复杂的过程,所需要的时间比较长,这一切都决定了废旧物资缓慢性这一特点。

4. 逆向物流的混杂性与复杂性

在进入逆向物流系统时不同种类、不同状况的回流物品通常混杂在一起;由于回流物品的产生地点、时间分散、无序,因此不可能集中一次转移,而且对于不同的回流物品需要采用不同的处理方法,从而导致管理的复杂性。

5. 逆向物流的处理费用高

由于这些回流物品通常缺乏规范的包装,又具有不确定性,难以形成运输和储存的规模效益;另一方面,许多物品需要人工的检测、分类、判断、处理,效率比较低,大大增加了人工处理的费用。

6. 逆向物流的价值递减性与递增性

一些回流产品,由于逆向物流过程中会产生一系列的运输、仓储及处理费用,因而会使其本身的价值递减。而另一些回流物品,对消费者而言没有什么价值,但是通过逆向物流系统处理后,又会变成二手产品、零件或者生产的原材料,获得了再生的价值,因此逆向物流又具有价值的递增性。

总之,逆向物流就是为了资源回收或正确处理废弃物,对原材料、在制品、产成品及相关信息从消费点到产出点的流动和储存进行规划、实施和控制的过程,与正向物流既存在着联系,又有着显著的区别。

五、按照物流活动的承担主体分类

(一)企业自营物流

在计划经济体制下,大多数企业都是采用"以产带销"的经营方式,因此,其物流运作的规模、批量、时间都是在计划指导下进行的,企业自备车队、仓库、场地、人员,自给自足地自营物流的方式成为传统企业物流的主体。

(二)专业子公司物流

物流专业子公司一般是指从企业传统物流运作功能中剥离出来,成为一个独立运作的专业化实体。它与母公司(或集团)之间的关系是服务与被服务的关系。

(三)第三方物流(TPL)

第三方物流是与自营物流相对而言的,它是专业物流企业面向全社会提供物流服务,按照客户要求进行货物的运输、包装、保管、装卸搬运、流通加工、配送等项的有偿服务。

(四)第四方物流(FPL)

第四方物流是一个调配和管理组织自身的及具有互补性服务提供商的资源、能力与技术,来提供全面的供应链解决方案的供应链集成商。

(五)定制物流(Customized logistics)

定制物流是指根据客户的特定要求而为其专门设计的物流服务模式。

(六)虚拟物流(Virtual logistics)

虚拟物流是以计算机网络技术进行物流运作与管理,实现企业间物流资源共享和优化配置的物流模式。

(七)精益物流(Lean logistics)

精益物流是以实现客户的最大价值为出发点,剔除物流过程的一切无效和不增值作业,用尽可能少的投入满足客户需要,从而获取高效益的现代物流方式。

六、按照物流的特殊性分类

(一)一般物流

一般物流是指具有某些相同点和一般性的物流活动。

（二）特殊物流

特殊物流是具有特殊属性的物流。专门范围、专门领域、特殊行业，在遵循一般物流规律的基础上，带有特殊制约因素、特殊应用领域、特殊管理方式、特殊动对象、特殊机械装备特点的物流，皆属于特殊物流范围。

七、其他物流分类

物流也可以分为第一产业物流（农业物流）、第二产业物流（工业物流和建筑业物流）、第三产业物流（商业物流、服务业物流及军事物流等）等。还有按劳动对象的特殊性，有水泥物流、石油及油品物流、煤炭物流、腐蚀化学物品物流、危险品物流等；按数量及形体不同有多品种、少批量、多批次产品畅流、超大、超长型物物流等；按服务方式及服务水平不同有"门到门"的一贯物流、配送等；按装备及其技术不同有集装箱物流、托盘物流等；在特殊的领域有军事物流、废弃物物流等；按组织方式不同有加工物流等。

第二节　第三方物流

一、第三方物流的定义

第三方物流（Third Party Logistics，TPL/3PL）又被称为"合同物流""契约物流""外包物流"等。

中华人民共和国国家标准《物流术语》中给出的定义是这样的：第三方物流是由供方与需方以外的物流企业提供物流服务的业务模式。

第三方物流给企业（顾客）带来了众多益处，主要表现如下。

1. 集中主业

企业能够实现资源优化配置，将有限的人力、财力集中于核心业务，进行重点研究，发展基本技术，努力开发出新产品参与竞争。

2. 节省费用，减少资本积压

专业的第三方物流提供者利用规模生产的专业优势和成本优势，通过提高各环节能力的利用率节省费用，使企业能从分离费用结构中获益。根据对工业用车的调查结果，企业解散自有车队而代之以公共运输服务的主要原因就是为了减少固定费用，这不仅可以节省购买车辆的投资，还节省了车间仓库、发货设施、包装器械以及与员工相关的开支。从日益增长的工业成品营销服务需求看。以1990年的服务为例，工业品营销费用占费用的20%，预计2005年该比例将达到40%。若企业自行分配产品，这意味着对营销服务任何程度的深入参与，都将引起费用的大幅增长。只有使用专业服务公司提供的公共服务，才能减少额外开支。

3. 减少库存

企业不能承担原料和库存的无限拉长,尤其是高价值的部件要求及时送往装配点以保证库存的最小量。第三方物流提供者借助精心策划的物流计划和适时运送手段,最大限度地养活库存,改善了企业的现金流量,实现成本优势。

4. 提升企业形象

第三方物流提供者与顾客,不是竞争对手,而是战略伙伴,他们为顾客着想,通过全球性的信息网络使顾客的供应链管理完全透明化,顾客随时可通过 Internet 了解供应链的情况;第三方物流提供者是物流专家,他们利用完备的设施和训练有素的员工对整个供应链实现完全的控制,减少物流的复杂性;他们通过遍布全球的运送网络和服务提供者(分承包方)大大缩短了交货期,帮助顾客改进服务,树立自己的品牌形象。第三方物流提供者通过"量体裁衣"式的设计,制订出以顾客为导向、低成本高效率的物流方案,为企业在竞争中取胜创造了有利条件。

以上种种原因,极大地推动了第三方物流的向前发展,使第三方物流服务成为 21 世纪国际物流发展的主流。

第三方物流与传统物流的区别如表 2.1 所示,第三方物流的服务特点与传统物流的比较如表 2.2 所示。

表 2.1　第三方物流与传统物流的区别

功能要素	第三方物流	传统物流
合约关系	一对多	一对一
法人构成	数量少(对用户)	数量多(对用户)
业务关系	一对一	多对一
服务功能	多功能	单功能
物流成本	较低	较高
增值服务	较多	较少
质量控制	难	易
运营风险	大	小
供应链因素	多	少

表 2.2　第三方物流的服务特点与传统物流的比较

第三方物流的服务特点	传统物流服务特点
提供一体化服务、全面提升客户价值	提供内部物流、降低物流成本
增值服务	基本服务
管理服务	功能服务
信息流和资金流服务	实物流服务
双赢的合作伙伴关系	零和博弈论
协同运作	完成指令
物流合作	物流服务

二、第三方物流企业的效益源泉

(一) 规模效益

第三方物流企业最基本的特征是集多家企业的物流业务于一身,物流业务的规模扩大了。物流业务规模的扩大,可以让企业的物流设施、人力、物力、财力等资源充分利用,发挥效益;有的还可以采用专用设备、设施,提高工作效率;有的甚至采用先进技术,跟高科技接轨、跟全国甚至全世界接轨,取得超级效益,这些都是扩大规模带来的好处。

(二) 系统协调

系统协调是指第三方物流公司在自己所占有的供应商群及其各自的客户群中进行的协调活动。这些协调活动包括:

(1) 联合调运活动打破各个供应商、各个客户群之间的界限,在这些供应商。客户之间统一组织运输,这样不但可以更节省车辆,还可以更充分利用车辆。

(2) 打破各个客户群之间的界限,统一组织配送,即进行联合配送,这样将比在原来的各个客户群内部组织配送更节省。

(3) 因为掌握了众多的供应商和他们各自的客户群,其相互之间可能会有互为供需的关系,通过自己的协调,促使他们之间形成新的更合理的供需关系。这种新的供需关系不但可以帮助供应商开拓市场,而且也可以大大有利于第三方物流公司节约物流费用。

(4) 统一批量化作业,例如订货、质检、报关、报审等,实行批量化作业可以节省时间、提高工作效率。

这种协调效益是第三方物流企业最主要的效益源泉。第三方物流企业要学会利用协调效益来提高自己的效益水平。要提高协调效益,就要努力做到:

(1) 要努力培养系统和系统工程的观点和思想方法。

(2) 要努力学习掌握物流优化的理论与方法,提高物流管理水平。

(3) 在客户的选择上,除了注意数量之外,还要注意加强客户之间的相关性。这种相关性,主要表现为同一行业、同一地区、同一类物资甚至是同一种产品等。客户之间的相关性越强,则互为供需的可能性越大,系统协调的可能性也越大。

(三) 专业化效益

通过专业化来提高企业的效益。在第三方物流企业当中,由于业务量大,所以多个物流作业可以实现专业化,例如运输、仓储、装卸、搬运、包装、信息处理等都可以实现专业化。专业化就可以导致科技化和先进化,从而导致经济效益的大幅度提高。专业化不但是指作业专业化、设备专业化,而且指人的专业化。

(四) 群体效益

群体效益即第三方物流企业不但能够提高自身的效益,而且也可提高自己的客户企业的效益。客户企业的物流业务交给第三方物流企业承包后,不但自己的物流任务可以完成得更好,而且还使自己甩开这些繁琐的物流事务活动,集中精力发展自己的核心竞争力,提高企业的优势,使企业取得更大的经济效益。因此,第三方物流企业能够使自己和客户群都增强各自的核心竞争力,使整个群体共赢共荣,获取很好的群体效益。

三、第三方物流的特征

第三方物流的活动范围和相互之间的责任范围较一般的物流活动都有所扩大。企业与物流服务提供者建立关系的目的是为了发展战略联盟,以使双方都获利,实现双赢。因此供求双方利益是一致的,最高管理层的协调是不可缺少的,这就显示了第三方物流的以下特征。

(一) 长期契约

与客户建立长期战略联盟,形成合同制有偿服务。第三方物流企业不是货代公司,也不是单纯的速递公司,它的业务深深地延伸到客户的销售计划、库存管理、订货计划、生产计划等整个生产经营过程,所以超出了与客户一般的买卖关系,形成了一种长期的战略合作伙伴关系。第三方物流是根据合同条款的要求,以合同为导向的系列服务,而不是根据客户临时的需求提供的服务。

(二) 专业化服务

物流技术专业化表现为现代技术在物流活动中得到了广泛的应用,例如,条形码技术,EDI 技术,自动化技术,网络技术,智能化和柔性化技术等等。运输、装卸、仓储等也普遍采用专业化、标准化、智能化的物流设施设备。这些现代技术和设施设备的应用大大提高了物流活动的效率,扩大了物流活动的领域。

(三) 信息化管理

物流信息化是整个社会信息化的必然需求。现代物流高度依赖于对大量数据、信息的采集、分析、处理和即时更新。在信息技术、网络技术高度发达的现代社会,从客户资料取得和订单处理的数据库化、代码化,物流信息处理的电子化和计算机化,到信息传递的实时化和标准化,信息化渗透至物流的每一个领域。为数众多的无车船和固定物流设备的第三方物流者正是依赖其信息优势展开全球经营的。从某种意义上来说,现代物流竞争已成为物流信息的竞争。第三方物流以现代信息技术为基础,拥有大量的、充分的信息。实现了数据的快速传递,提高了业务处理的自动化水平,实现了各环节运作的一体化程度,使客户把原来由内部完成的物流活动分离出去交给第三方物流公司完成。

(四) 规模化经营

专业的物流部门由于具有人才优势、技术优势和信息优势,可以采用更为先进的物流技术和管理方式,取得规模经济效益,从而达到物流合理化——产品从供方到需方全过程中,达到环节最少、时间最短、路程最短、费用最省。规模效益是第三方物流的一个最重要的效益源泉。没有规模就没有效益,这正是第一方物流或第二方物流的不足。规模效益也正是第三方物流比第一、二方物流优越的地方。

(五) 一体化运作

现代物流具有系统综合和总成本控制的思想,它将经济活动中所有供应、生产、销售、运输、库存及相关的信息流动等活动视为一个动态的系统总体,关心的是整个系统的运行效能与费用。

物流一体化的一个重要表现是供应链(Supply Chain)概念的出现。供应链把物流系统从采购开始经过生产过程和货物配送到达用户的整个过程,看做是一条环环相扣的"链",物流管理以整个供应链为基本单位,而不再是单个的功能部门。在采用供应链管理时,世界级的公司力图通过增加整个供应链提供给消费者的价值、减少整个供应链的成本的方法来增强整个供应链的竞争力,其竞争不再仅仅是单个公司之间的竞争,而上升为供应链与供应链的竞争。

四、第三方物流的优势

(一) 第三方物流的创造利润价值

第三方物流发展的推动力就是要为客户及自己创造利润。第三方物流公司必须以有吸引力的服务来满足客户需要,服务水平必须符合客户的期望,要使客户在物流方面得到利润,同时自己也要获得收益,因此,第三方物流公司必须通过自己物流作业的高效化、物流管理的信息化、物流设施的现代化、物流运作的专业化、物流量的规模化来创造利润。

1. 作业利益

第三方物流服务首先能为客户提供"物流作业"改进利益。一方面,第三方物流公司可以通过第三方物流服务,提供给客户自己不能自我提供的物流服务或物流服务所需要的生产要素,这是产生物流外包并获得发展的重要原因。在企业自行组织物流活动情况下,或者局限于组织物流活动所需要的专业知识,或者局限于自身的技术条件,是企业内部物流系统难以满足自身物流活动的需要,而企业自行改进或解决这一问题又往往是不经济的。物流作业的另一个改进就是改善企业内部管理的运作表现,增加作业的灵活性,提高质量和服务、速度和服务的一致性,使物流作业更具效率。

2. 经济利益

第三方物流服务为客户提供经济或与财务相关的利益是第三方物流服务存在的基础。一般低成本是由于低成本要素和规模经济的经济性而创造的,其中包括劳动力要素成本。通过物流外协,可以将不变成本转变成可变成本,又可以避免盲目投资而将资金用于其他用途从而降低成本。

稳定和可见的成本也是影响物流外协的积极因素,稳定成本时的规划和预算手续更为简便。一个环节的成本一般来讲难以清晰地与其他环节区分开来,但通过物流外协,使用第三方物流服务,则供应商要申明成本和费用,成本的明晰性就增加了。

3. 管理利益

第三方物流服务给客户带来的不仅仅是作业的改进及成本的降低,还应该给客户带来与管理相关的利益。正如前面所述,物流外包可以使用企业不具备的管理专业技能,也可以将企业内部管理资源用于别的更有利可图的用途中去,并与企业核心战略相一致。物流外包可以使公司的人力资源更集中于公司的核心活动,而同时获得的是别的公司(第三方物流公司)的核心经营能力。此外,如单一资源和减少供应商数目所带来的利益也是物流外包的潜在原因,单一资源减少了公关等费用,并减轻了公司在几个运输、搬运、仓储等服务商间协调的压力。第三方物流服务可以给客户带来的管理利益还有很多,如:订单的信息化管理、避免作业中断、运作协调一致等。

4. 战略利益

物流外包还能产生战略意义及灵活性。包括地理范围块区的灵活性(设点或撤销)及根据环境变化进行调整的灵活性。集中主业在管理层次与战略层次高度一样具有重要性。共担风险的利益也可以通过第三方物流服务来获得。

（二）第三方物流的服务价值

在社会化大生产更加扩大,专业化分工愈加细化的今天,服务成为企业竞争的关键因素。以最小的总成本提供预期的顾客服务已为成企业努力的方向,帮助企业提高顾客服务水平和质量也正是第三方物流所追求的根本目标。服务水平的提高会提高顾客满意度,增强企业信誉,促进企业的销售,提高利润率,进而提高企业市场占有率。在市场竞争日益激烈的今天,高水平的顾客服务对于现代企业来说是至关重要的,它是企业优于其同行的一种竞争优势。物流能力是企业服务的内容之一,会制约企业的顾客服务水平。例如,在生产时由于物流问题使采购的材料不能如期到达,也许会迫使工厂停工,不能如期交纳顾客订货而承担巨额违约金,更重要的是会使企业自身信誉受损,销量减少,甚至失去良好合作的顾客。这就是为什么现代企业如此重视服务,重视物流的原因之一。物流服务水平实际上已成为企业实力的一种体现。而第三方物流在帮助企业提高自身顾客服务水平上自有其独到之处。利用第三方物流企业信息网络和结点网络,能够加快对顾客订货的反应能力,加快订单处理,缩短从订货到交货的时间,进行门对门运输,实现货物的快速交付,提高顾客满意度;通过其先进的信息技术和通信技术可加强对在途货物的监控,及时发现、处理配送过程中的意外事故,保证订货及时、安全送达目的地,尽可能实现对顾客的承诺;产品的售后服务,送货上门,退货处理,废品回收等也可由第三方物流企业来完成,保证企业为顾客提供稳定、可靠的高水平服务。

企业对物流的控制和管理,实际上就是成本与服务之间的一种均衡,而且在市场环境下,服务甚至比成本更重要。现代企业必须充分认识到顾客服务的重要性,在考虑是否采用第三方物流时,应处理好成本与服务的均衡问题,不应一味追求物流成本的削减,即使在企业自己从事物流时也应如此。因为低成本往往容易导致低服务,过分压价,会使第三方利益受损,无力通过自身积累来扩大规模,也就无力给企业提供更好的服务,反过来也会损害企业自身的长远利益。应该说只要企业顾客服务水平的提高所带来的效益大于其成本支出,那么这种决策就是可取的。只有当企业采用第三方物流后既增加成本,服务水平又不见有提高甚至下降时,企业才应该重新决策。

（三）第三方物流的成本价值

在竞争激烈的市场上,降低成本、提高利润率往往是企业追求的首选目标。这也是物流在 20 世纪 70 年代石油危机之后其成本价值被挖掘出来作为"第三利润源"受到普遍重视的原因。物流成本通常被认为是企业经营中较高的成本之一,控制物流成本,就等于控制了总成本。完整的企业物流成本,应该包括物流设施设备等固定资产的投资、仓储、运输、配送等费用(即狭义的物流费用),以及为管理物流活动所需的管理费、人工费和伴随而来的信息传递、处理等所发生的信息费等广义的物流费用。在衡量物流成本的增减变动时,应全面考虑所有这些有关的费用构成的物流总成本,而不能仅以运输费用和仓储费用的简单之和作为考察物流成本变动的指标,否则企业在进行物流成本控制或采用第三方物流后,最终核算时有可能会得出企业物流成本不降反升的错误结论。

企业将物流业务外包给第三方物流公司,由专业物流管理人员和技术人员,充分利用专业化物流设备、设施和先进的信息系统,发挥专业化物流运作的管理经验,以求取得整体最佳的效果,企业可以不再保留仓库、车辆等物流设施,对物流信息系统的投资也可转嫁给第三方物流企业来承担,从而可减少投资和运营物流的成本;还可以减少直接从事物流的人员,从而减少工资支出;提高单证处理效率,减少单证处理费用;由于库存管理控制的加强可降低存货水平,削减存货成本;通过第三方物流企业广泛的结点网络实施共同配送,可大大提高运输效率,减少运输费用等等。这些都是第三方物流能够产生的成本价值。对企业而言,应建立一套完整的物流成本核算体系,以便真实地反映企业实施物流控制或采用第三方物流所带来的效益,促使企业物流活动日趋合理化。

(四) 第三方物流的风险规避价值

企业如果自己运作物流,要面临两大风险:一是投资的风险,二是存货的风险。前面我们已经说过,企业自营物流是要进行物流设施、设备的投资的,如建立或租赁仓库、购买车辆等。这样的投资往往比较大,而如果企业物流管理能力较低,不能将企业拥有的物流资源有效协调、整合起来,尽量发挥其功用,致使物流效率低下,物流设施闲置,那么企业在物流上的投资就是失败的,这部分在物流固定资产上的投资将面临无法收回的风险。另一方面,企业由于自身配送能力、管理水平有限,为了及时对顾客订货作出反应,防止缺货和快速交货,往往需要采取高水平库存的策略,即在总部以及各分散的订货点处维持大量的存货。而且一般来说,企业防止缺货的期望越大,所需的安全储备越多,平均存货数量也越多。在市场需求高度变化的情况下,安全库存量会占到企业平均库存的一半以上,对于企业来说就存在着很多资金风险。尽管存货属于流动资产的一种,但它不仅不是马上就能动用的资产,而且它还需要占用大量资金。存货越多,变现能力往往越弱,企业资金越少。而且随着时间的推移,存货有贬值的风险。在库存没有销售出去变现之前,任何企业都要冒着巨大的资金风险。企业如果通过第三方物流企业进行专业化配送,由于配送能力的提高,存货流动速度的加快,企业可能减少内部的安全库存量,从而减少企业的资金风险,或者把这种风险分散一部分给第三方物流企业。

(五) 第三方物流的竞争力提升价值

企业利用第三方物流,可使自身专注于提高核心竞争力。生产企业的核心能力是生产、制造产品,销售企业的核心能力是销售产品。而且随着外部市场环境的变化,企业的生产经营活动已变得越来越复杂。一方面,企业需要把更多的精力投入到自己的生产经营当中;另一方面,企业交往的对象更多了,所要处理的关系也更为复杂,在处理各种关系和提高自身核心能力上,企业的资源分配便会出现矛盾。如果将企业与顾客间的物流活动转由第三方物流企业来承担,便可大大降低企业在关系处理上的复杂程度。企业通过采用第三方物流后，原来的直接面对多个顾客的一对多关系变成了直接面对第三方物流的一对一关系，企业在物流作业处理上避免了直接与众多顾客打交道而带来的复杂性，简化了关系网，便于将更多精力投入自身的生产经营中。

此外，作为第三方物流企业，可以站在比单一企业更高的角度上来处理物流问题，通过其掌握的物流系统开发设计能力、信息技术能力将原材料供应商、制造商、批发商、零售商等处于供应链上下游的各相关企业的物流活动有机衔接起来，使企业能够形成一种更为强大的供应链竞争优势，这是个别企业所无法实现的工作。在专业化分工越来越细的时代，再有实力的企业也不可能面面俱到，什么都做得很好。把自己较不擅长的部分，或者说不是自己核心能力的部分让第三方来承担，扬长避短，实际上就使得企业和第三方物流各自的优势得到强化，既能促使企业专注于提高自身核心竞争力，有助于企业的长远发展，又有利于带动物流行业整体的发展。

（六）第三方物流的社会效益

以上所说的，实际上可归为第三方物流的经济价值，而除了其独特的经济效益外，第三方物流还具有另一为大多数人所忽视的价值，即其社会效益。首先，第三方物流可将社会上众多的闲散物流资源有效整合、利用起来。在过去的计划经济体制下，受大而全、小而全思想的影响，我国很多企业都建有自己的仓库、车队，而且往往存在仓储设施老化、仓储管理人员素质低下等问题。企业各自进行分存储，导致物流设施使用低效，有的企业仓库不足，需扩建，而有的企业仓库则大量闲置、浪费，造成社会物流资源的不合理配置；自行组织运输则使运输效率低下，社会运力得不到有效利用，车辆空驶现象普遍，运输成本高。而且企业由于受到原有一套物流系统的限制，很难依靠自身力量来进行更新改造，强化物流管理。而通过第三方物流企业专业的管理控制能力和强大的信息系统，对企业原有的仓库、车队等物流资源进行统一管理、运营、组织共同存储、共同配送，将企业物流系统社会化，实现信息、资源的共享，则可从另一个高度上极大地促进社会物流资源的整合和综合利用，提高整体物流效率。

其次，第三方物流有助于缓解城市交通压力。通过第三方物流的专业技能，加强运输控制，通过制定合理的运输路线，采用合理的运输方式，组织共同配送、货物配载等，可减少城市车辆运行数量，减少车辆空驶、迂回运输等现象，解决由于货车运输的无序化造成的城市交通混乱、堵塞问题，缓解城市交通压力。由于城市车辆运输效率的提高，可减少能源消耗，减少废气排放量和噪声污染等，有利于环境的保护与改善，促进经济的可持续发展。

再次，第三方物流的成长和壮大可带动中国物流业的发展，对中国产业结构的调整和优化有着重要的意义。

五、第三方物流增长的障碍

（一）业务外包者的局限

(1) 物流成本测量的局限。
(2) 选择物流职能外包的困难。
(3) 物流管理中技术上配合的困难。

（二）第三方物流供应商的局限

(1) 激烈的竞争。
(2) 没有物流的专业知识。
具有专门物流知识、经营管理及营销管理的人才严重缺乏，物流设施不符合服务要求。
(3) 没有市场营销的意识。

六、如何提升第三方物流的竞争力

物流运作外包给第三方物流企业来承担，有助于使企业专注于自身的核心能力，提高竞争力。这主要表现在：

(1) 随着企业生产经营规模的不断扩大，对物流提出了更高的要求，企业本身已很难满足自身的物流需求，只有寻求专业化的物流服务。

(2) 企业既要把更多的精力投入到生产经营当中，又要注重市场的开拓，资源容易受到限制。而许多大型第三方物流企业在国内外都有良好的运输和分销网络，希望拓展国际或其他地区市场以寻求发展的企业可以借助这些网络进入新的市场。

(3) 随着企业业务规模的扩大，交往的对象增多，需要处理的渠道关系变得复杂，容易分散企业的精力。如果将企业的订货、配送转给第三方物流企业，从而避免直接与众多顾客打交道的复杂性，把更多精力投入自身的生产经营中。

(4) 现代企业要在激烈的竞争环境中立于不败之地，越来越需要与其他企业建立良好的合作与联盟的关系，作为面向社会众多企业提供物流服务的 3PL 企业，可以站在比单一企业更高的角度上来处理物流问题，可以与整个制造企业的供应链完全集成在一起，为其设计、协调和实施供应链策略，通过提供增值服务来帮助客户更好地管理其核心能力。而且 3PL 企业的客户可能遍及供应链的上下游，通过它可以将相关企业的物流活动有机衔接起来，形成一种更为强大的供应链竞争优势，这是个别企业，特别是中小企业没能力实现的活动。

各方物流的概念如表 2.3 所示。

表 2.3　各方物流的概念

名词	解释
第一方物流	由卖方、供应商组织的物流，即供应方为了提供商品而进行的物流，如供应商送货上门
第二方物流	由买方、客户组织的物流，即需求方为采购而进行的物流，如赴产地采购、自行运回商品
第三方物流	由物流的供应方和需求方之外的第三方所进行的物流
第四方物流	供应链的集成者、整合者和管理者 提供全面的供应链解决方案的供应链集成商
第五方物流	提供各层次物流人才培训服务的企业

第三节 第四方物流

随着物流业的不断向前发展,人们逐渐认识到第三方物流公司在实际运作过程中,存在着许多与生俱来的缺点。比如,第三方物流公司缺乏对整个供应链进行运作的战略性专长和整合供应链流程的相关技术;再如,第三方物流受自身能力的限制,其提供的物流信息、技术不可能满足整个社会系统物流需要,也不可能充分利用社会资源等等。因此,第四方物流由此便悄然兴起。

一、第四方物流的概念

第四方物流(Fourth Party Logistics,FPL/4PL)最早是于 20 世纪 90 年代中期,由美国埃森哲咨询公司 Accenture(原安盛咨询公司)提出的。第四方物流是一个调配和管理组织自身的及具有互补性服务提供商的资源、能力与技术,来提供全面的供应链解决方案的供应链集成商。

第四方物流主要通过对物流资源、物流设施和物流技术的整合和管理,提出物流全程的方案设计、实施办法和解决途径。供应链的集成者、整合者和管理者,主要通过对物流资源、物流设施和流技术的整合和管理,提出物理管理全过程的方案设计、实施办法和解决途径。

物流服务提供者是一个供应链的集成商,它对公司内部和具有互补性的服务提供者所拥有的不同资源、能力和技术进行整合和管理,提供一整套供应链解决方案。第四方物流能够优化物流资源配置,推动物流业向规模化、社会化、网络化的方向发展;可以实现快速、高质量、低成本的产品运送服务;能够解决在供应链合作关系中普遍存在的问题,使合作双方能够彼此间信任;能解决整个社会物流的主要问题,使整个社会物流资源得以整合。

二、第四方物流的特征

1. 第四方物流提供一整套完善的供应链解决方案

2. 第四方物流通过其对整个供应链产生影响的能力来增加价值

通过对第四方物流概念的分析可以发现,第四方物流集成了管理咨询和第三方物流服务商的能力,它为客户提供一整套完善的供应链解决方案。第四方物流具备以下几个特征:

(1) 整合一个以上的物流功能;

(2) 本身不具备运输、仓库,但在约定的情况下,它可利用;

(3) 可根据客户要求,提供各种具体的服务,如采购原料、存货管理、生产准备、组装、包装和运输等。

3. 第四方物流提供商是一个总承包商

总之,第四方物流就是充分利用了包括自身和客户的多方资源,通过一个全方位的供应链解决方案来满足企业今天所面临的多变而又复杂的市场环境。

三、第四方物流的功能

它提供可以通过整个供应链的影响力,提供综合的供应链解决方案,也为其顾客带来更大的价值,显然,第四方物流是在解决企业物流的基础上,整合社会资源,解决物流信息充分共享、社会物流资源充分利用问题。

1. 供应链管理功能

供应链管理功能即管理从货主、托运人到用户、顾客的供应全过程。

2. 运输一体化功能

运输一体化功能即负责管理运输公司、物流公司之间在业务操作上的衔接与协调问题。

3. 供应链再造功能

供应链再造功能即根据货主/托运人在供应链战略上的要求,及时改变或调整战略战术,使其经常处于高效率地运作。"第四方物流"的关键是以"行业最佳的物流方案"为客户提供服务与技术。

"第三方物流"要么独自提供服务,要么通过与自己有密切关系的转包商来为客户提供服务,它不大可能提供技术、仓储和运输服务的最佳整合。因此,"第四方物流"成了"第三方物流"的"协助提高者",也是货主的"物流方案集成商"。

第四节 国际物流

一、国际物流的定义

国际物流(International Logistics,简称 IL)的狭义理解是:当生产和消费分别在两个或两个以上的国家(或地区)独立进行时,为了克服生产和消费之间的空间隔离和时间距离,对物资(商品)进行物理性移动的一项国际商品贸易或交流活动,从而完成国际商品交易的最终目的,即实现卖方交付单证、货物和收取货款,而买方接受单证、支付货款和收取货物的贸易对流条件。

二、国际物流的发展

国际物流是伴随着国际贸易的发展而发展起来的,是国际贸易得以实现的具体途径。国际贸易的发展离不开国际物流。国际物流系统的高效率运作,不仅能够使合同规定的货物准确无误地及时运抵国际市场,提高产品在国际市场上的竞争能力,扩大产品出口,促进贸易的发展,扩大就业;而且还能满足本国经济、文教事业发展的所有需要,从而满足整个世界消费者的需要。因此,国际物流的发展对一国国民经济的发展有着重要的作用。

第二次世界大战以前,国际间已有了不少的经济交往,但是无论从数量来讲还是从质量要求来讲,都没有将伴随国际交往的运输放在主要地位。

第二次世界大战以后,国际间的经济交往才逐渐扩展,越来越活跃。尤其在20世纪70年代的石油危机以后,国际间贸易从数量来讲已达到了非常巨大的数字,交易水平和质量要求也越来越高。在这种新情况下,原有为满足运送必要货物的运输观念已不能适应新的要求,系统物流就是在这个时期进入到国际领域。

20世纪60年代,国际间大规模物流阶段。开始形成了国际间的大数量物流,在物流技术上出现了大型物流工具,如二十万吨的油轮,十万吨的矿石船等。

20世纪70年代,集装箱及国际集装箱船、集装箱港口的快速发展阶段。石油危机的影响,国际物流不仅在数量上进一步发展,船舶大型化趋势进一步加强,而且出现了提高国际物流服务水平的要求。大数量、高服务型物流从石油、矿石等物流领域向物流难度最大的中、小件杂货领域深入,其标志是国际集装箱及国际集装箱船的大发展,国际间各主要航线的定期班轮都投入了集装箱船,一下子把散、杂货的物流水平提了上去,一下子使物流服务水平获得很快提高。20世纪70年代中、后期,国际物流的质量要求和速度要求进一步提高,这个时期在国际物流领域出现了航空物流大幅度增加的新形势,同时出现了更高水平的国际联运。

20世纪80年代前、中期国际物流的突出特点,是在物流量基本不继续扩大情况下出现了"精细物流",物流的机械化、自动化水平提高。同时,伴随新时代人们需求观念的变化,国际物流着力于解决"小批量、高频度、多品种"的物流,出现了不少新技术和新方法,这就使现代物流不仅覆盖了大量货物、集装杂货,而且也覆盖了多品种的货物,基本覆盖了所有物流对象,解决了所有物流对象的现代物流问题。

20世纪80年代以来,国际物流信息化时代。20世纪80年代、90年代在国际物流领域的另一大发展,是伴随国际联运式物流出现的物流信息和电子数据交换(EDI)系统。信息的作用,使物流向更低成本、更高服务、更大量化、更精细化方向发展,这个问题在国际物流中比国内物流表现更为突出,物流的几乎每一活动都有信息支撑,物流质量取决于信息,物流服务依靠信息。可以说,国际物流已进入了物流信息时代。

90年代国际物流依托信息技术发展,实现了"信息化",信息对国际物流的作用,依托互联网公众平台,向各个相关领域渗透,同时又出现了全球卫星定位系统、电子报关系统等新的信息系统,在这个基础上,构筑国际供应链,形成国际物流系统,使国际物流水平进一步得到了提高。

三、国际物流的特点

(一)物流经营环境存在较大差异

国际物流的一个非常重要的特点是,各国物流环境的差异,尤其是物流软环境的差异。不同国家的不同物流适用法律使国际物流的复杂性远高于一国的国内物流,甚至会阻断国际物流;不同国家不同经济和科技发展水平会造成国际物流处于不同科技条件的支撑下,甚至有些地区根本无法应用某些技术而迫使国际物流全系统水平的下降;不同国家的不同标准,也造成国际间"接轨"的困难,因而使国际物流系统难以建立;不同国家的风俗人文也使国际物流受到很大局限。

由于物流环境的差异就迫使一个国际物流系统需要在几个不同法律、人文、习俗、语言、科技、设施的环境下运行,无疑会大大增加物流的难度和系统的复杂性。

(二) 物流系统广泛,存在着较高的风险

物流本身的功能要素、系统与外界的沟通就已经很复杂了,国际物流再在这复杂系统上增加不同国家的要素,这不仅是地域的广阔和空间的广阔,而且所涉及的内外因素更多,所需的时间更长,广阔范围带来的直接后果是难度和复杂性增加,风险增大。由于国际物流较长的流程完成周期、复杂的作业和跨国界运作,国际物流过程中除了存在一般性物流风险(如意外事故、不可抗力、作业损害、理货检验疏忽、货物自然属性、合同风险)外,还因跨国家、长距离运作,面临着政治、经济和自然等方面的更高风险。

1. 政治风险

政治风险主要是指由于所经过国家的政局动荡,如罢工、动乱或战争以及国与国之间的政治、经济关系的变化等原因造成物流流程中断、运输延迟、物流流程延长及货物损害甚至丢失等。毫无疑问,物流流程涉及的国家越多,这种风险就越大。

2. 汇率和利率风险

由于国际物流过程中的资金流具有不确定性,因此,除一般物流过程中存在的经济风险以外,国际物流还面临着汇率风险和利率风险。在信用货币制度下,各国货币间的汇率和货币利率受国际金融市场交易状况的影响,其波动性很大,从而导致物流中用于结算的货币相对币值具有不确定性。如班轮公司会因其运输费结算货币的贬值而减少实际的运费收入,为此,船运公司通常要加收货币贬值附加费以弥补汇率变动所引起的损失。物流流程完成周期越长,这种不确定性就愈大,结算货币的汇率和利率的风险就越大。同时,处于不同国家的不同物流阶段上的费用支出一般使用本地货币,这就涉及多种货币的汇率。币种越多,汇率和利率风险就越大,从而增加了物流成本控制的难度。自然风险是指因地震、海啸、风暴等自然灾害引起的运输事故、物品运输过程中断等风险。自然灾害会直接造成货品损失,中断物流过程。国际物流由于运输时间、距离的扩大,货物在途中必然潜伏着更多的发生自然风险的可能,从而导致更高的自然风险,货物丢失和损坏的风险加大。

当然,也正是因为如此,国际物流一旦溶入现代化系统技术之后,其效果才比以前更显著。例如,开通某个"大陆桥"之后,国际物流速度会成倍提高,效益显著增加,就说明了这一点。

(三) 运输方式具有复杂性

在国内物流中,由于运输距离相对较短,运输频率较高,因此主要的运输方式是铁路运输和公路运输。但在国际物流中,由于货物运送距离远、环节多、气候条件复杂,对货物运输途中的保管、存放要求高,因此海洋运输方式、航空运输方式尤其是国际多式联运是其主要运输方式,具有一定复杂性。

(四) 国际物流必须有国际化信息系统的支持

国际化信息系统是国际物流,尤其是国际联运的非常重要的支持手段。国际信息系统建立的难度,一是管理困难,二是投资巨大,再由于世界上有些地区物流信息水平较高,有些地区较低,所以会出现信息水平不均衡因而信息系统的建立更为困难。

当前国际物流信息系统一个较好的建立办法是和各国海关的公共信息系统联机,以及时掌握有关各个港口、机场和联运线路、站场的实际状况,为供应或销售物流决策提供支持。国际物流是最早发展"电子数据交换"(EDI)的领域,以 EDI 为基础的国际物流将会对物流的国际化产生重大影响。

(五)国际物流的标准化要求较高

要使国际间物流畅通起来,统一标准是非常重要的,可以说,如果没有统一的标准,国际物流水平是提不高的。目前,美国、欧洲基本实现了物流工具、设施的统一标准,如托盘采用 1000 mm×1200 mm,集装箱的几种统一规格、条码技术等,这样一来,大大降低了物流费用,降低了转运的难度。而不向这一标准靠拢的国家,必然在转运、换车底等许多方面要多耗费时间和费用,从而降低其国际竞争能力。

国际物流与传统物流的区别就在于现代信息技术与物流的结合,也就是通过计算机和网络进行信息收集、传递、发布,以及智能化处理和物流过程的控制。由于信息网络的条形码和自动识别技术、全球定位系统(GPS)跟踪、自动仓储控制、自动订单等电子单据传递等新技术的广泛采用,国际物流必须有世界范围的信息化的支持。

总之,尽管国际物流在原理上与国内物流基本相同,但国际物流的经营环境更复杂和昂贵。国际物流的复杂性通常用 4 个 D 来概括,即距离(Distance)、单证(Bill of Document)、文化差异(Culture Difference)和顾客需求(Customer Demand)。由于国际物流线长面广,作业环节多,情况和单证复杂,整个流程面临着更大的营运风险,同时不同国家和地区在制度法律、物流设施和语言等方面还存在着差异,国际物流的组织和管理难度更大。这不仅要求国际物流有强大的信息技术系统支持,而且要求从业人员具备较高的政治素质和业务素质,保证在业务处理上有较强的洞察力和应变力,能够对具体的物流运作环境作出反应。

四、国际物流的基本业务活动

(一)国际物流的基本业务活动

国际物流的基本业务主要包括运输、保管、包装、装卸、流通加工和信息处理等。海运成本低,且运输量大,是国际物流主要的运输方式。空运速度快,但成本高,运输的批量也相对较小,成为国际物流的辅助形式,用于紧急的小批量运输。公路运输则在小区域范围内被广泛使用。国际物流中的保管活动涉及仓储、进出口业务、海港码头装卸和转运货物等作业。国际物流运输距离长、运量大、运输过程中货物堆积存放期长、装卸次数多,因此需要相应的特殊包装业务。为了适应当地国的标准和满足销售商的要求,国际物流需要商品分类和小包装作业以及与此相关的贴商品价格标签等流通加工活动。另外,相对于国内物流,国际物流活动中的信息量更大、信息来源更广,需要及时收集和处理。

(二)国际物流特有的业务活动

(1)国际物流所特有的物流活动包括报关(包含检验、检疫等活动)和相关文书单据制成等。报关是指货物在进出境时,由进出口货物的收、发货人或其代理人按照海关的规定格式填报《进出口货物报关单》,随附海关规定应交验的单证,向海关办理报关手续。

(2) 国际物流运输距离长、装卸保管次数多,在物流过程中可能会遇到不测的各种风险,因此必须办理货物的运输保险。我国海洋运输的基本险别分为平安险、水渍险和一切险三种。

(3) 国际物流活动中的结算支付方式复杂。一般使用的支付方式有汇付、托收、信用证,我国外贸经常使用的支付方式是信用证方式。

概括起来,国际物流业务活动可以分为四个方面:
(1) 为完成全球采购、国际进出口贸易的国际运输;
(2) 为保证货物不间断供给和顺利运输的储存、加工、包装、组配和保险;
(3) 为方便供给和国际运输的节点物流,如港口物流、港站流通及保税作业;
(4) 过境货物的报检、报验、报关等。

五、国际物流的分类

根据不同的标准,国际物流可以分成不同的类型。

(一) 根据货物在国与国之间的流向分类

国际物流可分为进口物流和出口物流。凡存在于进口业务中的国际物流行为被称为"进口物流",而存在于出口业务中的国际物流行为被称为"出口物流"。鉴于各国的经济政策、管理制度、外贸体制的不同,进口物流和出口物流,既存在交叉的业务环节,又存在不同的业务环节,需要物流经营管理人员区别对待。海关对进出口物流活动在监管上存在着较大的差异。

(二) 根据货物流动的关税区域分类

国际物流可分为国家间物流与经济区域间物流。这两种类型的物流在形式和具体环节上存在着较大差异。比如,欧洲经济共同体国家之间由于属于同一关税区,成员国之间的物流的运作与欧共体成员国与其他国家或者经济区域之间的物流运作在方式和环节上就存在着较大的差异。

(三) 根据跨国运送的货物特性分类

国际物流可分为贸易型国际物流和非贸易型国际物流。贸易型国际物流指由国际贸易活动引起的商品在国际间的移动,除此之外的国际物流活动都属于非贸易型国际物流,如国际展品物流、国际邮政物流、国际军火物流和国际逆向物流等。

(1) 国际展品物流是伴随着国家展览业的发展而发展的。它是指以展览为目的,暂时将商品运入一国境内,待展览结束后再运出境的物流活动,国际展品物流的主要内容包括制定展品物流的运作方案,确定展品种类和数量,安排展品的征集和运输,协调组织展品等货物的包装、装箱、开箱、清点和保管,协助安排展品布置等工作。

(2) 国际邮政物流是指通过各国邮政运输办理的包裹、函件等。由于国际邮政完成的货运数量较大,使得国际邮政物流成为国际物流的重要组成部分。航空快递的发展已经开始分流一部分函件和货物包裹。

(3) 国际军火物流是指军用品作为商品和物资在不同的国家或地区之间的买卖和流

通,是广义物流的一个重要组成部分。

(4) 国际逆向物流是指对国际贸易中回流的商品进行改造和整修活动,包括循环利用容器和包装材料;由于损坏和季节性库存需要重新进货、回调货物或过量库存导致的商品回流。

(四) 根据国际物流经营方式和管理的重点分类

国际物流可分为资源导向型国际物流、信息导向型国际物流和客户导向型国际物流。

思考与练习

1. 企业物流是如何分类的?
2. 第三方物流是如何创造价值的?
3. 第三方物流有哪些主要特征?
4. 第三方物流的价值体现在哪些方面?
5. 国际物流的主要特点是什么?

第二部分 物流活动管理

第三章 包 装

 学习目标

通过本章学习,你应该能够:
➢ 掌握包装的定义及其发展;
➢ 了解包装的地位和作用;
➢ 掌握包装的功能和各种包装技术。

引入案例　禽肉以真空收缩包装加快物流配送促销售

肉类食品走向市场的最后一个环节就是包装。禽肉是亚洲地区饮食中主要的蛋白质来源,目前在超市中的零售包装只是简单的打钉塑料袋或者保鲜膜/托盘包装,一个更符合卫生、食品安全、贩售标准的禽肉包装——热封口真空收缩包装袋的出现,对于日渐重视生活品质和安全的亚洲零售食品市场来讲是非常重要的。为顺应连锁超市的蓬勃发展,并帮助解决其后店加工包装所面临的空间、人手不足等问题,近年来禽肉收缩真空包装配合中央包装工厂的操作模式已被广泛应用。

保鲜禽肉包装根据零售市场的需要逐渐由袋装全鸡的单一品种发展出适合分割禽肉零售的托盘包装,其中包括不漏水型零售托盘包装和调气式充气零售托盘包装,此类现代零售包装配合中央包装配送贩卖系统,能使保鲜禽肉产品保持最好的零售外观、卫生质量和更长的保存期限。

在鲜肉零售包装出现之前,生鲜禽肉通常给人湿黏、有异味、不易储藏保存的印象。简单的零售包装,如松垮的打钉PE袋全鸡包装和保鲜膜(PVC)托盘分切鸡包装,唯有在严格的全程温度控管和小心地运送过程下,才能勉强维持其外观和质量,并不能满足零售市场的需要,因为这种包装形式很容易由于一时控制措施不周而产生消费者以及零售商都无法接受的血水外漏现象,同时也不适合作为冷冻产品的包装,保存期限相对较短。生鲜禽肉若以普通的真空袋进行包装,禽肉皮上的特殊细菌会在低氧状态进行无氧呼吸,产生二氧化硫。如果储存温度超过2℃,累积在袋中的二氧化硫就会快速增加,进而产生近似于腐败的异味。针对现在零售卖场展售柜温度常常会超过4℃的情况,保鲜禽肉包装袋特别设计了以适度透氧材质制成的包装袋,能够在延长保存期限的同时避免产生异味。这一点非常重要,因为异味的产生会使消费者对产品的质量和超市的信誉产生质疑,可以说避免异味对生产商和零售商都意义重大。

真空收缩袋提供的真空包装,紧包在产品上,有如第二层皮肤,而且会使肉类产品拥有亮眼的外观,减少不收缩真空袋发生的血水等问题,紧实的封口措施可防止血水的外漏,适合应用于冷冻产品。包装袋紧贴产品可以避免袋中结霜、脱水干燥等情况,大大改善了生鲜禽肉在货架上卖相的美观程度,使其外形更加诱人,自然也就更受消费者欢迎。

> 真空收缩袋所提供的紧密包装能防止包装外的水渗入,也可以防止血水外漏,以这种形式包装的保鲜禽肉在冷却步骤上也可以使用较有效率的冷盐水或液态乙二醇浸泡的降温方式,所以即使在禽肉完全降温前就先包装,仍能用这些方法达到快速降温的目的,将肉温快速地降至−2℃以下,防止细菌滋生,减少污染的机会,延长保存期限,保证食品的安全性。
>
> 优质的保鲜禽肉包装袋还具有耐磨的特性,保障产品从装箱运送到上架零售的过程中包装保持完整无损,且光亮如新。这样的包装才能真正地保护产品,加快物流运输,方便消费者购买和携带,同时引起消费者的购买欲望,促进销售。

第一节 包装的功能与分类

一、包装的定义

包装(Package/Packaging)是为了在流通过程中保护产品、方便运输和促进销售,按一定技术方法而采用的容器、材料以及辅助物等将物品包封并予以适当的装饰和标志工作的总称。也指为了达到上述目的而采用容器、材料及辅助物的过程中施加一定技术方法等的操作活动。此定义摘自《中华人民共和国国家标准物流术语》(GB/T 18354—2001)。

注:包装单元化是实现物流现代化的基础。

(1) 商品包装就是按照一定的技术方法使用容器、材料以及辅助物等将物品包封并予以适当的装饰和标志工作的总称。简言之,就是包装物和包装操作的总称。

(2) 在日本,包装是指物品在运输、保管、交易、使用时,为保持物品的价值、形状,使用适当的材料、容器进行保管的技术和被保护的状态。

二、包装在物流中的地位和功能

(一) 包装的地位

包装是商品生产的继续,商品只有通过包装,才算完成生产过程,才能进入流通领域和消费领域,才能实现商品的使用价值和价值。在社会再生产过程中,包装处于生产过程的末尾和物流过程的开始,既是生产的终点,又是物流起点。在现代物流观念形成以前,包装被想当然地看成生产的终点,因而一直是生产领域的活动,包装的设计往往主要从生产终结的要求出发,常常不能满足流通的要求。物流研究认为,包装与物流的关系,比之与生产的关系要密切得多,其作为物流始点的意义比之作为生产的终点的意义要大得多。因此,包装应进入物流系统之中,这是现代物流的一个新观念。在由运输、仓储、包装、装卸搬运、配送等环节组成的物流系统中,包装是物流系统中的重要组成部分,包装需要和装卸搬运、运输和仓储等环节一起综合考虑、全面协调。

（二）包装的功能

无论是产品还是材料,在搬运输送以前都要加以某种程度的包装捆扎或装入适当容器,以保证产品完好地运送到消费者手中。所以包装被称为生产的终点,同时也是社会物流的起点。包装的作用是：保护物品,使物品的形状、性能、品质在物流过程中不受损坏;使物品形成一定的单位,作业时便于处置;此外,由于包装使物品醒目、美观,可以促进销售。

包装的目的在于对商品的保护、方便搬运储存、防止商品对外造成不利影响、标识商品等方面。从物流配送角度来看,包装的功能一般可以概括为图 3.1 所示的几个方面。

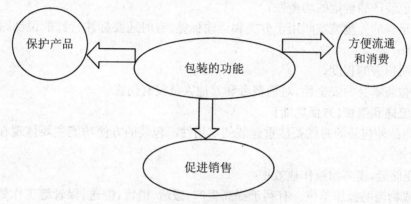

图 3.1　包装的基本功能

1. 保护商品（保护功能）

包装是保护商品在流通过程中质量完好和数量完整的重要措施,保护包装的商品不受损伤,是与商品实体不可分割的统一体,是商品包装的首要功能、基本功能。只有有效地保护,才能使商品不受损失地完成流通过程,实现所有权的转移。在设计商品的包装时,一定要做到有的放矢。要仔细地分析商品可能会受到哪些方面的侵扰,然后针对这些方面,设计商品的包装。

比如说,为避免商品在运输的途中可能会受到外力的侵袭、碰撞,那么,就需要对商品进行防震包装或缓冲包装;如果商品比较容易生锈,就要采用防锈包装,如防锈油方法或真空方法;如果商品比较害怕蚊虫的侵蚀,那么可以在商品中加入一定的防虫剂。

科学地设计包装,可使内装物在物流过程中避免因外力、光热、有害气体、温度、湿度、微生物及其他生物等外界因素的影响而遭受损坏,这是物流包装的最主要的作用。包装的保护作用主要体现在以下几个方面：

（1）防止产品破损变形

产品包装必须能够承受在装卸、运输、保管等过程中的各种冲击、振动、颠簸、压缩、摩擦等外力的作用,形成对内装产品的保护,具有一定抗震强度。

（2）防止产品发生化学变化

产品在流通、消费过程中易受潮、发霉变质、生锈而发生化学变化,影响产品的正常使用。这就是包装能在一定程度上起到阻隔水分、潮气、光线及有害气体的作用,避免外界环境对产品不良影响。

（3）防止有害生物对产品的影响

鼠、虫及其他有害生物对产品作用很大的破坏性,这就要求包装能够具有阻隔真菌、虫、鼠侵入的能力,形成对内装产品的保护。

(4) 防止异物混入、污物污染、丢失、散失和盗失等作用。

包装保护商品的具体体现为：

① 包装材料,既保护本产品、也保护其他产品;
② 保护产品在运输过程中免受剧烈的运动;
③ 将产品分装、避免不适当的碰撞;
④ 防止包装产品遭受震动;
⑤ 对堆积的产品起到支撑作用;
⑥ 保证包装产品重量的均衡性;
⑦ 提供足够的外包装空间用于分类和运输标签、有时还要标注特殊的说明,如"请勿倒置"、"冷藏"等;
⑧ 要注明损害的程度;
⑨ 确保包装本身的安全性,对消费者和其他人员没有伤害。

2. 方便流通和消费(方便功能)

在设计商品外包装的时候要注重包装的实用性。包装的方便功能主要体现在以下几个方面：

(1) 方便储运,提高物流作业效率

包装构成物流的操作单位。有利于提高生产、搬运、销售、配送、保管等工作效率。精心设计包装,实现包装的标准化和模块化,便于采用科学合理且成本低廉的方式完成各项物流作业,有利于采用科学的物流作业设备、物流作业方式,有利于选择合理的物流链管理方法,有利于降低物流作业损耗,节约储存与运输费用。包装便于运输、搬运或保管;便于实施运输、搬动或保管等物流作业;便于生产;便于废弃物的处理。

(2) 提供包装物信息,方便陈列与销售

富有特色的包装可以激发顾客对商品的偏爱和购买欲望,包装信息有助于顾客了解和正确使用商品,包装标识可以使物流作业人员正确地进行商品的区别和存放,包装物上对操作的说明可用于指导搬运作业。

(3) 方便开启和使用

方便顾客消费,有利于提高企业客户服务水平。对于用户来说,运输包装应方便零售商开启,销售包装应方便消费者开启和封闭。为了吸引顾客,商品包装应该适于顾客的应用,应该考虑要与顾客使用时的搬运、存储设施相适应,应更多地为顾客着想,视顾客为真正的上帝。

3. 促进商品的销售(销售功能)

商品外包装要直接面对消费者,所以,必须要注意它的外表的美观大方,要有一定的吸引力,促进商品的销售。例如,盒子包装的促销功能:展示、进行广告宣传等。较大的外包装,可以进行更大的艺术宣传等。

杜邦定律(美国杜邦化学公司提出)认为:63%的消费者是根据商品的包装来进行购买的。而国际市场和消费者是通过商品包装来认识企业的,因此,商品的包装就是企业的面孔,优秀的、精美的商品包装能够在一定程度上促进商品的销售,提高企业的市场形象。

三、包装的分类

包装的种类可以从形态、功能、目的等多个角度进行划分,具体来说,可以按形态、功能、包装方法、包装材料、包装商品、内容状态、包装阶段等进行分类。

(一) 按形态分类

按包装形态可以分为单个包装、内包装和外包装。

1. 单个包装

单个包装也称为小包装,是指商品按个进行的包装,是物品送到使用者手中的最小单位,目的是为了提高商品的价值或保护物品,方便销售。它是用袋或其他容器把物体的一部分或全面地包裹起来的状态,并且印有商品的标记或说明等信息资料。这种包装一般属于商业包装,应注意美观,能起到促进销售的作用。

2. 内包装

内包装是指包装货物的内部包装,目的是防止水、湿气、光热和冲击碰撞对物品造成的破坏。它是将物品或单个包装,一至数个归整包装,或置于中间容器中。为了对物品及单个包装起保护作用,中间容器内有时要采取一定措施。

3. 外包装

外包装是指货物的外部包装,即将物品放入箱、袋、罐等容器中。或直接捆扎并作上标记、印记等,其目的是便于对物品的运输、装卸和保管,保护物品。基于物品输送的目的,要起到保护作用并且考虑输送搬运作业方便,一般置入箱、袋之中,根据需要对容器有缓冲防震、固定、防湿、防水的技术措施。一般外包装有密封、增强措施,并且有相应的标识说明。

内包装和外包装属于工业包装,更着重于对物品的保护,其包装作业过程可以认为是的流通领域内的活动;单个包装作业则一般属于生产领域活动。

(二) 按功能(作用)分类

从包装功能的角度可以分为工业包装和商业包装两个大类。商品包装的功能还有保护性包装、防护性功能、装饰性包装、定量化包装等。

1. 商业包装

商业包装(Commerce Package)又称为销售包装(Retail Package)或称消费者包装或内包装。主要是根据零售业的需要,作为商品的一部分或为方便携带所作的包装。其主要目的就是为了吸引消费者,促进销售。一般来说,在物流过程中,商品越接近顾客,越要求包装起到促进销售的效果。因此,这种包装的特点是造型美观大方,拥有必要的修饰,包装上有对于商品的详细说明,包装的单位适合于顾客的购买以及商家柜台摆设的要求。在 B to C 这种商务模式中,商业包装应该是最重要的。因为,顾客在购买商品之前,最先能够看到的就是这种商品的包装。

2. 工业包装(或称运输包装或外包装)

工业包装是指为了在商品的运输、存储、装卸的过程中保护商品所进行的包装。工业包装是为了运输、仓储时保护商品和方便操作。它更强调包装的实用性和在此基础上费用的低廉性。一般来说,在 B to B 这种商业模式中,工业包装是最重要的。这是因为,企业在购买其他企业的产品之前,肯定已经对该产品的各项性能有了基本的了解,而购买此商品的主要目的就是为生产自己的产品服务,因此,企业并不在乎商品包装的美观而更在乎商品包装能否保证商品的质量不受损失。在现今的社会中,许多知名的大企业越来越重视商品的工业包装,一方面工业包装的好坏在一定程度上决定了商品的质量,另一方面如果工业包装做得很好,那么可能在顾客的心目中会提高企业的形象,巩固企业在市场中的地位。

尽管工业包装和商业包装有明显的区别,但二者近来也有相互接近的倾向。为了实现物流的合理化,工业包装采用与商业包装同样的创意,工业包装同时具有商业包装的功能。例如,家电产品包装就早出现这种趋势。

(三)按包装材料分类

1. 纸制品包装

纸制品包装是指用纸袋、瓦楞纸箱、硬质纤维板容器作为包装容器,对商品进行包装。这一类的包装占到了整个包装材料使用量的40%。纸制品包装的成本低廉、透气性好,而且印刷装饰性较好。

2. 塑料制品包装

塑料制品包装是指利用塑料薄膜、塑料袋、塑料容器进行产品的包装。主要的塑料包装材料有聚乙烯、聚氯乙烯、聚丙烯、聚苯乙烯等。因为塑料种类繁多,所以塑料包装的综合性能比较好。

3. 木制容器包装

木制容器包装是指使用普通的木箱、花栏木箱、木条复合板箱、金属网木箱、木桶等木制包装容器对商品进行包装。木制容器一般用在重物包装以及出口物品的包装等方面,现在有很大一部分已经被瓦楞纸箱所代替。

4. 金属容器包装

金属容器包装是指用黑白铁、马口铁、铝箔、钢材等制成的包装容器对商品进行包装。主要有罐头、铁桶和钢瓶。

5. 玻璃陶瓷容器包装

玻璃陶瓷容器包装主要是指利用耐酸玻璃瓶、耐酸陶瓷瓶等对商品进行包装。这种包装耐腐蚀性较好,而且比较稳定,耐酸玻璃瓶包装还能直接看到内容物。

6. 纤维容器包装

纤维容器包装是指利用麻袋、维尼纶袋等对商品进行包装。

7. 复合材料包装

复合材料包装主要是指利用两种以上的材料复合制成的包装。主要有纸与塑料、纸与铝箔和塑料。

8. 其他材料包装

其他材料包装是以竹、藤、苇等制成的包装。主要有各种筐、篓、草包等。

(四)按其他标志分类

1. 按产品经营方式(产品的经营习惯)分

按此方式分有内销产品包装、出口产品包装和特殊产品(如珍贵文物、工艺美术品等)包装等。

2. 按包装商品种类分

不同的商品对于包装有不同的要求,按照商品的种类可以分为食品包装、药品包装、蔬菜包装、机械包装、危险品包装等。

3. 按包装使用次数分

按此方式分有一次用包装、多次用包装和周转用包装等。

4. 按包装容器(或制品)的软硬程度(质地不同)分

按此方式分有硬包装(又称刚性包装,包装体有固定形状和一定强度。)、半硬包装和软包装(又称柔性包装,包装体有弹性,可有一定程度的形变。)等。如香烟。

5. 按包装保护技术方法分

按此方式分有防震包装、防潮包装、防湿包装、防水包装、防锈包装、防虫包装、防腐包装、防霉包装、危险品包装、防碎包装、缓冲包装、收缩包装、真空包装、特种包装技术、集合包装技术等。

6. 按包装使用范围

包装可分为专用包装和通用包装。专用包装根据被包装对象的特点专门设计、专门制造,只适于某种专门产品的包装。如水泥袋、蛋糕盒、可口可乐瓶等。通用包装则根据标准系列尺寸制造的包装容器,用以包装各种无特殊要求的产品。

7. 按包装容器结构形式划分

按此方式分有固定式包装和可拆卸折叠式包装。

8. 按包装容器形状分

按此方式分有包装袋、包装箱、包装盒、包装瓶、包装罐等。

(1) 包装袋

包装袋材料是柔性材料,有较高的韧性、抗拉强度和耐磨性。一般包装袋结构是筒管状结构,一端预先封死,在包装结束后再封装另一端,包装操作一般采用充填操作。包装袋广泛适用于运输包装、商业包装、内装、外装,因而使用较为广泛。

包装袋一般分成下述三种类型:

① 集装袋。这是一种大容积的运输包装袋,盛装重量在 1 吨以上。集装袋的顶部一般装有金属吊架或吊环等,便于铲车或起重机的吊装、搬运。卸货时可打开袋底的卸货孔,即行卸货,非常方便。适于装运颗粒状、粉状的货物。

集装袋一般多用聚丙烯、聚乙烯等聚酯纤维纺织而成。由于集装袋装卸货物、搬运都很方便,装卸效率明显提高,近年来发展很快。

② 一般运输包装袋。这类包装袋的盛装重量是 0.5~100 千克,大部分是由植物纤维或合成树脂纤维纺织而成的织物袋,或者由几层挠性材料构成的多层材料包装袋。例如麻袋、草袋、水泥袋等,主要包装粉状、粒状和个体小的货物。

③ 小型包装袋(或称普通包装袋)。这类包装袋盛装重量较少;通常用单层材料或双层材料制成。对某些具有特殊要求的包装袋也有用多层不同材料复合而成。包装范围较广,液状、粉状、块状和异型物等可采用这种包装。上述几种包装袋中,集装袋适于运输包装,一般运输包装袋适于外包装及运输包装,小型包装袋适于内装、个装及商业包装。

(2) 包装盒

包装盒是介于刚性和柔性包装两者之间的包装技术。包装材料有一定挠性,不易变形,有较高的抗压强度,刚性高于袋装材料。包装结构是规则几何形状的立方体,也可裁制成其他形状,如圆盒状、尖角状,一般容量较小,有开闭装置。包装操作一般采用码入或装填,然后将开闭装置闭合。包装盒整体强度不大,包装量也不大,不适合做运输包装,适合做商业包装、内包装,适合包装块状及各种异形物品。

(3) 包装箱

包装箱是刚性包装技术中的重要一类。包装材料为刚性或半刚性材料,有较高强度且不易变形。包装结构和包装盒相同,只是容积、外形都大于包装盒,两者通常以 10 升为分界。包装操作主要为码放,然后将开闭装置闭合或将一端固定封死。包装箱整体强度较高,抗变形能力强,包装量也较大,适合做运输包装、外包装,包装范围较广,主要用于固体杂货包装。

主要包装箱有以下几种:

① 瓦楞纸箱。瓦楞纸箱是用瓦楞纸板制成的箱形容器。瓦楞纸箱的外形结构分类有折叠式瓦楞纸箱、固定式瓦楞纸箱和异形瓦楞纸箱三种。按构成瓦楞纸箱体的材料来分类,有瓦楞纸箱和钙塑瓦楞箱。

② 木箱。木箱是流通领域中常用的一种包装容器,其用量仅次于瓦楞箱。木箱主要有木板箱、框板箱、框架箱三种。

木板箱。木板箱一般用作小型运输包装容器,能装载多种性质不同的物品。木板箱作为运输包装容器具有很多优点,例如有抗拒碰裂、溃散、戳穿的性能,有较大的耐压强度,能承受较大负荷,制作方便等。但木板箱的箱体较重,体积也较大,其本身没有防水性。

框板箱。框板箱是先由条木与人造板材制成之箱框板,再经钉合装配而成。

框架箱。框架箱是由一定截面的条木构成箱体的骨架,根据需要也可在骨架外面加木板覆盖。这类框架箱有两种形式,无木板覆盖的称为敞开式框架箱,有木板覆盖的称为覆盖式框架箱。框架箱由于有坚固的骨架结构,因此具有较好的抗震和抗扭力,有较大的耐压能力,而且其装载量大。

③ 塑料箱。一般用作小型运输包装容器,其优点是,自重轻,耐蚀性好、可装载多种商品,整体性强,强度和耐用性能满足反复使用的要求,可制成多种色彩以对装载物分类,手握搬运方便,没有木刺,不易伤手。

④ 集装箱。由钢材或铝材制成的大容积物流装运设备,从包装角度看,也属一种大型包装箱,可归属于运输包装的类别之中,也是大型反复使用的周转型包装。

(4) 包装瓶

包装瓶是瓶颈尺寸有较大差别的小型容器,是刚性包装中的一种,包装材料有较高的抗变形能力,刚性、韧性要求一般也较高,个别包装瓶介于刚性与柔性材料之间,瓶的形状在受外力时虽可发生一定程度变形,外力一旦撤除,仍可恢复原来瓶形。包装瓶结构是瓶颈口径远小于瓶身,且在瓶颈顶部开口;包装操作是填灌操作,然后将瓶口用瓶盖封闭。包装瓶包装量一般不大,适合美化装潢,主要作商业包装、内包装使用。主要包装液体、粉状货。包装瓶按外形可分为圆瓶、方瓶、高瓶、矮瓶、异形瓶等若干种。瓶口与瓶盖的封盖方式有螺纹式、凸耳式、齿冠式、包封式等。

(5) 包装罐(筒)

包装罐是罐身各处横截面形状大致相同,罐颈短,罐颈内径比罐身内颈稍小或无罐颈的一种包装容器,是刚性包装的一种。包装材料强度较高,罐体抗变形能力强。包装操作是装填操作,然后将罐口封闭,可作运输包装、外包装,也可作商业包装、内包装用。

包装罐(筒)主要有三种:

① 小型包装罐。这是典型的罐体,可用金属材料或非金属材料制造,容量不大,一般是作销售包装、内包装,罐体可采用各种方式装饰美化。

② 中型包装罐。外形也是典型罐体,容量较大,一般做化工原材料、土特产的外包装,起运输包装作用。

③ 集装罐。这是一种大型罐体,外形有圆柱形、圆球形、椭球形等,卧式、立式都有。集装罐往往是罐体大而罐颈小,采取灌填式作业,灌装作业和排出作业往往不在同一罐口进行。另设卸货出口。集装罐是典型的运输包装,适合包装液状、粉状及颗粒状货物。

(五) 按包装的适用的广泛性分类

1. 专用包装

根据被包装物特点进行专门设计、专门制造,只适用于某种专门产品的包装。

2. 通用包装

不进行专门设计制造标准尺寸的产品。而根据标准系列尺寸制造的包装,用以包装各种标准尺寸的产品。

第二节 包装材料与包装技术

引入案例 我国 PET 啤酒瓶市场容量及发展趋势

PET 全称聚对苯二甲酸乙二醇酯,简称聚酯,是由碳、氢、氧三种元素构成的一种塑料材料,可加工成膜、片材和各种容器,用其加工成的容器具有良好的阻气、阻水性能,并且机械强度和韧度高。它还能与其他树脂共混,像 PEN,与之混合加工成型后可以更进一步提高容器的阻隔性能。此外,由于 PET 价格便宜,质轻,环保,易加工,因而受市场青睐。

自从以 PET 为基材的塑料瓶介入饮料行业后,PET 瓶不仅发展很快,而且涉足的领域也日渐宽广。1996 年,澳大利亚 Foster 公司率先推出了塑料瓶装啤酒,初涉饮料市场探深浅。到 2001 年,嘉士伯等国际啤酒大鳄才开始跟风。我国也是从这一年起关注塑料瓶装啤酒。但,观望者多,实施者少。

据报道,2001 年,美国软饮料市场仅塑料啤酒容器就达 3.0 亿只。同年,在英国 PET 瓶装啤酒占市场份额近一成。2005 年,全世界 PET 瓶装啤酒产量将近百亿只。几年来,在国际软饮料市场,用 PET 瓶包装的啤酒增长很快。以目前我国年啤酒产量 2300 万吨计算,如果按其中 10% 采用 PET 瓶装啤酒,以每只容量 500mL 计算,年需求量将达 40 多亿只,市场前景十分诱人。

我国已连续两年啤酒产量世界第一。可以想见,玻璃瓶和铝制罐无论从重量还是价格方面,都不敌 PET 瓶。仅从消费市场来说,PET 瓶装啤酒就可以大行其道。

PET 瓶重量轻、强度高、韧性好，还不会爆炸伤人。但是，啤酒不同于水和碳酸饮料，它很容易氧化，对包装容器的阻隔性能要求很高。我国目前啤酒行业受困于 PET 瓶的关键技术是，如何才能既提高 PET 瓶的阻隔性能，又不会因此大幅增加成本。解决了这个难题，也就为 PET 瓶装啤酒打造出高速发展的列车。

未来，啤酒包装将由玻璃瓶、铝制罐、PET 瓶平分天下。相信不久的将来，PET 瓶装啤酒就会迎来利好时期。

案例思考

(1) 包装材料和包装方式在生产力不同的发展阶段上，有不同的变化。除了案例中 PET 瓶代替玻璃酒瓶的例子外，你还能举出其他有关包装材料变化的例子吗？

(2) PET 瓶作为啤酒的容器有何好处？你认为 PET 瓶还可以作为哪些产品的容器？

一、包装材料

(一) 纸和纸制品

在所有包装材料中纸包装占 40%；包装用的纸和纸板占纸和纸板总产量的 50%。

1. 纸和纸板的区分

纸——定量小于 225 g/m^2，厚度小于 0.1 mm；

纸板——定量大于 225 g/m^2，厚度大于 0.1 mm。

2. 瓦楞纸板

对于包装用各类纸板的基本要求是：

(1) 表面应具有良好的印刷性能；

(2) 应具有良好的折叠性，折叠后不致破裂，且应具有均匀的重量及均匀厚度；

(3) 经过裁切后，纸板应完全平整，不得有任何翘曲，且纸板层与层之间不能有脱层现象；

(4) 应具有足够的劲度，使制成包装容器后，产品包装及堆高仍能保持其外形；

(5) 应具有良好的抗水性、抗油性及尺寸稳定性，能耐各种气候变化而不致使纸箱尺码发生变化；

(6) 应具有一定的耐磨性，涂层应不易擦除或刮除。

2. 纸和纸制品包装材料的特点

优点：① 原料天然生长，来源丰富，成本低，生产方便；② 重量轻、缓冲保护性能优良；③ 外观、外形易于改善造型，印刷装潢性好；④ 无毒、无味、卫生；⑤ 贮运方便，易于回收处理；⑥ 与其他材料复合后性能完善，应用广泛；⑦ 绿色环保，无污染，利于回收。

不同包装容器的容量和能源消耗的比较如表 3.1 所示。

表 3.1 不同包装容器的容量和能源消耗的比较

容器	纸盒	金属罐	玻璃瓶	塑料袋
容量/ML	500	250	200	200
耗能/kJ	577.1×4.18	806.4×4.18	1120.0×4.18	315.4×4.18

缺点：防潮性差、透明性差，防水性能和抗压强度较差。

知识窗　我国瓦楞纸的生产

> 从1995年开始，我国瓦楞纸生产量一直居世界第三位，仅次于美国和日本。2002年产量达到148亿平方米，增幅为10.3%，超过日本，位居世界第二，仅次于美国。而2003年产量约为158亿平方米，增幅约为6.8%。产量持续上升，主要得益于纸业企业的生产技术、工艺以及设备、管理的进步。随着国内中、高档瓦楞纸生产质量和产量的提高，进口的瓦楞纸比例会越来越小。2002年进口125.4万吨，2003年进口不足100万吨，说明大量中档和部分高档箱纸板产品我国已实现自给，只有部分高档牛皮箱纸板和高强瓦楞纸近几年仍然需要进口。
>
> 我国加入WTO后，随着世界加工制造业重心向我国转移，我国包装行业特别是瓦楞纸箱行业的发展步伐加快。有关权威部门预计，2004年已达到165.37亿平方米，在未来2005～2008年间将会实现年200亿平方米的消费量。"十五"期间，预计我国造纸工业仍将以8%的增长速度发展，2005年我国纸和纸板年消费量将达到5000万吨，其中瓦楞纸板消费量将达到1500万吨。
>
> 我国纸箱销售快速增长与亚洲及世界其他地区销售量的萎缩形成鲜明对比。近年来，亚洲的新加坡、马来西亚、韩国以及中国台湾地区出现了负增长，而我国仍然以较高的增幅持续增长。未来六七年是我国经济高速发展的重要时期，将继续带动我国瓦楞纸箱行业的发展，这与造纸工业、纸制品加工行业、纸箱机械行业及相关行业的发展密不可分，有力地促进了纸包装企业上规模、产品上档次、包装上水平。纸包装行业及相关行业在国内外的交流日益增多，三资企业数量快速增加，同时积极引进外国先进的技术装备，吸收国外的先进管理经验，从而提高产品质量和数量，使出口商品和内需商品包装的配套率明显提高。

（二）木质包装材料

木材是最传统的包装材料，至今仍有较广的使用。由于木材资源的再生速度很慢，许多包装领域已用纸或塑料替代。但因木材具有良好的包装特性，在重物包装以及出口物品等方面还在使用。木材较多地用于制作木桶、木箱和胶合板箱等三类容器。普通的密闭木箱可装200公斤的货物，如果选用下设垫板的木箱，则可装运200公斤以上的货物。为了承载重物，通常选用木垫板，可装载并固定60吨的重物。为了增加强度也有加铁箍的木制垫货板。为了节省木材，常使用框架对于重物包装，常在底部加塑料制品。木材的另一个用途是制作托盘。

1. 胶合板

胶合板的结构——木片层数均采用奇数层，一般为3～11层，即三层板、五层板、七层板等。胶合板一般采用楠木、桦木、樟木、核桃楸、黄波罗、水曲柳、柞木、橡木等阔叶树种制作，针叶树类如马尾松、云杉、云南松等也可制作胶合板，但针叶树制作的胶合板质量较阔叶树制作的要差。

2. 纤维板

因成型时温度和压力的不同，纤维板分为硬质、半硬质和软质三种。硬质纤维板是在高温高压下成型而制得，软质纤维板不经过热压处理而制成。纤维板可用于制作包装箱及其他包装材料。

3. 包装用竹制品

能代替木材制作包装用制品而使用的竹材主要有以下三种：毛竹或称江南竹、孟宗竹、苦竹或称刚竹、台竹、淡竹。

4. 松木普通胶合板

一类：完全耐水、耐热、抗真菌，能在室外长期使用。

二类：耐水、抗真菌，可在潮湿条件下使用。

三类：耐湿，适宜于室内使用。

四类：不耐水、湿，只能在室内干燥条件下使用。

（三）金属包装材料

用于包装材料的金属有以下几种：

1. 镀锡薄板

俗称马口铁，是表面镀有锡层的薄钢板，由于锡层的作用，除有一般薄钢板的优点外，还有很强的耐腐蚀性。主要用于制造高档罐容器，如各种饮料罐、食品罐等，表面装潢之后成为工业和商业包装合一的包装材料。

2. 涂料铁

在镀锡薄板一面涂以涂料加工制成，主要用于制作食品罐盛装各种食品。

3. 铝合金

以铝为主要合金元素的各种铝合金，按照其他合金元素种类及含量不同划分为许多型号，可制成牙膏皮、饮料罐、食品罐、航空集装箱等各种包装物，也可与塑料等材料复合制成薄膜，用作商业小包装材料。

铝合金包装材料的主要特点是隔绝水、汽及一般腐蚀性物质的能力强，强度重量比大，因而包装材料轻，无毒，外运性能好，易装饰美化。

（四）塑料包装材料

塑料包装制品的应用日益广泛，塑料袋及塑料编织袋已成为牛皮纸袋的代用品；塑料制品还用于酒、食油等液体运输的容器的革新，开发了箱袋结合包装，其方法是将折叠塑料袋或容器放入瓦楞纸箱中，以代替传统的玻璃瓶、金属罐、木桶等。塑料成型容器也得到广泛应用（如聚乙烯容器，包括箱、罐等），特别是颜料和食品业的塑料通用箱发展很快。

（五）玻璃、陶瓷包装材料

指利用耐酸玻璃瓶、耐酸陶瓷瓶等对商品进行包装。此类包装材料的优点是耐风化、不变形、耐热、耐酸、耐磨等，尤其适合各种液体货物的包装。可回收复用，有利于包装成本的降低，易洗刷、消毒、灭菌。

优点是耐腐蚀性较好，比较稳定，耐酸玻璃瓶包装可直接看到内容物。

缺点是耐冲击强度低，易碎，重量大，运输成本高，能耗大。

主要用于装酒、饮料、其他食品、药品、化学试剂和化妆品等。

（六）复合材料

针对各种包装材料的优缺点，将两种或两种以上具有不同性质的材料通过各种方法复合在一起制成复合材料,以改进单一包装材料的性能,在包装领域有广泛的应用。现在使用较多的是薄膜复合材料,主要有纸基复合材料、塑料复合材料、金属基复合材料。应用最广泛的合成材料是与玻璃纸复合、塑料与塑料、金属箔与塑料;金属箔和塑料及玻璃纸复合;纸与塑料复合等。

（七）草制包装材料

草制包装材料是一种较落后的包装材料。用一些天然生的草类植物,编制成草席、蒲草袋等包装材料。其防水、防潮能力较差,强度也很低,已逐渐被淘汰。

（八）纤维包装材料

纤维包装材料指用各种纤维制作的袋状容器。天然生的纤维有黄麻、红麻、麻、罗布麻、棉花等。经工业加工的有合成树脂、玻璃纤维等。

（九）包装用辅助材料

它有以下几种:

1. 黏合剂

它用于材料的制造、制袋、制箱及封口作业,黏结剂有水型、热融型和压敏型的区分。近年来由于普遍采用高速制箱及封口的自动包装机,使用短时间内能够黏结的热融结合剂。

2. 黏合带

它有橡胶带、热敏带、黏结带三种:① 橡胶带遇水可直接溶解,接合力强,黏合后完全固化,封口很结实;② 热敏带一经加热活化便产生黏结力,不易揭开且不易老化;③ 黏结带是在带的一面涂上压敏性结合剂,有纸带、玻璃纸带、乙烯树脂带等,也有两面涂胶的双面胶带,这种带子用手压便可结合。

3. 捆扎材料

捆扎的作用是打捆、压缩、缠绕、保持形状、提高强度、封口防盗、便于处置和防止破损等。现代包装少用天然捆扎材料,而多用聚乙烯、聚丙烯绳、纸带、聚丙烯带、钢带、尼龙布等。

包装材料分类如表 3.2 所示。

表 3.2 包装材料分类表

材料	细分
纸及纸制品	牛皮纸、玻璃纸、植物羊皮纸、沥青纸、油纸和蜡纸、瓦楞纸板
塑料及塑料制品	聚乙烯、聚丙烯、聚苯乙烯、聚氯乙烯、钙塑材料
木材及木材制品	原木板材、胶合板、纤维板、刨花板
金属	镀锡薄板、涂料铁、铝合金
玻璃、陶瓷	
复合材料	纸基复合材料、塑料基复合材料、金属基复合材料

二、常用的包装技术

(一) 包装技术选择应考虑的因素

(1) 内装物的性质；
(2) 流通过程环境条件因素；
(3) 包装材料、容器(或制品)和包装技术的装备的选择；
(4) 经济效果；
(5) 标准和法规。

(二) 针对产品的不同物性而采用的包装技术

这是针对产品的特殊需要而采用的包装技术和方法。由于产品特性不同,在流通过程中受到内外各种因素影响,其物性会发生人们所不需要的变化,或称变质,有的受潮变质,有的受震动冲击而损坏。所以需要采用一些特殊的技术和方法来保护产品免受流通环境各因素的作用。因此,此类技术和方法也称特殊包装技法。它所包括的范围极为广泛,有缓冲、保鲜、防潮、防锈、脱氧、充气、灭菌等。

1. 防震包装技术

防震包装又称缓冲包装,是将缓冲材料适当地放置在内装物和包装容器之间,用以减轻冲击和震动,保护内装物免受损坏。产品从生产出来到开始使用要经过一系列的运输、保管、堆码和装卸过程,置于一定的环境之中。在任何环境中都会有力作用在产品之上,并使产品发生机械性损坏。为了防止产品遭受损坏,就要设法减小外力的影响。防震包装在各种包装方法中占有重要的地位。常用的缓冲包装材料有泡沫塑料、木丝、弹簧等。发泡包装是缓冲包装的较新方法,它是通过特制的发泡设备,将能生产塑料泡沫的原料直接注入内装物与包装容器之间的空隙处,约经几十秒钟即引起化学反应,进行 50～200 倍的发泡,形成紧裹内装物的泡沫体。对于一些形体复杂或小批量的商品最为合适。防震包装主要有以下 4 种方法:

(1) 全面防震包装方法

全面防震包装方法是指内装物和外包装之间全部用防震材料填满进行防震的包装方法。分为压缩包装法、浮动包装法、裹包包装法、模盒包装法、就地发泡包装法。

(2) 部分防震包装技法

对于整体性好的产品和有内包装容器的产品,仅在产品或内包装的拐角或局部地方使用防震材料进行衬垫即可,这种方法叫部分防震包装法。所用包装材料主要有泡沫塑料防震垫、充气型塑料薄膜防震垫和橡胶弹簧等。如图 3.2 所示。

(3) 悬浮式防震包装法

对于某些贵重易损的物品,为了有效地保证在流通过程中不受损害,往往采用坚固的外包装容器,然后把物品用带子、绳子、吊环、弹簧等被装物悬吊在外包装中,不与四壁接触。如精密仪器、仪表和机电设备等。如图 3.3 所示。

(4) 联合方法

在实际缓冲包装中常将两种或两种以上的防震方法配合作用。有时可把异种材质的缓冲材料组合起来使用。

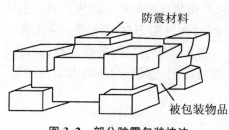

图 3.2　部分防震包装技法

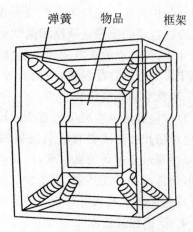

图 3.3　悬浮式防震包装法

2. 防潮包装技术

防潮包装是为了防止潮气侵入包装件,影响内装物质量而采取的一定防护措施的包装。防潮包装设计就是防止水蒸气通过,或将水蒸气的通过减少至最低限度。一定厚度和密度的包装材料,可以阻隔水蒸气的透入,其中金属和玻璃的阻隔性最佳,防潮性能较好。纸板结构松弛,阻隔性较差,但若在表面帆布防潮材料,就会具有一定的防潮性能。塑料薄膜有一定的防潮性能,但它多由无间隙、均匀连续的孔穴组成,并在孔隙中扩散造成其透湿特性。透湿强弱与塑料材料有关,特别是加工工艺、密度和厚度的不同,其差异性较大。为了提高包装的防潮性能,可有用涂布法、涂油法、涂蜡法、涂塑法等方法。涂布法,就是在容器内壁和外表加涂各种涂料,如在布袋、塑料编织袋内涂树脂涂料,纸袋内涂沥青等涂油法,如增强瓦楞纸板的防潮能力,在其表面涂上光油、清漆或虫胶漆等;涂蜡法,即在瓦楞纸板表面涂蜡或楞芯渗蜡;涂塑法,即在纸箱上涂以聚乙烯醇丁醛(PVB)等。还有在包装容器内盛放干燥剂(如硅胶、泡沸石、铝凝胶)等。此外,对易受潮和透油的包装内衬一层或多层防湿材料(如牛皮纸、柏油纸、邮封纸、上蜡纸、防油纸、铝箔和塑料薄膜等),或用一层或多层防潮材料直接包裹商品。上述方法既可单独使用,又可几种方法一起使用。

3. 防霉包装技术

防霉包装是防止包装和内装物霉变而采取一定防护措施的包装。它除需防潮措施外,还要对包装材料进行防霉处理。防霉包装必须根据微生物的生理特点,改善生产和控制包装储存等环境条件,达到抑制真菌生长的目的。首先,要尽量选用耐霉腐和结构紧密的材料,如铝箔、玻璃和高密度聚乙烯塑料、聚丙烯塑料、聚酯塑料及其复合薄膜等,这些材料具有微生物不易透过的性质、有较好的防霉效能。第二,要求容器有较好的密封性,因为密封包装是防霉的重要措施,如采用泡罩、真空和充气等严密封闭的包装,既可阻隔外界潮气侵入包装,又可抑制霉菌的生长和繁殖。第三,采用药剂防霉的方法,可在生产包装材料时添加防霉剂,或用防霉剂浸馈包装容器和在包装容器内喷洒适量防霉剂,如采用多菌灵(BcM)、百菌清、水杨脱苯胺、五氯酚钠等,用于纸与纸制品、皮革、棉麻织品、木材等包装材料的防霉。第四,还可采用气相防霉处理,主要有多聚甲醛、充氮包装、充二氧化碳包装,也具有良好的效果。

在运输包装内装运食品和其他有机碳水化合物货物时,货物表面可能生长霉菌,在流通过程中如遇潮湿,霉菌生长繁殖极快,甚至伸延至货物内部,使其腐烂、发霉、变质,因此要采取特别防护措施。包装防霉烂变质的措施,通常是采用冷冻包装、真空包装或高温灭菌方法。冷冻包装的原理是减慢细菌活动和化学变化的过程,以延长储存期,但不能完全消除食品的变质;高温杀菌法可消灭引起食品腐烂的微生物,可在包装过程中用高温处理防霉。有些经干燥处理的食品包装,应防止水汽浸入以防霉腐,可选择防水汽和气密性好的包装材料,采取真空和充气包装。

真空包装法也称减压包装法或排气包装法。这种包装可阻挡外界的水汽进入包装容器内,也可防止在密闭着的防潮包装内部存有潮湿空气,在气温下降时结露。采用真空包装法,要注意避免过高的真空度,以防损伤包装材料。防止运输包装内货物发霉,还可使用防霉剂,防霉剂的种类甚多,用于食品的必须选用无毒防霉剂。机电产品的大型封闭箱,可酌情开设通风孔或通风窗等相应的防霉措施。

4. 防锈包装技术

防锈包装是为防止金属制品锈蚀而采用一定防护措施的包装。防锈包装可以采用在金属表面进行处理。如镀金属(包括镀锌、镀锡、镀铬等),镀层不但能阻隔钢铁制品表面与大气接触,且电化学作用时镀层先受到腐蚀,保护了钢铁制品的表面;也可采用氧化处理(俗称发蓝)和磷化处理(俗称发黑)的化学防护法;还可采用涂油防锈、涂漆防锈和气相防锈等方法,如五金制品可在其表面涂一层防锈油,再用塑料薄膜封装。涂漆处理是对薄钢板桶和某些五金制品先进行喷砂等机械处理后涂上不同的油漆。气相防锈是采用气相缓蚀剂进行防锈的方法,目前采用的是气相防锈纸,即将涂有缓蚀剂的一面向内包装制品,外层用石蜡纸、金属箔、塑料袋或复合材料密封包装。若包装空间过大,则可填加适量防锈纸片或粉末。此外,还可采用普通塑料袋封存、收缩或拉伸塑料薄膜封存、可剥性塑料封存和茧式防锈包装、套封式防锈包装以及充氮和干燥空气等封存法防锈。

(1) 防锈油防锈蚀包装技术

大气锈蚀是空气中的氧、水蒸气及其他有害气体等作用于金属表面引起电化学作用的结果。如果使金属表面与引起大气锈蚀的各种因素隔绝(即将金属表面保护起来),就可以达到防止金属被大气锈蚀的目的。防锈油包装技术就是根据这一原理将金属涂封防止锈蚀的。

用防锈油封装金属制品,要求油层要有一定厚度,油层的连续性好,涂层完整。不同类型的防锈油要采用不同的方法进行涂复。

(2) 气相防锈包装技术

气相防锈包装技术就是用气相缓蚀剂(挥发性缓蚀剂),在密封包装容器中对金属制品进行防锈处理的技术。气相缓蚀剂是一种能减慢或完全停止金属在侵蚀性介质中的破坏过程的物质,它在常温下即具有挥发性,它在密封包装容器中,在很短的时间内挥发或升华出的缓蚀气体就能充满整个包装容器内的每个角落和缝隙,同时吸附在金属制品的表面上,从而起到抑制大气对金属锈蚀的作用。

5. 保鲜包装技术

保鲜包装,是采用固体保鲜剂(由沸石、膨润土、活性炭,氢氧化钙等原料按一定比例组成)和液体保鲜剂(如以椰子泊为主体的保鲜剂,以碳酸氢钠、过氧乙酸溶液、亚硫酸与酸性亚硫酸钙、复方卵磷脂和中草药提炼的 CM 保鲜剂等)进行果实、蔬菜的保鲜。固体保鲜剂法是将保鲜剂装入透气小袋封口后再装入内包装,以吸附鲜果、鲜菜散发的气体而延缓成熟过程。液体保鲜剂法为鲜果浸涂液,鲜果浸后取出,表面形成一层极薄的可食用保鲜膜,既可堵塞果皮表层呼吸气孔,又可起到防止微生物侵入,且有隔温、保水的作用。硅窗转运箱保鲜包装,是采用塑料密封箱加盖硅气窗储运鲜果、鲜菜、鲜蛋的保鲜方法。硅气窗又称人造气窗,在塑料箱、袋上开气窗,有良好的调节氧气、二氧化碳浓度,抑制鲜菜果和鲜蛋的呼吸作用,延长储存期。

6. 高温短时间灭菌包装

它是将食品充填并密封于复合材料制成的包装内,然后使其在短时间内保持135℃左右的高温,以杀灭包装容器内细菌的包装方法。这种方法可以较好地保持色、肉、蔬菜等内装食品的鲜味、营养价值用及色调等。

7. 危险品包装技术

危险品有上千种,按其危险性质,交通运输及公安消防部门规定分为十大类,即爆炸性物品、氧化剂、压缩气体和液化气体、自燃物品、遇水燃烧物品、易燃液体、易燃固体、毒害品、腐蚀性物品、放射性物品等,有些物品同时具有两种以上危险性能。

对有毒商品的包装要明显地标明有毒标志。防毒的主要措施是包装严密不漏、不透气。例如重铬酸钾(红矾钾)和重铬酸钠(红矾钠),为红色带透明结晶,有毒,应用坚固附桶包装,桶口要严密不漏,制桶的铁板厚度不能小于1.2毫米。对有机农药一类的商品,应装入沥青麻袋,封口严密不漏。如用塑料袋或沥青纸袋包装的,外面应再用麻袋或布袋包装。用作杀鼠剂的磷化锌有剧毒,应用塑料袋严封后再装入木箱中,箱内用两层牛皮纸、防潮纸或塑料薄膜衬垫,使其与外界隔绝。

对有腐蚀性的商品,要注意商品和包装容器的材质发生化学变化。金属类的包装容器,要在容器壁涂上涂料,防止腐蚀性商品对容器的腐蚀。例如包装合成脂肪酸的铁桶内壁要涂有耐酸保护层,防止铁桶被商品腐蚀,从而商品也随之变质。再如氢氟酸是无机酸性腐蚀物品,有剧毒,能腐蚀玻璃,不能用玻璃瓶作包装容器,应装入金属桶或塑料桶,然后再装入木箱。甲酸易挥发,其气体有腐蚀性,应装入良好的耐酸坛、玻璃瓶或塑料桶中,严密封口,再装入坚固的木箱或金属桶中。

对黄磷等易自燃商品的包装,宜将其装入壁厚不少于1毫米的铁桶中,桶内壁须涂耐酸保护层,桶内盛水,并使水面浸没商品,桶口严密封闭,每桶净重不超过50公斤。再如遇水引起燃烧的物品如碳化钙,遇水即分解并产生易燃乙炔气,对其应用坚固的铁桶包装,桶内充入氮气。如果桶内不充氮气,则应装置放气活塞。

对于易燃、易爆商品,例如有强烈氧化性的,遇有微量不纯物或受热即急剧分解引起爆炸的产品。防爆炸包装的有效方法是采用塑料桶包装,然后将塑料桶装入铁桶或木箱中,每件净重不超过50公斤,并应有自动放气的安全阀,当桶内达到一定气体压力时,能自动放气。

8. 特种包装技术

(1) 充气包装

充气包装是采用二氧化碳气体或氮气等不活泼气体置换包装容器中空气的一种包装技术方法,因此也称为气体置换包装。这种包装方法是根据好氧性微生物需氧代谢的特性,在密封的包装容器中改变气体的组成成分,降低氧气的浓度,抑制微生物的生理活动、酶的活性和鲜活商品的呼吸强度,达到防霉、防腐和保鲜的目的。

(2) 真空包装

真空包装是将制品装入气密性容器后,在容器封口之前抽真空,使密封后的容器基本上没有氧气的一种包装技术方法。一般的肉类商品、谷物加工商品以及某些容易氧化变质的商品都可以采用此类方法包装,真空包装不但可以避免或减少脂肪氧化,而且抑制了某些霉菌和细菌的生长。同时在对其进行加热杀菌时,由于容器内部气体已排除,因此加速了热量的传导,提高了高温杀菌效率,也避免了加热杀菌时,由于气体的膨胀而使包装容器破裂。

（3）收缩包装

收缩包装就是用收缩薄膜将欲包装物品裹包（或内包装件）,然后对薄膜进行适当加热处理,使薄膜收缩而紧贴于物品（或内包装件）的包装技术方法。

收缩薄膜是一种经过特殊拉伸和冷却处理的聚乙烯薄膜,由于薄膜在定向拉伸时产生残余收缩应力,这种应力受到一定热量后便会消除,从而使其横向和纵向均发生急剧收缩,同时使薄膜的厚度增加,收缩率通常为30%～70%,收缩力在冷却阶段达到最大值,并能长期保持。

（4）拉伸包装

拉伸包装是20世纪70年代开始采用的一种新包装技术,它是由收缩包装发展而来的,拉伸包装是用机械装置在常温下将弹性薄膜围绕被包装件拉伸、紧裹,并在其末端进行封合的一种包装方法。由于拉伸包装不需进行加热,所以消耗的能源只有收缩包装的二十分之一。拉伸包装可以捆包单件物品,也可用于托盘包装之类的集合包装。

（5）脱氧包装技术

脱氧包装又称除氧封存剂包装,是继真空包装和充气包装之后出现的一种新型除氧包装方法。脱氧包装是在密封的包装容器中,使用能与氧气起化学作用的脱氧剂与之反应,从而除去包装容器中的氧气,以达到保护内装物的目的。即利用无机系、有机系、氢系三类脱氧剂,除去密封包装内游离态氧,降低氧气浓度,从而有效地阻止微生物的生长繁殖,起到防霉、防褐变、防虫蛀和保鲜的目的。脱氧包装方法适用于某些对氧气特别敏感的物品,使用于那些即使有微量氧气也会促使品质变坏的食品包装中。

第三节　商品包装的合理化

商品包装的合理化是商品包装追求的最终目标。商品包装合理化所涉及的问题,既包括商品生产、流通范围内的有关问题,也包括更大范围内的诸如社会法规、废弃物治理、资源利用等有关方面的问题。

知识窗

> 就我国而言,1972年以前我国商品运输包装多数采用木箱、木桶、麻袋、篓筐、缸坛等传统包装,在商品流通中商品损失严重。1984年全国包装大检查的总结报告指出:通过包装大检查,暴露出我国各类商品在商品流通中破损、霉变、渗漏、散失等现象十分严重。据各地不完全统计,1983年内销商品由于包装不善和运输、装卸、仓储等问题,造成商品损失约40亿元。全国包装大检查有力地推动了运输包装的改进工作,经过1984年至1987年的包装改进和综合治理,取得减损、增收、节约40多亿元的经济效益。尽管我国运输包装的改进取得了较大的成绩,但与世界包装的发展水平相比还有一定差距,因此,我国的运输包装在包装标准化、集合包装、合理包装优化设计等方面,都需要进一步改进和发展。

一、影响包装合理化的因素

在设计商品包装的时候,必须详细了解被包装物本身的一些性质以及商品流通运输过程中的一些详细情况,并针对这些情况,作出有针对性的设计。一般来说,影响商品包装合理化的主要因素如下:

(一)被包装商品本身的体积、重量以及它在物理和化学方面的特性

商品存在的三种形态:固态、液态和气态。商品的形态各异,商品本身的性质也各不相同。所以,在设计商品包装的时候,必须根据商品本身的特点和国际通用的标准,设计出适合商品自身特点的包装。

(二)商品包装的保护性

被包装的商品是否害怕力的冲击、震动,是否害怕虫害或者动物的危害,是否对气象环境、物理环境以及生物环境有特殊的要求,针对这些特点,在设计商品包装的时候,要作到有的放矢。

(三)消费者的易用性

商品包装设计的主要目的是为了使消费者能够更好地使用商品。因此,只有设计易于使用,才能从更深层次上吸引消费者,占领更广阔的市场。

(四)商品包装的经济性

商品包装虽然从安全性方面来说是作得越完美越好,但是,从商品整体的角度来说,也不得不考虑其经济性,争取能够作到够用就好,以降低产品的成本。一般来说.商品的工业包装在设计的时候,应该更加注重它的商品保护的性质,不必太在意外在的美观。商品的商业包装的设计,则必须注意外观的魅力,以吸引顾客。所以,应该找到一个好的平衡点,使商品包装既能够达到要求,又能够节省成本。

二、包装的合理化

商品包装作为物流的起点,对整个物流的过程起着重要的作用。因而,在设计商品包装的时候,必须进行认真的考虑,以实现商品包装的合理性。

(一)合理化包装的含义与具体内容

合理化包装是指能适应和克服流通过程中的各种障碍,是在极限范围内的最好的包装。从多个角度来考察,合理包装应满足八个方面的要求:

(1)包装应妥善保护内装的商品,使其质量不受损伤。这就是要制定相应的适宜的标准;使包装物的强度恰到好处地保护商品质量免受损伤。除了要在运输装卸时经受住冲击、震动外,还要具有防潮、防水、防霉、防锈等功能。

(2)包装材料和包装容器应当安全无害。包装材料要避免有聚氯联苯之类的有害物

质。包装容器的造型要避免对人造起伤害。

(3) 每箱装货量标准化,包装的容量要适当,要便于装卸和搬运。

(4) 包装的标志要清楚、明了,文字设计一目了然。

(5) 包装内商品外围空闲容积不应过大。

(6) 包装要与产品的价值相符合,包装费用要与内装商品相适应。

(7) 提倡节省资源的包装,注意所选包装材料的价值。

(8) 包装要便于废弃物的治理。因此包装要既坚固结实但又容易处理。

(二) 合理包装的设计要点

商品包装的设计必须根据包装对象的具体内容进行考虑。比如,要根据商品的属性选择不同的包装材料和包装技术。在设计包装容器的形状和尺寸的时候,要考虑商品的强度和最大的容积,包装的长宽比例要符合模数化的要求,以便最大限度地利用运输、搬运工具和仓储空间。对于不规则外形的商品,一般要作一体化配置以适应装箱的要求。此外,在进行造型设计的时候,要注意合理利用资源和节约包装用料,实现商品包装的合理化。

1. 深入了解产品因素和物流因素

深入了解产品因素和物流因素是搞好合理包装的重要前提,否则就无法进一步确定保护等级要求和进一步选择包装材料、容器、技法、标志等。

一般来说,在合理包装设计中,应考虑下列因素:

(1) 了解产品的性质、尺寸、结构、重量、组合数等来决定采用什么类型的包装或者决定是否需要包装。

(2) 了解产品的形状、脆性、表面光洁度、耐蚀性、电镀油漆类别等性质来决定采用什么样的内衬件或缓冲件。

(3) 了解产品的价值或贵重程度,来决定如何选择保护措施。包装是否能够达到货物的保护要求。

(4) 了解内装物与包装材料之间有什么互相作用,是否可能产生什么有害物质,以合理选择包装材料和容器。

(5) 了解不同内装物放在一起,有无造成污染的可能性,来决定包装的方法。

(6) 了解是否有必要提供空间或空隙。

(7) 了解是否有必要提供防盗措施。

2. 了解流通环境和运输目的地

(1) 了解产品从生产厂到目的地之间整个路途,是国内运输还是国际运输,是热带地区还是寒带地区,是车站还是港口,是城市还是村庄等。

(2) 了解运输方式,是公路、铁路、海运、江河、空运,还是人工或畜力运输,弄清楚运输工具的类型、震动、冲击等量值,道路路面情况,是否使用集装箱运输,是按体积计算货物运价还是按重量计算。

(3) 了解搬运、装卸及库存情况,弄清楚装货和卸货的预计次数和特点,流通过程中转及目的地装卸条件的机械化,搬运操作的文明程度,运输前后及中途存放日期和条件等。

(4) 了解运输途中或目的地的气候条件,弄清楚温度、相对湿度的可能范围,有无凝结水珠的可能性,是否会有暴雨袭击,是否会受海水侵害,所经受大气压的范围,尘土、空气污染情况等。

3. 注意包装各功能间的平衡

包装的合理化,就是要做到在合理地保护产品安全的基础上,尽量降低包装成本和减少物流费用。这一问题实质上是搞好包装各种功能之间的综合平衡。

我们知道,运输包装的保护功能的提高,将导致运输、储存为包装的不可靠而支付费用的降低;而运输包装方便,传达功能的提高,也将导致物流管理费用的降低。另一方面,包装保护功能的提高,将导致材料费、设备费、人工费、技术引进等费用的增加,结果是包装费用的增加。

因此,为了求得上述功能间的合理平衡,就需要设计出在技术经济上最优的运输包装,也就是使产品可靠地从生产厂到达用户手中,在包装费用与物流费用之间保持平衡。合理包装并不是可靠度最高的包装,而是运输包装各功能之间平衡的一种包装。

(三) 包装合理化发展的趋势

包装是物流的起点,包装合理化是物流合理化的重要对象,也是物流合理化的基础。近代工业包装是以大量生产、大量消费背景下的商品流通为对象,以大量性、迅速性、低廉性和省力性为目标展开其合理化过程的。

随着商品经济的发展,商品运输包装也要随之发展,商品运输包装的首要目的是把单体商品或单体销售包装组合起来,保证商品安全无损地从生产领域运送到消费者手中。商品经济的发展将导致商品流量增加,流通范围扩大,商品的运输距离变长,流通费用加大,所采用的交通工具变得更复杂。因此,商品运输包装,必须适应这些变化作适当地改进,以保证商品在整个运输过程中不发生物理性的破损和化学上、生物上的变质。因此,一种好的包装,必须适应这些变化,以提高物流效率。事实上,合理的商品运输包装是降低物流费用的有效手段。

就世界范围而言,商品运输包装的发展趋势是:各种性能不同的纸箱、纸桶逐渐地取代原来的木箱和铁桶;集合包装得到越来越普遍的采用;运输包装的标准化得到高度重视;结合货物发运所在地的气候、港口设施等因素条件,同时结合不同商品特点进行合理包装优化设计。包装合理化向着标准化、作业机械化、成本低廉化、单位大型化、绿色化原则等方向不断发展。

1. 标准化原则

个别企业为了自己生产的方便,自行设计了很多不遵守规范的包装,这些都为问题的产生打下了埋伏。因此,有必要建立一种国际通行的包装标准。商品包装标准就是针对商品包装的质量和有关包装质量的各个方面,由一定的权威机构所发布的统一的规定。这种包装的标准一经正式颁布,就具有权威性和法律性。一般来说,这些商品包装标准的制定都是根据当前包装科学的理论和实践,通过权衡商品流通的整个过程,经过有关部门的充分协商和讨论,对包装的材料、尺寸、规格、造型、容量以及标志等所作的技术性规定。所谓商品包装的标准化就是制定、贯彻和修改商品包装标准的整个过程。

商品包装标准化对于现代企业具有重要的意义。通过商品包装的标准化,可以大大减少包装的规格型号,从而提高包装的生产效率,便于商品的识别和计量。通过商品包装的标准化,可以提高包装的质量,节省包装的材料,节省流通的费用,而且也便于专用运输设备的应用。通过商品包装的标准化,可以从法律的高度促进可回收型包装的使用,促进商品包装的回收利用,从而节省社会资源,产生较大的社会和经济效益。

包装尺寸的确定过去大多是以保护内盛装物品、便于人工装卸搬运作业、节约包装材料等为考虑因素,与物流其他作业环节、其他运载工具的关联性考虑得不多。包装合理化只是从局部出发,没有站在物流综合系统的角度,以物流总体的合理化为目标。实现包装的标准化对于实现物流全过程的物流整体合理化具有特别重要的意义。包装尺寸的设计,例如,纸箱尺寸的设计与托盘、集装箱、车辆、货架等各种各样的物流子系统发生联动,包装、运输、装卸、保管等不同物流环节的机械器具的尺寸设计需要建立在共同的标准之上。

确定包装尺寸的基础是包装模数尺寸,为实现包装货物合理化而制定的包装尺寸的系列叫作包装模效,用这个规格确定的容器长度×容器宽度的组合尺寸称为包装模数尺寸。包装模数尺寸的基础数值,即包装模数则是根据托盘的尺寸,以托盘高效率承载包装物为前提确定的。标准的包装尺寸应该与包装模数尺寸相一致,只有这样,才能够保证物流各个环节的有效衔接。按照包装模数尺寸设计的包装箱就可以按照一定的堆码方式合理、高效率地码放在托盘上,完整地装入集装箱。

国际标准化组织推荐的包装的基本模数为 600 mm×400 mm。在其推荐的 1200 mm×1000 mm 的托盘上以 2+3 的方式堆码。

2. 作业机械化

实现包装作业的机械化是提高包装作业效率、减轻人工包装作业强度、实现省力的基础。包装机械化首先从个装开始,之后是装箱、封口、挂提手等与外装相关联的作业。

3. 成本低廉化

包装成本中占比例最大的是包装材料费。因此,降低包装成本首先应该从降低包装材料费用开始。为此,需要对包装材料的价格和市场行情作充分调查,合理组织包装材料采购。对于材料的种类、材质的选择应该在保证功能的前提下,尽量降低材料的档次,节约材料费用支出。

影响包装成本的第二个因素是劳务费,特别是在经济发达的国家和地区,劳务费用占包装成本的比重相当高。节约劳务费用的办法是提高包装作业的机械化程度,降低包装作业对人工的依赖程度。当然,机械化包装作业需要购置包装机械,机械使用费用同样构成包装成本,如果节约的劳务费用低于使用机械支付的费用,包装成本不仅不会下降,反而会提高。仅仅从包装环节和费用的角度看,机械化程度的高低要结合人工使用成本综合考虑。在许多场合,通过机械与人工的合理组合。在半机械化的条件下,从事包装作业,既可以提高效率,又可以节约人工,使包装成本得到有效控制,这就是"效益背反"关系。

最后,在包装设计上要防止过度包装,应根据商品的价值和商品特点设计包装。对于有些低价值的商品,为保证不发生破损而采用高档次包装的做法在经济上未必合理。允许一定程度的破损率,会大大节约包装费用,对于节约包装成本是有益的。

4. 包装单位大型化

随着交易单位的大量化和物流过程中的装卸机械化,包装的大型化趋势也在增强。大型化包装有利于机械的使用,提高装卸搬运效率。

5. 绿色化原则

包装材料中大量使用的纸箱、木箱、塑料容器等消耗大量的自然资源,资源的有限性、大量开发资源对于环境带来的破坏、包装废弃物给环境带来的负面影响要求我们必须以节约资源作为包装合理化。随着物流量的增大,随着人们对"资源有限"认识的加深,因商品包装而引起的资源消耗、垃圾公害、环境污染甚至可能给消费带来一定的有害物等受到了重视。

因此,在选择包装技法时,应遵循绿色化原则,通过减少包装材料、重复使用、循环使用、回收使用材料等包装措施,节省资源,回收利用和生物降解、分解来推行绿色包装。

第四节　包装标记和标志

一、商品包装标记

（一）商品包装标记的概念

商品包装标记是指根据商品本身的特征用文字和阿拉伯数字等在包装上的明显位置注明规定的记号。

（二）商品包装标记的种类

1. 一般描述性标记（也称包装基本标记）

它是用来说明商品实体基本情况的。例如:商品名称、规格、型号、计量单位、数量、重量（毛重、净重、皮重）、尺寸(长、宽、高)、出厂日期、地址等。对于使用时效性较强的商品还要写明成分、储存期或保质期。

2. 表示商品收发货地点和单位的标记

这是用来表明商品起运、到达地点和收发货单位等的文字记号。对于进出口商品,这种标记有外经贸部统一编制向国外订货的代号。这种标记主要有三个作用:① 加强保密性,有利于物流中商品的安全;② 减少签订合同和运输过程中的翻译工作;③ 作为运输中的导向作用,可以减少错发、错运等事故。

3. 牌号标记

它是用来专门说明商品名称的标记。一般牌号标记不提供有关商品的其他信息,只说明名称,牌号标记应列在包装的显著位置。

4. 等级标记

它是用来说明商品质量等级的记号,常用"一级品"、"优质产品"、"获×××奖产品"等字样。

二、包装标志

包装标志是用来指明被包装商品的性质和物流活动安全以及理货分运需要的文字和图象说明。包装标志便于工作人员辨认识别货物,以利于交接、装箱、分发、清点、查核,避免错发、错卸、错收。另外,有注意标志,如危险品标志,可指示工作人员正确操作,以保证货物完整。包装标志一般包括下列内容:

（一）指示标志

指示标志用来指示运输、装卸、保管人员在作业时需注意的事项，以保证物资的安全。这种标志主要表示物资的性质，物资堆放、开启、吊运等的方法。

收发货标志是外包装件上的商品分类图示标志和其他文字说明排列格式的总称。运输包装收发货标志是为在物流过程中辨认货物而采用的。它对物流管理中发货、入库以及装车配船等环节起着特别重要的作用。它也是发货单据、运输保险文件以及贸易合同中有关标志事项的基本部分。

我国在1986年已制定《运输包装收发货标志》标准，规定了铁路、公路、水路和空运货物外包装上的分类标志及其他标志和文字说明事项及其排列的格式。如，平视距离10米，包装标志清晰可见。标准对百货、文化用品、五金、交电、化工、针织、医药、食品、农副产品、农药、化肥、机械12大类商品的图示标志作了具体规定。运输包装收发标志在字体、颜色、标志方式和标志位置的选用上应按标准进行。

1. 收发标志字体规定

中文都用仿宋体字；代号用汉语拼音大写字母；数码用阿拉伯数码；英文用大写的拉丁文字母。

2. 收发货标志的颜色规定

（1）纸箱、纸袋、塑料袋、钙塑箱，根据商品类别按规定的颜色用单色打印。

（2）麻袋、布袋用绿色或黑色印刷，木桶、木箱不分类别，一律用黑色印刷；铁桶用红、黑、绿、蓝底印白字，灰底印黑字；表内未包括的其他商品，包装标志的颜色按其属性归类。

3. 运输包装收发标志，按照包装容器不同形式，可以采用印刷、刷写、粘贴、拴挂等方式

（1）印刷适用于纸箱、纸袋、钙塑箱、塑料袋

在包装容器制造过程中，将需要的项目按标志颜色的规定印刷在包装容器上。有些不固定的文字和数字在商品出厂和发运时填写。

（2）刷写适用于木箱、桶、麻袋、布袋、塑料编织袋

利用印模、楼模，按标志颜色规定涂写在包装容器上。要求醒目、牢固。

（3）粘贴

对于不固定的标志，如在收货单位和到达站需要临时确定的情况下，先将需要的项目印刷在60克牛皮纸上或白纸上，然后粘贴在包装件有关栏目上。

（4）拴挂

对于不便印刷、刷写的运输包装件筐、篓、捆扎件，将需要的项目印刷在不低于120克牛皮纸或布、金属片上，拴挂在包装件上（不得用于出口商品）。

（二）危险品包装标志

危险品标志是用来表示危险品的物理，化学性质，以及危险程度的标志。它可提醒人们在运输、储存、保管、搬运等活动中引起注意，引起人们特别警惕，采用特殊的彩色或黑色菱形图示。

危险品包装标志是用来标明危险品的。1985年，国家标准局参照联合国（UN）、国际海事组织（IMO）、国际民航组织和国际铁路合作组织的有关货物运输规则，制订了《危险货物包装标志》标准，对16种危险货物包装标志作了具体规定。这16种标志为爆炸品标志、易

燃气体标志、不燃压缩气体标志、有毒气体标志、易燃液体标志、易燃固体标志、自燃物品标志、遇湿危险标志、氧化剂标志、有机过氧化物标志、有毒品标志、剧毒品标志、有害品（忌近食品）标志、感染性物品标志、放射性物品标志、腐蚀性物品标志。标准还对危险品货物的标志尺寸、颜色、印刷、使用等作出了具体的规定。

（三）运输包装标志

1. 运输包装标志的由来

运输包装标志主要是应物流管理的需要而产生的。商品在物流流动中要经过多环节、多层次的运输和中转，要完成各种交接，这就需要标志来识别货物；包装货物通常为密封容器，经手人很难了解内装物是什么，同时内部产品性质不同，形态不一，轻重有别，体积各异，保护要求也就不一样。物流管理中许多事故和差错常常是因为标志不清或错误而造成的，如错发、错运、搬运装卸操作不当、储存保管不善等。所有这些都说明包装标志对有效地进行装卸、运输、储存等物流活动起着重要影响。

2. 运输包装标志的定义

通常由一个简单几何图形和一些字母、数字及简单的文字组成。它不仅是运输过程中辨认货物的依据，而且是一般贸易合同、发货单据和运输、保险文件中，记载有关标志的基本部分。其作用有三：一是识别货物，实现货物的收发管理；二是明示物流中应采用的防护措施；三是识别危险货物，暗示应采用的防护措施，以保证物流安全。

运输包装标志一般由以下三部分组成：

(1) 目的港或目的地的名称

(2) 收货人或发货人的代号

此代号多用简单的几何图形，如三角形、圆形等。图形内外印以字母表示发货人和收货人名称的代号。

(3) 件号、批号

它指货主对每件包装编排的顺序号。它由顺序号和总件号组成，通常写成 1～200 或 1/200，前面的 1 代表该批货物的第一件，后面的 200 表示该抵货物的第 200 件。危险品标志又称警告性标志，是对易爆品、易燃品、有毒物品、腐蚀性物品、放射性物品等危险品在其运输包装上清楚而明确印刷的标志，以警告工作人员，使其在装卸、运输和保管过程中按货物的特性采取相应的保护措施，保护货物与人身的安全。警告性标志按照国家颁布的《危险货物包装标志》印制。联合国际海事组织对危险货物也规定了《国际海运危险品标志》，并已被许多国家采用。中国出口危险品时，除应印刷危险品标志外，还应印刷国际海运的危险品标志。

（四）包装储运图示标志

包装储运图示标志是根据产品的某些特性如怕湿、怕震、怕热、怕冻等确定的。其目的是为了在货物运输、装卸和储存过程中，引起作业人员的注意，使他们按图示的标志要求进行操作。

1985 年，我国参照国际标准 ISO780－1983《包装—货物储运图示标志》，制定了我国《包装—货物储运图示标志》国家标准。该标准适用于铁路、水路、公路和航空储运中防湿、防震、防热、防冻等有特殊要求的货物的外包装上。

该标准规定了10种货物储运图示标志,它们分别是:

(1) 小心轻放标志。用于碰撞易碎,需轻拿轻放的货物。
(2) 禁用手钩标志。用于不得用手钩搬运的货物。
(3) 向上标志。用于指示不得倾倒的货物。
(4) 怕热标志。用于怕热的货物。
(5) 由此起吊标志。用于指示吊运时放链条或绳索的位置。
(6) 怕湿标志。用于怕湿的货物。
(7) 重心点标志。用于指示货物重心所在处。
(8) 禁止滚翻标志。用于不得滚动搬运的货物。
(9) 堆码极限标志。用于指示允许最大堆码重量的特殊货物。
(10) 湿度极限标志。用于指示需要控制湿度的特殊货物。

上述包装储运图示标志尺寸,按标准规定尺寸一般分为三种。但包装体积特大或特小的货物,其标志幅面不受此尺寸的限制。

包装储运图示标志图形应按规定的颜色印刷。涂打的标志,如因货物包装关系不宜按规定的颜色涂打时,可根据各种包装物的底色,选配与其底色不同的符合明显要求的其他颜色。印刷时外框线及标志名称都要印上;涂打时外框线及标志名称可以省略。印刷标志用纸应采用厚度适当、有韧性的纸张。

包装储运图示标志使用时,对粘贴的标志,箱状包装应位于包装两端或两侧的明显处;袋、捆包装应位于包装明显的一面;桶形包装应位于桶盖或桶身。对涂打的标志,可用油漆、油墨或墨汁,以镂模、印模等方式按上述粘贴标志的位置涂打或者书写。对于钉附的标志,应用涂打有标志的金属板或木板,订在包装的两端或两侧的明显处。对于"由此起吊"和"重心点"两种标志,要求贴、涂或钉附在货物外包装的实际位置。

第五节 集合包装

一、集合包装的概念

集合包装是指将若干包装件或商品组合在一起形成一个适合运输的单元。集合包装包括初始兴起和近代开发的托盘包装、滑板包装、无托盘(无滑板)包装。集合包装是以托盘、滑板为包装货件群体之基座垫板,或者利用包装货件堆垛形式,以收缩、拉伸薄膜紧固,构成具有采用机械作业叉孔的货物载荷单元。由于集合包装可以集装运输乃至货架陈列,销售具备单件运输包装的货物,将品种繁多,形状不一、体积各异、重量不等的单件包装货物之箱、桶、袋、包等,一件件以托盘或滑板组成集合装载单元,并采用各种材料和技术措施,使包装货件固定于垫板上,将垫板连同其所集装之包装货物载荷单元,牢固地组合成集合包装整体,可以用叉车等机械进行装卸、搬运和实现集装单元化"门对门"运输,从而使包装方式与物流方式融合为一体,达到物流领域集合包装与集装单元化输送方式的统一。

集合包装的体积一般为 1 立方米,重量在 500 公斤至 2 吨。有些货物,如木材、钢材等集合包装重量有 5 吨以上。集合包装是以集装箱、桶、袋、捆包乃至筐、篓或具备单件运输包装货物,包括食品、日用品、文教用品、药品、工业品、家用电器以及仪器、仪表、易碎品、危险品等各种货物。集合包装是现代化的包装方法,是包装货件物流合理化、科学化、现代化的方式之一,发展集合包装是世界各国包装货物运输的共同趋势。集合包装主要以集装箱为主,可以将装满货物的托盘和集装容器、集装货捆一起装进大型的集装箱内,以便搬运、装卸和运输。

二、集合包装的作用

(一)简化包装,节省包装材料,降低包装和运输成本

包装费一般要占产品成本的 10%～15%,由于采用集合包装—集装单元输送方式,在物流领域,与手工装卸单件运输包装相比,其所受的垂直跌落冲击危害,约降低一半左右,围之即可减少包装对货物所受冲击危害的防护性能,故此,可以简化包装。根据国外资料,一般可降低包装费约 10%。显而易见,包装材料与成本均可相应地节约与降低。

(二)有效利用流通系统各种运输工具,提高仓库利用率

托盘的体积约为 0.14 立方米,托盘包装装载,其所占容积约为运输车辆容积 10%～12%;滑板体积是普通平托盘的 1/60～1/70,以滑板包装载货车,滑板所占运输车辆的容积,可以略而不计。托盘自重(标准托盘)约为 30～40 公斤,以托盘包装装载 60 吨棚车为何,其自重仅为运输车辆载重量的 4%～5%;而滑板自重为 1～3 公斤,仅为标准托盘自重的 1/20～1/30,以滑板包装装载车辆,滑板总重占运输车辆的利用率提高 16.7%。因此,采用托盘和滑板集合包装—集装单元输送系统,可以保证流通领域运输工具的净载重和有效容积得到充分合理的利用。

(三)推动流通领域装卸搬运作业的综合化、机械化、自动化

采用集合包装—集装单元输送,加速实现流通系统铁路、公路、水路、航空各种不同的运输工具的快速换装、联运和"门对门"运输。根据国外资料,日本采用集合包装—集装单元输送后,装卸作业劳力节省 80% 以上,减轻了劳动强度,改善了劳动条件,提高了劳动生产率;我国装卸托盘包装的水泥、煤炭,较人工作业单件纸袋包装同类货物,其工效提高 8～12 倍,从而降低包装货件在流通系统的作业费用。

(四)有效地保护货物,防止损坏丢失

集合包装—集装单元输送系统可以有效地保护商品,方便理货,减少破损,防止盗窃和丢失,保证运输安全。我国平板玻璃由木箱改为集装架包装后,破损率由原来的 20% 下降到 2% 以下;水泥由纸袋包装改为集装代包装后,运输途中损失由原来的 40% 下降到 1% 以下。有色金属、镍、铝锭等,由散装小件改为一吨装集合包装后,大大减少了运输途中被盗丢失。

(五)促进流通系统管理现代化

集合包装可以实行以目的地表示标记,与单件作业相比,方便清点交接,简化流通系统

的组织工作、简化运货手续、节省作业时间、减少货损货差、避免和消灭事故、消灭环境污染和社会公害。同时,集合包装便于流通系统自动化立体仓库的开发和采用,以及装卸、收发作业的自动化和仓库信息计算机管理。实现高效能、高效益,促进流通系统管理的现代化。

(六)推动流通系统的标准化

托盘集合包装使用的托盘、滑板标准规格与流通系统装卸、搬运及运输工具、仓储设备的适应与配合,将加速单件运输包装的标准化、系列化、通用化。集合包装所集成的成件包装货物,必须合理排列堆码,并符合力学原理,构成稳定、整齐规则的不易倒塌和倾斜的单元载荷,其规格必须与集合包装的底与面积相适应。因此,必须形成包装货件统一流通模数化。集合包装—集装单元输送系统的开发与推广,势必推动单件运输包装规格的标准化、系列化、通用化,并推动运载工具—集合包装—包装货件的综合标准化的贯彻实施。集合包装—集装单元输送是工业生产、商品流通和运输现代化的产物,它可以简化单件货物运输包装,又能使包装货件物流作业如包装、装卸、搬运、运输、仓储、配送等实现安全、迅速、简便、经济的目的。同时,可促进包装货件物流合理化,提高作业效率,降低成本,节省劳力,加速货物周转与送达,减少破损,提高总的社会经济效益。

三、集合包装的种类

集合包装的种类很多,主要有集装箱、集装袋、集装托盘、滑板集装、框架集装、无托盘集装等。主要介绍以下几种:

(一)集装箱(Container)

所谓集装箱,是指具有一定强度、刚度和规格专供周转使用的大型装货容器。使用集装箱转运货物,可直接在发货人的仓库装货,运到收货人的仓库卸货,中途更换车、船时,无须将货物从箱内取出换装。按所装货物种类分,有杂货集装箱、散货集装箱、液体货集装箱、冷藏集装箱等;按制造材料分,有木集装箱、钢集装箱、铝合金集装箱、玻璃钢集装箱、不锈钢集装箱等;按结构分,有折叠式集装箱、固定式集装箱等,固定式集装箱还可分密闭集装箱、开顶集装箱、板架集装箱等;按总重分,有30吨集装箱、20吨集装箱、10吨集装箱、5吨集装箱、2.5吨集装箱等。

图3.4 集装箱

箱号:集装箱箱体上都有一个11位的编号,前4位是字母,称为抬头,后7位是数字。此编号是唯一的。4个英文字母,前3个字母是箱主(船公司,租箱公司)代码,比如中远是CBH,中海CCL,弘信是TGH;U代表集装箱,任何一个集装箱第4个英文字母都是U,后面的数字是集装箱的编号。通常1和9开头的集装箱是特种箱,数字4,7,8开头的是大柜,2,3开头的是小柜。最后一个数字是集装箱的识别码。集装箱如图3.4所示。

(二)集装袋

集装袋又称柔性集装袋、吨装袋、太空袋等,是集装单元器具的一种,配以起重机或叉车,就可以实现集装单元化运输,它适用于装运大宗散状粉粒状物料。集装袋是一种柔性运输包装容器,广泛用于食品、粮谷、医药、化工、矿产品等粉状、颗粒、块状物品的运输包装,发达的国家普遍使用集装袋作为运输、仓储的包装。集装袋如图 3.5 所示。

图 3.5 集装袋

(三)托盘集合包装

1. 托盘集合包装的结构

托盘集合包装是由托盘、单体包装体码垛与捆扎固定三要素组成配合而形成的具有良好功能的运输包装件。

(1)托盘

为了适应多种商品和多种运输装卸情况,目前已发展成多种类型的托盘。按托盘插口区分,有双面式托盘和四面式托盘。双面式托盘只能前后使用铲车,而四面式托盘则可在前后左右使用铲车,较双面式要方便。为了适应较重或较轻的商品,可以采用钢托盘或纸托盘。为了托盘集合包装的坚牢度、稳定度,可采用柱式、箱式、框架式托盘等。

(2)码垛方式

为了提高码垛的稳定性,需要针对不同货物采用不同的码垛方式。通常码垛方式有重叠式和交错式两种。重叠式码垛没有交叉搭接,货物稳定性不好,容易发生纵向分裂,但能充分发挥箱体耐压强度和提高码垛效率。交错式码垛,就像砌砖的方式,各层之间搭接良好,货物稳定性高,但操作复杂,码垛效率低,有时还会降低托盘的表面利用率,箱体的耐压强度降低。

(3)加固方式

为了防止不同货物可能发生的倒塌,需要采用不同的固定方法,一般来说,较轻的包装件可采用黏合剂加固。如需坚固一些,就可采用捆扎加固以及收缩薄膜、拉伸薄膜方法加固等。

2. 托盘集合包装的尺寸

所谓托盘集合包装的尺寸,就是指所形成的长、宽、高三维形态的立体物。正确选择尺寸的依据有三个:托盘表面利用率,码垛物稳定性,运输工具的尺寸。

(1) 托盘表面利用率

此即包装货物占有的面积与托盘使用面积之比,要求托盘有尽量大的表面利用率。托盘的表面利用率越大,运输工具容积利用率和仓库利用率也越大。

(2) 码垛物稳定性

码垛物的稳定性不仅与货物形状、码垛方式有关,也与托盘的尺寸和形状有关。一般来说,托盘的使用面积越大,稳定性越好。从重心位置影响货物稳定性来看,堆垛高度不应超过托盘短边长度的两倍。在相同面积的情况下,长方形的托盘比正方形的托盘的稳定性要差。

(3) 运输工具的尺寸

托盘的尺寸还必须充分考虑到各种运输工具的表面积和容积。托盘的表面积应与运输工具的表面积成整数倍数。另外在容积上也有所考虑。我国初步制定的托盘尺寸为 1250 mm×850 mm,经运输实践证明,对 30 吨、50 吨和 60 吨棚车容积,能得到较好的利用。

思考与练习

1. 包装的含义与功能是什么?
2. 包装容器的种类有哪些?
3. 商品包装技术方法有哪些?
4. 合理包装的设计要点是什么?
5. 简述集合包装的特点。

第四章 装卸搬运

 学习目标

通过本章学习,你应该能够:
➢ 明确装卸搬运的概念和特点;
➢ 熟悉装卸搬运的分类和方法;
➢ 掌握装卸搬运的原则;
➢ 熟悉装卸搬运活性;
➢ 了解装卸搬运机械及其选择。

引入案例　加强水铁联运促经济发展

物流合理化在很大程度上依赖于运输合理化,因此运输合理化是实现物流系统最优化的关键问题。目前发达国家港口和铁路衔接配合的运输比例通常都在30%左右,高的像美国甚至能达到40%,就连印度,海铁联运也达到了25%。而中国作为世界贸易大国,全世界前20名港口,有9个港口在我们国家,港口集装箱吞吐量为1.6亿标准箱,名列世界前茅。2010年,上海港口货物吞吐量完成6.5亿吨,继续保持世界第一,集装箱吞吐量2905万标准箱,首次成为世界第一大集装箱港,是名副其实的"枢纽港"。但是,2%左右的海铁联运比例与之极不相匹配,致使货物中转次数增多,压港、压船现象非常普遍,延长物流时间,严重影响物流快速运转,使物流成本增加,而增加的成本最后都转嫁到商品售价中,提高了商品价格,使消费者剩余减少,使国内消费者消费严重不足,制约了国民经济快速发展。

世行贸易局局长Bernard Hoekman曾经说过:"物流绩效更高的国家,其增长速度也更快,竞争力更强,投资水平更高。"世行研究表明:如果将低收入国家的物流绩效提高到中等收入国家的平均水平,则可能使贸易量增加15%左右,也可能借助更低的价格和更高的服务质量使企业和消费者受益。

"十二五"时期,随着国民经济总量的增长、经济结构的优化和人民生活水平的提高,将对推动现代物流业规模扩张和结构调整以及物流服务质量提出更高的要求。为此,国家各部委在"十二五"开局之年——2011年,多措并举全力推动我国物流业的发展,使其在未来5年继续保持较快增长,加快结构调整步伐,逐渐缓解基础设施"瓶颈",同时,通过公铁水联运促进物流企业进一步做大做强。

在工业尚不发达的年代,货物装卸主要依靠人力来完成,装卸现场的劳动强度和劳动环境艰苦。在发展中国家,即便到了今天,仍有相当部分的装卸活动依然是依靠人背肩扛来完成的。改善装卸作业的环境,提高装卸作业效率是物流现代化的重要课题。从某种意义讲,装卸发展的历史实际上就是用机械代替人力,不断提高装卸的机械化程度,将人从繁重的装卸作业中解放出来的历史。装卸的机械化不仅可以减轻人的作业压力,改善劳动环境,而且可以大大提高装卸效率,缩短物流时间。

第一节 装卸搬运概述

装卸搬运是衔接整个物流过程的必要环节,物流系统各个环节的先后或同一环节的不同活动之间,都必须进行装卸搬运作业。

一、装卸搬运的概念

(一)装卸搬运的定义

装卸搬运是指在同一地域范围内(如车站范围、工厂范围、仓库内部等)进行的,以改变物料的存放(支承)状态和空间位置为主要目的的活动。以改变"物"的存放、支承状态的活动称为装卸,以改变"物"的空间位置的活动称为搬运,两者全称装卸搬运。具体说,包括装上、卸下、移送、拣选、分类、堆垛、入库、出库等活动。

(二)装卸的定义

按照我国的物流术语的国家标准,装卸(Hoading and Unhoading)是指:物品在指定地点以人力或机械装入运输设备或卸下。此定义摘自《中华人民共和国国家标准 物流术语》(GB/T 18354—2001)。

概念涵义:物品以垂直方向为主的空间位移。

(三)搬运的定义

搬运(Handing/Carring)是指:"在同一场所内,对物品进行水平移动为主的物流作业。"装卸搬运是物流的基本功能之一。

概念涵义:物品以水平方向或斜方向为主的空间位移。

广义的装卸则包括了搬运活动。有时候或在特定场合,单称"装卸"或单称"搬运"也包含了"装卸搬运"的完整涵义。在实际操作中,装卸与搬运是密不可分的,因此,在物流科学中并不过分强调两者差别而是作为一种活动对待。

(四)搬运与运输的区别

装卸搬运与运输、储存不同,运输是解决物料空间距离的、储存是解决时间距离的,而装卸搬运没有改变物料的时间或空间价值,因而往往引不起人们的重视。可是一旦忽略了装卸搬运,生产和流通领域轻则发生混乱,重则造成生产活动停顿。

主要是物体的活动范围不同。运输活动是在物流节点之间进行,而搬运则是在物流节点内进行,而且是短距离的移动。

搬运的"运"与运输的"运"区别之处在于,搬运是在同一地域的小范围内发生的,而运输则是较大范围内发生的,两者是量变到质变的关系,中间并无一个绝对的界限。

二、装卸搬运的地位

装卸活动的基本动作包括装车(船)、卸车(船)、堆垛、入库、出库以及联结上述各项动作的短程输送,是随运输和保管等活动而产生的必要活动。在物流过程中,装卸活动是不断出现和反复进行的,它出现的频率高于其他各项物流活动,每次装卸活动都要花费很长时间,所以往往成为决定物流速度的关键。装卸活动所消耗的人力也很多,所以装卸费用在物流成本中所占的比重也较高。以我国为例,铁路运输的始发和到达的装卸作业费大致占运费的20%,船运占40%左右。因此,为了降低物流费用,装卸是个重要环节。

此外,进行装卸操作时往往需要接触货物,因此,这是在物流过程中造成货物破损、散失、损耗、混合等损失的主要环节。例如袋装水泥纸袋破损和水泥散失主要发生在装卸过程中,玻璃、机械、器皿、煤炭等产品在装卸时最容易造成损失。由此可见,装卸活动是影响物流效率、决定物流技术经济效果的重要环节。

据我国统计,火车货运以500公里为分界,运距超过500公里,运输在途时间多于起止的装卸时间;运距低于500公里,装卸时间则超过实际运输时间。美国与日本之间的远洋船运,一个往返需25天,其中运输时间13天,装卸时间12天。我国对生产物流的统计,机械工厂每生产1吨成品,需进行252吨次的装卸搬运,其成本为加工成本的15.5%。

三、装卸搬运作业构成

装卸搬运作业有对运动设备(如辊道、车辆)的装入也有对固定设备(如保管货架等)出库、入库的作业。

(一)堆装拆垛作业

堆装(或装上、装入)作业是指把货物移动或举升到装运设备或固定设备的指定位置,再按所要求的状态放置的作业;拆垛(卸下、卸出)作业则是其逆作业。

(二)分拣配货作业

分拣是在堆垛、拆垛前后或在配送作业之前把货物按品种、出入先后、货流进行分类,再放到指定地点的作业;配货则是把货物从所定的位置按照品种、下一步作业种类、发货对象进行分类的作业。

(三)搬送、移送作业

它是为了进行装卸、分拣、配送活动而发生的移动物资的作业,包括水平、垂直、斜行搬送,以及几种组合的搬送。

装卸搬运的具体组成可包含以下几个方面:
(1)装卸:将货物装上或卸下运输工具;
(2)搬运:将货物在短距离移动;

(3) 堆码：将物品或包装货物进行码放、堆垛等；

(4) 取出：将物品从保管场所取出；

(5) 分类：将物品按品种、发生方向、顾客要求等进行分类；

(6) 集货：将物品备齐，以便随时装货。

第二节 装卸搬运的作用和特点

一、装卸搬运的作用

装卸搬运是物流的基本功能之一，是整个物流环节不可或缺的一环。无论是商品的运输、储存和保管，还是商品的配送、包装和流通加工，都离不开装卸搬运。由此可见，装卸效率的高低、装卸质量的好坏、装卸成本的大小，与整个物流活动关系都非常密切，是降低物流费用、影响物流效率、决定物流技术经济效果的重要环节，对提高物流总体效益具有重要作用，对其重要性不能低估。装卸搬运的基本功能是改变物品的存放状态和空间位置。无论在生产领域还是在流通领域，装卸搬运都是影响物流速度和物流费用的重要因素。因此，不断提高装卸搬运合理化程度，无疑对提高物流系统整体功能有极为重要的意义。装卸搬运在物流系统中的作用表现在以下几方面：

（一）附属作用

装卸搬运既是伴随生产过程和流通过程各环节所发生的活动，又是衔接生产各阶段和流通各环节之间相互转换的桥梁。比如说在运输货物时，把货物装进或卸出卡车及货车的装卸作业，在保管货物时，从仓库或工厂出入库的装卸搬运等。在整个的供应链中，商品装卸搬运所占的比例很大，作业发生的频率最高。因此，装卸搬运的合理化，对缩短生产周期、降低生产过程的物流费用、加快物流速度、降低物流费用等，都起着重要的作用。例如，据典型调查，我国机械工业企业1吨的产品，需要经过252次吨的装卸搬运；在原苏联，铁路运输的货物，少则需要6次，多则需要十几次乃至数十次的装卸搬运，其费用约占运输费用的25%～30%。

（二）支持作用

装卸搬运是保障生产和流通其他各环节得以顺利进行的条件。装卸搬运活动本身虽不消耗原材料，不产生废弃物，不占用大量流动资金，不产生有形产品，但它的工作质量却对生产和流通其他各环节产生很大的影响，或者生产过程不能正常进行，或者流通过程不畅。所以，装卸搬运对物流过程其他各环节所提供的服务具有劳务性质，具有提供"保障"和"服务"的功能。

(三) 衔接作用

装卸搬运是衔接整个物流过程的必要环节,物流系统各个环节的先后或同一环节的不同活动之间,都必须进行装卸搬运作业。如运输、储存、包装等都要有装卸搬运作业配合才能进行。例如,待运出的物品要装上车才能运走,到达目的地后,要卸下车才能入库等。由此可见,装卸搬运是物料的不同运动(包括相对静止)阶段之间相互转换的桥梁,正是因为有了装卸搬运活动才能把物料运动的各个阶段连接成连续的"流",使物流的概念名实相符。人们一般将装卸搬运称为物流的接点。

(四) 提速作用

装卸搬运是物流过程中的一个重要环节,它制约着物流过程其他各项活动,是提高物流速度的关键。无论在生产领域还是在流通领域,装卸搬运功能发挥的程度,都直接影响着生产和流通的正常进行,其工作质量的好坏,关系到物品本身的价值和使用价值。由于装卸搬运是伴随着物流过程其他各环节的一项活动,因而往往引不起人们的足够重视。可是,一旦忽视了装卸搬运,生产和流通领域轻则发生混乱,重则造成停顿。例如,我国铁路运输曾由于忽视装卸搬运,出现过"跑在中间、窝在两头"的现象;我国港口由于装卸设备、设施不足以及装卸搬运组织管理等原因,曾多次出现过压船、压港、港口堵塞的现象。所以,装卸搬运在流通和生产领域具有"闸门"和"咽喉"的特点,制约着物流过程各环节的活动。由此可见,改善装卸搬运作业,提高装卸业合理化程度对加速车船周转,发挥港、站、库功能,加快物流速度,减少流动资金占用,降低物流费用,提高物流服务质量,发挥物流系统整体功能等等,都具有重要的意义和起着十分明显的作用。

二、装卸搬运的特点

在生产领域和流通领域中的装卸搬运有共性也有各自的特性。

(一) 在生产和流通领域中装卸搬运的共性

1. 具有伴生(伴随产生)和起讫性的特点

装卸搬运的目的总是与物流的其他环节密不对分的(在加工业中甚至被视为其他环节的组成部分)。不是为了装卸而装卸,因此与其他环节相比,它具有伴生性的特点!又如运输、储存、包装等环节,一般都以装卸搬运为起始点和终结点,因此它又有起讫性的特点。

2. 具有提供保障和服务性的特点

装卸搬运保障了生产中其他环节活动的顺利进行,具有保障性质;装卸搬运过程不消耗原材料,不排放废弃物,不大量占用流动资金,不产生有形产品,因此具有提供劳务的性质。

3. 具有"闸门"和"咽喉"的作用

装卸搬运制约着生产与流通领域其他环节的业务活动,其运转不畅将使物流系统处于瘫痪状态。

(二) 在生产和流通领域中装卸投运的特点

生产和流通两个领域的生产规律不同,这两个领域中的装卸搬运也有不同的特性:

1. 均衡性与波动性

生产领域的装卸搬运必须与生产活动的节拍一致,而均衡性是生产的基本原则,因此物流搬运作业基本上也是均衡的、平稳的、连续的。流通领域的装卸搬运是随车船的到发和货物的出入库而进行的,作业的突击性、波动性和间歇性较多;对作业波动性的适应能力是装卸搬运系统的特点之一。

2. 稳定性与多变性

生产领域的装卸搬运的作业对象是稳定的,或略有变化但有一定规律。而流通领域的装卸搬运的作业对象是随机的,货物品种、形状、尺寸、重量、包装、性质等千差万别,车型、船型也各不相同,对多变的作业对象的适应能力是装卸搬运系统的又一特点。

3. 局部性与社会性

生产领域的装卸搬运作业的设备、设施、工艺、管理等涉及的面基本上局限于企业内部。流通领域的装卸搬运的诸因素牵涉到整个社会,如装卸搬运的收货、发货、车站、港口、货主、收货人等都在变动,因此,设备、设施、工艺、管理、作业标准等都必须相互协调,才能发挥整体效益。

4. 单纯性与复杂性

生产领域的装卸搬运大多数是单纯改变物料的存放状态和几何位置,作业比较单纯。流通领域的装卸搬运是与运输、储存紧密衔接的,为了安全和充分利用车船的装载能力与库容,基本上都要进行堆码、满载、加固、计量、检验、分拣等作业,比较复杂,而这些作业又都成为装卸搬运作业的分支或附属作业;对这些分支作业的适应能也成了装卸搬运系统的特点之一。

第三节 装卸搬运的分类和方法

一、装卸搬运的分类

(一)按装卸搬运施行的物流设施、设备对象分类

以此可分为仓库装卸、铁路装卸、港口装卸、汽车装卸、飞机装卸等。仓库装卸配合出库、入库、维护保养等活动进行,并且以堆垛、上架、取货等操作为主。

1. 铁路装卸

它是对火车车皮的装进及卸出,特点是一次作业就实现一车皮的装进或卸出,很少有像仓库装卸时出现的整装零卸或零装整卸的情况。

2. 港口装卸

港口装卸包括码头前沿的装船,也包括后方的支持性装卸,有的港口装卸还采用小船在码头与大船之间"过驳"的办法,因而其装卸的流程较为复杂,往往经过几次的装卸及搬运作业才能最后实现船与陆地之间货物过渡的目的。

3. 汽车装卸

一般一次装卸批量不大,由于汽车的灵活性,可以减少或根本减去搬运活动,而直接、单纯利用装卸作业达到车与物流设施之间货物过渡的目的。

4. 场库装卸

它指在仓库、堆场、物流中心等处的装卸搬运活动。另外,如空运机场、企业内部以及人不能进入的场所,均属此类。

(二) 按装卸搬运的机械及机械作业方式分类

以此可分成使用吊车的"吊上吊下"方式,使用叉车的"叉上叉下"方式,使用半挂车或叉车的"滚上滚下"方式,"移上移下"方式及散装方式等。

1. "吊上吊下"方式

采用各种起重机械从货物上部起吊,依靠起吊装置的垂直移动实现装卸,并在吊车运行的范围内或回转的范围内实现搬运或依靠搬运车辆实现小搬运。由于吊起及放下属于垂直运动,这种装卸方式属垂直装卸。

2. "叉上叉下"方式

采用叉车从货物底部托起货物,并依靠叉车的运动进行货物位移,搬运完全靠叉车本身,货物可不经中途落地直接放置到目的处。这种方式垂直运动不大,主要是水平运动,属水平装卸方式。

3. "滚上滚下"方式

此方式主要指港口装卸的一种水平装卸方式。利用叉车或半挂车、汽车承载货物,连同车辆一起开上船,到达目的地后再从船上开下,称"滚上滚下"方式。利用叉车的滚上滚下方式,在船上卸货后,叉车必须离船,利用半挂车、平车或汽车,则拖车将半挂车、平车拖拉至船上后,拖车开下离船而载货车辆连同货物一起运到目的地,再原车开下或拖车上船拖拉半挂车、平车开下。滚上滚下方式需要有专门的船舶,对码头也有不同要求,这种专门的船舶称"滚装船"。

4. "移上移下"方式

此方式是在两车之间(如火车及汽车)进行靠接,然后利用各种方式,不使货物垂直运动,而靠水平移动从一个车辆上推移到另一车辆上,称移上移下方式。移上移下方式需要使两种车辆水平靠接,因此,对站台或车辆货台需进行改变,并配合移动工具实现这种装卸。

5. 散装散卸方式

此方式是对散装物进行装卸。一般从装点直到卸点,中间不再落地,这是集装卸与搬运于一体的装卸方式。

(三) 按装卸搬运的作业特点分类

以此可分成连续装卸与间歇装卸两类。连续装卸主要是同种大批量散装或小件杂货通过连续输送机械,连续不断地进行作业,中间无停顿,货间无间隔。在装卸量较大、装卸对象固定、货物对象不易形成大包装的情况下适用采取这一方式。

间歇装卸有较强的机动性,装卸地点可在较大范围内变动,主要适用于货流不固定的各种货物,尤其适于包装货物、大件货物,散粒货物也可采取此种方式。

（四）按装卸搬运物品的属性分类

1. 成件包装物品的装卸搬运

有些物品虽并不需要包装，但是为了方便装卸搬运作业，需要经过临时捆扎或装箱，从而形成装卸搬运单元，对这些装卸搬运单元的装卸搬运作业称为成件包装物品的装卸搬运。

2. 超大超重物品的装卸搬运

在流通过程中所谓超大超重物品，一般是根据人力可以方便装卸搬运的重量和体积来制定标准的。例如，单件物品的重量超过 50 公斤，或单件物品体积超过 0.5 立方米，都可算作超大超重物品。从事超大超重物品的装卸搬运，需要专用起重设备或特殊装卸搬运工具，同时需要有知识、有经验、有技能的装卸搬运工人。

3. 散装物品的装卸搬运

即对块状、粒状、粉末状或液体等物品直接向运输设备、商品装运设备或储存设备的装取与出入库的装卸。散装货物本身是在物流过程中处于无固定的形态，如煤炭、水泥、粮食等。因此，对这些散装物品的装卸搬运可以进行连续装卸搬运作业，也可以运用装卸搬运单元技术进行装卸搬运。

4. 流体物品的装卸搬运

流体物品是指气态或液态物品。如果对这些气体、液体物品经过包装，被盛装在一定的容器内，如瓶装、桶装，即形成成件包装物品。如果对这些物品采取罐装车形式，则需要采用相应的装卸搬运作业。

5. 危险品的装卸搬运

危险品是指化工产品、压缩气体、易燃易爆物品。这些物品在装卸搬运过程中有特殊的安全要求，如果装卸搬运不慎，随时都有发生重大事故的危险。因此，对其的装卸搬运作业有特殊要求，严格操作程序，确保装卸搬运作业的安全。

（五）按装卸搬运的内容分类

1. 堆垛拆垛作业

堆垛拆垛又称堆码取拆，它包括堆放作业、拆垛作业、高垛作业和高垛取货作业。如果按这些堆垛拆垛作业的场地不同，又区分为车厢、船舱内、仓库内和理货场的堆垛拆垛作业等。

2. 分拣配货作业

它是将货物按品种、到站、货主等不同特征进行分类的作业，并且按去向、品类构成等原则，在已分类的货场集合车辆、汽车、集装箱、托盘等装货单元的作业。

3. 搬运移送作业

为了进行上述各项作业而发生的，以进行这些作业为主要目的的搬运移送作业。它包括水平、垂直、斜行等几种搬运移送作业以及由它们几种形式组成为一体的作业，显然这属于改变空间位置的作业。

除此之外，装卸搬运作业还可按物流设施属性分为自用和公用物流设施的装卸搬运；可按货物形态分为单个物品的装卸搬运、集装货物装卸搬运和散装货物的装卸搬运；可按输送设备的不同分为卡车装卸、货车装卸、船舶装卸和飞机运输的装卸；可按装卸机械分为传送带装卸、吊车装卸、叉车装卸和各种装载机装卸等。

二、装卸搬运的方法

（一）按装卸作业对象分类的方法

1. 单件作业法

单件作业法即单件逐件货物作业。是人力作业阶段的主导方法，增加危险的货物仍采取这种传统的单件作业法。

2. 集装作业法

集装作业法是指将货物集零为整（集装化）后再进行装卸搬运的方法。这种方法又可按集装化方式不同，分为集装箱作业法、托盘作业法、货捆作业法、滑板作业法、网装作业法及挂车作业法（驮背式运输）等。

3. 散装作业法

散装作业法是指对诸如煤炭、矿石、建材等大宗货物通常采用的散装、散卸方法，以及近来随着粮食、食糖、水泥、化肥、化工原料等的作业量增大，为提高装卸效率，降低成本而趋向采用散装、卸散的方法。采用重力法（利用货物的位能，通过筒仓、溜槽、隧洞等方法完成装卸）、倾翻法（利用运输工具的载货部分倾翻完成卸货，如铁路的翻车机）、机械法（利用各种抓、铲、舀等机器完成装卸）、气力输送（用风机在管道内形成气流，依靠气体的动能或压差输送货物）等方法进行装卸。

（二）按装卸作业特点分类的方法

1. 间歇式作业法

如包装货件、笨重货物等的装卸搬运是断续、间歇进行的。

2. 连续性作业法

此种装卸搬运作业是连续、不间歇、重复、循环进行的。

（三）按装卸作业方式分类的方法

1. 垂直装卸法（也称为吊装吊卸法）

此装卸法主要是使用各种起重机械来改变货物的铅垂方向的位置为主要特征的方法，这种方法历史最悠久、应用面最广。

2. 水平装卸法（也称为滚装滚卸法）

此装卸法是以改变货物的水平方向的位置为主要特征的方法。如各种轮式、履带式车辆通过站台、渡板开上开下装卸货物，用叉车、平移机来装卸集装箱、托盘等。

从作业种类的角度来看，商品装卸可以分为与输送设备对应的"装进、卸下装卸"和与保管设施对应的"入库、出库装卸"两大类。两类装卸分别伴随着货物的"堆码、拆垛"、"分拣、配货"、"搬送、移送"三类基本的装卸作业，这些作业由于动作和装卸机械的不同而形成了不同的"作业方法"。

第四节 装卸搬运的原则和合理化

一、装卸搬运的基本原则

为了作好装卸搬运工作,在组织装卸搬运时,应遵循如下原则:

(一) 安全文明原则

在装卸搬运作业中,要按照装卸搬运工艺的要求进行操作,并根除一切可能导致不安全的隐患,保证货物完好无损,保障作业人员人身安全,坚持文明装卸搬运。同时,不能因装卸搬运作业而损坏装卸搬运设备与设施、运载与储存设备和设施。

(二) 省力节能原则

节约劳动力,降低能源消耗,是装卸搬运作业的最基本要求。因此,在满足装卸搬运作业要求的前提下,应尽量实现装卸搬运的省力化和节能化。应减少人体的上下运动,避免反复从地面搬起重物;要避免人力搬运或搬送物品;应设法利用重力移动物品,如使物品在倾斜的辊道运输机上,在重力作用下移动。木筏运输也是利用重力的一例。

(三) 装卸搬运次数最小化原则

要提高搬运纯度,只搬运必要的物品,如有些物品要去除杂质之后搬运比较合理;避免过度的包装,减少无效负荷;提高装载效率,充分发挥搬运机器的能力和装载空间;中空的物件可以填装其他小物品再进行搬运,减少搬运次数,作业次数增多不仅浪费了人力、物力,还增加了损坏物品的可能性。

(四) 装卸搬运程序化原则

装卸搬运作业要遵循一定的程序,应尽量做到不停顿、不间断,像流水线一样地进行。工序之间要紧密衔接,作业路径应当最短,要按流水线形式组织装卸搬运作业。装卸搬运作业流程应尽量简化,作业过程不要移船、换车,以免干扰装卸搬运正常进行。对必须换装的作业,应尽量不使货物落地,直接进行换装,简化装卸搬运。

(五) 机械化原则

初期阶段,搬运机械大多在以下情况使用:超重物品;搬运量大,耗费人力多,人力难以操作的;粉体或液体的物料搬运;速度太快或距离太长,人力不能胜任时;装卸作业高度差太大,人力无法操作时。

今后发展的方向是:即使人可以操作的场合,为了提高生产率、安全性、服务性和作业的舒适性等,也应将人力操作转由机械来实现,人则在更高级的工作中发挥作用。

(六) 系统化原则

物品的处理量波动大时会使搬运作业变得困难。但是受运输等其他环节的制约,搬运作业的节奏不能完全自主决定,必须综合各方面因素妥善安排,使物流量尽量均衡,避免忙闲不均的现象。物流过程中运输、仓储、包装和装卸搬运各环节的改善必须综合考虑,不能只从单方面考虑。

(七) 集装单元化原则

将零放物体归整为统一格式的集装单元称为集装单元化,对搬运作业的改善这是至为重要的原则。集装单元化可以达到以下目的:由于搬运单位变大,可以发挥机械的效能,提高作业效率,搬运方便,灵活性好;负载的大小均匀,有利于实行作业标准化;在作业过程中避免物品损伤,对保护被搬运的物品有利。

二、不合理的装卸搬运

在装卸搬运作业时,必须避免不合理的装卸搬运造成的损失。不合理的装卸搬运,具体表现在以下几个方面:

(一) 过多的装卸搬运次数

物流过程中,货损货差主要发生在装卸环节,而在整个物流过程中,装卸作业又是反复进行的,从发生的频数来讲,是物流过程中频率最高的,所以过多的装卸次数必然导致损失的增加。此外,装卸又会大大阻缓整个物流的速度,装卸是降低物流速度的重要因素。

(二) 过大包装的装卸搬运

包装过大、过重,在装卸搬运时反复在包装上消耗大量的劳动,这一消耗不是必须的,纯粹是无效劳动。

(三) 无效物质的装卸搬运

进入物流过程的货物,有时混杂着没有使用价值或对用户来讲使用价值不对路的各种掺杂物,如煤炭中的矸石、矿石的表面水分、石灰中未烧熟石灰及过烧石灰等,在反复装卸时,对这些无效物质反复消耗劳动,因而形成无效装卸。

由此可见,装卸搬运如能克服上述无效装卸,则能大大节约装卸搬运劳动,使装卸搬运更加合理化。

三、装卸搬运作业合理化

(一) 装卸搬运作业合理化的标志

(1) 装卸搬运次数最少,减少无效装卸搬运。
(2) 装卸搬运距离最短。

搬运距离的长短与搬运作业量大小和作业效率是紧密联系在一起的。在装卸搬运作业中,装卸搬运距离最理想的目标是"零"。距离移动的越长,费用越大;距离移动的越短,费用越小。

(3) 各作业环节衔接要好,要有节奏性。

(4) 库存物资的装卸搬运活性指数较高,可移动性强。

物料搬运的难易程度称为活性。我们用活性系数来衡量,所费的人工越多,活性就越低。反之,所需的人工越少,活性越高,但相应的设备投资费用也越高。

装卸搬运活性指数如图4.1所示。

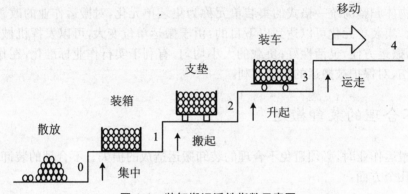

图 4.1 装卸搬运活性指数示意图

散放在地上的物料要运走,需要经过集中、搬起、升起和运走四次作业,所需的人工作业最多,即活性水平最低,即活性系数定为0。活性指数确定的原则见如表4.2所示。

在对物料的活性有所了解的情况下,可以利用活性理论,改善搬运作业。

(二) 实现装卸搬运作业合理化的基本途径

第一,根据装卸搬运货物的特点,合理选择装卸搬运工具。

装卸搬运机械化是提高装卸效率的重要环节。装卸机械化程度一般分为三个级别。第一级是用简单的装卸器具;第二级是使用专用的高效率机具;第三级是依靠电脑控制实行自动化、无人化操作。以哪一个级别为目标实现装卸机械化,不仅要从是否经济合理来考虑,而且还要从加快物流速度、减轻劳动强度和保证人与物的安全等方面来考虑。另一方面,装卸搬运机械的选择必须根据装卸搬运得物品得性质来决定。对于以箱、袋或集合包装得物品可以采用叉车、吊车、货车装卸,散装粉粒体物品可使用传送带装卸,散装液体物可以直接向装运设备或储存设备装取。

第二,合理规划装卸搬运线路,缩短搬运距离。

在工厂由于生产工艺的要求,原材料、半成品和产成品总要发生一定距离的水平位移,在物流据点,由于收发保管作业的要求,货物也要发生一定距离的水平位移。这种位移是通过搬运完成的。搬运距离应该越短越好,缩短搬运距离,成为人们实现搬运合理化的主要目标。其效果是节省劳动消耗、缩短搬运时间、减少搬运中的损耗。影响搬运距离的主要因素是工厂和物流据点的平面布局与作业组织工作水平。

第三,实现装卸搬运作业的机械化和自动化。

为了使得装卸作业更加合理,必须实现装卸作业的机械化和自动化。如:传送带、吊车、叉车、电动平板车和自动升降机等。

第四,选择适当的装卸搬运作业方式。

比如:"单位装载方式(Unit Load System)",集装箱,托盘方式等。

知识窗　搬运的单位成组货载

1. 单位货载

就是将一个或更多的盒子放置在一个货板上或低平台上,或简单地说就是对产品货物进行更大的包装。

单位装载方式也就是说,可以把许多种单件的商品集中起来放置在托盘上进行一系列的搬运、储存、装卸等作业活动,用集装箱代替托盘进行各种作业。这样可以大大地提高装卸的效率,减少装卸活动所造成的损失,节省包装的费用,大大地提高顾客的满意度。放置在货板或其他集装箱就构成了一种单位成组货载。其目的就是使这些盒子可以采用机械手段进行装卸。

2. 单位成组货载的优点

(1) 对货物提供了附加的保护。因为货板上的货物通过胶带、松紧带或其他坚固的捆绑工具捆绑在一起的;

(2) 防止了盗窃;

(3) 可以提高劳动效率。可以更好地采用机械化作业。

3. 单位成组货载的缺点

单位成组的不足主要表现在是在购买者购买数量较小的情况下,对于托运人或收货人的作用较小。一般来说,单位成组货载装载的数量较大,一般为单个盒子的30~50倍。

第五,提高装卸搬运货物的活性指数,增加装卸搬运货物的移动性。

装卸搬运过程一般包括以下几个环节:

散放(集中)—装箱(搬起)—支垫(升起)—装车(运走)—移动

从上面的几个环节可以看出,散放于地的货物要搬走,需要经过集中、装箱、升起、运走等四个环节,作业次数最多,最不方便。

在上面几个环节中,我们可以看出,下面的装卸搬运一般所需要作业环节要少于上一个环节,我们把其称为活化,为降低装卸搬运的次数,减少搬运环节,在装卸搬运作业中,我们可以将其称为步步活化。被装卸搬运物料的放置处于什么状态,对装卸搬运作业效率关系甚大。为了便于装卸搬运,总是期望物料处于最容易被移动的状态,物料放置被移动的难易程度,称为活载程度,亦称活载性或活性。日本物流专家远藤健儿教授把物料放置的活载程度分为0,1,2,3,4五个等级,该数值称为活载性指数或活性指数。如果很容易转变为下一步的装卸搬运而不需过多做装卸搬运前的准备工作,则活性就高;如果难于转变为下一步的装卸搬运,则活性低。

散乱堆放在地面上的货物,进行下一步装卸必须要进行包装或打捆,或者只能一件件操作处置,因而不能立即实现装卸或装卸速度很慢,这种全无预先处置的散堆状态,定为"0"级活性;将货物包装好或捆扎好,然后放置于地面,在下一步装卸时可直接对整体货载进行操作,因而活性有所提高,但操作时需支起、穿绳、挂索,或支垫入叉,因而装卸搬运前预操作要占用时间。不能取得很快的装卸搬运速度,活性仍然不高,定为"1"级活性;将货物形成集装箱或托盘的集装状态,或对已组合成捆、堆或捆扎好的货物,进行预垫或预挂,装卸机具能立刻起吊或入叉,活性有所提高,定为"2"级活性;将货物预置在搬运车、台车或其他可移动挂车上,动力车辆能随时将车、货拖走,这种活性更高,定为"3"级活性;如果货物就预置在动力车辆或传送带上,即刻进入运动状态,而不需做任何预先准备,活性最高,定为"4"级活性。见表 4.1 装卸搬运活性的区分与活性系数。

表 4.1　装卸搬运活性的区分与活性系数

物料放置状态	作业说明	作业种类				需要做的作业数目	不需要做的作业数目	搬运活性系数
		集中	搬起	升起	运走			
散放在地面上	集中、搬起、升起、运走	√	√	√	√	4	0	0
容器中或捆扎	搬起、升起、运走(已集中)	×	√	√	√	3	1	1
托盘上或带滑槽的底坐上	升起、运走(已搬起)	×	×	√	√	2	2	2
于车辆上	运走(已升起)	×	×	×	√	1	3	3
运动的传送带上	不要(保持运动)	×	×	×	×	0	4	4
运动着物品	不要(保持运动)	×	×	×	×	0	4	4

装卸活性是搬运装卸专用术语,是指货物的存放状态对装卸搬运作用的方便(或难易)程度,称为货物的"活性",也称装卸活性。活性可用"活性指数"进行定量的衡量。例如,工厂的物料处于散放状态的活性指数为 0,集装、支垫、装载和在传送设备上移动的物料,其活性指数分别为 1,2,3,4。在货场装卸搬运过程中,下一步工序比上一步的活性指数高,因而下一步比上一步工序更便于作业时,称为"活化"。装卸搬运的工序、工步应设计得使货物的活性指数逐步提高,则称"步步活化"。通过合理设计工序、工步,以做到步步活化作业的同时,还要采取相应措施和方法尽量节省劳力,降低能耗。这些方法和措施的实例有:作业场地要尽量硬化;运动服务尽量光洁精确;在满足作业要求的前提下,货物净重与其单元毛重之比尽量接近于 1;能进行水平装卸、滚动装卸的,尽量采用水平装卸和滚动装卸。

四、装卸搬运合理化 18 原则

① 单位装载化原则;② 设备应经常使用原则;③ 搬运平衡原则;④ 现场布置原则;⑤ 机械化原则;⑥ 标准化原则;⑦ 安全原则;⑧ 流程原则;⑨ 水平直线原则;⑩ 弹性原则;⑪ 搬运简单原则;⑫ 最小操作原则;⑬ 活性原则;⑭ 空间活用原则;⑮ 死重率降低原则;⑯ 重力利用原则;⑰ 预防保养原则;⑱ 废弃原则。

知识窗　"六不改善法"的物流原则

在日本,物流界为了改善商品装卸搬运和整个物流过程的效率,提出了一种叫做"六不改善法"的物流原则,具体的内容是:

1. 不让等

不让等也就是要求通过合理的安排使得作业人员和作业机械闲置的时间为零,实现连续的工作,发挥最大的效用。

2. 不让碰

不让碰也就是通过机械化、自动化设备的利用,使得作业人员在进行各项物流作业的时候,不直接接触商品,减轻人员的劳动强度。

3. 不让动

不让动也就是说通过优化仓库内的物品摆放位置和自动化工具的应用,减少物品和作业人员移动的距离和次数。

4. 不让想

不让想也就是说通过对于作业的分解和分析,实现作业的简单化、专业化和标准化,从而使得作业过程更为简化,减少作业人员的思考时间,提高作业效率。

5. 不让找

不让找是通过详细的规划,把作业现场的工具和物品摆放在最明显的地方,使作业人员在需要利用设备的时候,不用去寻找。

6. 不让写

不让写也就是通过信息技术、条码技术的广泛应用,真正地实现无纸化办公,降低作业的成本,提高作业的效率。

通过各种先进技术的应用和先进理念的引入,商品装卸搬运的作业会逐步地实现合理化,这样,必将大大地提高整个物流过程的效率,从而提高企业整体的效率,实现最优化,更好地满足顾客的需求。

第五节 装卸搬运设备和设施

装卸搬运设备和设施是进行装卸搬运作业的劳动工具或物质基础,其技术水平是装卸搬运作业现代化的重要标志之一。

一、装卸搬运设备

装卸搬运设备是机械化生产的主要组成部分,它的技术水平是装卸搬运作业现代化的重要标志之一。对设备的类型、主要参数以及各类型机械特征的了解,是使用和选择装卸搬运设备必须具备的知识。

按结构可分为起重机械、输送机械、工业车辆、专用机械四大类。这里仅列出按结构分类的主要装卸搬运设备。

(一)起重机械类

起重机是物料起重机械的统称和用途,可把起重机归纳为三大类:

1. 简单起重机械

一般只作升降运动或一个直线方向移动,只需要具备一个运动机构,而且大多数是手动的,如绞车、辘轳等。

2. 通用起重机械

除需要一个使物品升降的起升机械外,还要有使物品作水平方向直线运动或旋转运动的机构。该类机械主要用电力驱动,也有用其他动力驱动的。属于这类起重机械的有通用桥式起重机、门式起重机、固定旋转式起重机和行动旋转式起重机(如汽车起重机)等。

3. 特种起重机械

特种起重机械也是具备两个以上机构的多动作起重机械,专用于一些专业性助工作,构造比较复杂,主要有桥式类型起重机、门式类型起重机、臂式类型起重机、梁式类型起重机等。如冶金专用起重机、建筑专用起重机和港口专用起重机等。

本类设备的特点是:间歇动作,重复循环,短时载荷,升降运动。由于各类型起重机结构特点、起重量、起升高度和速度、工作级别等的不同,适用范围也各异。

在装卸搬运中,配备起重机主要根据以下参数进行起重机的类型、型号选择:① 所需起重物品的重量、形态、外形尺寸等;② 工作场地的条件(长×宽×高.室内或室外等);③ 工作级别(工作频繁程度、负荷情况)的要求;④ 每小时的生产率要求。

根据上述要求,首先选择起重机的类型,然后决定用其中的某个型号。

(二) 连续输送机

连续输送机的特点是在工作时连续不断地沿同一方向输送散料或重量不大的单件物品,装卸过程无需停车,因此生产率很高。在流水作业生产线上,连续输送机已成为整个工艺过程中最重要的环节之一。

根据构造的特点,连续输送机可分为三大类:

(1) 有牵引构件的输送机:带式输送机、板式输送机、悬挂输送机、斗式提升机、自动快梯、板式提升机、链式输送机等;

(2) 无牵引构件的输送机:螺旋输送机、振动输送机、辊子输送机等;

(3) 气力输送装置:分为悬浮式和推送式两种气力输送装置。

这类设备的特点是:连续动作,循环运动,持续载荷,路线一定。在选用连续输送机时,应针对物料的特性选择不同的类型。

(三) 工业车辆类

(1) 叉车。叉车是一种用途广泛的装卸搬运设备,具有操作灵活、机动性强、转弯半径小、结构紧凑等特点,可用于物料的装卸、堆垛和短距离运输,一般都与托盘配合使用。

按用途分,有平衡重式、前移式、插腿式、侧叉式以及低起升插腿式五种类型。在选用叉车时,应根据物料的重量、状态、外形尺寸和使用场地的条件进行合理地选择,同时应考虑选用适当的托盘配合使用。除上述三类装卸搬运机械外,还有无人搬运车及工业机器人等先进的搬运机械。

(2) 单斗装载机。

(3) 牵引车。

(4) 挂车、底盘车。这类设备的特点是:在轮式无轨底盘上装有起重、输送、牵引或承载装置,进行流动作业。

（四）专用机械类

翻车机、堆取料机、堆垛机、拆垛机、分拣专用机械设备、集装箱专用装卸机械、托盘专用装卸机械、船舶专用装卸机械、车辆专用装卸机械等。这类设备的特点是：带专用取物装置的起重、输送机械与工业车辆相结合，一般进行专门作业。

二、装卸搬运设施

装卸搬运设施主要包括存仓、漏斗、装车隧洞、卸车栈桥、高路基、装卸线、固定站台、活动站台、码头、前后作业存料场、雨棚，各种机械的走行线和基础，各种渡桥、渡板、调节站台、活动站以及动力、维修、工休设施、防疫、照明、保洁设施和计量检验等辅助设施。

物流设施中的装卸设施和机具的特点是：有按设计建成的专用性强的设施和专用装卸搬运设备。如果这种设施移做他用，则因设施设备不配套而有较大困难。下面介绍两种常见的装卸设施：

（一）卡车站台

在物流设施内，不同领域所选用卡车站台有别。处理多品种、少批量、多次数的货物（如配送中心）一般采用高站台的设计，即站台高度与汽车货台高度相同，站台平面与配送处理场连成一体，配送处理之货物可以方便地水平装入车内；处理少品种、大批量的货物，一般采用低站台，即站台面和地平面等高。车货台高度有利于铲斗车、叉车、吊车进行装卸。

站台高度。2吨车0.7米；4吨车0.9米；5吨车（加长）1.1米；11吨车1.3米；集装箱车1.4米。

（二）火车站台

一般散杂货及包装货装卸，采用高站台，站台与车厢底板同高，各种作业车辆、小型叉车及人力可方便地从站台进出车厢从事装卸作业；集装箱、托盘等大型货体，采用吊车或大型叉车作业，一般采用和地面平的低站台。设施内外装卸方法及机器选用如表4.2所示。

表4.2 设施内外装卸方法及机器选用

场所		装卸方法	装卸机组	对象货物
物流设施内	高站台	人力装卸		少量货物
		利用搬运装卸机械装卸	手推车、手车、搬运车、手推平板车、电动平板车、带轮的箱式托盘	一般货物托盘货物
		输送机装卸	动力式输送机	箱装货物、瓦楞纸箱
	低站台	叉车装卸	叉车＋侧面开门的车身	托盘货物
			叉车＋托盘等带移动装置的车体	
		输送机装卸	动力式输送机	箱装货物、瓦楞纸箱

续表

场所	装卸方法	装卸机组	对象货物
物流设施外	人力装卸	（和重力式输送机并用）	一般杂货
	机械装卸（利用卡车上装设的装卸机械）	卡车携带小型吊车	机械类托盘货物建筑材料
		自动杆升降板装置	桶罐、储气罐小型搬运车或带轮箱式托盘货物和手推板车

思考与练习

1. 简述装卸搬运的概念和特点。
2. 简述装卸搬运合理化的基本途径。
3. 简要介绍装卸搬运活性指数的5个等级。
4. 简要说明装卸搬运的设备有哪些。

第五章 运　　输

 学习目标

通过本章学习，你应该能够：
➢ 掌握运输的特征、各种运输方式的特点及功能；
➢ 掌握影响运输合理化的因素及实现运输合理化的措施；
➢ 了解运输不合理的表现形式及各种运输方式的技术设备与设施；
➢ 掌握表上作业法并会熟练应用于实践。

引入案例　我国集装箱运输的发展

我国的集装箱首先是从铁路开始发展的。1955年，铁路运输中选择了北京、天津、沈阳、哈尔滨、济南和上海等六个车站，在这些车站之间开始试运。到1958年扩大到18个站共5600个集装箱。经历了20多年的探索和小规模的试运，直到20世纪70年代后期，才逐步走上正轨并加快了步伐。1973年我国开始在天津、上海同日本神户、横滨之间开展国际集装箱运输；1978年开辟至澳大利亚的第一条国际集装箱班轮航线，并开始建设集装箱专用泊位，配备大型装卸机械，添置国际集装箱船和专用船。1975年我国水运部门也开始使用集装箱运输，当时在长江中游航线使用，后推广到北方沿海。与此同时，公路部门承担了国内集装箱运输，为提高集装箱门到门的比重作出了努力，还相应建立了集装箱中转站，增添集装箱专用的牵引车和半挂车，集装箱得以向内陆延伸。

20世纪80年代以后，我国投资上百亿元发展集装箱运输业，建成了一批集装箱专用码头、运输专用车辆、转运站相堆场等设施，购置了现代化集装箱船，并于1989年开始实施国际集装箱联合运输系统工业性试验项目，且已取得成效。通过技术改造和配套设施，建立和完善了以上海港为枢纽的国际集装箱运输网络，因此，我国集装箱运输得到迅速发展。在国际集装箱运输方面，全国有40多家大公司经营着远洋、近洋、沿海和内河集装箱运输的上百条航线。1989年至2001年进入快速发展阶段。这一时期，我国港口集装箱吞吐量从1989年的117.03万TEU，增长到2001年的2665.5万TEU。上海、深圳、天津、广州、青岛、大连、宁波、厦门八大沿海港口先后进入年吞吐量百万TEU行列，其中上海港和深圳港2001年吞吐量都超过500万TEU。此阶段，我国专业化集装箱码头逐渐发展起来。

2002年至今步入全面发展阶段。这一阶段，我国集装箱码头不断向专业化、大型化方向发展，适应了船舶大型化要求，极大地提高了装卸效率。到2011年年底我国水上运输船舶总规模首次突破2亿载重吨，其中海运船队达到1.15亿载重吨，居世界第四位；全国港口完成货物吞吐量也首次突破100亿吨，集装箱吞吐量达1.64亿TEU（标准箱），双双位居世界首位，我国航运大国的地位进一步得到巩固。

2011年全国水路完成货运量42亿吨、货物周转量7.5万亿吨,分别比上年增长12%和10%。水路货运量、货物周转量在综合运输体系中所占比重为11.5%和47.4%。港口发展规模不断扩大,全国港口完成货物吞吐量100.41亿吨,外贸货物吞吐量27.86亿吨,集装箱吞吐量1.64亿TEU,分别比上年增长12.4%、11.4%和12.0%,共有8个港口进入世界20大集装箱港口行列。水运基础设施建设加快,全国港口拥有生产用码头泊位31968个,比上年底增加334个,其中,万吨级及以上泊位1762个,比上年末增加101个。运输船队规模继续较快增长,全国拥有水上运输船舶17.92万艘、21264.32万载重吨,分别比上年末增长0.5%和17.9%,海运船队吨位规模在世界商船队继续位列第四。

深圳港如图5.1所示。

图5.1 深圳港集装箱码头

第一节 运输概述

一、运输概念及重要性

(一) 运输的定义

运输是人和物的载运及输送,研究对象是货物运输,货物运输以改变"物"的空间位置为目的。

"运输"的定义为：用设备和工具，将物品从一地点向另一地点运送的物流活动。其中包括集货、分配、搬运、中转、装入、卸下、分散等一系列操作。该定义摘自《中华人民共和国国家标准 物流术语》(GB/T 18354—2001)。

(二) 运输的作用及意义

1. 运输是物流的主要功能要素之一，也是物流业务的中心活动

可以说，一切物体的移动，都离不开运输环节，运输合理化在很大程度上影响着物流合理化。在国外，尤其是经济发达国家，运输业和物流业常常是联合经营的。在我国，运输业和物流业基本上分而设之，虽然一部分物流企业也自备一定的运输工具，但大量运输任务还是要运输部门来完成，因而运输的关键作用体现得更为明显。

2. 运输是社会物质生产的必要条件之一

运输不但是国民经济的基础和先行，而且也是生产过程的继续。这个"继续"虽然以生产过程为前提，但如果没有它，生产过程则不能最后完成。

3. 运输是社会生产领域和消费领域的中介、纽带和桥梁

运输是物流的中心环节之一，可以说是物流最重要的一项功能。运输在经济上的作用是扩大了经济作用的范围和在一定的经济范围内促进物价的平均化。随着现代化大生产的发展，社会分工越来越细，产品种类越来越多，无论是原材料的需求，还是产品的输出量，都大幅度上升，各地区、各区域之间的物资交换迅速发展，这就促进了运输业的发展和运输能力的提高，所以产业的发展促进了运输技术的革新和运输水平的提高。反之，发达的运输手段也是产业发展的重要支柱。比如现代钢铁企业，其铁矿石原料每日需要万吨以上，往往是从几千里甚至几万里之外用大型货轮运来；许多工业发达国家需要数万吨以至数十万吨级油轮从国外输送石油。没有这样强有力的输送手段，许多大工业企业就难以存在，甚至国民经济也难以正常运行。

4. 运输可以创造"场所效用"

通过运输将物品运到场所效用最高的地方，就能发挥物品的潜力，实现资源的优化配置。从这个意义来讲，通过运输提高了物品的使用价值。

5. 运输是"第三利润源"的主要来源

运输费用在物流费用中占较大的比重。在进行物流活动中，直接耗费的活劳动和物化劳动所需支付的直接费用主要有：运输费、保管费、包装费、装卸搬运费和运输损耗等。而其中运输费所占的比重最大，是影响物流费用的主要因素之一。世界各国都十分重视对运输费用的研究，如日本曾对部分企业进行了调查，在成品从供货者到消费者手中的物流费用中，保管费占16%，包装费占26%，装卸搬运费占8%，运输费占44%，其他费用占6%，在整个国民生产总值中流通费用则占到9%～10%，可见运输费在物流费用中的比重之大。因此在物流系统中，如何搞好运输子系统的工作，积极开展合理运输，不仅关系到物流的效率，而且直接影响到物流的费用。运输系统合理化，包括运输方式的选择分工，运输范围的优化设计，以及运输路线的规划等，对于降低物流费用，提高经济效益，有着十分重要的作用。

二、运输的功能

运输是物流作业中最直观的要素之一。运输提供两大功能：产品转移和产品储存。分别简介如下。

(一) 消除空间的间隔

运输的任务是将物资进行较远距离的空间移动。物流部门通过运输解决物资在生产地点和需要地点之间的空间距离问题,从而创造商品的空间效益,实现其使用价值以满足社会需要。无论产品处于哪种形式,是材料、零部件、装配件、在制品,还是制成品,也不管是在制造过程中,将被转移到下一阶段,还是实际上更接近最终的顾客,运输都是必不可少的。运输的主要功能就是产品在价值链中的来回移动。既然运输利用的是时间资源、财务资源和环境资源,那么,只有当它确实提高产品价值时,该产品的移动才是有意义的。

运输的主要目的就是要以最低的时间、财务和环境资源成本,将产品从原产地转移到规定地点。此外,产品灭失损坏的费用也必须是最低的,同时,产品转移所采用的方式必须能满足顾客有关交付履行和装运信息的可得性等方面的要求。

(二) 短时间的库存(在途中库存)

对产品进行临时储存是一个不太寻常的运输功能,即将运输车辆临时作为相当昂贵的储存设施。然而,如果转移中的产品需要储存,但在短时间内(例如几天后)又将重新转移的话,那么,该产品在仓库卸下来和再装上去的成本也许会超过储存在运输工具中每天支付的费用。

在仓库空间有限的情况下,利用运输车辆储存也不失为一种可行的选择。可以采取的一种方法是,将产品装到运输车辆上去。然后采用迂回线路或间接线路运往其目的地。在本质上,这种运输车辆被用作一种储存设施,但它是移动的,而不是处于闲置状态的。

实现产品临时储存的第二种方法是改道。这是当交付的货物处在转移之中,而原始的装运目的地被改变时才会发生。

概括地说,尽管运输工具储存产品可能是昂贵的,但当需要考虑装卸成本、储存能力限制,或延长前置时间的能力时,从总成本或完成任务的角度来看往往却是正确的。

第二节 运输方式

一、运输方式

陆地、海洋和天空都可以作为运输活动的空间,运输的主要方式有以下五种:

(一) 铁路运输

铁路运输于1825年在英国开始,是第一次运输革命,是其他运输方式不能比拟的。这是陆地长距离运输的主要方式。由于火车在固定轨道线路上行驶,可以自成系统,按时刻表运行、不受其他运输条件影响。另外还有轨道行驶阻力小,不需频繁地启动、制动,可以重载高速运行及运输单位大等优点,从而使运费和劳务费降低。但由于在专用线路上行驶,而且车站之间距离比较远,缺乏机动性;运输的起点和终点常常需要与汽车进行转运,增加了搬运次数。

铁路及其附属设施的建设需要国家投资。除了少数大型工厂和矿山有自己的支线(铁路专用线)外,一般企业只能利用公有铁路。铁道运输车辆主要有机车和货车车厢两种。用煤炭为动力的蒸汽机车已属淘汰产品,目前正由内燃机车向电气机车发展;货车车厢随用途而异,也有不同种类,如油罐车、集装箱车等。

优点:① 不受天气影响,稳定安全,可靠性比较好;② 具有定时性;③ 中长距离运货运费低廉,运输成本比较低;④ 运量比较大,可以大批量运输;⑤ 速度快,可以高速运输;⑥ 可以按计划运行;⑦ 网络遍布全国,可以运往各地。

缺点:① 短距离货运运费昂贵;② 货车编组、解体需要时间;③ 运费没有伸缩性;④ 无法实现门对门服务;⑤ 线路比较固定,车站固定,不能随处停车;⑥ 货物滞留时间长;⑦ 不适宜紧急运输;⑧ 铁路运输的条件较高。

(二) 公路运输

公路运输(末端运输)是"门到门"运输。这是最普及的一种运输方式。其最大优点是空间和时间方面具有充分的自由性,不受路线和停车站的约束,只要没有特别的障碍(如壕沟、过窄的通道等),汽车都可以到达。因此,汽车运输可以实现从发货人到收货人之间的门对门直达输送。由于减少了转运环节,货物包装可以简化,货物损伤、丢失和误送的可能性很小。购置汽车费用有限,一般企业都可以实现。由于自备车有充分的机动性,使用非常方便。自行运输和委托运输可以同时进行。

汽车运输的运输单位小,运输量和汽车台数与乘务员数成正比,产生了大批量输送的效果。动力费和劳务费较高,特别是长距离输送中其缺点较为显著。此外,由于其运行中司机自由意志起主要作用,容易发生交通事故,对人身、货物、汽车本身造成损失。由于汽车数量的增多,产生交通阻塞,使汽车运行困难,同时产生的废气、噪音也造成了环境污染。

高速公路和封闭式公路的建设为汽车的长途运输创造了有利条件。运货汽车的种类很多,有卡车、厢式货车、拖车、冷藏车等。虽然货车大型化是发展趋势,但是小型货车的适用范围很广,今后仍然会保持大型货车和小型货车相结合的汽车运输体系。

优点:① "门到门"的服务,且运输速度也比较快;② 机动灵活,可灵活地制定运输时间表,而且对于货运量的大小也有很强的适应性;③ 适于近距离运输,且近距离运输费用较低;④ 几乎没有中转装卸作业,对于包装的要求不会太高;⑤ 投资小,周期短。

缺点:① 运量比较小,效率低;② 长距离运输成本高,因运费比较高;③ 公路运输比较依赖于气候和环境的变化;④ 消耗能量多,易污染环境,环境污染大;⑤ 安全性差,易发生事故。

(三) 水上运输

水运是使用船舶运送客货的一种运输方式。水运主要承担大数量、长距离的运输,是在干线运输中起主力作用的运输形式。在内河及沿海,水运也常作为小型运输工具使用,担任补充及衔接大批量干线运输的任务。

水运的主要优点是成本低,节能,原材料可以散装上船,适用于重物和大批量运输,能进行低成本、大批量、远距离的运输,但是水运也有显而易见的缺点,主要是运输速度慢,受港口、水位、季节、气候影响较大,因而一年中中断运输的时间较长。① 运输速度较慢;② 港口费用高(港口设施需要高额费用,水路运输所运输的货品必须在码头停靠装卸,相当费时、费成本,而且无法完成"门到门"的服务);③ 易受天气影响(船行和装卸作业受天气的制约,运输计划很容易被打乱);④ 准确性差,运输时间难以保证准确。

水运有以下四种形式:

(1) 沿海运输

它是使用船舶通过大陆附近沿海航道运送客货的一种方式,一般使用中、小型船舶。

(2) 近海运输

它是使用船舶通过大陆邻近国家海上航道运送客货的一种运输形式,视航程可使用中型船舶,也可使用小型船舶;

(3) 远洋运输

它是使用船舶跨大洋的长途运输形式,主要依靠运量大的大型船舶。我国开辟的国际航线有 30 条,与五大洲的 160 多个国家和地区的 400 多个港口通航。普通班轮航线有我国至朝鲜、日本、东南亚、波斯湾、红海、非洲、地中海、欧洲、美洲、大洋洲等。还开辟了集装箱航线,主要有我国至澳大利亚、新西兰、美国、日本等国的国际航线。

(4) 内河运输

它是使用船舶在陆地内的江、河、湖泊等水道进行运输的一种方式,主要使用中、小型船舶。

我国是世界上河、湖最多的国家之一,河流流域面积在 100 平方公里以上的就有 1500 多条。总长 43 万公里,在我国内河水域中,长江、珠江、黑龙江、黄河、淮河等主要河流横贯东西,大运河、嘉陵江、汉江、湘江、赣江等大支流连接南北,构成干线、支线纵横的天然河网,为发展内河运输,提供了优越的自然条件。我国内河航运干线主要有:长江航运线,珠江航运线,黑龙江、松花江航运线,京杭大运河航运线和淮河航运线。

(四) 航空运输

航空运输的主要优点是速度快,因为时间短,货物损坏少,特别适合一些保鲜物品的输送;但是费用高,离机场距离比较远的地方利用价值不大。客运机可以利用下部货舱运送少部分货物。随着空运货物的增加,出现了专用货运机,采用单元装载系统,缩短装卸时间,保证了"快"的特色。航空运输的单位成本很高,因此,主要适合运载的货物分两类,一类是价值高、运费承担能力很强的货物,如贵重设备的零部件、高档产品等;另一类是紧急需要的物资,如救灾抢险物资等。

优点:① 运送速度快,经济效益高;② 包装简单;③ 安全,破损少;④ 不受地形的限制。

缺点:① 成本高,费用非常昂贵;② 机场受限(地区不能离机场太远,航空运输除了靠近机场的城市以外,对于其他地区也不太适用,必须要结合汽车来弥补这部分的不足);③ 受重量限制;④ 恶劣的天气情况可能也会对航空运输造成极大的影响,影响航空运输的及时性的实现。

(五) 管道运输

自来水和城市的煤气的输配送是和人们生活最为密切相关的管道运输。它的主要特点是:基本没有运动部件,维修费用低。管道一旦建成,可以连续不断地配送大量物资,不费人力,运输成本低,管道铺设可以不占用土地或占地较少。此外,还具有安全、事故少、公害少等优点。管道运输的缺点是:在输送地点和输送对象方面具有局限性,一般适用于气体、液体,如天然气、石油气等。现在也发展到粉粒状物体的近距离输送,如粮食、矿粉等;并且还研究了将轻便物体放在特定的密封容器内,在管道内利用空气压力进行输送,如书籍、文件、实验样品的输送。随着技术的进步,输送对象的范围在不断扩大。

管道的铺设有地面、地下和架空安装等方式。必要时中途要采用保温、加热、加压的措施,以保证管道的畅通。比较特殊,只适合流体、气体运输。

优点:① 安全省地,成本低廉,且管道运输受天气情况的影响非常小,可长期稳定地使用,安全性比较高;② 效率高:快速、简便、经济、计量正确;③ 没有包装费用,不受天气影响;④ 安全、环保 。

缺点:① 不灵活;② 对象受限,受货物限制,只能够用来运输液态或气态的产品;③ 速度较慢 ;④ 易沉淀、积垢,清管成本高 ;⑤ 铺设成本高。

不同运输方式的营运特性比较如表 5.1 所示。五种运输方式的比较如表 5.2 所示。

表 5.1 不同运输方式的营运特性比较

营运特性	铁路	公路	水运	管道	空运
速度	3	2	4	5	1
供应力	2	1	4	5	3
可依赖度	3	2	4	1	5
能力	2	3	1	5	4
频率	4	2	5	1	3
总分	14	10	18	17	16

表 5.2 五种运输方式的比较

运输方式	优点	缺点	适用性
铁路运输	运量大,速度快,运费较低,受自然因素影响小,连续性好	铁路造价高,占地广,短途运输成本高	大宗笨重、量多、长途运输的货物
公路运输	机动灵活,周转速度快,装卸方便,对各种自然条件适应性强	运量小,耗能多,成本高,运费较高	短程、量小的货物
航空运输	速度快,效率高,是一种快捷的现代化运输方式	运量小,耗能大,运费高,且设备投资大,技术要求严格	急需、贵重、易变质、数量不大的货物
水陆运输	运量大,投资少,成本低	速度慢,灵活性和连续性差,受航道水文状况和气象等自然条件影响大	大宗、远程、时间要求不高的货物
管道运输	损耗小,占地小,连续性强,平稳安全,管理方便,运量很大	设备投资大,灵活性差	大量流体货物、输送部分固体物质

二、影响运输方式选择的因素

一般来讲,运输方式的选择受运输物品的种类、运输量、运输距离、运输时间、运输成本等五个方面因素影响。当然,这些条件不是相互独立的,而是紧密相连、互为决定的;如果要对运输方式选择条件进行具体分析的话,可以分成两种类型。

在上述五个选择条件中,运输物品的种类、运输量和运输距离等三个条件是由货物自身的性质和存放地点决定的,因而属于不可变量;事实上,对这几个条件进行大幅度变更,从而改变运输方式的可能性很小。与此相反,运输时间和运输成本是不同运输方式相互竞争的重要条件,运输时间与成本的变化必然带来所选择的运输方式的改变。

运输时间和运输成本之所以如此重要,在于企业物流需求发生了改变。运输服务的需求者一般是企业,目前企业对缩短运输时间、降低运输成本的要求越来越强烈,这主要是在当今经营环境较复杂、困难的情况下,只有不断降低各方面的成本,加快商品周转,才能提高企业经营效率,实现竞争优势。所以,在企业的物流体系中,JIT 运输在急速普及,这种运输方式要求为了实现顾客在库的最小化,对其所需的商品在必要的时间、以必要的量进行运输;JIT 运输方式要求削减从订货到进货的时间。正因为如此,从进货方来讲,为了实现迅速的进货,必然会在各种运输方式个选择最为有效的手段来从事物流活功。例如,以缩短运输时间为主要特征的宅急便就是一个很典型的例子,正因为宅急便能实现第二天在全国范围内进行商品配送的服务,因此,它在国际范围内不断迅速成长,而目前顾客群体的范围不仅包括一般消费者,也包括很多要求实现迅速运输服务的企业。

此外,削减成本是企业在任何时期都十分强调的战略,尤其是在企业经营面临挑战与困难的当代,运输成本的下降是企业生存、发展的重要手段之一,物流成本一直被称作企业经营中的"黑暗大陆",只有真正高度重视运输成本的削减,选择合适的运输方式,才能使物流成为企业利润的第三大来源,从运输方式的发展来看,不同的运输方式具有不同的成本构成,货车运输能提供低成本的运输服务,如今在不断发展、扩大。

缩短运输时间与降低运输成本是一种此长彼消的关系,如果利用快速的运输服务方式,就有可能增长运输成本;同样,运输成本下降有可能导致运输速度减缓,所以如何有效地协调这两者的关系,使其保持一种均衡状态是企业选择运输方式时必须考虑的重要因素。

三、各种运输方式的主要技术经济指标

(一)货物运输量

货物运输量是反映交通运输业工作量的数量指标。铁路主要用货物发送吨数表示,公路和水运部门按经营量进行计算,水运可按航次、装卸情况或排水吨位来推算。

(二)货物周转量

货物周转量是反映交通运输业工作量的数量指标。货物运输量只表示货物的运送吨数,而不能反映所运送的距离。货物周转量指标是一个全面反映运输数量和运输距离的复合产量指标。如铁路货物周转量是指一定时间内(年、月),铁路局或公路在货运工作方面所

完成的货物吨公里数。

（三）货物平均运程

货物的平均运程，即货物的平均运输距离，表示平均每吨货物运送的距离。货物的平均运程，与货物周转量和运输费用的大小、车辆周转的速度、货物的送达时间有关。各类货物平均运程，是分析各地区之间和国民经济各部门、各企业之间经济联系的重要指标之一。

（四）货车周转时间

货车周转时间，是指货车在完成一个工作量的周转过程中平均花费的时间。这一指标是考核运输部门与有关部门的协作关系和工作效率，以提高专用线作业与管理水平，是加速货车周转时间的关键之一。

（五）货物装卸量

货物装卸量，是指进出车站、港口范围内装卸货物的数量，以"吨"表示。它是衡量车站、港口货物装卸工作量大小的数量指标。

（六）运送速度

运送速度是各种运输方式技术经济效果的重要指标之一，在保证质量良好地完成运输任务的前提下，用最快的速度把商品送达目的地，尽可能缩短在途时间，是对运输的基本要求。

第三节 运输合理化

一、运输原则

商业部门的商品运输工作，要遵循"及时、准确、安全、经济"的原则，做到加速商品流通，降低商品流通费用，提高货运质量，多快好省地完成商品运输任务。

（一）及时

及时就是要求按照客户需要的时间把商品运往消费地，不失时机地满足市场和消费者的需要。缩短流通时间的手段是改善交通，实现运输现代化。但对于商业部门来说，关键是在于货物的衔接工作，及时发运商品。同时做好商业部门之间的委托中转工作，及时把商品转运出去。

（二）准确

准确就是要防止商品发生差错事故，保证在整个运输过程中，把商品准确无误地送到消费者手中。商业经营的特点是商品品种繁多,规格不一。一件商品从工厂交货到到达消费者手中,中间要经过不少环节,稍有疏忽,就容易发生差错。发运商品不仅要件数准确,规格也不能出错。因此,准确无误地发运和接运商品,降低差错事故率,是商业运输工作需要认真注意的一个方面。

（三）安全

安全就是在运输过程中要确保商品的使用价值。商品的使用价值就是能满足消费者的需要。如果商品因运输或装卸不当而失去使用价值,那就成为无用之物。商品在运输中的安全,一是要注意运输、装卸过程中的震动和冲击等外力的作用,防止商品的破损,二是要防止商品由物理、化学或生物学变化等自然原因所引起的商品减量和商品变质。尤其对于石油、化学危险品、鲜活、易腐商品、易碎流质等商品,加强安全运输十分重要。

（四）经济

经济就是以最经济合理的方法调运商品,降低运输成本。降低运输成本的主要方法是节约运输费用。节约费用的主要途径则是开展合理运输,即选择最经济合理的运输线路和运输方式,尽可能减少运输环节,缩短运输里程,力求花最少的费用,把商品运到消费地。此外,还应提高商业部门运输设备和运输工具的利用率,加强对运输设备和运输工具保养,提高劳动生产率,从而取得更大的经济效益。

二、不合理运输的形式

不合理运输是对运力的浪费,会造成运输费用不必要的增加。

（一）返程或起程空驶（最严重的形式之一）

空驶可以说是不合理运输的最严重形式。空驶原因有能够使用社会运输力量而不利用会造成空驶;还有因计划不周,工作失误;车辆过分专用,无法搭运回程货等造成的空驶。

（二）对流运输（相向的或交错的运输）

对流运输是指同一种商品,或可代用的商品,在同一运输线或平行线作相对方向的运输与对方的全部或一部分商品发生重叠的现象。它是不合理运输中最突出、最普遍的一种。对流运输不合理的实质在于多占用了运输工具,出现了额外的车辆走行公里和货物走行的吨公里,增加不必要的运费。

（三）迂回运输（能够做直线运输不做,却舍近求远）

迂回运输是指商品运输绕道而行的现象。迂回运输形成的原因很多,但多是因选择运输路径不当引起的。物流过程中的计划不周、组织不善或调运差错都容易出现迂回运输。如果因自然灾害或道路施工、事故等因素被迫绕道是允许的;但应当尽快恢复正常,因为它毕竟会引起运输能力的浪费相运输费用的超支。

（四）重复运输（一边往外送一边还往里面送）

重复运输是指可直达运输的产品由于批发机构或商业仓库设置不当，或计划不周而在路途停留，又重复装运的不合理现象。重复运输增加了一道中间装卸环节，增加了装卸搬运费用，这不仅会浪费装卸劳力，增加作业的负担，而且增加物资损耗和出入库手续，因而造成物流时间长，延长了商品在途时间，费用消耗和占用多等不利影响。

（五）倒流运输

倒流运输是指商品从消费地向生产地回流的一种不合理运输现象。倒流运输有两种形式，一是同一商品由销地运到产地或转运地；二是同类的商品由别的产地、供应地或销地，运回另一产地或转运地。

（六）过远运输（舍近求远）

过远运输是指舍近求远的运输现象，即不从最近的供应地采购商品，而超过商品合理流向的范围，从远地运来；或产品不是就近供应消费地，却调给较远的其他消费地，违反了近产近销的原则。过远运输在运输总量中占有相当大的比重，主要表现在木材和建筑材料上。在木材的不合理运输总量中，过远运输甚至达到70%以上。

（七）无效运输

无效运输即不必要的运输。无效运输不仅浪费了大量的运输能力，而且还往往人为地夸大了生产单位的成果，使消费者不能按质按量地得到合格的产品。消除无效运输具有十分惊人的经济效果。大庆油田由于增设了原油脱水设备，使原油含水量由7%下降到2%。1963年一年就消除了18万吨水的无效运输，由此可减少用罐车4500辆，节约运费500万元。

三、运输合理化的概念

（一）运输合理化的定义

1. 定义

从生产地到消费地将货物以最少的人、财、物、消耗，及时、迅速、按质、按量、安全地完成运输任务。

2. 合理运输的六要素

运输合理化的影响因素很多，起决定性作用的有六个方面的因素：

(1) 运输距离（能走近路不要走远路）

(2) 运输环节（环节越少越好）换载（多一次就要增加一次费用）

(3) 运输工具

各种运输工具都有其使用的优势领域，对运输工具进行优化选择，按运输工具特点进行装卸运输作业，最大限度发挥所用运输工具的作用是运输合理化的重要一环。

(4) 运输时间（运输合理化无从谈起）及时迅速

(5) 运输费用（最少的人才消耗）

(6) 运输规模

（二）运输合理化的有效措施

1. 提高运输工具实载率

实载率有两个含义：一是单车实际载重与运距之乘积和标定载重与行驶里程之乘积的比率，这在安排单车、单船运输时，是作为判断装载合理与否的重要指标；二是车船的统计指标，即一定时期内车船实际完成的货物周转量（以吨/公里计）占车船载重吨位与行驶公里之乘积的百分比。在计算时车船行驶的公里数，不但包括载货行驶，也包括空驶。

提高实载率的意义在于：充分利用运输工具的额定能力，减少车船空驶和不满载行驶的时间，减少浪费，从而求得运输的合理化。

我国曾在铁路运输上提倡"满载超轴"，其中，"满载"的含义就是充分利用货车的容积和载重量，多载货，不空驶，从而达到合理化之目的。这个做法对推动当时运输事业发展起到了积极作用。当前，国内外开展的"配送"形式，优势之一就是将多家需要的货和一家需要的多种货物实行配装，以达到容积和载重的充分合理运用，比起以往自家提货或一家送货车辆大部空驶的状况，是运输合理化的一个进展。在铁路运输中，采用整车运输、合装整车、整车分卸及整车零卸等具体措施，都是提高实载率的有效措施。

2. 采取减少动力投入，增加运输能力的有效措施求得合理化

这种合理化的要点是，少投入、多产出，走高效益之路。运输的投入主要是能耗和基础设施的建设，在设施建设已定型和完成的情况下，尽量减少能源投入，是少投入的核心。做到了这一点就能大大节约运费，降低单位货物的运输成本，达到合理化的目的。国内外在这方面的有效措施有：

(1) 在机车能力允许情况下，多加挂车皮

我国在货运紧张时，也采取加长列车、多挂车皮的办法，在不增加机车的情况下增加运输量。

(2) 水运拖排和拖带法

竹、木等物资的运输，利用竹、木本身浮力，不用运输工具载运，采取拖带法运输，可省去运输工具本身的动力消耗从而求得合理；将无动力驳船编成一定队形，一般是"纵列"，用拖轮拖带行驶，可以有比船舶载乘运输运量大的优点，求得合理化。

(3) 顶推法

是我国内河货运采取的一种有效方法。将内河驳船编成一定队形，由机动船顶推前进的航行方法。其优点是航行阻力小，顶推量大，速度较快，运输成本很低。

(4) 汽车挂车

汽车挂车的原理和船舶拖带、火车加挂基本相同，都是在充分利用动力能力的基础上，增加运输能力。

3. 发展社会化的运输体系

运输社会化的含义是发展运输的大生产优势，实际专业分工，打破一家一户自成运输体系的状况。

一家一户的运输小生产，车辆自有，自我服务，不能形成规模，且一家一户运量需求有限，难于自我调剂，因而经常容易出现空驶、运力选择不当（因为运输工具有限，选择范围太

窄)、不能满载等浪费现象,且配套的接、发货设施,装卸搬运设施也很难有效地运行,所以浪费颇大。实行运输社会化,可以统一安排运输工具,避免对流、倒流、空驶、运力不当等多种不合理形式,不但可以追求组织效益,而且可以追求规模效益,所以发展社会化的运输体系是运输合理化的非常重要措施当前火车运输的社会化运输体系已经较完善,而在公路运输中,小生产生产方式非常普遍,是建立社会化运输体系的重点。

社会化运输体系中,各种联运体系是其中水平较高的方式,联运方式充分利用面向社会的各种运输系统,通过协议进行一票到底的运输,有效打破了一家一户的小生产,受到了欢迎。我国在利用联运这种社会化运输体系时,创造了"一条龙"货运方式。对产、销地及产、销量都较稳定的产品,事先通过与铁路、交通等社会运输部门签订协议,规定专门收、到站,专门航线及运输路线,专门船舶和泊位等,有效保证了许多工业产品的稳定运输,取得了很大成绩。

4. 开展中短距离铁路公路分流,"以公代铁"的运输

这一措施的要点,是在公路运输经济里程范围内,或者经过论证,超出通常平均经济里程范围,也尽量利用公路。这种运输合理化的表现主要有两点:一是对于比较紧张的铁路运输,用公路分流后,可以得到一定程度的缓解,从而加大这一区段的运输通过能力;二是充分利用公路从门到门和在中途运输中速度快且灵活机动的优势,实现铁路运输服务难以达到的水平。

我国"以公代铁"目前在杂货、日用百货运输及煤炭运输中较为普遍,一般在200公里以内,有时可达700公里。山西煤炭外运经认真的技术经济论证,用公路代替铁路运至河北、天津、北京等地是合理的。

5. 尽量发展直达运输

直达运输是追求运输合理化的重要形式,其对合理化的追求要点是通过减少中转过载换载,从而提高运输速度,省却装卸费用,降低中转货损。直达的优势,尤其是在一次运输批量和用户一次需求量达到了一整车时表现最为突出。此外,在生产资料、生活资料运输中,通过直达,建立稳定的产销关系和运输系统,也有利于提高运输的计划水平,考虑用最有效的技术来实现这种稳定运输,从而大大提高运输效率。

特别需要一提的是,如同其他合理化措施一样,直达运输的合理性也是在一定条件下才会有所表现,不能绝对认为直达一定优于中转。这要根据用户的要求,从物流总体出发作综合判断。如果从用户需要量看,批量大到一定程度,直达是合理的,批量较小时中转是合理的。

知识窗 中转运输

1. 中转运输的定义

中转运输,是指商品销售部门把商品送到某一适销地点,再进行转运、换装或分运的工作,如发货地用地方管辖的船舶发运,路途中换装交通部所管辖的船舶运输;或火车整车到达后再用火车零担转运到目的地,都称为中转运输。

中转运输是商品运输的有机组成部分,是联结发货和收货的重要环节。它对于做到统一发、收、转,适应商品多渠道运输,加速商品流转,做到商品合理组配,提高运输质量,节约运输费用,满足人民需要,都有重要的意义。

2. 中转运输原则

（1）能联运的不中转

此即交通部门没有办理联运的地方，商业部门必须自行办理中转业务，以利商品流转；有些地方即使可以办理联运，但分散发运均是零担，费用高，也需经过商业部门组配成合装整车，既可压缩待运时间，又可节约运输经费。

（2）能直达的不中转分运

是指从发货地到收货地能直达的则不应分运中转。由于铁路运输是短线，零量发运经常受到限制，特别是商业批发体制改革后，各地向外自行采购的单位大大增加，要求零担运输的数量越来越多，商业部门可利用各地有物流机构的优越条件，采取集零拼整，中转分运的办法。如集配整车而待运时间不长就不宜分运，而应采取直达运输。

（3）中转运输合理

商品中转发运要按时间快、里程短、环节少、费用小的要求，能联运的不分运，能水运的不陆运。组织中转合理的标准是：选择中转点要合理，采用运输方式要合理，中转运输费用要合理。

6. 配载运输

配载运输是充分利用运输工具载重量和容积，合理安排装载的货物及载运方法以求得合理化的一种运输方式。配载运输也是提高运输工具实载率的一种有效形式。

配载运输往往是轻重商品的混合配载，在以重质货物运输为主的情况下，同时搭载一些轻泡货物，如海运矿石、黄沙等重质货物，在舱面捎运木材、毛竹等，铁路运矿石、钢材等重物上面搭运轻泡农、副产品等，在基本不增加运力投入的情况下，在基本不减少重质货物运输的情况下，解决了轻泡货的运输，因而效果显著。

7. "四就"直拨运输

"四就"直拨，即指就厂直拨、就站直拨、就库直拨和就船过载。

（1）就厂直拨，是将商品由生产厂家直接发送到要货单位，又分为厂际直拨、厂库直拨、厂站直拨等几种形式。一般日用工业品多采用就厂直拨的方式。

（2）就站直拨，是将到达车站或码头的商品，不经过中间环节，直接分拨给要货单位。

（3）就库直拨，是将由工厂送入一、二级批发企业仓库的商品，由批发企业调拨给要货单位或直接送到基层商店。

（4）就船过载，是将到达消费地或集散地的商品，在卸船的同时，装上另外的船，分送给要货单位，中间不再经过其他环节。

"四就"直拨是减少中转运输环节，力求以最少的中转次数完成运输任务的一种形式。一般批量到站或到港的货物，首先要进分配部门或批发部门的仓库，然后再按程序分拨或销售给用户。这样一来，往往出现不合理运输。

"四就"直拨，首先是由管理机构预先筹划，然后就厂或就站（码头）、就库、就车（船）将货物分送给用户，而无需再入库了。

8. 发展特殊运输技术和运输工具

依靠科技进步是运输合理化的重要途径。例如，专用散装及罐车，解决了粉状、液状物运输损耗大，安全性差等问题；袋鼠式车皮，大型半挂车解决了大型设备整体运输问题；"滚装船"解决了车载货的运输问题，集装箱船比一般船能容纳更多的箱体，集装箱高速直达车船加快了运输速度等,都是通过采用先进的科学技术实现合理化。

9. 通过流通加工,使运输合理化

有不少产品,由于产品本身形态及特性问题,很难实现运输的合理化,如果进行适当加工,就能够有效解决合理运输问题,例如将造纸材在产地预先加工成干纸浆,然后压缩体积运输,就能解决造纸材运输不满载的问题。轻泡产品预先捆紧包装成规定尺寸,装车就容易提高装载量;水产品及肉类预先冷冻,就可提高车辆装载率并降低运输损耗。

当然,运输的合理化还必须考虑包装、装卸等有关环节的配合及其制约因素,以及依赖于有效的信息系统,才能实现其改善的目标。运输合理化要考虑输送系统的基本特性。对长距离的城市之间、地区之间的运输(干线输送),由于货物的批量大,对时间要求不很苛刻,因此,合理化的着眼点在于降低运输成本;对于地区内或城市内的短距离运输(末端输送),是以向顾客配送为主要内容:批量小,应及时、准确地将货物运到,这种情况下合理化的目标应以提高物流的服务质量为主。

第四节 集装箱运输

一、集装箱运输的出现

集装箱最早出现在英国。19世纪30年代,英国的铁路运输中采用了集装箱这种大型容器,装运杂货和煤炭,从火车换装到马车上,以减少换装时间,加快装卸速度。19世纪50年代,美国的铁路运输也采用了这种被称之为"容器装运法"的集装箱运输。由于当时工业化水平较低,装卸机械还不能满足集装箱运输的需要。这种先进的方法终于停止使用。到19世纪末,铁路运输受到了汽车运输的严重挑战。为了与公路运输竞争,1926年起,英、美、法、日等国的铁路系统,又先后采用了集装箱运输。与此同时,公路运输为与铁路运输抗衡,也发展了自己的集装箱运输。由于当时各国铁路运输和公路运输所采用的集装箱的外形、结构、尺寸各不相同,1931年,国际集装箱协会在法国巴黎成立,打算共同制定统一的集装箱标准规范。由于当时铁路、公路各部门为了各自的利益互不相让,制定统一的集装箱标准规范未能实现。各种运输方式的集装箱不能实现联运,使集装箱的优势未能得到发挥,集装箱的发展又一次受到挫折。

在第二次世界大战期间,美军为了加快军队的战略机动能力,需要解决向欧洲、亚洲各个军事地点大量地迅速地运送军需装备的问题,使用了一种称之为"连接陆海"的新式运输工具,这为集装箱的大规模使用迈出了一步。第二次世界大战结束后,一些资本主义国家的经济得到了很大的发展,由于生产中大量采用了新技术和新装备,生产的规模日益扩大,商品的品种数量也不断增加。生产的现代化迫切要求运输业与之相适应。从1955年开始,集装箱运输又一次引起了人们的重视。当时由于美国的汽车运输业利用汽车运输灵活、迅速的特点,争揽货物运输业务,使铁路运输受到影响。因此,铁路运输为维持自己的业务,又采用了一种新的运输方法——平板车运输。平板车运输就是把集装箱放在平板车上的运输。

这一方法使铁路运费低、速度快的特点和汽车可以门到门的优点结合起来,达到了速度快、费用低、破损少的要求。后来,集装箱运输又在海运以及海陆联运中获了成功,突破了集装箱运输仅用于陆地位用的范围。随着海洋运输业运量的增加,和远洋船舶向大型化、高速化、自动化方向发展,使得件杂货运输中普通货轮所暴露的缺陷日益显著。船舶在港口卸货停泊的时间长,周转率低,妨碍了船舶向大型化发展。在这种情况下,解决这一矛盾的唯一出路,就是实现装卸的合理化,而其关键则是将货物成组化,即把货物集合成一组大单元,来适应装卸的机械化,以加快船舶的周转,提高运输能力。当时美国的两家船公司,先后把十余艘油轮和普通货轮改为集装箱船,同时又在有关港口建立了装卸转运基地,实现了船舶和车辆的快速周转。

20世纪60年代以后,集装箱运输得到了迅速发展。国际集装箱运输则发展更快。国际集装箱多式联运被称为运输业的"第三次革命",是世界科技、经贸高度发展的产物。它将海上、公路、铁路和航空等运输方式有机地衔接在一起,以其便捷、安全、经济的优势获得了迅速发展。进入20世纪70年代,许多经济发达的国家已实现了集装箱化,彻底改变了过去传统一件一件装卸搬运件杂货的做法。在集装箱管理方面,已普遍采用电子计算机,许多港口开始向集装箱运输的大型化、高速化、自动化的方向发展。

二、集装箱运输的定义

集装箱一般根据货物特性和运输需要,可以用钢、铝、塑料等各种材料制成。它适合于铁路、水路、公路、航空等多种运输方式的现代化装卸和运输。

集装箱的概念:任何一种容器只要满足下述条件,就可称为集装箱:
(1) 能长期的反复使用,具有足够的强度;
(2) 适用一种或多种运输方式运送,途中转运不用移动箱内货物,可以直接换装;
(3) 可以进行快速装卸,并可从一种运输工具直接方便地换装到另一种运输工具;
(4) 便于货物的装满和卸空;
(5) 具有1立方米以上的容积。

三、集装箱的产生与发展

(一) 集装箱的产生

集装箱是在产业革命后,于1830年首先在英国铁路出现的,当时主要作为大包装和集装吊具,此后,美、英等国的铁路都先后使用过。二战后,在一些发达国家形成了以铁路为中心,包括公路在内的陆上中小型(1,2,3吨)箱为主的,各国箱型标准自成体系的集装箱运输。1957年美国泛大西洋(后为海陆)航运公司开始了集装箱的海上运输,1964年国际标准化组织集装箱技术委员会(ISO/TC104)制定了第一个集装箱外形和总重的国际标准,并为各国所普遍接受,集装箱也得到了较大的发展。现行的国际标准为第一系列共13种,其宽度均为(2438毫米),长度有四种(12192毫米、9125毫米、6058毫米、2991毫米),高度有四种(2896毫米、2591毫米、2438毫米、<2438毫米)。70年代初,第三世界国家也发展了集装箱的海上运输。由于集装箱本身的特点以及其所具有的优点,集装箱在后来得到了较大

的发展,形成了联运的格局。

（二）集装箱的发展

集装箱的发展历史可以概括为三个阶段,第一阶段是 50 年代以陆运、中小型箱、国家标准箱为主的时代;第二阶段是以海运、大型箱、国际标准箱为主的发展阶段;第三阶段是以水路、铁路、公路联运,门对门服务为主的发展阶段。

四、集装箱运输的优点

（一）提高装载效率,提高货运速度

集装箱运输能提高装载效率,减轻劳动强度。集装箱运输主要是将单件杂货集中成组装入箱内,可以减少重复操作,从而大大提高车船装载效率。其每一环节的装载时间一般仅需 3 分钟,每小时装卸货物可达 400 吨,这是普通货船装卸效率的 10 倍。例如,在我国港口普通码头上装卸件杂货船舶,其装卸效率一般为每小时 35 吨,并且需要配备装卸工人约 17 人,而在国外的集装箱专用码头上装卸集装箱,其效率可达每小时 50 TEU,按每箱载货 10 吨计,生产效率已达每小时 400~500 吨,而配备工人数至多只有 4 名,工效提高了几十倍。又如,据铁路部门测算,用人工装车,平均一个车皮需要 2 小时,而采用铁路专用集装箱运输方式,用机械作业,一般只需 20 分钟。此外,集装箱运输还能提高船舶运营率,它不受气候影响,能减少非生产性停泊,大大减小劳动强度。

（二）防止货损货差

集装箱能很好地避免货物倒载,防止货损货差,采用件杂货运输方式时,由于在运输和保管过程中货物不易保护,尽管也采取了一些措施,但货损货差情况仍较严重,特别是在运输环节多、品种复杂的情况下,货物的中途转运搬动,使商品破损以及被盗事故屡屡发生,尤其是零担百货商品发生的事故更多。例如据铁路部门统计,零担货损事故约占整个货损事故的 80%。采用集装箱运输方式后,由于集装箱本身实际上起到了一个强度很大的外包装作用,因此,即使经过长途运输或多次换装,也不易损坏箱内的货物。据资料统计,使用集装箱后日本的货损率已由原来的 4.9% 降到 0.7%。此外,集装箱在发货人处签封一单到底、途中不拆箱,这就能大大减少货物丢失。据美国资料统计,1969 年运送的 33.1 万个集装箱中,只有 35 个受损,货损率不到万分之一。

（三）加快车船周转

集装箱化给港口和场站的货物装卸、堆码的全机械化和自动化创造了条件。标准化的货物单元使装卸搬运运作变得简单和有规律,因此,在作业过程中能充分发挥装卸搬运机械设备的能力,便于实现自动控制的作业过程。机械化和自动化,可以大大缩短车船在港站停留时间,加快货物的送达速度。另一方面,由于集装箱运输方式减少了运输中转环节和收发货的交接手续,方便了货主,提高了运输服务质量,加快货物周转运送。在海运方面,一般实行集装箱化以后,到货期限可缩短 50%,如美国用普通货船运到欧洲的货物,通常需 3 个星期左右,使用集装箱装货后,只需 10~12 昼夜;在铁路方面,据德国资料统计,推行集装箱化后,货车的周转时间从原来的 84 小时,降到 44 小时。

(四)节省包装及检验手续

集装箱箱体作为一种能反复使用的包装物,虽然一次性投资较高,但与一次性的包装方式相比,其单位货物运输分摊的包装费用投资反而降低。同时,由于集装箱是一种坚固、特殊的运载工具,可以节省大量商品包装费用。例如,日本用集装箱运输药品、电缆、合成树脂、家具等,可节约 80% 的包装费用。此外,使用集装箱以前,在卸货时必须按货物外包装上的标志加以分类,逐件检查,而使用集装箱以后,可按箱进行检查,大大加快了检查速度,降低了验收费用。

(五)降低运输费用

由于采用统一的货物单元,使换装环节设施的效能大大提高,从而降低了装卸成本。同时,采用集装箱方式,货物运输的安全性明显提高,使保险费用有所下降。由此,使用集装箱能有效地降低运输成本,例如英国在大西洋航线推行集装箱运输后,运输成本降到普通货船运输成本的 1/9,铁路运输实行集装装化后,据西欧一些国家统计,运费要降低 40% 左右,美国使用集装箱运输汇,运费则为普通列车的 60%。

(六)有利于组织综合运输

由于各种运输工具各自独立地发展,装载容积无统一考虑的依据,因此,传统的运输方式给货物的换装带来了困难,随着集装箱作为一种标准运输单元的出现,使各种运输工具的运载尺寸向统一的满足集装箱运输需要的方向发展,任何一种运输方式如果对于这种趋势熟视无睹的话,它将很难融入到大的运输系统中去。因此,根据标准化的集装箱设计的各种运输工具将使运输工具之间的换装衔接变得更加便利。

五、集装箱的种类

随着集装箱运输的发展,为适应装载不同种类货物的需要,出现了不同种类的集装箱,这些集装箱不仅外观不同,而且结构、强度、尺寸等也不相同。根据集装箱的用途不同而分为以下几种:

(1)通用集装箱

它也称杂货集装箱,用以装载除液体货物、需要调节温度货物及特种货物以外的一般的杂货,这种集装箱使用范围极广,常用的有 20 英尺和 40 英尺两种,其结构特点是常为封闭式,一般在一端或侧面没有箱门。

(2)开顶集装箱

它也称敞顶集装箱,这是一种没有钢件箱顶的集装箱,但有可折式顶梁支撑的帆布或涂塑布制作的顶型货物和需吊装的重货。

(3)台架式及平台式集装箱

台架式集装箱是没有箱顶和侧壁,甚至有的连端壁也去掉,而只有底板和四个角柱的集装箱。

台架式集装箱有很多类型。它们的主要特点是:为了保持其纵向强度、箱底较厚。箱底的强度比普通集装箱大,而其内部高度则比一般集装箱低。在下侧梁和角柱上设有系环,可把装载的货物系紧。台架集装箱没有水密性,怕水的货物不能装运,它适合装载形状不一的货物。

台架式集装箱可分为:敞侧台架式、全骨架台架式、有完整固定端壁的台架式、无端壁仅有固定角柱和底板的台架式集装箱等。

平台式集装箱是仅有底板而无上部结构的一种集装箱。该集装箱装卸作业方便,适于装载长、重大件。

(4) 通风集装箱

通风集装箱一般齐侧壁或端壁上设荷通风孔,适于装载不需要冷冻而需通风、防止潮湿的货物,如水果、蔬菜等。如将通风孔关闭,可作为杂货集装箱使用。

(5) 冷藏集装箱

这是专为运输要求保持一定温度的冷冻货或低温货而设计的集装箱,它分为带有冷冻机的内藏式机械冷藏集装箱和没有冷冻机的外置式机械冷藏集装箱,适于装载肉类、水果等物;冷藏集装箱造价较高,营运费用较高,使用时应注意冷冻装置的技术状态及箱内货物所需的温度。

(6) 散料集装箱

散料集装箱除了有箱门外,在箱顶部还设有 2~3 个装货门。适用于装载粉状或粒状货物。使用时要注意保持箱内清洁干净,两侧保持光滑,便于货物从箱门卸货。

(7) 动物集装箱

这是一种专供装运牲畜的集装箱。为了实现良好的通风,箱壁用金属丝网制造,侧壁下方设有清扫口和排水口,并设有喂食装置。

(8) 罐式集装箱

这是一种专供装运液体货而设置的集装箱。包括酒类、油类及液状化工品等货物。它由罐体和掩体框架两部分组成,装货时货物由罐顶部装货孔进入,卸货时,则由排货孔流出或从顶部装货孔吸出。

(9) 汽车集装箱

这是专为装运小型轿车而设计制造的集装箱。其结构特点是无侧壁,仅设有框架和箱底,可装载一层或两层小轿车。

由于集装箱在运输途中常受各种力的作用和环境的影响,因此,集装箱的制造材料要有足够的刚度和强度,应尽量采用质量轻、强度高、耐用、维修保养费用低的材料,并且既要材料价格低廉,又要便于取得。

目前,世界上广泛使用的集装箱按其主体材料分为:

(1) 钢制集装箱

其框架和箱壁皆用钢材制成。最大优点是强度高、结构牢、焊接性和水密件好、价格低、易修理、不易损坏;主要缺点是自重大,抗腐蚀性差。

(2) 铝制集装箱

铝制集装箱有两种:一种为钢架铝板;另一种仅框架两端用钢材,其余用铝材。主要优点是自重轻、不生锈、外表美观、弹性好、不易变形;主要缺点是造价高、受碰后易损坏。

(3) 不锈钢集装箱

其一般多用不锈钢制作罐式集装箱。不锈钢集装箱主要优点是强度高、不生锈、耐腐蚀性好;缺点是投资大。

(4) 玻璃钢制集装箱

玻璃钢集装箱是在钢制框架上装上玻璃钢复合板构成的。主要优点是隔热性、防腐性和耐化学性均较好,强度大、刚性好,能承受较大压力,易清扫、修理简便,集装箱内容积大等;主要缺点是自重较大,造价较高。

六、集装箱标记

这是集装箱在物流过程中能保证物流顺畅的重要标准内容。我国国家标准 GB 1836—80《集装箱的标记代号》对此作了详细规定,其主要内容是:

1. 标记尺寸

标记出集装箱最大总重、自重、容积并对字体大小也有明确规定。

2. 标记字体

字体规定符合国家标准《机械制图字体》的要求。

3. 标记代号

代号有箱主代号、箱号和尺寸类型代号三类。箱主代号用汉语拼音表示,和行业代号相同,也可是单位的代号,箱主代号也可采用拉丁字母。箱号采用阿拉伯数字,用六位数字表示,尺寸和类型代号由四位阿拉伯数字组成,前两位表示尺寸,后两位表示类型。所有标记代号都标在规定位置。

4. 运输状态代码

用一组代码表示集装箱的各种状态,以便于通过电子数据交换(EDI)使有关领域及时了解集装箱的运行状态,我国国家标准 GB 4290 规定了 36 种代码及备用代码表示集装箱的各种状态。

第五节 物资调运方案的优选

一般的运输就是要解决把某种产品从若干个产地调运到若干个销地。如果每个产地的供应量与每个销地的需求量已知,并知道各地之间的运输单价的前提下,如何确定一个使得总的运输费用最小的方案呢?

一、表上作业法

表上作业法是单纯形法在求解运输问题的一种简化方法。

(一) 产销平衡的运输问题

产销平衡的运输问题的计算步骤如下:

1. 步骤

(1) 列出产销平衡表。

(2) 确定初始基可行解,即在产销平衡平面表上给出 $m+n-1$ 个数字格,确定初始基可行解一般可用西北角法和最小元素法。

(3) 求出各非基变量的检验数,即在表上计算空格的检验数,判别是否达到最优解。如果是,则停止计算,否则转入下一步,计算检验数。

最优解的判别(检验数的求法):可用闭合回路法或位势法

$$\sigma_{ij}=U_i+V_j-C_{ij}$$

U_i 和 V_j 是相应采矿点和选矿工厂的位势,C_{ij} 是相应 i 和 j 的运价。如果 $\sigma_{ij} \leqslant 0$,全部成立,则初次分配是最优解;否则不是最优解。

(4) 改进当前的基本可行解(确定换入、换出变量),用闭合回路法调整运输数量。

(5) 重复(3)、(4),直至所有空格的检验数均为负值为止,此时便可得到最优方案。

2. 表上作业法计算中的问题

(1) 无穷多最优解:产销平衡的运输问题必定存最优解。如果非基变量的 $\sigma_{ij}=0$,则该问题有无穷多最优解。

(2) 退化:表格中一般要有 $(n+m-1)$ 个数字格。但有时,在分配运量时则需要同时划去一行和一列,这时需要补一个 0,以保证有 $(n+m-1)$ 个数字格。

例 5.1

某钢铁公司有三个采矿点 A_1、A_2、A_3,采矿日产量分别为 500,200,300 吨;四个选矿工厂 B_1、B_2、B_3、B_4,选矿日处理量分别为 200、300、100、400 吨。各个采矿点到各个选矿工厂之间的矿石运价(元/吨)见表 5.3。问如何调运才能使总运费最低?

表 5.3 各个采矿点到各个选矿工厂之间的矿石运价(元/吨)

选矿厂 采矿点	B_1	B_2	B_3	B_4	生产量
A_1	6	3	2	5	500
A_2	7	5	8	4	200
A_3	3	2	9	7	200
需求量	200	300	100	400	

解:(1) 判断是否产销平衡的运输问题

需求量和生产量皆为 1000 吨,所以产销平衡。

(2) 利用最小元素法确定初始基可行解

利用最小元素法找出运价最小者(若有多个则任选其一),确定初始基可行解。

$n=3,m=4,n+m-1=6$,因此在产销平衡平面表上给出 6 个数字格。如表 5.4 所示。

表 5.4

选矿厂 采矿点	B_1	B_2	B_3	B_4	生产量
A_1	6/200		2/100	5/200	500
A_2				4/200	200
A_3	3/0	2/300			200
需求量	200	300	100	400	

基变量为 $x_{11}, x_{13}, x_{14}, x_{24}, x_{31}, x_{32}$，其余皆是非基变量。
总运费 $=3800$（元）。

(3) 求出各非基变量的检验数，采用位势法判断是否最优解

$$\sigma_{ij}=U_i+V_j-C_{ij}$$

$U_1+V_1=6; U_1+V_3=2; U_1+V_4=5; U_2+V_4=4; U_3+V_2=2; U_3+V_1=3$

6个方程求解7个变量有无穷多解，故可令 $U_1=0$，则依此求解得

$$V_1=6; V_3=2; V_4=5; U_2=-1; U_3=-3; V_2=5$$

验证 U_i+V_j 是否小于所对应的运价，若全部小于，则为最优解，对内是最佳方案。如果有大于运价情况，则需要令其小于运价，采用闭回路法作进一步调整。

代入公式 $\sigma_{ij}=U_i+V_j-C_{ij}$ 求解各非基变量的检验数。

$$\sigma_{12}=U_i+V_2-C_{12}=0+5-3=2>0$$

(4) 由上面计算可知初次求解不是最优解，采用闭回路法调整。

表 5.4 中，A_1 和 B_2 对应处数值为3，以此为始点，标上（+为偶点，－为奇点）以形成以下的运量闭回路，如图 5.2 所示。

以最小值 200 为调整量，即令空圈中的值为 200，让回路中偶点都加上去 200，这样就形成了一个新的回路，如图 5.3 所示。

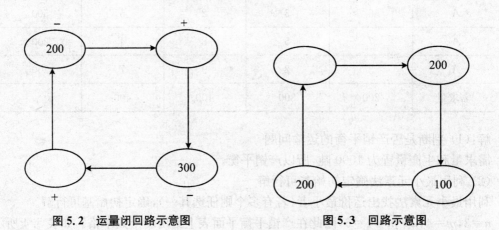

图 5.2　运量闭回路示意图　　　　图 5.3　回路示意图

以 A_1 与 B_2 对应处为起始点，向左运行，遇到基变量就左拐。调整所得如表 5.5 所示。

表 5.5

选矿厂＼采矿点	B_1	B_2	B_3	B_4	生产量
A_1		3/200	2/100	5/200	500
A_2				4/200	200
A_3	3/200	2/100			200
需求量	200	300	100	400	

重复(3)、(4)，直至所有空格的检验数均为负值为止，此时便可得到最优方案。经过再次计算可知，所有空格的检验数均为负值，即 $U_i + V_j$ 全部小于所对应的运价。

总运费为 3400 元，比初次求解减少 400 元。

（二）产销不平衡的运输问题

对于总产量不等于总需求量的运输问题，不能直接采用表上作业法求最优调动方案，而是将产销不平衡问题转化为产销平衡问题，然后再采用表上作业法进行求解。

1. 产大于销问题

对于此类问题，设有一个假想销售地 B_{n+1}，其销量

$$b_{n+1} = \sum_{i=1}^{m} a_i - \sum_{j=1}^{n} b_j$$

但实际上没有运输，故其单位运价为 0，这样就转化为产销平衡问题，但没有破坏原问题的性质。如表 5.6 所示。

表 5.6

销地＼产地	B_1	B_2	$\cdots$	B_n	B_{n+1}	生产量
A_1	c_{11}	c_{12}	$\cdots$	c_{1n}	0	a_1
A_2	c_{21}	c_{22}	$\cdots$	c_{2n}	0	a_2
$\vdots$	$\vdots$	$\vdots$		$\vdots$	$\vdots$	$\vdots$
A_m	c_{m1}	c_{m2}	$\cdots$	c_{mn}	0	a_m
需求量	b_1	b_2		b_n	b_{n+1}	

2. 产小于销问题

对于此类问题，设有一个假想生产地 A_{n+1}，其产量

$$a_{m+1} = \sum_{j=1}^{n} b_j - \sum_{i=1}^{m} a_i$$

但实际上没有运输，故其单位运价为 0，这样就转化为产销平衡问题，但没有破坏原问题的性质。如表 5.7 所示。

表 5.7

产地＼销地	B_1	B_2	⋯	B_n	生产量
A_1	c_{11}	c_{12}	⋯	c_{1n}	a_1
A_2	c_{21}	c_{22}	⋯	c_{2n}	a_2
⋮	⋮	⋮		⋮	⋮
A_m	c_{m1}	c_{m2}	⋯	c_{mn}	a_m
A_{m+1}	0	0	⋯	0	a_{m+1}
需求量	b_1	b_2	⋯	b_n	

二、线性规划法

(一) 产大于销

当产大于销时,其模型是:

$$\min Z = \sum_{i=1}^{m} \sum_{j=1}^{n} c_{ij} x_{ij}$$

$$\begin{cases} \sum x_{ij} \leqslant a_i \\ \sum x_{ij} = b_j \quad (\sum a_i > \sum b_j) \\ x_{ij} \geqslant 0 \end{cases}$$

(二) 产小于销

当产小于销时,其模型是:

$$\min Z = \sum \sum c_{ij} x_{ij}$$

$$\begin{cases} \sum x_{ij} = a_i \\ \sum x_{ij} \leqslant b_j \quad (\sum a_i > \sum b_j) \\ x_{ij} \geqslant 0 \end{cases}$$

并假设:$a_{ij} \geqslant 0, b_j \geqslant 0, c_{ij} \geqslant 0$

在建立了运输问题的线性规划的模型之后,我们可以用"管理运筹学"软件中的线性规划的程序来求出其最优解。

其具体特征有:

(1) 平衡运输问题必有可行解,也必有最优解;

(2) 运输问题的基本可行解中应包括 $m+n-1$ 个基变量。

思考与练习

1. 怎样理解运输的重要意义?

2. 试述各主要运输方式的优缺点。
3. 实现运输合理化的主要措施有哪些?
4. 已知某运输问题的资料如表 5.8 所示。

表 5.8

	B_1	B_2	B_3	B_4	发量
A_1	2	6	5	3	15
A_2	1	3	2	1	12
A_3	3	2	7	4	13
收量	10	13	12	5	

(1) 表中的发量、收量单位为:吨,运价单位为:元/吨。试求出最优运输方案。
(2) 如将 A_2 的发量改为 17,其他资料不变,试求最优调运方案。

5. 某公司首次承揽到三个集装箱运输业务,时间较紧,从上海到大连铁路 1200 公里,公路 1500 公里,水路 1000 公里。该公司自有 10 辆 10 吨普通卡车和一个自动化立体仓库,经联系附近一家联运公司虽无集装箱卡车,但却有专业人才和货代经验,只是要价比较高,至于零星集装箱安排落实车皮和船舱,实在心中无底,你认为采取什么措施比较妥当?
(1) 自己购买若干辆集装箱卡车然后组织运输。
(2) 想法请铁路部门安排运输但心中无底。
(3) 水路最短路程,请航运公司来解决运输。
(4) 联运公司虽无集卡,但可叫其租车完成此项运输。
(5) 没有合适运输工具,辞掉该项业务。

6. 面对 21 世纪,各个领域都在规划自己的发展,铁路、公路、商业、物资、外贸等领域都有本领域有特点的物流体系。但这些物流系统之间缺乏沟通和协调,因此很难使之系统化,一体化那就更为遥远了。以铁路和公路二种主要的运输方式而言,在各自规划的结点中,大部分都是"分立"的,也就是说有铁路、铁路站点的地方没有规划相应的公路及公路站点,有公路及公路站点的地方没有规划铁路及铁路站点。只有少数地区同时具备了铁路、公路及其站点的条件,但是也没有将两者"一体化"的规划。仍然是你干你的,我干我的。

请分析下列问题:
(1) 分析这样做可能出现的弊病及其产生的后果。
(2) 请你提出解决这些问题的办法和措施。

第六章 储　　存

 学习目标

通过本章学习,你应该能够:
- 掌握储存的有关概念;了解储存在现代物流中的作用;
- 掌握仓库的基本概念、功能和分类;
- 掌握库存合理化及库存管理的基本方法;
- 了解仓库的设备及设施;
- 了解和掌握自动化立体仓库有关内容。

引入案例　青岛啤酒集团的仓储管理

青岛啤酒集团的仓储物流改革是首先成立了仓储调度中心,对全国市场区域的仓储活动进行重新规划,对产品的仓储、转库实行统一管理和控制。由提供单一的仓储服务,到对产成品的市场区域分布、流通时间等进行全面的调整、平衡和控制,仓储调度成为销售过程中降低成本、增加效益的重要一环。以原运输公司为基础,青啤集团注册成立具有独立法人资格的物流有限公司,引进现代物流理念和技术,并完全按照市场机制运作。作为提供运输服务的"卖方",物流公司能够确保按规定要求,以最短的时间、最少的投入和最经济的运送方式,将产品送至目的地。同时,青啤集团应用建立在互联网信息传输基础上的 ERP 系统,筹建了青岛啤酒集团技术中心,将物流、商流、信息流、资金流全面统一在计算机网络的智能化管理之下,建立起各分公司与总公司之间的快速信息通道,及时掌握各地最新的市场库存、货物和资金流动情况。为制定市场策略提供准确的依据,并且简化了业务运行程序,提高了销售系统工作效率,增强了企业的应变能力。

同时,青啤集团还对运输仓储过程中的各个环节进行了重新整合、优化,以减少运输周转次数,压缩库存、缩短产品仓储和周转时间等。具体做法包括:根据客户订单,产品从生产厂家直接运往港、站,省内订货从生产厂家直接运到客户仓库。仅此一项,每箱的成本就下降了 0.5 元。同时,对仓储的存量做了科学的界定,并规定了上限和下限,其中上限为 1.2 万吨。低于下限则发出要货指令,高于上限则调节生产,这样便使仓储成为生产调度的"平衡器",从根本上改变了淡季库存积压,旺季市场断档的尴尬局面,满足了市场对新鲜度的需求。

目前,青啤集团仓库面积由 7 万多平方米下降到 2.9 万平方米,产成品库存量平均降到 6000 吨。

这个产品物流体实现了环环相扣,销售部门根据各地销售网络的要货计划和市场预测制订销售计划,仓储部门根据销售计划和库存及时向生产企业传递要货信息;生产厂家有针对性地组织生产,物流公司则及时地调度运力,确保交货质量相交货期。同时,销售代理商在有了稳定的货源供应后,可以从人、财、物等方面进一步降低销售成本,增加效益,经过1年多的运转,青岛啤酒集团的物流网已经取得了阶段性成果。首先是市场销售的产品新鲜度提高、青岛及山东市场的消费者可以喝上当天酒、当周酒;省外市场的东北、广东及沿海城市的消费者,可以喝上当周酒、当月酒。其次是产成品周转速度加快,库存下降使资金占用下降了3500多万元。最后就是仓储费用下降了187万元,市内周转运输费用降低了189.6万元。

实践证明,现代物流管理体系的建立,使青啤集团的整体营销水平和市场竞争能力大大提高。1999年,青岛啤酒集团产销量达到107万吨,再次荣登国内榜首。

第一节 储存的定义及其作用

一、储存的基本概念

(一) 储存的定义

所谓商品储存,就是指在商品生产出来之后而又没有到达消费者手中之前所进行的商品存储的过程。

储存(Storing)指保护、管理、贮藏物品。该定义摘自《中华人民共和国国家标准 物流术语》(GB/T 18354—2001)。概念涵义:按照一定原则,将物品存放在适宜的场所和位置;按照一定要求,对物品进行必要的保养和维护。

(二) 库存

1. 库存的定义
它是指仓库中处于暂时停滞状态的物质。
注意:① 物质所停滞的位置是在仓库中,而不是在生产线上,不是在车间里,也不在仓库中的任何位置。② 物质的停滞状态可以是任何原因引起的,而不一定是某种特殊原因引起的停滞。

2. 库存的分类
库存可以分为经常库存和安全库存两种,经常库存(Cycle Stock)和安全库存(Safety Stock)。前者是指在正常的经营环境下,企业为满足日常需要而建立的库存;后者是指为了防止由于不确定性因素如大量突发性订货、交货期突然延期等而准备的缓冲库存。

(三) 储备

商品储备是一种有目的储存物质的行动,目的是保证社会再生产连续不断地、有效地进行。也就是一种主动的储存形式,或者说是有目的在生产领域、流通领域中的暂时停滞。

储备和库存的本质区别在于：第一，库存明确了停滞的位置，而储备这种停滞所处的地理位置远比库存广泛得多，储备的位置可能在生产及流通中的任何结点上，可能是仓库中的储备，也可能是其他形式的储备；第二，储备是有目的的、能动的、主动的行动，而库存有可能不是有目的的，有可能是完全盲目的。

储存是包含库存和储备在内的一种广泛的经济现象，是一切社会形态都存在的经济现象。在实际工作中，储存、储备这两个概念是不做区别的，在这里将储存、储备、库存加以详细地描述，是为了使大家明确物流中的储存是个非常广泛的概念，物流学要研究的是包括储备、库存在内的广义的储存概念。

（四）仓库

仓库是储存保管货物的建筑物和场所的总称。

（五）保管

保管是对货物进行保存及对其数量、质量进行管理控制活动。

二、储存的作用

（一）储存的积极作用

1. 通过储存可以降低运输成本，提高运输效率

通过商品的储存，将运往同一地点的小批量的商品聚集成为较大的批量，然后再进行运输，到达目的地后，再分成小批量送到客户手中，这样虽然产生了储存的成本，但是可以更大限度地降低运输成本，提高运输效率。

2. 储存可以创造"时间价值"

时间效用的含义是，同种"物"由时间状态不同，其使用价值的实现程度可能有所不同，其效益的实现也就会不同。由于改变了时间而最大限度发挥使用价值，最大限度地提高了投入产出比，就称之为"时间效用"。通过储存使物品在效用最高的时间发挥作用，就能充分发挥"物"的潜力，实现时间上的优化配置。从这个意义上讲，也相当于通过储存提高了物品的时间价值。

3. 储存是"第三个利润源"的重要源泉之一

商品储存是第三个利润源的重要组成部分。企业有了库存保证，就可以免除加班赶工，省去较大成本的加班加点费用；就可以批量采购，可以低价购进原材料，也无需紧急采购，减少了采购成本；就可以在有利时机进行销售和采购，增加企业销售利润和减少购入成本。

储存可能会占用大量资金的，如仓库建设、维护保养、进出库等都要消耗大量的人力、物力和财力，储存过程中的各种损失也是非常大的消耗。因而，储存中的节约潜力是巨大的。可通过储存的合理化，降低储存投入，加速资金周转，降低储存成本，增加企业利润。

4. 支持企业的销售业务

储存处在生产和消费两大活动之间，在物流中起"蓄水池"作用。如储存过少，又可能脱销，并失去销售机会，影响企业的经济效益。通过储存，可以更好地满足消费者的消费需求。随着时代的发展，消费者的消费行为越来越向个性化的方向发展，为了更好地满足消费者的这种个性化消费的要求,我们可以利用商品的存储对商品进行二次加工,满足消费者的需求。

5. 调节供应和需求

现代的大生产形式是多种多样的。从生产和消费的连续性来看,各种产品都有不同的特点。有的产品生产是均衡进行的,而消费却是不均衡的。例如,生活资料中的啤酒、清凉饮料就是一年四季连续不间断地生产,而消费的高峰却集中在夏季;生产资料中的某些建筑材料也有类似的特点。又有一些产品生产是不均衡的,而消费却是均衡不断地进行,最典型的产品就是粮食。在生产资料中,木材也有类似的特点。

储存是物流的主要职能,又是商品流通不可缺少的环节。在流通领域的商品储存,既包括交通运输部门,为衔接各种运输方式,在车站、码头、港口和机场所建立的物资储存,也包括商业和物资部门为了保证销售和供应而建立的商品和物资储存;还包括生产企业待销待运的成品储存等。

(二) 储存的逆作用

在物流系统中,储存作为一种必要活动,因其特点决定,必然经常伴有冲减物流系统效益、恶化物流系统运行的趋势。所以,有人甚至明确提出,储存中的"库存"是企业的"癌症"。主要原因在于储存的代价太高。

1. 会产生相应的固定费用支出和可变费用支出

商品储存需要相应的固定费用支出和可变费用支出。如企业库存会引起仓库建设、仓库工作人员的工资、福利等开支增高;企业库存还会引发商品进货、验收、保管、发货和装卸搬运等费用支出增加。进货、验收、保管、发货、搬运等属于可变费用。

2. 会造成一些机会损失

商品储存占用资金及其利息,从而会丧失将这部分资金用于其他项目的机会,机会成本也是很大的。

3. 会造成储存物资的有形损耗和无形损耗

商品储存期间经常发生物品的陈旧损失与跌价损失。商品在库存期间可能发生各种物理、化学、生物、机械等损失,严重者会失去全部价值和使用价值。随着储存时间的增加,存货无时无刻不在发生陈旧,一旦错过有利销售期,就不可避免地出现跌价损失。

4. 保险费支出

储存还会引起保险支出的增加,近几年为分担风险,我国已经开始对储存物品采取投保缴纳保险费的方法。保险支出在一些国家或地区已达到很高比例。

5. 储存可能增加企业经营风险

商品储存使企业的经营风险加大,会冲减物流系统效益的现象。

上述各项费用支出是降低企业效益的因素。据有关资料统计,在企业运营中,储存占用的费用高达 40%~70%。在非常时期,有的企业库存竟然占用了全部资金,使企业无法正常运转。所以,有些经济学家和企业家将其看成是"洪水猛兽",是企业的负担或包袱。

无论是褒扬还是贬低,都不能根本改变现代社会需要储存这一现实,相反却证实了储存有利和有害的两重性。物流科学的研究,就是要在物流系统中充分发挥储存有利的一面,而扼制其不利的一面。

三、储存的分类

（一）按储存在社会再生产中的作用分类：分为生产储备、消费储备、流通储备和国家储备

1. 生产储备

是生产企业为了保持生产的正常进行而保有的物质准备，这种储备是在于生产领域中，已脱离了流通领域但尚未投入生产过程。

生产储备具体又分为：① 原材料、燃料及零部件储备（其又分为经常储备、保险储备、季节储备）；② 半成品储备；③ 成品储备。

2. 消费储备

它是消费者为了保持消费的需要而保有的物质准备，这种储备是在最终消费领域中，已脱离了流通领域但尚未进入消费过程。

3. 流通储备

它是社会再生产中为了保证再生产的正常而保持在流通领域中的"物品"的暂时停滞。

4. 国家储备

国家储备是国家有关机构代表国家为全国性的特殊原因所建立的物质储备。这种储备主要是保持在国家专门设立的机构中，也有保持在流通领域或生产领域之中的。国有储备主要有三种形式：

（1）国家的当年储备

在国家每个计划年度中，为了防止计划不周、计划不准确或计划失误所出现的需求，每年由国家控制一部分物质或计划指标以备当年使用。

（2）国家的战略储备

这是国家从长远出发尽其所有考虑，或从国际形势考虑，对战略物资或本国资源匮乏物质所保有的准备。主要对象是粮食、武器、有色及稀有金属、贵金属等。

（3）国家的防灾保险储备

这是国家为了应付可能发生的水、旱、火和地震等自然灾害和其他意外事件所保有的物质准备。防灾保险储备的主要对象是粮食及各种抢险、救灾物资等。

（二）按储存的集中程度分类

按储存的集中程度，可分为集中储存、分散储存、零储存。

1. 集中储存

它是指储存以一定大数量集中于一个场所之中。集中储存是一种大规模存储方式，可以产生"规模效益"，有利于储存时采用机械化、自动化设施。

2. 分散储存

它是指储存在地点上形成较广区域的分布，每个储存占的储存数量相对较低，但是总储存量却很高。

3. 零库存

它是指某一领域不再保有库存，以无库存（或很低库存）作为生产或供应保障的一种系

统方式,是企业库存管理的理想目标。

(三) 按储存的位置分类

1. 仓库储存

商品储存于各种类型的仓库、库棚、料场之中。

2. 车间储存

这是生产过程中的暂存形式,是一种非正式储存形式,属于生产物流,是物流中急需优化的部分。

3. 站、场、港储存

站、场、港储存是在物流过程中衔接点的储存。这种储存的性质是一种暂存,是一种服务性的附属性的储存。因此,不能要求它像生产储存那样有很强的计划性。

四、储存功能

储存主要是对流通中的商品进行检验、保管、加工、集散和转换运输方式,并解决供需之间和不同运输方式之间的矛盾,提供场所价值和时间效益,使商品的所有权和使用价值得到保护,加速商品流转,提高物流效率和质量。促进社会效益的提高。概括起来,储存的功能可以分为如下几个方面:

(一) 调节功能

储存在物流中起着"蓄水池"的作用,一方面储存可以调节生产与消费的关系,如销售与消费的关系,使它们在时间和空间上得到协调,保证社会再生产的顺利进行;另一方面,还可以实现对运输的调节。因为产品从生产地向销售地流转,主要依靠运输完成,但不同的运输方式在运向、运程、运量及运输线路和运输时间上存在着差距,一种运输方式一般不能直达目的地,需要在中途改变运输方式、运输线路、运输规模、运输方法和运输工具以及为协调运输时间和完成产品倒装、转运、分装、集装等物流作业,还需要在产品运输的中途停留,即储存。

(二) 检验功能

在物流过程中,为了保障商品的数量和质量准确无误,分清责任事故,维护各方面的经济利益,要求必须对商品及有关事项进行严格地检验、以满足生产、运输、销售以及用户的要求,储存为组织检验提供了场地和条件。

(三) 集散功能

储存把生产单位的产品汇集起来,形成规模,然后根据需要分散发送到消费地去。通过一集一散,衔接产需,均衡运输,提高物流速度。

(四) 配送功能

根据用户的需要,对商品进行分拣、组配包装和配发等作业并将配好的商品送货上门。储存配送功能是储存保管功能的外延,提高了储存的社会服务效能,就是要确保储存商品的安全,最大限度地在保持商品在储存中的使用价值,减少保管损失。合理储存,就是保证货畅其流,要以满足市场供应不间断为依据,以此确定恰当的储存定额和商品品种结构实现储存的"合理化"。否则,储存过多,就会造成商品的积压,增加资金占用,使储存保管费用增加,造成商品在库损失,造成巨大的浪费。如果储存过少,不仅会造成市场脱销,影响社会消费,最终也会影响国民经济的发展。因此,储存的合理化,具有很重要的意义。

第二节 库存和储存合理化

一、库存的概述

(一) 库存的定义

库存属于物流范畴,它是储存运动的一种现象形态。或者说,库存是储存的表现形态。常识告诉我们,作为一项经济活动,储存的范围是很广泛的,其形式是多种多样的:在实践中,它既可以发生在生产领域,也可以发生在流通领域;既可表现为以仓库为场所的储备,也可表现为其他形式的储备。而库存只不过是发生在仓库中的储存行为或储存活动。从现象上看,库存实际上就是利用各种仓库、储料场和料棚等设施储存各种货物的系列化运动(包括货物的入库、运输、分类、保管、出库等)。从性质上看,库存则是物流运动的一个环节。无论我们从哪个角度去认识库存和说明库存,都应当把它和物流运动联系在一起。并且应当把库存定义为物流行为或物流活动,而不能把它称为某种形态的物资或物品。

在此之前,有人在阐述库存概念时曾经提出:"库存指的是仓库中处于停滞状态的物资"。日本东洋经济新报社出版《物流知识》手册则把库存称为"保管在仓库中的物品"。严格说来,上述这种把库存解释为"库存物资"的说法是很不正确的。要知道,库存和库存物资(或库存物品)不是同一个概念。前者指的是经济活动,后者指的则是处于某种状态下的货物。如果在理论上将二者混同,以致把属于经济运动的库存定义为某种状态的物资(或物品),不但在逻辑上说不通,而且也不符合实际情况。

当然,在管理工作中,在检查和评价库存效果时,人们常常使用"库存量"这一术语。从表面上看,库存似乎是个可以计量的物品,库存似乎等同于某种状态下的物资。实则不然。所谓的"库存量",实际上是指库存对象物的数量,而不是库存本身的数量。正如"生产量"是指生产出的产品数量而不是生产自身的数量一样。鉴于此,我们不能因为人们习惯用"库存量"来说明库存动态就把库存理解成物品。

综上所述,按照理论联系实际的原则,库存实质上是以仓库为场所储存货物这种经济活动的理论抽象,而不是储存于仓库中的货物的统称。简言之,库存是一种经济活动(或运动),而不是物品。库存与库存物资是两个不同的经济范畴。

(二) 库存的功能和作用

马克思的再生产原理指出,储存(或商品储存)是流通活动某种程度的停滞;作为储存的主要表现形态的库存也是流通的暂时停滞。然而,实践证明,包括库存在内的储存,又是一切社会所共有的现象。之所以会出现这种现象,是因为储存及其表现形态是运转的必要条件。在经济生活中,库存有很多重要功能。马克思在论述流通问题时曾经说道:"没有商品储存就不会有商品流通。商品在它能够由同种新商品补充替换之前,也要在一个或长或短的时期内形成一个储存,只是因为有这种储存,流通过程和包含流通过程在内的再生产过程的不断性和连续性,方能够得到保证。"(《资本论》,人民出版社1964年版第140页和142页)。从上面两段引文中我们可以看到经典作家虽然没有直接提到库存概念,但是,由于库存是储存的主要表现形式,因此,从某种意义上说,论述储存的职能和功能实际上也就等于是在阐述库存的功能。

库存的功能和作用可以概括为以下几点:

1. 调节供求,调整生产和消费之间的时间差

不同种类的产品,其生产和消费情况是各不相同的。有些产品生产的时间比较集中,而消费则是均衡的、分散的;另有一些产品,其生产是均衡的但其消费却是不均衡的(相对集中的)。例如:水稻、玉米等粮食作物集中在秋季收获,但水稻、玉米的消费则分散在一年之中,是一种不断进行的消费行为;生产资料中的木材的生产和消费也存在着类似现象。又如,清凉饮料和啤酒等产品,一年四季都在生产,但其大量消费却集中在夏季。这表明,在生产和消费之间,或多或少地存在着时间差别。或者说,在很多产品的生产和消费之间,客观上存在着时间差异。面对这种情况,为了维护正常的生产秩序和流通秩序,保证生产正常运转(特别是保障社会化大生产正常运转),同时,也为了更好地满足消费需要,必须在生产或流通的某个结点上储存一定数量的产品,以此去调节供求。而包含仓储、保管等活动在内的库存恰恰能够起到平衡供求、维护生产和消费秩序的作用。

实践证明,在再生产运动中,有了库存这样一个物流环节,不仅可以吸收大量的"剩余产品"(即集中生产但不能立即消费掉的批量产品),从而能够保证生产连续运转,而且也能够应付过旺的消费需求,保障消费。在一定程度上,库存能够缓解供求矛盾,起到调整生产和消费之间的时间差的作用。

2. 创造商品的"时间效用"

前人曾把运输和库存看作是物流运动的两个主要支柱。其理由是:前者能提高商品的"空间效用",后者则可创造商品的"时间效用"。所谓的"时间效用"意为:同样一种产品(或商品),在不同的时间内销售,可获得不同的经济效果。如果改变(或掌握好)产品价值和使用价值的实现时间,则可最大限度地提高产品的投入产出比例及获得最大的经济效益。由于储存和库存的基本职能是储备和保管货物,因此,它自然能够改变商品的上市时间及最大限度地实现商品的价值和使用价值。从这个意义上说,库存有创造商品"时间效用"的功能。

然而,值得注意的是,平常我们经常提到的储存或库存又是一个需要占用大量物资的物流环节。经验告诉我们,无论利用何种仓库去存储和保管货物中部必须为此投入大量的资金去营造库房和配置各种设备。此外,在维护和保养货物及货物出入库的过程中,还必须耗费大量的人力。如果把存货量和货物损失等因素考虑进来,那么,库存的资金占用量就更为可观。有人曾经进行过统计,在生产企业的资金总额中,库存资金的占用比例最高时可达40%～70%。这表明,库存除了能够调节供求、发挥衔接产需关系的作用以外,尚存在着增加费用支出和冲减物流效益的可能性。

(三) 库存的分类

按照企业库存管理的目的不同,库存可分为以下几种类型

1. 经常库存

经常库存也叫周转库存,是指为满足客户日常的需求而建立的库存。经常库存的目的是为了衔接供需,缓冲供需之间在时间上的矛盾,保障供需双方的经营活动都能顺利进行。这种库存的补充是按照一定的数量界限或时间间隔反复进行的。

2. 保险库存

保险库存也叫安全库存,是指为了防止由于不确定因素(例如,突发性大量订货或供应商延期交货)影响订货需求而准备的缓冲库存。根据资料显示,这种缓冲库存约占零售业库存的 1/3。

3. 季节性库存

季节性库存是指为了满足特定季节中出现的特定需求而建立的库存,或是指对季节性商品在出产的季节大量收储所建立的库存。

4. 加工和运输过程库存

加工库存是指处于流通加工或等待加工而处于暂时储存状态的商品。运输过程的库存是指处于运输状态(在途)或者为了运输的目的(待运)而暂时处于储存状态的商品。

5. 促销库存

促销库存是指为了应付企业的促销活动产生的预期销售增加而建立的库存。

6. 时间效用库存

时间效用库存是指为了避免商品价格上涨造成损失,或者为了从商品价格上涨中获利而建立的库存。

7. 沉淀库存或积压库存

沉淀库存或积压库存是指因商品品质变坏或损坏或者是因没有市场而滞销的商品库存,还包括超额储存的库存。

二、储存合理化及实施

事实上,由库存而引出的仓库建设、仓库维修、仓库管理和货物存储等费用支出均不同程度地增加了企业的流动资金占用量和利息负担。正因为如此,人们在研究物流问题和进行物流实践时,很早就提出了使库存正常化和合理化的要求和建议。只有在合理的限度内,库存的功能和作用才能得到充分发挥。

(一) 储存合理化的内容

既然库存的功能和作用是在库存合理的限度内得以充分发挥的,那么,什么状态下的库存才算是合理的库存呢?进一步说,库存合理化的内容和标准有哪些呢?

马克思说:"商品储存只有在它就是商品流通的一个条件,并且本来就是一个必然会在商品流通中生出的形式的限度之内,那就是,只有在这种表面上的停滞,像货币准备的形成是货币流通的条件一样,是流通自身的一个条件的限度之内,方才是正常的。"

很明显,按照马克思的说法,只有库存是一种必须的和必要的活动,它才是合理的、正常

的运动。换言之,只有库存能够与生产和流通的发展需要相适应时,并且成为生产与流通运行的必要条件而不是它们的累赘时,才称得上是合理的库存。从另一个角度(即投入产出比例关系的角度)来看,库存合理化是指以最经济的方法和手段从事库存活动,并发挥其作用的一种库存状态及其运行趋势。具体说,合理化库存包含着这样几项内容:

1. 库存"硬件"配置合理

库存"硬件"是指各种用于库存作业的基础设施和设备。实践证明:物流基础设施和设备的数量不足,技术水平落后,或者设备过剩、闲置,都会影响库存功能作用的有效发挥,如果设施、设备不足,或者技术落后,不但库存作业效率低下,而且也不可能对库存物资进行有效地维护和保养,由此将会带来很大损失。但是,如果设施、设备重复配置,以致库存能力严重过剩,也会因增加被储物的成本而会影响库存的整体效益。据此,库存"硬件"的配置应以能够有效地实现库存职能、满足生产和消费需要为基准,做到适当、合理地配置仓储设施和设备。

2. 组织管理科学化

库存组织管理科学化主要有这样几种表现:其一,库存对象物(即库存货物)数量保持在合理的限度之内,既不缺少,也不过多;其二,货物储存的时间较短,货物周转速度较快;其三,货物储存结构合理,能充分满足生产和消费需要。

关于库存对象物的数量问题,首先应当肯定这一说法:要想有效地发挥库存的调节作用和实现其创造"时间效用"的功能,就必须储存一定数量的物资。正如马克思所说的:"商品储备必须有一定的量,才能在一定时期内满足需要量。"但是,库存物资的数量并非越多越好。正如国内一位学者所指出的:"一方面,储存以一定数量形成保证供应、保证生产、保证消费的能力",另一方面,储存"保证能力的提高,不与数量成比例"。事实上,"储存数量的增加会引起储存损失无限度的增加,而保证能力的增加却是有限度的",超出一定限度的储存是"有害而无益的"。鉴于此,就库存货物的数量而言,合理库存的界限是在保障消费需要的前提下,就低而不就高;就货物储存时间而论,也存在着类似的情况。

实践证明,有些物品经过一段时间的储存(或库存),有时也能更有效地实现其使用价值和价值,从而可以创造出"时间效用"。但是,货物库存的时间无限度地增加,不仅货物的损失会相应增加,而且货物的周转速度自然要放慢。从时间效应的角度来衡量库存运动,最优(或最佳)的货物库存时间理应当是在满足生产和消费需要及实现库存功能的前提下,货物快速周转所需要的时间。

3. 库存结构符合生产力的发展要求

从微观上讲,合理的库存结构指的是,在总量上和储存时间上库存货物的品种和规格的比例关系基本上是协调的,不能出现此多彼少、此长彼缺的现象;从宏观方面说,库存结构符合生产力发展要求,意味着库存的整体布局、仓库的地理位置和库存方式等应有利于生产发展。在社会化大生产条件下,为了发展规模经济和提高生产、流通的经济效益,库存适当集中应当是库存合理化的一个重要标志。因为库存适当集中(即以社会化、集中化的库存取代一家一户式的分散库存),除了有利于采用机械化、现代化方式进行各种操作以外,更重要的是,它可以在降低储存费用和运输费用及提高保供能力等两个方面取得优势。

无数事实证明,以集中化的库存来调节生产和流通,在一定时期内,库存货物的总量会远远低于同时期分散库存的货物总量,因此,相对来说,其资金占用量是比较少的。与此同时,由于库存比较集中,所以,储存货物的种类、品种更加齐全。在这样的结构下,库存的保供能力自然会更加强大。

（二）储存合理化的标志

1. 质量标志

保证被储存物的质量，是完成储存功能的根本要求，只有这样，商品的使用价值才能通过物流之后得以最终实现。在储存中增加了多少时间价值或是得到了多少利润，都是以保证质量为前提的。所以，在储存合理化的主要标志中，为首的应当是反映使用价值的质量。

现代物流系统已经拥有很有效的维护物资质量、保证物资价值的技术手段和管理手段，也正在探索物流系统的全面质量管理问题，即通过物流过程的控制，通过工作质量来保证储存物的质量。

2. 数量标志

在保证功能实现前提下有一个合理的数量范围。目前管理科学的方法已能在各种约束条件的情况下，对合理数量范围作出决策，但是较为实用的还是在消耗稳定、资源及运输可控的约束条件下，所形成的储存数量控制方法，此点将在后面叙述。

3. 时间标志

在保证功能实现前提下，寻求一个合理的储存时间，这是和数量有关的问题，储存量越大而消耗速率越慢，则储存的时间必然长，相反则必然短。在具体衡量时往往用周转速度指标来反映时间标志，如周转天数、周转次数等。在总时间一定前提下，个别被储物的储存时间也能反映合理程度。如果少量被储物长期储存，成了呆滞物或储存期过长，虽反映不到宏观周转指标中去，也标志储存存在不合理。

4. 结构标志

它是从被储物不同品种、不同规格、不同花色的储存数量的比例关系对储存合理性的判断。尤其是相关性很强的各种物资之间比例关系更能反映储存合理与否。由于这些物资之间相关性很强，只要有一种物资出现耗尽，即使其他种物资仍有一定数量，也会无法投入使用。所以，不合理的结构影响面并不仅仅局限在某一种物资身上，而是有扩展性。结构标志的重要性也可由此确定。

5. 分布标志

它指不同地区储存的数量比例关系，以此判断和当地需求比，对需求的保障程度，也可以此判断对整个物流的影响。

6. 费用标志

仓租费、维护费、保管费、损失费、资金占用利息支出等，都能从实际费用上判断储存的合理与否。

（三）储存合理化的实施

(1) 进行储存物的 ABC 分析，在 ABC 分析基础上实施重点管理；

(2) 在形成了一定的社会总规模前提下，追求经济规模，适当集中库存；

(3) 加速总的周转，提高单位产出；

(4) 采用有效的"先进先出"方式；

(5) 提高储存密度，提高仓容利用率；

(6) 利用现代科学技术，提高储存的技术水平。

三、储存的 ABC 分类管理方法

由于在仓库中一般储存的物资品种非常繁多,在管理过程中必须根据具体情况实行重点管理,才能取得切实效果。ABC 分类管理方法就是将库存物资按重要程度分为特别重要的库存(A 类)、一般重要的库存(B 类)和不重要的库存(C 类)三个等级,然后针对不同等级分别进行管理和控制。ABC 分类管理法是实施储存合理化的基础,在此基础上可以进一步解决各类的结构关系、储存量、重点管理和技术措施等合理化问题。而且,通过在 ABC 分析的基础上实施重点管理,可以决定各种物品的合理库存储备数量及经济地保有合理储备的办法,乃至实施零库存。

一般采用 ABC 管理可以达到预期要求。ABC 管理就是把物品分为三类:例如把占总数 10%左右的价格高的货物定义为 A 类,占总数 70%左右的价格低的物品定义为 C 类,A 类、C 类之间的 20%的物品则为 B 类。在库存管理中对各类物品应区别对待:A 类物品应在不发生缺货的条件下尽可能减少库存,实行小批量订货,每月盘点;C 类物品则可以制定安全库存水平,进行一般管理,订货批量大,年终盘点;对 B 类则在两者之间,半年盘点一次。

除按照价值分类外,还可以根据销售难易程度、缺货产生的后果(重要性)等因素进行 ABC 分类,或是综合几种因素进行分类。总之,要符合仓库管理的目标和仓库本身的具体情况。关于 ABC 法在物流管理中的应用在以下章节中将作详细阐述。

销售额的估计和出库量的估计等需要正确的预测,这是在库管理的关键。由于库存量和缺货率是相互制约的因素,在预测的基础上,制定正确的库存方针,使库存量和缺货率得以协调,取得最好效果。但是对于预测的数据也不可过分依赖,因为预测总是以过去的数据为基础进行的,预测结果和实际情况有一定出入。为此,在预测时应尽可能依据最新的数据和信息。另外,订货周期和供货延迟期要尽量缩短,这样可以提高预测的可靠性。

库存控制主要是对库存量进行控制。众所周知,库存量过多会导致许多问题,如占压过多的流动资金,并为此付出相应的利息;存货过多则仓库的各种费用,如仓储费用、保险金、劳务费也随之增加;此外,还会导致物品变质、过时、失效等损失。但是为了避免以上问题,降低库存又会出现缺货率上升的风险。因此,库存控制应综合考虑各种因素,满足以下三方面要求:① 降低采购费用和购入价等综合成本;② 减少流动资金,盘点资产下降;③ 提高服务水平,防止缺货。

第三节 仓库概述

一、仓库的定义

仓库是保管、存储物品的建筑物和场所的总称。仓库的概念可以理解为用来存放货物包括商品、生产资料、工具或其他财产,及对其数量和价值进行保管的场所或建筑物等设施,

还包括用于防止减少或损伤货物而进行作业的土地或水面。

二、仓库的功能

仓库最基本的一个功能就是存储物资,并对存储的物资实施保管和控制。但随着人们对仓库概念的深入理解,仓库也担负着物资处理、流通加工、物流管理和信息服务等功能,其涵义远远超出了单一的存储功能。以系统的观点来看待仓库,仓库应具有以下功能:

(一)储存和保管的功能

仓库具有一定的空间,用于储存物品,并根据储存物品的特性配备相应的设备,以保持储存物品完好性。例如:储存挥发性溶剂的仓库,必须设有通风设备,以防止空气中挥发性物质含量过高而引起爆炸。储存精密仪器的仓库,需防潮、防尘、恒温,因此,应设立空调、恒温等设备。在仓库作业时,还有一个基本要求,就是防止搬运和堆放时碰坏、压坏物品。从而要求搬运器具和操作方法要不断改进和完善,使仓库真正起到贮存和保管的作用。

(二)调节供需的功能

创造物质的时间效用是物流的两大基本职能之一,物流的这一职能是由物流系统的仓库来完成的。现代化大生产的形式多种多样,从生产和消费的连续来看,每种产品都有不同的特点,有些产品的生产是均衡的,而消费是不均衡的,还有一些产品生产是不均衡的,而消费却是均衡不断地进行的。要使生产和消费协调起来,就需要仓库起"蓄水池"的调节作用。

(三)调节货物运输能力

各种运输工具的运输能力是不一样的。船舶的运输能力很大,海运船一般是万吨级,内河船舶也有几百吨至几千吨的。火车的运输能力较小,每节车皮能装运 30~60 吨,一列火车的运量最多达几千吨。汽车的运输能力很小,一般每辆车装 4~10 吨。他们之间的运输衔接是很困难的,这种运输能力的差异,也是通过仓库进行调节和衔接的。

(四)流通配送加工的功能

现代仓库的功能已处在由保管型向流通型转变的过程之中,即仓库由储存、保管货物的中心向流通、销售的中心转变。仓库不仅要有储存、保管货物的设备,而且还要增加分拣、配套、捆绑、流通加工、信息处理等设置。这样,即扩大了仓库的经营范围,提高了物质的综合利用率,又方便了消费,提高了服务质量。

(五)信息传递功能

伴随着以上功能的改变,导致了仓库对信息传递的要求。在处理仓库活动有关的各项事务时,需要依靠计算机和互联网,通过电子数据交换(EDI)和条形码技术来提高仓储物品信息的传输速度,及时而又准确地了解仓储信息,如仓库利用水平、进出库的频率、仓库的运输情况、顾客的需求以及仓库人员的配置等。

（六）产品生命周期的支持功能

根据美国物流管理协会2002年1月发布的物流定义：在供应链运作中，以满足客户要求为目的，对货物、服务和相关信息在产出地和销售地之间实现高效率和低成本的正向和理想逆向的流动与储存所进行的计划执行和控制的过程。可见现代物流包括了产品从"生"到"死"的整个生产、流通和服务的过程。因此，仓储系统应对产品生命周期提供支持。

三、仓库的种类

商业仓库的设置要根据各种商品储存条件的不同要求，与商品购销部门的联系程度、地理条件以及投资的大小等因素来作出决定。目前我国的仓库根据不同的角度，有如下几种分类方法：

（一）按储存商品的性能和技术条件分类

1. 通用仓库

通用仓库，又称普通仓库、综合仓库，适用于不需要特殊保管条件的商品，如一般日用工业品。根据商品性能一致、护养措施一致的原则，对商品进行分区分类管理。这类仓库不需要特殊的技术装备，在我国商业仓库中所占的比重较大。

2. 专用仓库

它是一种配有冷藏、保温等设施的专用仓库，适用于储存性能比较特殊的商品，或具有一定技术装备能适应有特殊储存要求的商品。如食糖、果品、粮食、药材、禽畜等商品容易溶化、霉变、腐烂，且数量较大，需要单独储存。

3. 危险品仓库

它是一种配置有特殊装备和相应消防手段的一种专用仓库。危险品具有易燃、易爆、有毒、有腐蚀性或有放射性等特性，严禁与一般商品混放。危险品仓库的主要任务就是要确保各类危险品的储存安全。

（二）按仓库的主要职能分类

1. 储备仓库

它主要是储存常年生产、季节消费，或季节生产、常年消费的商品。这类仓库可以设在商品运动的起点，也可以设在商品运动过程的终点。储备仓库对商品的养护要求较高

2. 批发仓库

它主要是储存商业批发部门收购进来的商品，然后向零售商店或其他商业批发部门陆续供应。根据要货单位的要求，一般需要办理商品的续配、拆零、分装、改装等业务。这类仓库的业务特点是数量小、批次多，吞吐频率高，大多设在消费地。

3. 零售仓库

它主要是为零售商店短期存货。零售部门从批发部门进货后，一般要进行必要的拆包、检验、分类、分级、或进行分装、改装所进行的加工。这类仓库一般附设在零售商店内。规模大的零售商店可以在附近专设零售仓库。超级市场和大型零售商业还提出了建立保证日常供货的配送中心的必要。

4. 中转仓库

它主要是解决商品在运输途中,由于换装运输工具暂时停留的问题。这类仓库一般都设在车站、码头附近。也有一部分中转仓库与当地物流部门所属仓库结合在一起使用。

(三) 按仓库的隶属关系分类

1. 商业企业附属仓库

这类仓库由商业部门的批发企业和零售业直接领导。这种仓库能密切配合购销,有利于商业企业开展业务活动。由于这类仓库是一个商业企业独家使用,不利于充分发挥仓库的利用效率。

2. 商业物流企业所属仓库

这类仓库为多个商业批发企业和零售企业提供储存商品服务,是商业部门集中管理仓库的一种形式。由于统一使用仓容,仓库的利用率较高。

四、仓库的作业组织

仓库作业组织,按仓库作业阶段可分为三个内容,即商品入库验收、商品保管养护、商品出库配送。

(一) 商品入库作业组织

商品入库作业组织是商品储存的准备工作。商品入库作业的整个过程包括商品接运、商品入库验收、办理入库交接手续等一系列业务活动。

1. 商品接运

商品接运是指仓库对于通过铁路、水运、公路、航空等方式运达的商品,进行接收和提取的工作。接运的主要任务是准确、齐备、安全地提取和接受商品,为入库验收和检查作准备。

接运的方式主要有:车站码头提货,铁路专用线接车,自动提货和库内提货。

2. 商品入库验收

商品的入库验收,要进行数量点收和质量检验。数量点收,主要是根据商品入库凭证清点商品数量,检查商品包装是否完整,数量是否与凭证相符。质量检验,主要是按照质量规定标准,检查商品的质量、规格和等级是否与标准符合,对于技术性强,需要用仪器测定分析的商品,须由专职技术人员进行。

3. 办理入库手续

入库手续主要是指交货单位与库管员之间所办理的交接工作。其中包括:商品的检查核对,事故的分析、判定,双方认定,在交库单上签字。仓库一面给交货单位签发接收入库凭证,并将凭证交给会计、统计入账、登记;一面安排仓位,提出保管要求。

(二) 商品保管作业组织

商品保管作业组织是商品仓库作业的中心工作,它体现了储存对商品所有权和使用价值的保护职能。商品的保管作业组织包括商品的保管、仓库的账务统计工作和商品的养护三个方面的内容。

1. 商品保管

（1）分区分类

储存商品时，一般根据商品的自然属性，考虑仓库的设备条件，按照商品的类别，把仓库和货场划分为若干货区，每个货区再分成若干货位，编成顺序号。在分区分类的基础上，按号储存商品，实行分类存放、对号入座、分区管理。

分区分类储存商品能保证商品储存的安全，减少商品耗损，有利于商品的合理堆码，便于熟悉商品的性能特点，做好商品的养护工作，便于查找，有利于检查、入库和出库。商品分类储存方法应根据不同的仓库类别确定。一般仓库按商品的自然属性和类别进行分区储存；公用库可按业务部门商品经营的分工进行储存；中转仓库和备货待运仓库可按商品发往地区进行分区分类储存。

（2）商品堆码

商品堆码是库存商品摆放的一种方法。它对维护商品质量，充分利用库房容积和提高装卸作业效率，以及对采用机械作业和保证商品安全等具有重大影响。商品堆码要遵守合理、牢固、定量、整齐、节约、先进先出等项要求。

商品堆码方法有散堆法、货架堆码法、垛堆法。根据商品的特点选择不同的堆码方法。堆码商品常用的技术方法有直码、压缝码、交叉码、连环码、梅花码等。要根据商品的品种、性质、包装、体积、重量等情况，同时还要依照仓库的具体储存要求和有利于商品库内管理来确定商品的堆码形式，做到科学合理。

商品堆码要做到货堆之间，货垛与墙、柱之间保持一定距离，留有适宜的通道，以便商品的搬运、检查和养护。要把商品保管好，"五距"很重要。五距是指顶距、灯距、墙距、柱距和堆距。

顶距是指货堆的顶部与仓库屋顶平面之间的距离。留顶距主要是为了通风，平顶楼房，顶距应在 50 厘米以上。

灯距是指在仓库里的照明灯与商品之间的距离。留灯距主要是防止火灾，商品与灯的距离一般不应少于 50 厘米。

墙距是指货垛与墙的距离。留墙距主要是防止渗水，便于通风散潮。

柱距是指货垛与屋柱之间的距离。留柱距是为防止商品受潮和保护住脚，一般留 10～20 厘米。

堆距是指货垛与货垛之间的距离。留堆距是为便于通风和检查商品，一般留 10 厘米即可。

2. 仓库的账务统计工作

保管账、货签和仓库档案是对商品实行控制和管理的有效措施，是库存商品的信息源。登账、挂签、建账是库存管理的重要内容。

（1）保管账

保管账是详细反映商品入库、发出和结存的动态记录。

（2）货签

货签是货位与库存商品的显示标志，便于检点作业和库存数量管理。

（3）仓库档案

每类商品必须建立商品档案，以集中该类商品的技术资料和各种单据，必要时以供查考之用。档案要由专人管理，资料要齐全完整。

3. 商品养护

养护，即保养和维护之意，即指储存过程中对商品所进行的保养和维护工作。在农副产品中，有时也称储藏保管。在储存期间，对商品进行养护，有利于维护好商品的质量，降低商品的损耗，有效地维护商品的使用价值，满足市场的需求。对仓储商品进行养护，就是根据各种商品不同的自然属性，分析其质量变化的不同形式，研究各种环境因素对商品质量变化的影响及其程度，掌握仓储商品质量变化的规律，以便创造和利用各种有利的条件，控制不利因素的影响，以保证商品在储存期间的数量没有缺损且质量完好。

（1）影响商品质量变化的因素

影响库存商品质量的因素很多，主要有两个方面：一是商品内在的因素，二是商品外在的因素。外在因素通过内在因素起作用。

商品质量变化的外在因素有商品的组织结构、化学成分及理化性质等。所有这些都是在制造中决定了的，在储存过程中，要充分考虑这些性质和特点，创造适宜的储存条件，减少或避免其内部因素发生作用而造成商品质量的变化。商品质量变化的外在因素，可分为社会因素和自然条件因素两方面。

社会因素包括：国家的方针政策，生产经济形势，技术政策和企业管理、人员素质以及规章制度等。这些因素影响商品的储存规模、储存水平及储存时间，对储存质量具有间接影响。自然因素包括：大气温、湿度的影响，臭氧和氧的作用、日光照射、有害气体的影响、微生物及虫鼠害的侵害、机构损伤、卫生条件的影响等。所有这些都是直接作用因素，都会造成商品变质和损坏。因此，须采取有效措施，防止有害因素的影响，保证商品的储存安全。

（2）防止商品质量变化的措施

防止商品质量变化的措施，目前主要是对仓库的温湿度进行调节和控制。对于仓库温度的调节和控制：当仓库温度过高时，通常采取自然通风和机械通风方法降温；当冬季储存防冻商品时，在北方常采用暖气设备来提高温度，在南方一般采用自然通风的办法来提高温度。对于仓库湿度的调节控制：当需要降低相对湿度时，通常采用吸潮剂吸潮、生石灰吸潮、硅胶吸潮和吸潮机吸潮等方法；当需要加湿时，一般采用加湿器加湿等方法。

除仓库温湿度的控制外，还可采取密封储藏、涂敷防护层、防霉、防锈、防腐蚀、防虫害，搞好仓库清洁卫生等措施。

（3）商品的救治

在储存过程中，商品一旦发生了损坏和变化，应立即采用措施救治，如破损商品的修复、霉变商品的晾晒等。

（三）商品出库作业组织

商品的出库作业与入库作业要求基本上是一致的，即要求对出库商品的数量、品种、规格进行一次核对，经复核与发货凭证所列项目无误后，当场与收货单位办妥交接手续，以明责任。为保证商品及时、准确、迅速出库，商品出库必须坚持按一定的程序进行。出库程序一般包括：

1. 核对领发凭证

商品出库，必须首先核对和审查领发凭证，准确掌握出库商品的名称、编号、型号、实发数量、印鉴及审批手续。

2. 集中备货

按照商品储存秩序,顺序取货,减少往复行走距离。

3. 复核

对所有出库商品实行检查核对制度,保证实发货物准确无误。

4. 办理交货手续

库管员与领货人办理交接手续,商品要当面验证,在移交单上签字认定。

5. 善后处理

库管员在办完交接手续后要整理现场,清理单据,登记账册,资料归档,并制定出库计划,妥善安排出库的人力和车辆。

五、仓库主要设备介绍

仓库的主要设备包括:货架、叉车、托盘和计量设备,介绍如下:

(一)货架

货架是指用支架、隔板或托架组成的立体储存货物的设施。

1. 货架的功能

(1)货架是一种架式结构物,可充分利用仓库空间,提高库容利用率,扩大仓库储存能力。

(2)存入货架中的货物,互不挤压,物资损耗小,可完整保证物资本身的性能,减少货物的损失。

(3)货架中的货物,存取方便,便于清点及计量,可做到先进先出。

(4)保证存储货物的质量。可以采取防潮、通风、防尘、防盗、防破坏等措施,以提高物资存储质量。

(5)很多新型货架的结构及功能有利于实现仓库的机械化及自动化管理。

2. 常用货架

(1)层架

层架结构简单,适用性强,存取作业方便,但存放货物的数量有限,是人工作业仓库主要的存储设备。

(2)托盘货架

托盘货架结构简单,可调整组合,安装简易,费用经济;出入库不受先后顺序的限制;托盘装载不同货物时可立体存放,库容率较高。

(3)阁楼式货架

阁楼式货架的特点是可充分利用空间,适合多品种少批量存储。阁楼式货架可用于旧库改造。

(4)臂式货架

悬臂货架为开放式货架,一般存放长条形材料,不太便于机械化作业。轻质材料可用人力存取操作,金属材料可配合跨距较宽的设备存取。

(5)移动式货架

移动式货架平时相互依靠,密集排列在一起。存取货物时,通过手动或电力驱动装置使货架沿轨道水平移动,形成作业通道,便于人工或机械存取作业。这样可以大幅度减少通道面积,地面使用率可达80%,而且可直接存放每一种货物,不受先进先出的限制。

(6) 重力式货架

重力式货架适用于大量存储的场所,也适用于拣选场所,可普遍用于配送中心、商店的拣选配货操作中,也用于生产线的零部件供应线上。

(7) 驶入、驶出式货架

驶入、驶出式货架能起到保管场所及叉车通道的双重作用,属高密度配置。驶入、驶出式货架的高度可达10米,库容利用率可高达90%以上,适于大批量少品种配送中心使用,但不适合太长或太重物品。

(8) 旋转式货架

旋转式货架又称回转式货架,属于拣选型货架。该种货架可以在水平、垂直、立体方向回转,货物随货架移动到操作者面前,而后被操作者选取。

根据旋转方式的不同,旋转式货架可分为垂直旋转式货架、水平旋转式货架和整体旋转式货架。垂直旋转式货架主要适用于多品种、拣选频率高的货物,取消货格,改成支架也可用于成卷的货物,如地毯、纸卷、塑料布等的存取。水平旋转式货架主要用于出入库频率高、多品种拣选的配送中心等地。整体旋转式货架适用于小型领域的分货式货架。

(9) 组合式货架

货格可根据货物的大小随时调整尺寸,还可根据需要装配和拆掉货架,组合式货架基本构件是带孔型钢的立柱,再加以横梁、搁板和其他各种附件,可组成通用性很强的各种货架。临时性仓库可根据需要装配和拆掉货架,这样就可以采用组合式货架。

(10) 高层立体货架

高层立体货架是立体仓库的主要组成部分,将在自动化立体仓库一节中详述。

(二) 叉车

叉车又称铲车、叉式取货机,享有万能装卸机的美称,是物流领域最常用的具有装卸和搬运双重功能的设备。叉车之所以成为一种高效多能搬运工具,是因为其顺应现代物流市场日益要求的搬运机械专业化、高度机动性、最大限度地减少货物破损、节约货物存储空间等的发展需要。叉车正以全新的搬运观念日益成为物料搬运工业领域的重要组成部分。

1. 叉车的结构

叉车是仓库装卸搬运机械中应用最广泛的一种,它由自行的轮胎底盘和能垂直升降、前后倾斜的货叉、门架等组成。主要用于仓库内货物的装载搬运,是一种既可做短距离水平运输,又可进行堆拆垛和装卸卡车、铁路平板车的机械,在配备其他各类取物装置以后,还能用于散货和各种规格品种货物的装卸作业。

2. 叉车的特点及用途

叉车与其他搬运机械一样,能够减轻装卸工人繁重的体力劳动,提高装卸效率,缩短车辆停留时间,降低装卸成本。它有以下特点和用途:

(1) 机械化程度高

使用各种自动的取物装置或在货叉与货板配合情况下,可以实现装卸工作的完全机械化,不需要工人的辅助体力劳动。

(2) 机动灵活性好

叉车外形尺寸小,重量轻,能在作业区域内任意调动,适应货物数量及货流方向的改变,可机动地与其他起重运输机械配合工作,提高机械的使用率。

(3) 可以"一机多用"

在配备和使用各种取货装置如货叉、铲斗、臂架、吊杆、货夹、抓取器等的条件下,可以适应各种品种、形状和大小货物的装卸作业。

(4) 能提高仓库容积的利用率

堆码高度一般可达3米,采用高门架叉车可达到5米。

(5) 有利于开展托盘成组运输和集装箱运输

(6) 成本低,投资少,能获得较好的经济效果

3. 各种主要叉车

(1) 平衡重式叉车

这种叉车主要用于车站、工厂、货场等领域,尤其适宜于路面较差,搬运较长的领域。

(2) 前移式叉车

这种叉车主要用在室内仓库,降低直角通道宽和直角堆垛宽,节省通道面积,用于配送中心及工厂厂房内,尤其在运行地域狭小之处宜于选用这种叉车。

(3) 侧面式叉车

在装卸作业时不必再先转弯然后作业,可在窄通道中作业,有利于装搬条形长尺寸货物,叉上长尺寸货物,可节约通道的占地面积,提高仓容率。但这种叉车车体较大,自重也重,司机在进行叉装叉卸作业时不如其他种类的叉车方便。

(4) 拣选式叉车

这种叉车的主要特点是操作者能随装卸装置一起在车上进行拣货作业,拣选式叉车是适应拣选式配货而使用的叉车,在少批量、多品种拣货作业时,这种叉车与高层货架配合,形成一种特定的拣选工艺。在现代物流设施中,随配送中心数量的增加,拣货作业数量增加,这种叉车越来越重要。

(5) 手动式叉车

这种叉车灵活机动,操作方便简单,价格便宜,在小件货物、精品仓库、商店、配送中心中有广泛的应用。

(6) 多方向堆垛叉车

这种叉车在行进方向两侧或一侧作业,货叉能旋转180度,可向前、左、右三个方向做叉货作业。这种类型的叉车适用于多方位叉装叉卸作业的仓库。

4. 叉车属具

叉车属具是叉车的辅助机构,是国际上先进物料搬运机械的重要标志,是一种安装在叉车上以满足各种物料搬运和装卸作业特殊要求的专用机械装置,它使叉车成为具有叉、夹、升、旋转、侧移、推拉或倾翻等多用途、高效能的物料搬运工具。叉车属具大大丰富了叉车的作业性能。

(三) 托盘

托盘是用于集装、堆放、搬运和运输的放置作为单元负荷的货物和制品的水平平台装置。在平台上集装一定数量的单件货物,并按要求捆扎加固,组成一个运输单位,便于运输过程中使用机械进行装卸、搬运和堆存。

1. 托盘的特点

（1）托盘的搬运采用机械操作，减少货物堆码作业次数，从而有利于提高运输效率，缩短货运时间，降低劳动强度。

（2）以托盘为运输单位，货运件数变少，体积重量变大，如果每个托盘所装货物数量相等，既便于点数、理货交接，又可以减少货损货差事故。

（3）投资比较小，收益比较快。

2. 托盘的主要优点

（1）自重量小

托盘用于装卸、运输所消耗的劳动强度较小，无效运输及装卸负荷相对也较小。

（2）返空容易

返空时占用运力很少。由于托盘造价不高，又很容易互相代用，互相以对方托盘抵补。即使返运，也比较容易操作。

（3）装盘容易

采取在托盘表面直接码放的方式，装盘后可采用捆扎、紧包等技术处理，使用时简便。

（4）装载量适宜，组合量较大

（5）节省包装材料，降低包装成本

托盘也有一定的不足，主要体现在：露天存放困难，需要有仓库等设施，托盘本身的回运需要一定的成本支出，托盘本身也占用一定的仓容空间。

3. 托盘的种类

托盘的种类繁多，结构各异，目前国内外常见的托盘主要有：

（1）平板托盘

平板托盘又称平托盘，是托盘中使用量最大的一种，是通用托盘。

（2）立柱式托盘

立柱式托盘在托盘上部的四个角有固定式或可卸式的立柱，有的柱与柱之间有连接的横梁，使柱子成门框型。

（3）箱式托盘

箱式托盘是指在托盘上面带有箱式容器的托盘。

（4）轮式托盘

轮式托盘在柱式、箱式托盘下部装有小型轮子。

（5）特种专用托盘

这类托盘是根据产品特殊要求专门设计制造的托盘，如：平板玻璃托盘、油桶专用托盘、轮胎托盘等。

4. 托盘标准化

托盘标准化是实现托盘联运的前提，也是实现物流机械和设施标准化的基础及产品包装标准化的依据。托盘的标准化有利于加速物流的流程，降低物流的成本。

国际标准化组织（ISO）制定的托盘标准经过 ISO/TC51 托盘标准化技术委员会多次分阶段审议，国际标准化组织已于 2003 年对 ISO6780《联运通用平托盘主要尺寸及公差》标准进行了修订，在原有的 1200 mm×1000 mm，1200 mm×800 mm，1219 mm×1016 mm（即 48 in×40 in），1140 mm×1140 mm 四种规格的基础上，新增了 1100 mm×1100 mm，1067 mm×1067 mm 两种规格，现在的托盘国际标准共有六种。

1996年，我国交通部科研院提出将ISO6780:1988《联运通用平托盘主要尺寸及公差》等效采用为我国托盘的国家标准，原国家技术监督局以GB/T 2934—1996标准系列文号批准并发布了这个等效采用标准，即托盘尺寸标准共4个规格，分别为1200 mm×1000 mm、1200 mm×800 mm、1219 mm×1016 mm以及1140 mm×1140 mm。但是，这个标准并未能完全解决我国联运过程中的托盘规格统一问题，对我国托盘标准的进一步修订问题仍处于研究与探索之中。近年，我国已出现了1100 mm×1100 mm的托盘，这也是一种新趋势。随着国内托盘使用量日渐增加，要求在4个规格的基础上增加托盘标准规格数量的呼声日益增加。

（四）计量设备

仓库的计量设备可分为称量设备和量具两类。

1. 称量设备

仓库常用的称量设备有以下几种：天平、案秤、台秤、地中衡、轨道衡（又称汽车衡）和自动称量装置。

2. 量具

仓库使用的量具一般有普通量具和精密量具。

第四节 自动化立体仓库

一、自动化立体仓库的定义和功能

（一）自动化立体仓库的定义

所谓自动化立体仓库就是采用高层货架存放货物，以巷道式堆垛起重机和出入库周边设备进行作业，由自动控制系统进行操纵的现代化仓库。

（二）自动化立体仓库的功能

自动化立体仓库的功能一般包括自动收货、存货、取货、发货和信息查询等。

1. 收货

收货是指仓库从供应方接受各种产品、材料或半成品，存入仓库的过程。收货时需要站台或场地供运输车辆停靠，需要升降平台作为站台和载货车辆之间的过桥，需要装卸机械完成装卸作业。卸货时需要检查货物的品质和数量以及货物的完好状态，确认完好后方能入库存放。一般的自动化立体仓库从货物卸载经查验进入自动系统的接货设备开始，将信息输入计算机，生成管理信息，由自动控制系统进行货物入库的自动操作。

2. 存货

存货是指自动化系统将货物存放到规定的位置，一般是放在高层货架上。存货之前首先要确定存货的位置。某些情况下可以采取分区固定存放的原则,即按货物的种类、大小和包装形式来实行分区存放。随着移动货架和自动识别技术的发展,已经可以做到随意存放,既能提高仓库的利用率,又可以节约存取时间。

3. 取货

取货是指自动化系统根据需求从库房货架上取出所需货物。取货可以有不同的取货原则,通常采用的是先进先出的原则,即在出库时,先存入的货物先被取出。对某些自动化立体仓库来说,必须能够随时存取任意货位的货物,这种存取货要求搬运设备和地点能频繁更换。

4. 发货

发货是指取出的货物按照严格的要求发往用户。根据服务对象的不同,有的仓库只向单一用户发货,有的则需要向多个用户发货。发货时需要配货,即根据使用要求对货物进行配套供应。

5. 信息处理

信息处理是指能随时查询仓库的有关信息和伴随各种作业产生信息报表单据。在自动化立体仓库中可以随时查询库存信息、作业信息以及其他相关的信息。这种查询可以在仓库范围内进行,有的可以在其他部门或分厂进行。

(三)自动化仓库的分类

(1) 按仓库的建筑形式分:整体式自动化仓库;分离式自动化仓库。

(2) 按仓库高度分:仓库高度在 12 米以上的为高层自动化仓库;仓库高度在 5~12 米之间的为中层自动化仓库;仓库在 5 米以下的为低层自动化仓库。一般高度在 5 米以上,称为"立体"仓库。

(3) 按仓库容量分:托盘数量在 2000 个以下的仓库,为小型自动化仓库;托盘数量在 2000~5000 个之间的仓库,为中型自动化仓库;托盘数量在 5000 个以上的仓库,为大型自动化仓库。

(4) 按控制方法分:手动控制的自动化仓库;电子计算机控制的自动化仓库。

(5) 按货架形式分:固定货架式自动化仓库;重力货架式自动化仓库。重力式货架是借助重力作用,使货物自动从一端进,另一端出。

三、自动化立体仓库的组成

自动化立体仓库由仓库建筑物、高层货架、巷道式堆垛机、周边设备和控制系统等组成。

(一)高层货架及仓库建筑

自动化立体仓库从总体结构上看,可分为整体式和分离式两种形式。整体式是指仓库建筑与高层货架互相连接,形成一个不可分开的整体。其货架结构既是存放货物的支架,又是仓库的立柱和仓库侧壁的支撑,仓库的墙壁和屋顶都固定在高层货架上。分离式是指仓库建筑与高层货架是相互分离的,货架安装在仓库建筑物之内。但无论哪种形式,高层货架都是主体结构。

（二）巷道式堆垛起重机及周边设备

巷道式堆垛起重机，简称堆垛机，是自动化立体仓库中的主要堆垛和搬运设备。它主要由立柱、载货台、货叉、运行机构、卷扬机构和控制机构等组成。到目前为止，巷道式堆垛机已经有了很大的改进。为了提高作业能力和作业效率，其运行起升、货叉速度都有明显提高；改善了调速技术，提高了停准精度；自动控制技术和保护措施日趋完备。

自动化立体仓库的周边设备，主要有液压升降平台、辊式输送机、台车、叉车等。这些设备与堆垛机互相配套，互相衔接，构成一个完整的装卸搬运系统，完成物资的进出库作业。

（三）自动控制系统

自动控制系统是自动化立体仓库的"指挥部"和"神经中枢"。它控制堆垛机和各种周边设备的运行，自动完成货物的存入与拣出。自动化立体仓库中的自动控制系统主要指检测装置、信息识别装置、控制装置、通信设备、监控调度设备、计算机管理设备以及大屏幕显示器和图像监视等设备。

四、自动化立体仓库的优缺点

自动化立体仓库与一般仓库相比较，有优点也有缺点。

（一）自动化立体仓库的主要优点

（1）采用高层货架，立体储存，能有效地利用空间，减少占地面积，降低土地购置费用

自动化立体仓库的高层货架能合理地使用空间，使单位土地面积存放货物的数量得到提高。在相同的土地面积上，自动化立体仓库比普通仓库储存能力高达几倍，甚至十几倍。这样在相同储存量的情况下，自动化仓库节约了大量土地。

（2）仓库作业全部实现机械化和自动化，能大大节省人力，实现"无人化仓库"，减少劳动力费用支出

由于自动化立体仓库采用了电子计算机等先进的控制手段，采用高效率的巷道堆垛起重机，使仓库的生产效益得到了较大的提高，往往一个很大的仓库只需要几个工作人员，节省了大量劳动力。同时，改善了工作条件，减轻了劳动强度。

（3）自动化立体仓库出入库作业迅速、准确、缩短了作业时间，减少了收发差错，提高作业效率

现代化的商品流通要求快速、准确。自动化立体仓库由于采用了先进的控制手段和机械作业，采用最快的速度，最短的距离送取货物，使商品出入库的时间大大地缩短。同时，仓库作业准确率高，仓库与供货单位、用户能够有机地协调，这有利于缩短商品流通时间。

（4）自动化立体仓库有利于商品的保管

在自动化仓库中，存放的商品多、数量大，品种多样。由于采用货架—托盘系统，商品在托盘或货箱中，使搬运作业安全可靠，避免了商品包装破损、散包等现象。自动化立体仓库有很好的密封性能，为调节库内温度，搞好商品的保管养护提供了良好的条件。在自动化立体仓库中配备报警装置和排水系统，仓库可以预防和及时扑灭火灾。采用托盘式货箱储存货物，货物的破损率显著降低；库内容易进行温度湿度控制，有利于物资的保管。

(5) 提高仓库的管理水平

货位集中,便于控制与管理,特别是利用计算机,不但能实现全部作业过程的自动控制,而且能进行信息处理,实现库存物品的"先进先出",并有利于防止货物和物料的丢失和损坏。由于电子计算机控制的自动化立体仓库结束了普通繁杂的台账手工管理办法,使仓库的账目管理以及大量资料数据通过计算机储存,随用随调,既准确无误,又便于情报分析。从库存量上,自动化立体仓库可以将库存量控制在最经济的水平上,在完成相同的商品周转量的情况下,自动化立体仓库的库存量可以达到最小。

(二) 自动化立体仓库的缺点

自动化立体仓库具有一般普通仓库不可比拟的优点。但是要建立和使用自动化立体仓库需要具备一定的条件。

(1) 结构复杂,配套设备多,需要大量的基建和设备投资

建造一座自动化仓库一次性投资大,自动化仓库的建设不仅要消耗大量的钢材和其他材料,而且设备费用也高。因此,要建造自动化仓库必须慎重考虑资金情况,以及材料、设备的供应情况。

(2) 高层货架要使用大量的钢材,货架安装精度要求高,施工比较困难,且施工周期长

自动化立体仓库的建设比普通仓库的设计和建造特殊一些,因为使用高层货架,仓库的地坪承载能力要比普通仓库大好几倍。要建造具有相当承压的地坪,就必须考虑建库地址的地质状况。自动化立体仓库进行自动作业,巷道堆垛起重机自动从货架中送取货箱和托盘,对货架的规格尺寸有严格的要求,以保证作业的吻合。巷道堆垛起重机前进与后退,上升与下降,水平和垂直偏差要求非常严格。从被存放的货物本身看,则要求外部规格形状不能变化很大。所有这些特殊要求,在设计时就必须充分考虑到,否则就不能保证仓库作业的正常进行。

(3) 控制系统一旦发生故障,整个仓库将处于瘫痪状态,收发作业就会中断

商品出入库要频繁和均衡。自动化立体仓库具有作业迅速、准确的特点,一般出入库频繁的商品使用自动化仓库较合适,否则自动化的上述特点便不能得到充分的体现。自动化立体仓库要求均衡的作业,出入库频率不可忽高忽低。否则仓库作业停顿的时间过长或时松时紧都不利于自动化立体仓库发挥应有的效用。应当看到,影响仓库作业频率和均衡程度的因素不在仓库本身,主要是存货、供货和用货部门的支配。因此,建立和使用自动化立体仓库时应有充分的准备。

(4) 储存货物的品种受到一定限制,对长大笨重货物必须单独设立储存系统

(5) 对仓库管理和技术人员的素质要求较高,必须经过专门培训方能胜任

自动化立体仓库需要一支专业技术队伍。自动化立体仓库是一项仓储技术,从建库到使用都需要一支专业队伍。自动化立体仓库的设计、材料、资金的预算,以及对投产后经济活动的分析预测等,大量基础工作必须在建库前完成。从计算机的安装,仓库作业程序的编制、调试和运转以及出现故障后的排除,都要求懂计算机的专门人员。其他,如机械设备的管理维修等也需要懂技术的人才。

五、虚拟仓库

(一) 虚拟仓库的定义与表现形式

1. 虚拟仓库的定义

虚拟仓库是指建立在计算机和网络通信技术基础上,进行物品储存、保管和远程控制的物流设施。虚拟仓库可实现不同状态、空间、时间、货主的有效调度和统一管理。虚拟仓库更多的是作为一种仓库管理的运作理念而提出来的。

虚拟仓库作为一种仓库管理运作的新理念,充分利用现代信息技术和网络技术,以实体产品的管理向信息管理转变,并辅之以现代准时化配送等技术,可以达到与传统仓库一样保证生产与消费供给的目的,突破了传统意义上仓库地域的限制,而且能够为企业的仓库管理与库存量维持节省大量的资金。

2. 虚拟仓库的表现形式

大部分的仓储系统都倾向于将存货放置在同一个地理位置,一般公司都只设置一个或少数几个仓库来存放货物,希望仓库的数量愈少愈好以方便管理。这样的仓储系统有存货的信息较容易取得及较容易做存货的管理及控制两个主要的优势。然而,在信息系统技术以及互联网快速发展的环境下,通过互联网的运用,可实时获得远处仓储中的库存信息,犹如获取当地仓储中的库存信息那样容易,就算是存货分散于各地,公司也可以有效控制。

在虚拟仓库的架构下,存货实际上是分散在各个地方甚至不在自己的公司库里,但为有效管理,逻辑上却是集合在一起,随时可以运用或是做实时控管。广义来说,虚拟仓库中的存货包括五大部分的存货:供货商存货、生产过程制造存货、在途运输存货及本身公司的库存,甚至尚未生产,只是计划生产的存货也是虚拟仓库中的存货。

(二) 虚拟仓库的作用

虚拟仓库的作用表现在以下几个方面:
① 弹性的实体仓库规模;② 较大的逻辑仓储容量;③ 储存较多存货种类;④ 邻近客户需求;⑤ 提升供应链效率,降低存货成本;⑥ 降低风险。

(三) 虚拟仓库的运作要点

建立一个完整虚拟仓库系统,必须要有跨组织间的合作,如建立在本公司和供货商之间。因此,在各组织都期望将自身的利益最大化的前提下,如何避免公司之间的利益冲突,以维持虚拟仓库的运作,并发挥其具有的最大效能,需要把握以下要点:

1. 互信关系

公司的生产信息以及产品库存量一直和本身策略有关,也是公司致力保护的要件。然而,为了要将供货商生产计划和库存量透明化,来降低买卖双方整体库存量,双方必须要有良好的合作关系,建立在互信的层次上,才能发展虚拟仓库的效能。

2. 信息正确性

百家争鸣的全球化市场,信息的更新必须要有效率,在虚拟仓库上存货的数量以及种类信息也是同样重要的,一旦信息稍有错误,将会造成双方相当地损失,失之毫厘,差之千里。

3. 价格协议

因为物料的价格是一直在变动,双方必须定义各个物料在不同时间的价格,当要从供货商取得存货时,必须要由物料的价格及数量,计算出该批存货的价格。

思考与练习

1. 论述储存的作用。
2. 简述仓库的定义、功能及种类。
3. 简要说明自动化立体仓库的优缺点。
4. 论述虚拟仓库存在的作用和意义。

第七章 流通加工

 学习目标

通过本章学习,你应该能够:
➢ 明确流通加工的概念及其与一般生产加工的区别;
➢ 明确流通加工在物流活动中的地位和作用;
➢ 熟悉流通加工的类型和方式;
➢ 掌握流通加工合理化的措施。

引入案例　时装 RSD 服务

> RSD 服务是时装的接受、分类和配送服务。RSD 是 TNT 澳大利亚公司下属的一家分公司开展的物流服务业务。它可以为顾客提供从任何地方来,到任何地方去的时装流通加工、运输、分送的服务。
>
> 时装 RSD 运输服务是建立在时装仓库的基础上的。时装仓库最大的特点是,具有悬挂时装的多层仓库导轨系统。一般有 2～3 层导轨悬挂的时装,可以直接传输到运送时装的集装箱中,形成时装取货、分类、库存、分送的仓储、流通加工、配送等的集成系统。在这个基础上,无论是平装还是悬挂的时装,都可以最优越的时装运输条件,进行"门到门"的运输服务。在先进的时装运输服务基础上,公司开展 RSD 服务项目,其实质是一种流通加工业务。RSD 服务满足了时装制造厂家、进口商、代理商或零售商的需要,依据顾客及市场的情况对时装的取货、分类、分送(供销)全部过程负责。
>
> 时装 RSD 服务可以完成制衣过程的质量检验等工作,并在时装仓库中完成进入市场前的一切准备工作。① 取货:直接到制衣厂上门取时装。② 分类:根据时装颜色、式样进行分类。③ 检查:检查时装颜色、脱线等质量问题。④ 装袋:贴标签后装袋、装箱。⑤ 配送:按销售计划,直接送达经销商或用户。⑥ 信息服务与管理:提供相应的时装信息服务和计算机化管理。许多属于生产过程的工作程序和作业,可以在仓储过程中完成,这是运输业务的前向和后向延伸,是社会化分工协作的又一具体体现。这样,服装生产厂家,可以用最小的空间(生产场地)、最少的时间、最低的成本来实现自己的销售计划,物流企业也有了相对稳定的业务量。

物流加工是发生在流通领域的生产活动,也即流通加工。在一些仓库、物流中心、配送中心经营中都大量存在着流通加工业务,这一活动在日本、美国等一些物流发达国家则更为普遍。流通加工业务可以增加运输、仓储、配送等活动对象的附加价值,同时也提高了物流活动本身的价值,使用户获得价值增值。随着用户需求的多样化、个性化和高级化,流通加工已成为物流功能体系中不可缺少的组成部分。

第一节 流通加工概述

流通加工是为了提高物流速度和物品的利用率,在物品进入流通领域后,按客户的要求进行的加工活动。世界上许多国家和地区的物流中心或仓库经营中都大量存在着物资流通加工业务。流通加工活动是一项具有广阔前景的经营形式,它必将为流通领域带来巨大的社会效益。

一、流通加工的定义

（一）流通加工的定义

按照我国的物流术语国家标准,流通加工（Distribution Processing）是指:"物品在从生产地到使用地的过程中,根据需要施加包装、分割、计量、分拣、刷标志、拴标签、组装、价格贴付、商品检验等一系列简单作业的总称。"该定义摘自《中华人民共和国国家标准物流术语》（GB/T 18354－2001）。流通加工又称流通过程中的辅助加工活动,即在物品从生产者向消费者流动的过程中,为了促进销售,保证产品质量,实现物流的高效率所采取的使物品发生物理和化学变化的功能。

流通加工内容包括装袋、定量化小包装、挂牌子、贴标签、配货、挑选、混装、刷标志、剪断、打孔、折弯、拉拔、挑扣、组装、配套以及混凝土搅拌等。

在流通过程中辅助性的加工活动称为流通加工。流通与加工的概念本属于不同范畴。加工是改变物质的形状或性质,是形成一定产品的活动。流通则是改变物质的空间与时间的状态。流通加工则是为了弥补生产过程加工不足,更有效地满足用户或本企业的需要,使产需双方更好地衔接,将这些加工活动放在物流过程中完成。流通加工是物流过程中一个比较特殊的环节,它具有一定的生产性质,同时它将生产及消费（或再生产）联系起来,起到桥梁和纽带作用,完成商品所有权和实物形态的转移。而作为物流的一个组成部分,流通加工是生产加工在流通领域中的延伸,也可以看成流通领域为了更好地服务,在职能方面的扩大。对流通加工的属性目前尚有不同的看法。但是它既属于加工范畴,也属于物流活动,这一点是可以承认的。

流通加工和流通总体一样起"桥梁和纽带"作用。但是,它不是通过"保护"流通对象的原有形态而实现这一作用的,它是和生产一样,通过改变或完善流通对象的原有形态来实现"桥梁和纽带"作用的。随着经济增长,国民收入增多,消费者的需求出现多样化,促使在流通领域开展流通加工。目前,在世界许多国家和地区的物流中心或仓库经营中都大量存在流通加工业务,美国等物流发达国家则更为普遍。

（二）流通加工与其他流通环节的差别

流通加工与其他流通环节存在明显差别。

(1) 流通加工与商流的采购、销售相比具有明显的生产特征。

(2) 流通加工与物流的包装、储存、运输等环节相比,它改变着流通客体的物理形态,甚至化学性能。

(3) 流通加工的目的和结果是以消费者为导向的,它比其他物流功能更接近消费领域和生产企业,这在生产与消费之间个性化的矛盾日益突出的今天意义尤其突出。

(4) 流通加工的不断发展和在不同领域的深化,引发和催化了"流通加工产业"的形成。

二、流通加工产生的原因与目的

（一）流通加工产生的原因

1. 流通加工是社会化分工的产物

流通加工本来属于生产领域,我国至今尚未改变这种状况,但在国外经济发达的国家,早已把流通加工从生产领域中剥离出来,作为社会化分工的产物而备受推崇。因为企业为了增强核心竞争力,将非核心业务分离出去以便发挥自己最"拿手"、最擅长、最有优势的生产技能,精简机构,消除臃肿,减轻负担,集中人力、物力和财力,专注于本"行当"中最精华的部分,才能最大限度地创造企业的附加价值。在消费者对产品质量、功能、款式、便利性等标准要求越来越复杂化的当今时代,企业不得不只专注于本"行当",无暇顾及辅助性生产和加工活动。

2. 流通加工弥补生产加工的不足

流通加工是社会化分工的产物,它是把分散的用户需求集中起来,使零星的作业集约化,作为广大终端用户的汇集点发挥作用。生产者几乎无法直接满足用户的要求,也达不到服务标准,只有利用流通加工业者来弥补。

3. 方便了用户,提高用户服务水平

由于流通加工属于深加工性质,直接面对终端用户,综合多家需求,集中下料,合理套裁,充分利用边角余料,减少废钢、角铁、碎块的浪费,做到最大限度的"物尽其用",节约大量原材料,方便了用户。节约材料是流通加工十分重要的特点之一。

4. 流通加工为流通部门增加了收益

生产商品的目的是创造价值,流通加工是在此基础上完善商品的价值,创造商品的附加价值。集中、大批量的生产与分散、小批量的消费者之间,存在着一定空间,形成规模化大生产与千家万户之间的场所价值和时间价值的空白,使商品的存在价值和使用价值需要通过流通加工来实现。流通加工在生产者和消费者之间,起着承上启下的作用。

5. 流通加工为配送创造了条件,是物流配送的组成部分

流通加工一般都在干线运输和支线运输的结点进行,这样能使大量运输合理分散,有效地缓解长距离、大批量、少品种的物流与短距离、小批量、多品种物流的矛盾,实现物流的合理流向和物流网络的最佳配置,从而避免了不合理的重复、交叉、迂回运输,大幅度节约运输、装卸搬运和保管等费用,降低物流总成本。

（二）流通加工的目的

流通加工的最根本的目的是市场销售。其中,与之相联系的运输方式、储存手段、配送形式等只能看作为流通加工的多样化目的。

(1) 适应多样化的顾客需求,促进商品的销售

(2) 在食品方面,可以通过流通加工来保持并提高其机能保证新鲜

(3) 提高商品的附加值

生产商品的目的是创造价值,流通加工是在此基础上完善商品的价值,增加商品的价值。为了综合利用,在流通前将货物分解,按分类处理。如将猪肉和牛肉等在食品中心进行加工,将肉、骨分离。其中肉只占65%左右,向零售店输送时就能大大提高输送效率;骨头则送往饲料加工厂,制成骨粉加以利用。

(4) 可以规避风险,使商品跟得上市场需求的变化

由于用户需要的多样性,必须在流通部门按照顾客的要求进行加工,如平板玻璃以及铁丝等,在商店根据顾客所需要的尺寸临时配制。

(5) 推进物流系统化,提高物流效率,降低物流成本

流通加工是为了运输方便。如铝制门窗框架、自行车、缝纫机等,若在制造厂装配成完整的产品,在运输时将耗费很高的运输费用。一般是把它们的零部件(如铝制门窗框架的杆材、自行车车架和车轮)分别集中捆扎或装箱,到达销售地点或使用地点后再分别组装成成品。这样运输方便而且经济,作为加工活动的组装环节是在流通过程中完成的。

三、流通加工的经济效益

流通加工的经济效益可以表述为流通加工的劳动投入与效益产出的对比关系。在具体的加工部门可表现为流通加工的数量和实现的价值与劳动消耗和劳动占用的对比关系。

(一) 流通加工的直接经济效益

(1) 流通加工劳动生产率高,可提高原材料和设备的利用率。

在分散加工的情况下,加工设备由于生产周期和生产节奏的限制,设备利用时松时紧,使得加工过程不均衡,设备加工能力不能得到充分发挥。而流通加工面向全社会,加工数量大,加工范围广,加工任务多。这样可以通过建立集中加工点,采用一些效率高、技术先进、加工量大的专门机具和设备,一方面提高了加工效率和加工质量,另一方面还提高了设备利用率。

(2) 流通加工可以提高被加工产品的质量。

改变商品品质,提高收益。如在食品方面,可以通过流通加工来保持并提高其保存机能,并方便用户购买和使用。

(二) 流通加工的间接经济效益

(1) 流通加工能为许多生产者缩短生产的时间,使他们可以腾出更多的时间来进行创造性的生产,为社会提供更多的物质财富。

(2) 流通加工部门可以用表现为一定数量货币的加工设备为更多的生产或消费部门服务。这样可以相对地减少全社会的加工费用支出。

(3) 流通加工能对生产的分工和专业化起中介作用。它可以使生产部门按更大的规模进行生产,有助于生产部门劳动生产率的提高。

(4) 流通加工可以在加工活动中更为集中、有效地使用人力、物力,比生产企业加工更

能提高加工的经济效益。

（5）流通加工为流通企业增加了收益，体现了物流的"第三利润源泉"。流通部门为了获得更多的利润，流通加工是一项创造价值的理想选择。对加工企业而言，采用相对简单，投入相对较少的流通加工，可以获得较为理想的经济效益；对社会而言，流通企业获利的同时社会效益也会提高。

第二节 流通加工的地位和作用

一、流通加工在物流中的地位

商流是物流的前提，物流是商流的保证。在商流与物流的联系中，流通加工表现得最为直接（除不经任何加工即可消费的产品外）。流通加工的最根本的目的是市场销售，与之相联系的运输方式、储存手段、配送形式等只能看作为流通加工多样化目的。

流通加工在社会再生产中处于生产和消费之间，与其他流通环节共同构成了生产和消费的桥梁和纽带。通过改变或完善流通对象的形态来实现"桥梁和纽带"作用。但是以其自身所具有的生产特征和特殊地位，与其他流通环节存在明显差别。

二、流通加工在物流中的作用

在物品从生产领域向消费领域流动的过程中，流通加工主要的作用是为了促进销售、维护产品质量和提高物流效率。

（一）流通加工在国民经济中也是重要的产业形态

流通加工本来属于生产领域，我国至今未改变这种状况。但在国外经济发达的国家，早已把流通加工从生产领域剥离出来，作为社会分工的产物而备受推崇。

（二）能改变功能，促进销售，提高收益

对于用量小或临时产生需要的单位，因缺乏进行高效率初级加工的能力，依靠流通加工便可使这些使用单位省去进行初级加工的投资、设备及人力，从而搞活供应，方便用户。目前发展较快的初级加工有：将水泥加工成生混凝土、将原木或板方材加工成门窗、冷拉钢筋及冲制异型零件、钢板预处理、整形、打孔等加工。流通加工可以实现增值物流服务，使物流系统可以成为"利润中心"。

（三）能提高原材料和加工设备的利用

1. 提高原材料利用率

利用流通加工将生产厂直接运来的简单规格产品，按照使用部门的要求进行集中下料。

例如将钢板进行剪板、切裁；钢筋或圆钢裁制成毛坯；木材加工成各种长度及大小的板、方等等。集中下料可以优材优用、小材大用、合理套裁，有很好的技术经济效果。例如北京、济南、丹东等城市对平板玻璃进行流通加工（集中裁制、开片供应），使玻璃的利用率从60%提高到85%~95%。

2. 提高加工效率及设备利用率

物流企业建立集中加工点后，有效率高、技术先进、加工量大的专门机具和设备，开展流通加工业务面向社会，加工业务量大，加工范围广，加工任务多，可提高加工效率及设备利用率。

（四）能提高物流效率，降低物流成本，促进物流合理化

废品收购站通过对废纸和钢材的压缩打包，可以提高车辆装载量，充分使用车辆的容积，达到提高物流效率，降低物流成本，促进物流合理化的目的。

三、流通加工和生产加工的区别

在加工方法、加工组织、生产管理方面并无显著区别，但在加工对象、加工程度方面差别较大。

（一）加工对象不同

从加工对象看，流通加工的对象是进入流通过程的商品，具有商品的属性，以此来区别多环节生产加工中的一环。流通加工的对象是商品，而生产加工的对象不是最终产品，而是原材料、零配件或半成品。

（二）加工复杂程度不同

从加工程度看，流通加工大多是简单加工，而不是复杂加工，一般来讲，如果必须进行复杂加工才能形成人们所需的商品，那么，这种复杂加工应该专设生产加工过程。生产过程理应完成大部分加工活动，流通加工则是对生产加工的一种辅助和补充。特别需要指出的是，流通加工绝不是对生产加工的取消或代替。

（三）价值观点不同

从价值观点看，生产加工的目的在于创造价值及使用价值，而流通加工的目的则在于完善其使用价值，并在不做大的改变的情况下提高价值。

（四）加工主体不同

从加工责任人看，流通加工的组织者是从事流通工作的人员，能密切结合流通的需要进行加工活动。从加工单位来看，流通加工由商业或物资流通企业完成，而生产加工则由生产企业完成。

（五）加工目的不同

从加工目的看，商品生产是为交换、为消费而进行的生产，而流通加工的一个重要目的

是为了消费(或再生产)所进行的加工,这一点与商品生产有共同之处。但是流通加工有时候也是以自身流通为目的,纯粹是为流通创造条件,这种为流通所进行的加工与直接为消费进行的加工在目的上是有所区别的,这也是流通加工不同于一般生产加工的特殊之处。

流通加工与生产加工的区别如表 7.1 所示。

表 7.1 流通加工与生产加工的区别

比较项目	流通加工	生产加工
加工对象	最终产品——商品	原材料、零配件、半成品
加工复杂程度	简单加工,补充与完善	主加工,一般是复杂加工
价值观点	完善使用价值,提高价值	创造价值及使用价值
加工主体	商业或物资流通企业	生产企业
加工目的	为流通、为消费	为交换、为消费

第三节 流通加工的类型和方式

一、流通加工的类型

(一) 为弥补生产领域加工不足所进行的深加工

有许多产品在生产领域的加工只能到一定程度,这是由于存在许多限制因素,在生产领域不能完成终极的加工。例如:钢铁厂的大规模生产只能按标准规定的规格生产,以使产品有较强的通用性,使生产能有较高的效率和效益。木材如果在产地完成成材加工或制成木制品的话,就会造成运输的极大困难,所以原生产领域只能加工到圆木、板、方材这个程度,进一步的下料、切裁、处理等加工则由流通加工完成。这种流通加工实际是生产的延续,是生产加工的深化,对弥补生产领域加工不足有重要意义。

(二) 为满足需求多样化所进行的加工

从需求角度看,需求存在着多样化和变化两个特点,为满足这种要求,经常是用户自己设置加工环节,例如,生产消费型用户的再生产往往从原材料初级处理开始。

就用户来讲,现代生产的要求,是生产型用户能尽量减少流程,尽量集中力量从事较复杂的技术性较强的劳动,而不愿意将大量初级加工包揽下来。这种初级加工带有服务性,由流通加工来完成,生产型用户便可以缩短自己的生产流程,使生产技术密集程度提高。对一般消费者而言,则可省去繁琐的预处置工作,而集中精力从事较高级能直接满足需求的劳动。而生产部门为了实现高效率、大批量生产,其产品往往不能完全满足客户所需的要求。为了满足客户对产品多样化的需要,同时又保证社会高效率的大生产,将生产出来的单调产品进行多样化的改制加工是流通加工中重要价值的一种加工形式。例如：对钢材卷板的舒展、剪切加工；平板玻璃按需要规格的开片加工；木材改制成枕木、方材、板材等加工。

（三）为保护产品所进行的加工

在物流过程中，直到用户投入使用前都存在对产品的保护问题。防止产品在运输、储存、装卸、搬运、包装等过程中遭受损失，使使用价值能顺利实现。主要采取稳固、改装、冷冻、保鲜、涂油等方式。

（四）为提高物流效率、方便物流所进行的加工

有一些产品本身的形态使之难以进行物流操作，如：鲜鱼的装卸、储存操作困难；过大设备搬运、装卸困难，气体运输、装卸困难等。进行流通加工，可以使物流各环节易于操作，如：鲜鱼冷冻、过大设备解体、气体液化等。这种加工往往改变"物"的物理状态，但并不改变其化学特性，并最终仍能恢复物理状态。

（五）为促进销售的流通加工

流通加工可以从几个方面起到促进销售的作用。如将过大包装或散装物（这是提高物流效率所要求的）分装成适合一次销售的小包装的分装加工；将原以保护产品为主的运输包装改换成以促进销售为主的装潢性包装，以起到吸引消费者、指导消费的作用；将零配件组装成用具、车辆以便直接销售；将蔬菜、肉类洗净切块以满足消费者要求等等。这种流通加工可能是不改变"物"的本体，只进行简单改装的加工，也有许多是组装、分块等深加工。

（六）为提高加工效率的流通加工

许多生产企业的初级加工由于数量有限加工效率不高，也难以投入先进科学技术。流通加工以集中加工形式，解决了单个企业加工效率不高的弊病。以一家流通加工企业代替了几个生产企业的初级加工工序，促使生产水平有一个发展。

（七）为提高原材料利用率的流通加工

流通加工利用其综合性强、用户多的特点，可以采用合理规划、合理套裁、集中开木下料的办法，提高原材料利用率，减少损失浪费。

（八）衔接不同运输方式使物流合理化的流通加工

在干线运输及支线运输的结点设置流通加工环节，可以有效解决大批量、低成本、长距离干线运输与多品种、少批量、多批次末端运输和集货运输之间的衔接问题。在流通加工点与大生产企业间形成大批量、定点运输的渠道，又以流通加工中心为核心，组织对多用户的配送。也可在流通加工点将运输包装转换为销售包装，从而有效衔接不同目的的运输方式。

（九）以提高经济效益、追求企业利润为目的的流通加工

流通加工的一系列优点可以形成一种"利润中心"的经营形态，这种类型的流通加工是经营的一环，在满足生产和消费要求基础上取得利润，同时在市场和利润引导下使流通加工在各个领域中能有效地发展。

(十) 生产—流通一体化的流通加工

依靠生产企业与流通企业的联合，或者生产企业涉足流通，或者流通企业涉足生产，形成的对生产与流通加工进行合理分工、合理规划、合理组织，统筹进行生产与流通加工的安排，这就是生产—流通一体化的流通加工形式。这种形式可以促成产品结构及产业结构的调整，充分发挥企业集团的经济技术优势，是目前流通加工领域的新形式。

二、各种产品的流通加工的形式

(一) 水泥熟料输送至使用地磨制水泥

在需要长途调入水泥的地区，变调入成品水泥为调进熟料这种半成品，在该地区的流通加工据点（粉碎工厂）粉碎，并根据当地资源和需要掺入混合材料及外加剂，制成不同品种及标号的水泥，供应当地用户，这是水泥流通加工的重要形式之一。

(二) 集中搅拌供应商品混凝土

将粉状水泥输送到使用地区的流通加工据点（集中搅拌混凝土工厂或称生混凝土工厂），在那里搅拌成生混凝土，然后供给各个工地或小型构件厂使用。这是水泥流通加工的另一种重要方式。

国内现也建设了大量水泥流通服务中心，在这里将水泥、沙石、水以及添加剂按比例进行初步搅拌，然后装进水泥搅拌车，事先计算好时间，卡车一边行走，一边搅拌，到达工地后，搅拌均匀的混凝土直接进行浇注。水泥搅拌车如图 7.1 所示。

图 7.1 水泥搅拌车

（三）钢板剪板及下料加工

剪板加工是在固定地点设置剪板机，下料加工是设置各种切割设备，将大规格钢板剪裁为小规格的，或切裁成毛坯，便利用户。

汽车、冰箱、冰柜、洗衣机等生产制造企业每天需要大量的钢板，除了大型汽车制造企业外，一般规模的生产企业如若自己单独剪切，难以解决因用料高峰和低谷的差异引起的设备忙闲不均和人员浪费问题，如果委托专业钢板剪切加工企业，则可以解决这个矛盾。专业钢板剪切加工企业能够利用专业剪切设备，按照用户设计的规格尺寸和形状进行套裁加工，精度高、速度快、废料少、成本低；专业钢板剪切加工企业在国外数量很多，大部分由流通企业经营。这种流通加工企业不仅提供剪切加工服务，还出售加工原材料和加工后的成品以及配送服务。采用委托加工方式，用户省心、省力、省钱。

（四）木材的流通加工

1. 磨制木屑压缩输送

从林区外送的原木中，有相当一部分是造纸材料，采取在林木生产地就地将原木磨成木屑，然后采取压缩方法，使之成为容量较大、容易装运的形状，然后运至靠近消费地的造纸厂。

2. 集中开木下料

在流通加工点将原木锯裁成各种规格板，甚至还可进行打眼、凿孔等初级加工。

木材的流通加工一般有两种情况，一种是树木在生长地被伐倒后，消费不在当地，不可能连枝带杈地运输到外地，先在原处去掉树杈和树枝，将原木运走，剩下来的树杈、树枝、碎木、碎屑，掺入其他材料，在当地木材加工厂进行流通加工，做成复合木板。也有将树木在产地磨成木屑，采取压缩方法加大容重后运往外地造纸厂造纸；另一种情况是在消费地建木材加工厂，将原木加工成板材，或按用户需要加工成各种形状的材料，供给家具厂、木器厂。木材进行集中流通加工、综合利用，出材率可提高到72%，原木利用率达到95%，经济效益相当可观。

（五）煤炭及其他燃料的流通加工（配煤加工）

煤炭的流通加工例子很多，如去除矸石、煤浆加工、配煤加工、天然气液化。

1. 除矸加工

在运力十分紧张的地区，要求充分利用运力，多运"纯物质"，少运矸石，在这种情况下，可以采用除矸的流通加工排除矸石。把采掘出来的杂煤，除去矸石，能增强煤炭的纯度，把混在煤炭里的垃圾、木片等杂物彻底拣除，可避免商业索赔的发生。

2. 为管道输送煤浆进行的加工

在流通的起始环节将煤炭磨成细粉，再用水调和成浆状，使之具备了流动性，可以像其他液体一样进行管道输送。

3. 配煤加工

在使用地区设置集中加工点，将各种煤及一些其他发热物质，按不同配方进行掺配加工，生产出各种不同发热量的燃料。

4. 天然气、石油气的液化加工

在产出地将天然气或石油气压缩到临界压力之上，使之由气体变成液体，可以用容器装运，使用时机动性也较强。将煤粉加工成取暖用的蜂窝煤供应居民也是一种流通加工。

（六）平板玻璃的流通加工

平板玻璃的运输货损率较高，玻璃运输的难度比较大。在消费比较集中的地区建玻璃流通加工中心，按照用户的需要对平板玻璃进行套裁和开片，可使玻璃的利用率从62%~65%，提高到90%以上。大大降低了玻璃破损率，增加了玻璃的附加价值。如集中套裁、开片供应。这种方式是在城镇中设立若干个玻璃套裁中心，按用户提供的图纸，统一开片，供应用户成品。在此基础上，可以逐渐形成从工厂到套裁中心的稳定的、高效率、大规模的平板玻璃"干线运输"，以及从套裁中心到用户的小批量、多户头的"二次输送"的现代物流模式。

（七）生鲜食品的流通加工

1. 冷冻加工

为解决鲜肉、鲜鱼在流通中保鲜及搬运装卸的问题，采取低温冻结方式进行加工。深海打渔船出海，有时一个月回来一次，这期间从海中打捞上来的鱼、虾等海产品，在船上开膛、去尾、剔骨，然后冷冻保存，不仅节省轮船舱容，增加保管能力，而且能保鲜存放。

2. 分选加工

农副产品离散情况加大，为获得一定规格的产品，采取人工或机械分选的方式加工。随着人们生活水平的提高，水产品、肉蛋类，乃至蔬菜都趋向从产地到消费地的一贯制冷冻、冷藏状态的包装、运输和保管。

3. 精制加工

农、牧、副、渔等产品，精制加工是在产地或销售地设置加工点，去除无用部分，甚至可以进行切分、洗净、分装等加工。牛肉、猪肉、鸡肉等肉类食品，在屠宰厂进行分割、去骨，冷冻运输和保管。

4. 分装加工

许多生鲜食品零售起点量较小，而为保证高效输送，出厂包装可能较大，也有一些是采用集装运输方式运达销售地区；这样，为了便于销售，在销售地区按所要求的零售起点量进行新的包装，即大包装改小、散装改小包装、运输包装改为销售包装。

只要我们留意超市里的货柜，便不难明白，那里摆放的各类洗净的蔬菜、水果、肉末、鸡翅、香肠、咸菜等无一不是流通加工的产物。这些商品在摆进货柜之前，已经由许多人进行了加工作业，包括分类、清洗、贴商标和条形码、包装、装袋等多种作业工序。这些流通加工都不在产地，而且已经脱离了生产领域，进入了流通领域。这种加工形式，节约了运输等物流成本，保护了商品质量，增加了商品的附加价值。

(八) 机械产品及零配件的流通加工

1. 组装加工

自行车及机电设备,为解决储运问题,降低储运费用,以半成品(部件)高容量包装出厂,在消费地拆箱组装。组装一般由流通部门进行,组装之后随即进行销售。自行车和助力车整车运输、保管和包装,费用多、难度大、装载率低,但这类产品装配简单,不必进行精密调试和检测,所以,可以将同类部件装箱,批量运输和存放,在商店出售前再组装。这样做可大大提高运载率,有效地衔接批量生产和分散消费。这是一种只改变商品状态,不改变商品功能和性质的流通加工形式。

2. 石棉橡胶板的开张成型加工

按用户所需垫塞物体尺寸裁制,不但方便用户使用及储运,而且可以安排套裁,提高利用率,减少边角余料损失,降低成本。

(九) 服装、书籍流通加工

这里的服装流通加工,主要指的不是材料的套裁和批量缝制,而是在批发商的仓库或配送中心进行缝商标、拴价签、改换包装等简单的加工作业。近年来,因消费者要求的苛刻化,退货大量增加,从商场退回来的衣服,一般在仓库或配送中心重新分类、整理、改换价签和包装。国外书籍的流通加工作业主要有:简单的装帧、套书壳、拴书签以及退书的重新整理、复原等。

(十) 牛奶流通加工

牛奶的消费者是千家万户,牛奶的运输和配送十分复杂。为了提高效率,一般做法是把各个养牛牧场的牛奶集中到牛奶厂,牛奶厂用大型奶罐批量地将牛奶分送到各地牛奶分厂,在那里进行检疫、灭菌和均质化,装袋后配送给各商店或家庭。冬季和夏季对牛奶的需求有一定差别,可是牛奶的产量一年四季基本不变,所以,可将鲜奶做成奶粉和奶酪、奶油保存。此外,为了减少运费,牛奶也可进行浓缩加工(可将牛奶体积浓缩1/3),这也是一种很有成效的加工方法。

第四节 流通加工的合理化

一、流通加工合理化的定义

流通加工合理化的含义是实现流通加工的最优配置,不仅要做到避免各种不合理加工,使流通加工有存在的价值,而且要综合考虑流通加工与配送、合理运输、合理商流等的有机结合,做到最优的选择。

二、不合理的流通加工

流通加工是在流通领域中对生产的辅助性加工,从某种意义来讲它不仅是生产过程的延续,而且实际是生产本身或生产工艺在流通领域的延续。这个延续可能有正、反两方面的作用,即一方面可能有效地起到补充完善的作用,但是,也必须估计到另一个可能性,即对整个过程的负效应。各种不合理的流通加工都会产生抵消效益的负效应。

为避免各种不合理现象,对是否设置流通加工环节,在什么地点设置,选择什么类型的加工,采用什么样的技术装备等,需要做出正确抉择。几种不合理流通加工形式如下:

(一) 流通加工地点设置的不合理

流通加工地点设置即布局状况是使整个流通加工能否有效的重要因素。一般而言,为衔接单品种大批量生产与多样化需求的流通加工,加工地设置在需求地区,才能实现大批量的干线运输与多品种末端配送的物流优势。

如果将流通加工地设置在生产地区,其不合理之处在于:

首先,多样化需求要求的产品多品种、小批量由产地向需求地的长距离运输会出现不合理;其次,在生产地增加了一个加工环节,同时增加了近距离运输、装卸、储存等一系列物流活动。所以,在这种情况下,不如由原生产单位完成这种加工而无须设置专门的流通加工环节。

一般而言,为方便物流的流通加工环节应设在产出地,设置在进入社会物流之前,如果将其设置在物流之后,即设置在消费地,则不但不能解决物流问题,反而在流通中增加了一个中转环节,因而也是不合理的。

即使是产地或需求地设置流通加工的选择是正确的,还有流通加工在小地域范围的正确选址问题,如果处理不善,仍然会出现不合理。这种不合理主要表现在交通不便,流通加工与生产企业或用户之间距离较远,流通加工点的投资过高(如受选址的地价影响),加工点周围社会、环境条件不良等。

(二) 流通加工方式选择不当

流通加工方式包括流通加工对象、流通加工工艺、流通加工技术、流通加工程度等。流通加工方式的确定实际上是与生产加工的合理分工相关的。分工不合理,本来应由生产加工完成的,却错误地由流通加工完成,本来应由流通加工完成的,却错误地由生产过程去完成,都会造成不合理性。

流通加工不是对生产加工的代替,而是一种补充和完善。所以,一般而言,如果工艺复杂,技术装备要求较高,或加工可以由生产过程延续或轻易解决者都不宜再设置流通加工,尤其不宜与生产过程争夺技术要求较高、效益较高的最终生产环节,更不宜利用一个时期市场的压迫力使生产者变成初级加工或前期加工,而流通企业完成装配或最终形成产品的加工。如果流通加工方式选择不当,就会出现与生产夺利的恶果。

(三) 流通加工作用不大,形成多余环节

有的流通加工过于简单,或对生产及消费者作用都不大,甚至是盲目的,这样,不仅不能

解决品种、规格、质量、包装等问题,相反却实际增加了环节,这也是流通加工不合理的重要形式。

(四) 流通加工成本过高,效益不好

流通加工之所以能够有生命力,重要原因之一是有较大的产出投入比,因而有效起着补充完善的作用。如果流通加工成本过高,则不能实现以较低投入实现更高使用价值的目的。除了一些必需的、从政策要求即使亏损也应进行的加工外,都应看成是不合理的。

三、流通加工的合理化

目前,国内在进行这方面合理化的考虑中已积累了一些经验,取得了一定成果。实现流通加工合理化主要考虑以下几个方面:

(一) 加工和配送结合

这是将流通加工设置在配送点中,一方面按配送的需要进行加工,另一方面加工又是配送业务流程中分货、拣货、配货之一环,加工后的产品直接投入配货作业,这就无需单独设置一个加工的中间环节,使流通加工有别于独立的生产,而使流通加工与中转流通巧妙结合在一起。同时,由于配送之前有加工,可使配送服务水平大大提高。这是当前对流通加工做合理化选择的重要形式,在煤炭、水泥等产品的流通中已表现出比较大的优势。

(二) 加工和配套结合

在对配套要求较高的流通中,配套的主体来自各个生产单位,但是,完全配套有时无法全部依靠现有的生产单位,进行适当流通加工,可以有效促成配套,大大提高流通的桥梁与纽带的能力。

(三) 加工和合理运输结合

上面已提到过流通加工能有效衔接干线运输与支线运输,促进两种运输形式的合理化。利用流通加工,在支线运输转干线运输或干线运输转支线运输这些本来就必须停顿的环节,不进行一般的支转干或干转支,而是按干线或支线运输合理的要求进行适当加工,从而大大提高运输及运输转载水平。

(四) 加工和合理商流相结合

通过加工有效促进销售,使商流合理化,也是流通加工合理化的考虑方向之一。加工和配送的结合,通过加工,提高了配送水平,强化了销售,是加工与合理商流相结合的一个成功的案例。此外,通过简单地改变包装加工,形成方便的购买量,通过组装加工解除用户使用前进行组装、调试的难处,能有效地促进商流。

(五) 加工和节约资源相结合

节约能源、节约设备、节约人力、减少耗费是流通加工合理化重要的考虑因素,也是目前我国设置流通加工并考虑其合理化的较普遍形式。

对于流通加工合理化的最终判断,是看其是否能实现社会的、企业本身的效益,而且是否取得了最优效益。流通企业更应该树立社会效益第一的观念,以满足实现产品生产的最终利益为原则,只有在以生产流通过程中的补充、完善为己任前提下才有生存的价值。如果只是追求企业的微观效益,不适当地进行加工,甚至与生产企业争利,这就有违于流通加工的初衷,或者其本身已不属于流通加工范畴。

思考与练习

1. 流通加工与生产加工的区别是什么?
2. 简述流通加工产生的原因及作用。
3. 论述流通加工的基本类型及其意义。
4. 如何实现流通加工合理化?流通加工中存在的问题有哪些?

第八章 配 送

学习目标

通过本章学习,你应该能够:
- 掌握配送的有关概念及其特点;
- 掌握配送业务在物流管理中的作用和地位;
- 了解配送的要素和配送作业的组织模式;
- 对配送业务有一个基本的认识;
- 掌握配送的一般流程及其特殊流程;
- 掌握配送线路设计主要方法——节约里程法。

引入案例一　安吉汽车物流有限公司的配送体系

安吉汽车物流有限公司(以下简称"安吉物流"或"公司")成立于2000年8月,是上汽集团旗下的全资子公司。安吉物流是全球业务规模最大的汽车物流服务供应商,共有员工17000人,拥有船务、铁路、公路等10家专业化的轿车运输公司以及50家仓库配送中心,仓库总面积超过440万平方米,年运输和吞吐量超过570万辆商品车,并且全部实现联网运营。公司以"服务产品技术化"的理念,从事汽车整车物流、零部件物流、口岸物流以及相关物流策划、物流技术咨询、规划、管理培训等服务。提供一体化、技术化、网络化、透明化、可靠的独特解决方案的物流供应链服务。

安吉物流作为一家为汽车及零部件制造企业提供服务的第三方物流公司,下属业务包括整车物流、零部件物流、口岸物流等三大业务板块(图8.1),客户包括上海大众、上海通用、上汽通用五菱、一汽丰田、广汽丰田、比亚迪等几乎国内所有主机厂。2011年汽车物流量达574万辆,营业收入达132亿元,取得了业务量、收入、市场占有率均排名国内同行第一的骄人业绩,在国际同行中也名列前茅。目前,安吉物流是中国物流与采购联合会汽车物流分会轮席理事长单位,5A级物流企业,"安吉"品牌荣获上海市服务类现代物流名牌称号。公司历年来多次获得上海大众、上海通用、上汽通用五菱、一汽丰田、广汽丰田等客户授予的最佳供应商等奖项。

引入案例二　海福发展(深圳)有限公司的配送体系

海福发展(深圳)有限公司坐落在深圳福田保税区,是一家为高科技电子产品生产企业提供物流配送服务的第三方物流企业。

该公司承接了国际著名企业IBM在我国境内生产厂的电子料件的配送业务,为此,他们按IBM的要求开发了一套严密控制作业流程和管理物流信息的电子网络系统。在这个网络系统的支持下,将IBM分布在全球各地共140余家供应商的料件通过海、陆、空物流网络有机地联系在一起。料件集装箱远达中国香港机场或码头后,由公司配送中心进行报关、接运,并负责质检、分拆、选货、配套、集成、结算、制单、信息传递、运输、装卸等项作业,将上千种电子料件在24小时内安全、准确地完成从中国香港—保税区—IBM工厂生产线的物流过程,保证IBM生产厂在料件零库存状态下生产。另外,还要把不合格的料件在规定时间内准确无误地退还给IBM的各供应商,与此同时还要完成IBM、海福、供应商三者之间的费用结算。

2001年3月,海福公司又与日本美能达公司签订了提供配送服务的业务。这项服务与前者的不同之处在于,前者是多家供应商向IBM生产厂一家供货,后者是供应商不仅向美能达本部供货,还要向美能达分布在国外的几十家分部供货,所有这些料件的集散、选配、信息传递、运输、报关都要由海福的配送中心完成。从海福的物流业务来看,有两个形式、一个特点。

形式一是IBM式,完成多个供应商对一个需方生产线的配送活动,即"多对一"物流;形式二是美能达式,承担多个供应商对一个需方的多个供应点的配送业务,即"多对多"。一个特点是零关税配送,因为是在保税区业务范围内进行,来料进入(包括废料退回)及成品出口都是在不上关税的条件下完成的,这对保税区严格货品进出口管理和杜绝走私偷税起了很大作用。几年来,海福以年均30%以上的发展速度增长,1998年完成了4.3亿美元的进出。物流获得了良好的经济效益。

总结其成功的经验除了各级政府的支持外,一是有一个精明强干熟悉业务的管理团队和一套科学的管理制度。公司选拔人才注重人的品德和专业能力,许多二十多岁的年轻人都在业务部门担当主管。海福公司以他们的严格管理通过了ISO9002认证,在客户中有可靠的信誉。二是重视依靠先进技术,尤其是信息技术。

从业务需要与发展出发,自行研制开发了一套物流管理信息系统,这套系统使如此大量的进出口业务、如此繁杂的料件品种配送能够顺利进行、海关与厂商的各种严格要求也能得到满足,而这些工件只用手工操作是不可能做到的。通过海福公司的经验,一方面我们看到了现代物流的一种模式,另一方面也使我们看到先进的技术在企业竞争中发挥的作用。

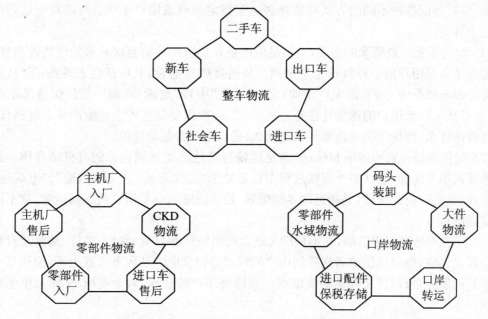

图8.1　安吉汽车物流三大业务板块

第一节 配送概述

一、配送(Distribution)的概念

(一) 配送的定义

"配送"这个词汇来自于日语原词,《日本工业标准(JIT)物流用语》中将配送定义为:"将货物从物流据点送交给收货人"。

配送的英语原词为 Delivery,但不能将它简单地理解为交货、运送。和"配送"相近的词汇还有:"分送""投送""输送""供应""供给"和"发放"等。从配送的实际形态上看这些词汇都不能对配送作出满意的标注。

我国现在使用的"配送"词汇,是原封不动地般用了日语中的两个日语汉字,赋予了汉语读音。

2001年4月,中华人民共和国国家标准《物流术语》中将配送定义为:在经济合理区域范围内,根据用户要求,对物品进行拣选、加工、包装、分割、组配等作业,并按时送达指定地点的物流活动。

(二) 配送的特点

从配送活动的实施过程上看,配送包括两个方面的活动:"配"是对货物进行集中、分拣和组配,"送"是以各种不同的方式将货物送达至指定地点或用户手中。可以对配送归纳出以下几个特点:

(1) 配送不是一般概念的送货,也不是生产企业推销产品时直接从事的销售性送货,而是从物流结点至用户的一种特殊送货形式。从送货的功能看,其特殊性表现在:① 从事送货的是专职流通企业,而不是生产企业;② 配送是"中转"型送货,而一般传统意义上的送货,尤其是从工厂至用户的送货往往是直达型;③ 一般送货是生产企业生产什么就送什么,有什么就送什么,而配送则是需要什么送什么,是以用户为驱动源的。

(2) 配送不是一般的运输和输送,而是运输与其他活动共同构成的有机结合体。虽然配送活动离不开运输,它在整个运输过程中它是处于"二次运输"、"支线运输"、"末端运输"的位置,即是最终资源配置,是接近顾客的配置,是从物流结点至用户的终端运输,这不同于一般输送的特点。

(3) 配送不是供应相供给,它不是广义概念的组织资源订货、签约、进货、结算及对物资处理分配的供应,而是以供应者送货到用户的形式进行供应。从服务方式上看,配送是一种"门到门"的服务,可以将货物从物流结点一直送到用户的仓库、营业现场、车间乃至生产线的起点。

(4) 配送不是消极的送货发货,而是在全面配货的基础上,充分按照用户的要求进行服

务,它是将"配"和"送"有机地结合起来,完全按照用户要求的数量、种类、时间等进行分货、配货、配装等工作,"配"——配用户、配时间、配货物、配车辆、配路线;"送"——送货上门;二者有机结合。

(5) 配送是一项有计划的活动。配送需要根据客户的需要,以及从事配送的企业的能力,有计划地进行的送货活动,以满足客户预定的需要。

配送是严格按照用户所要求的货物名称、品种、规格、数量、质量、时间、地点等进行的,具有一定的计划性和相对的稳定性。它不同于购货后一次性的送货和推销式的送货。

(三) 配送与物流的区别和联系

1. 配送不同于一般的物流要素

配送作为一种特殊的物流活动方式,几乎涵盖了物流中所有的要素和功能(如装卸、储存、包装、运输等),是多种功能的组合,是物流的一个缩影或在较小范围内物流全部活动的体现。一般的配送集装卸、包装、保管、分拣、配货、运输于一身,通过这一系列活动将物品送达客户的手中。特殊的配送则还要以加工活动为支持,所以包括的内容更广。分拣、配货等是配送的独特要求,也是配送中特有的活动。以送货为目的的运输则是最后实现配送的主要手段,从这一主要手段出发,常常将配送简化地看成是运输中的一种。

2. 配送的区域与物流区域存在着较大的差异

从物流角度来说,配送的距离较短,属于支线运输、二次运输和末端运输;物流的距离较远,属于干线运输。

3. 从与顾客关系的要素来看,配送与顾客的关系更紧密,是"最终配置"

配送是物流中一种特殊的、综合的活动形式,是商流与物流紧密的结合,是包含了物流中若干功能要素的一种物流活动。位于物流系统中接近用户的一端,处于支线运输、二次运输和末端运输的位置,即到最终用户的物流。配送与运输的区别如表8.1所示。

表 8.1 配送与运输的区别

项目	运输	配送
线路	从工厂仓库到物流中心	从物流中心到终端客户
运输批量	批量大,品种少	小批量,多品种,多频率,多批次
运输距离	长距离、干线运输	短距离、支线运输、二次运输、末端运输
评价标准	主要看运输效率	主要看服务质量
附属功能	单一	几乎涵盖了物流的所有功能要素

从商流角度来说,配送和物流不同之处在于,物流是商物分离的运行方式,而配送则是商物合一,配送本身就是一种商业形式。虽然配送具体实施时,也有以商物分离形式实现的,但从配送的发展趋势看,商流与物流的结合越来越紧密,并且是配送成功的重要保证。

二、配送的意义和作用

配送在整个物流过程中,其重要性应与运输、保管、装卸、流通加工、包装和情报并列,而形成物流的基本功能之一。特别在发达国家,配送不但广为实行,而且成为企业经营活动的

重要组成部分,对优化经济结构、节约社会劳动及充分发挥物流功能起到巨大的作用。具体表现在:

(一) 推行配送有利于物流运动实现合理化

配送不仅能够把流通推上专业化、社会化。更重要的是,它能以其特有的运动形态和优势调整流通结构,采用配送方式,批量进货,集中发货,以及将多个小批量集中起来大批量发货,使物流运动达到规模经济,并以规模优势取得较低的运输成本,通过配送减少了车辆的行驶,可有效节省运力,实行合理、经济运输,降低物流成本,提高了运输效率和经济效益,并能减少对空气的污染。

(二) 完善了运输和整个物流系统

20世纪下半叶以来,由于科学技术的进步,运输工具不断改善,使得干线运输在多种运输方式中都达到较高的水平,长距离、大批量的运输实现了低成本化。但是,在干线运输完成之后需要支线运输和小搬运来完成末端运输,这种支线运输及小搬运成了物流过程的一个薄弱环节。这个环节有和干线运输不同的许多特点,如要求灵活性、适应性、服务性,致使运力往往利用不合理、成本过高等问题难以解决。采用配送方式,从范围来讲将支线运输和小搬运活动统一起来,发挥灵活性、适应性和服务性的特点,使运输过程得以优化和完善。

(三) 提高了末端物流的效益

采用配送方式,通过增大经济批量来达到经济地进货又通过将各种商品的用户集中在一起统一进行发货,代替分别向不同用户小批量发货来达到经济地发货,使末端物流经济效益得到提高。

(四) 通过集中库存使企业实现低库存或零库存

实现了高水平的配送之后,尤其是采用准时化配送方式之后,生产企业可以依靠配送中心的准时化配送进行准时化生产而不需保持自己的库存或较小地保持库存。这样生产企业就可以实现"零库存",可极大地降低库存占用资金,从而改善企业的财务状况。实行集中库存后,集中库存的总量远低于不实行集中库存时各企业分散库存之总量,可降低整个社会物资的库存水平,同时也增加了调节能力,提高了社会经济效益。此外,集中库存还可以发挥规模经济优势,使单位存货成本下降。

(五) 简化事务,方便用户

采用配送方式,用户只需向一处订购,或和一个进货单位联系就能达到向多处采购的目的,只需组织对一个配送单位的接货便可代替现有的高频率接货,因而大大减轻了用户工作量和负担,也节省了订货等一系列事务开支。

(六) 提高供应保证程度

生产企业自己保持库存来维持生产,供应保证程度很难提高(受到库存费用的制约),采取配送方式,由于配送中心的集中存货库存量更大,而且还可以调节企业间供需关系。因而对每个企业而言,降低了企业断货、缺货、影响生产的风险,使用户免去短缺之忧。

（七）配送为电子商务的发展提供了基础和支持

从商务角度来看，电子商务的发展需要具备两个重要的条件：一是贷款的支付，二是商品的配送。网上购物无论如何方便快捷，如何减少流通环节，唯一不能减少的就是商品配送，配送服务如不能相匹配，则网上购物就不能发挥其方便快捷的优势。

三、配送种类

配送按组织方式、对象特性不同有多种形式。

（一）按配送组织者不同分类

1. 商店配送

组织者是商业或物资的门市网点，这些网点主要承担零售，规模一般不大，但经营品种较齐全。除日常零售业务外，还可根据用户的需求将商店经营的品种配齐，或代用户外订外购一部分商店平时不经营的商品，和商店经营的品种一起配齐送给用户。这种配送组织者实力很有限，往往只是小量、零星商品的配送。对于商品种类繁多且需用量不大、有些商品只是偶尔需要而很难与大配送中心建立计划配送关系的用户，可以利用小零售网点从事此项工作。商业及物资零售网点数量较多，配送半径较短，所以更为灵活机动，可承担生产企业重要货物的配送和对消费者个人的配送，它们对配送系统的完善起着较重要的作用。这种配送是配送中心配送的辅助及补充的形式。

2. 配送中心配送

专职从事配送的配送中心规模较大，可按配送需要储存各种商品，储存量也较大。配送中心专业性强，和用户建立固定的配送关系，一般实行计划配送，所以，需配送的商品往往都有自己的库存，很少超越自己的经营范围。配送中心的建设及工艺流程是根据配送需要专门设计的，所以配送能力大，配送距离较远，配送品种多，配送数量大。配送中心可以承担工业企业生产用主要物资的配送，零售商店需补充商品的配送，并可向配送商店实行补充性配送等。配送中心配送是配送的重要形式。

3. 仓库配送

它一般是以仓库为节点进行的配送，也可以以原仓库在保持储存保管功能前提下，增加一部分配送职能，或对原仓库进行升级改造，使其成为专业的配送中心。其特点是相比配送中心而言规模小，专业性差。

4. 生产企业配送

组织者是生产企业，尤其是进行多品种生产的生产企业。由于此类生产企业生产产品品种多，配送量大，达到一车或多车运输量，直接由本企业进行直送或者实行循环配送，无需将产品发运到配送中心再进行配送。

（二）按配送商品种类及数量不同

1. 单（少）品种大批量配送

工业企业需要量较大的商品，单独一个品种或仅少数品种就可达到较大输送量，可实行整车运输，这种商品往往不需要再与其他商品搭配，可由专业性很强的配送中心实行这种配送。由于配送量大,可使车辆满载并使用大吨位车辆,在配送中心中,内部设置也不需太复杂,组织、计划等工作也较简单,因而配送成本较低。

单品种大批量配送优势范围较窄,当可用汽车、火车、船舶从生产企业将这种商品直抵用户,同时又不致使用户库存效益降低时,采用直送方式往往有更好的效果。

2. 多品种少批量配送

各工业生产企业所需的重要原材料、零部件一般需要量大,要求也较均衡,采取直送或单品种大批量配送方式可以收到好的效果。但是,现代企业生产的所需,除了少数几种重要物资外,从种类数来看,处于 B、C 类的物资种类数远高于 A 类重要物资,这些种类品种数多,单品种需要量不大,采取直送或大批量配送方式由于必须加大一次进货批量,必然造成用户库存增大,库存周期拉长,库存损失严重,必然困死大量资金。所以,不能采取直送或大批量配送方法。类似情况也出现在向零售商店补充配送,国外开展的向家庭的配送也是如此。这些情况适合采用的方式便是多品种少批量配送。

多品种少批量配送是按用户要求,将所需的各种物品对(每种需要量不大)配备齐全,凑整装车后由配送据点送达用户。这种配送对配货作业的水平要求较高,配送中心设备较复杂,配送计划较困难,要有高水平的组织工作保证和配合。

多品种、少批量的配送正切合现代"消费多样化""需求多样化"的新观念,所以,是许多发达国家特别推崇的方式。

3. 配套成套配送

配套成套配送是按企业生产需要,尤其是装配型企业生产需要,将生产所需全部零部件配齐,按生产节奏定时送达生产企业,生产企业随即可将此成套零部件送入生产线装配产品。采取这种配送方式,配送企业实际承担了生产企业大部分供应工作,使生产企业专注于生产,有如同多品种少批量配送一样的效果。

(三) 按配送时间及数量不同

1. 定时配送(准时配送)

按规定的时间间隔进行配送,如几天一次、几小时一次等,每次配送的品种及数量可以事前拟定长期计划,规定某次多大的量,也可以在配送之前以商定的联络方式(如电话、计算机终端输入等)通知配送品种及数量。这种方式由于时间固定,易于安排工作计划、易于计划使用车辆,对用户来讲,也易于安排接货力量(如人员、设备等)。但由于备货的要求下达较晚,集货、配货、配装难度较大,在要求配送数量变化较大时,也会使配送安排出现困难。定时配送有两种形式:

(1) 日配送

日配送是定时配送中采纳较为广泛的一种形式,尤其是在城市内的配送活动中,日配送占了绝大部分比例。一般日配送时间要求大体是,上午的配送订货下午送达,下午的配送订货第二天送达,即实现送达时间在订货发出后 24 小时之内将货物送到用户手中。或者是用户下午的需要保证上午送到,上午的需要保证前一天上午送到,即实现在用户实际投入使用前 24 小时之内送到。广泛而稳定地开展日配方式,可使用户基本上无需保持库存,做到以配送日配方式代替传统的库存来实现生产的准时和销售经营的连续性(无缺货)。一般日配送较适合下述几种情况:

① 保鲜要求较高的商品和食品,如蔬菜、水果、肉类、点心、鲜花等。

② 用户是多个小型商店，如街区的零售店或便利店。它们的资金实力小，追求资金、货物周转快，随进随销。

③ 出于用户的条件限制，不可能保持较长时期的库存，比如采取零库存管理的生产企业。位于商业中心"黄金地段"的商店或那些缺少储存设施（比如冷藏设施）的用户。

④ 临时出现的配送需求。

(2) 准时—看板方式

准时—看板方式是实现配送供货与生产企业保持同步的一种配送方式。与日配送和一般定时配送方式相比，这种方式更为精确和准确，配送组织过程也更加严密。其配送要与企业生产节奏同步，每天至少一次，甚至几次，以保证企业生产的不间断。这种配送方式的目的是实现供货时间恰好是用户生产之时，从而保证货物不需要在用户的仓库中停留，可直接运送至生产现场或生产线上。这样与日配送比较，连"暂存"这种过程也可取消，可以绝对地实现零库存。

准时—看板方式要求依靠高水平的配送系统来实现。由于要求迅速反应，因而对多用户进行周密的共同配送计划是不可能的。这种形式较适合于装配型、重复生产的用户，其所需配送的货物是重复的、大量的，且变化大，因而往往是一对一的配送。

2. 定量配送

定量配送是指按规定的数量（批量）进行配送，但不严格确定时间，只是规定在一个指定的时间范围中配送。这种方式由于数量固定，备货工作较为方便、简单，用不着经常改变配货备货的数量，可以按托盘、集装箱及车辆的装载能力规定配送的定量，这就能有效利用托盘、集装箱等集装方式，也可做到整车配送，所以配送效率较高。另外，由于对配送的时间不严格限定，因此在时间上能够将不同用户所需的货物配装成一辆整车后再进行配送运输，这样运力利用也较好，能提高运力的利用率。对用户来讲，由于每次送达的货物数量是固定的，所以接货工作也易于组织，用户的生产和销售计划也易于与配送活动保持同步进行。不足之处在于，由于每次配送的数量保持不变，因此不够机动灵活，有时会增加用户的库存，造成库存过高或销售积压。

3. 定时定量配送

定时定量配送是按照所规定的配送时间和配送的数量来组织配送。这种形式兼有定时配送和定量配送两种形式的优点，但是对配送组织要求较高，计划难度大，不大容易做到既与用户的生产节奏保持节拍，同时又保持较高的配送效率，实际操作较为困难，不是一种普遍的方式。一般适合于配送专业化程度高的厂商（制造商）配送中心配送。

4. 定时、定路线配送

在确定的运行路线上制定到达时间表，按运行时间表进行配送，用户可在规定路线站及规定时间接货，可按规定路线及时间表提出配送要求，进行合理选择。采用这种方式有利于配送企业计划安排车辆及驾驶人员，比较适合于用户相对比较集中，用户需求较为一致的环境，并且配送的品种和数量不能太大，批量的变化也不能太大。对用户来讲，既可在一定路线、一定时间进行选择，又可有计划安排接货力量，也有其便利性。但这种方式应用领域也是有限的，由于配送时间和路线不变，因而对用户的适应性较差，灵活性和机动性不强，因而不是一种可普遍采用的方式。

5. 即时配送

即时配送是指完全按照用户提出的送货时间和送货数量、随时进行的配送组织形式。

这是一种灵活性和机动性很强的应急配送方式,不预先确定不变的配送数量,也不预先确定不变的配送时间及配送路线,而是完全按用户要求的时间、数量进行配送。这种方式是以某天的任务为目标,在充分掌握了这一天需要地、需要量及需要种类的前提下,即时安排最优的配送路线并安排相应的配送车辆,并实施配送。这种配送可以避免上述两种方式的不足,做到每天配送都能实现最优的安排,因而是水平较高的方式。采用这种配送方式,对用户而言,可以用即时配送来代替保险储备。但对配送的组织者来说,很难做到充分利用运力,配送成本较高。同时,由于这种配送形式完全按照用户的要求进行,因而配送的计划性较差。对配送组织过程要求高,对配送企业的应变能力和快速反应能力要求也比较高。其优点是适合用户要求的能力强,对提高配送企业的管理水平和作业效率有利。

采用即时配送方式时,为了使这种配送有效的计划指导,可以在期初按预测的结果制订计划,以便统筹安排一个时期的任务,并准备相应的力量,实际的配送实施计划则可在配送前一两天,根据任务书做出。

(四) 按配送地点划分

1. 配送中心配送

这种配送的据点是配送中心,其规模大且有一套配套的实施配送的设施、设备和装备等。配送中心配送专业性强,和用户一般有固定的配送关系,配送设施及工艺是根据用户专门设计的。所以,配送中心配送具有能力强、配送品种多、数量大等特点。但由于服务对象固定,其灵活机动性较差,而且由于规模大,要有一套配套设施、设备,使其投资较高,导致其发展受到一定的限制。

2. 仓库配送

它一般是以仓库为据点进行的配送,也可以是以原仓库在保持储存保管功能前提下,增加一部分配送职能,或经对原仓库的改造,使其成为专业的配送中心。

3. 商店配送

这种配送的据点是商业或物资的门市网点。商店配送形式是除自身日常的零售业务外,按用户的要求将商店的品种配齐,或代用户订购一部分本店平时不经营的商品,和本店经营的品种配齐后送达用户,因此,在某种意义上讲,它是一种销售配送形式。连锁商店配送也是商店配送的一种形式,它分为两种情况:一种是独立成立专门从事为连锁商店服务的配送企业,这种形式除主要承接连锁商店配送任务外,还兼有为其他用户服务的职能;另一种是存在于连锁商店内的配送,它不承担其他用户的配送,其任务是服务于连锁经营。

(五) 其他配送方式

1. 共同配送

共同配送是为了提高物流效益,对许多用户一起配送,以追求配送合理化为目的的一种配送形式。几个配送中心联合起来,共同制订计划,共同对某地区用户进行配送,具体执行时共同使用配送车辆,这种方式称共同配送。在某一地区用户不多,各企业单独配送时,因车辆不满载等原因使经济效果不好,难于开展配送业务。如果将许多配送企业的用户集中到一起,就可能有效益地实施配送,这种情况采取共同配送是有利的。共同配送的收益可按一定比例由各配送企业分成。共同配送可分为以下几种形式:

(1) 由一个配送企业综合各用户的要求,在配送时间、数量、次数、路线等方面的安排上,在用户可以接受的前提下,作出全面规划和合理计划,以便实现配送的优化。

(2) 由一辆配送车辆混载多货主货物的配送,是一种较为简单易行的共同配送方式。

(3) 在用户集中的地区,由于交通拥挤,各用户单独配置接货场或理货场有困难,而设置的多用户联合配送的接收点或理货点。

(4) 在同一城市或同一地区中有数个不同的配送企业,各配送企业可以共同利用配送中心、配送机械装备或设施,对不同配送企业的用户共同实行配送。

2. 加工配送

在配送中心进行必要的加工,这种加工可使配送工作更主动、更完善。流通加工与配送一体化,可以使流通加工更具有针对性,并且配送企业不但可以依靠送货服务、销售经营取得收益,还可以通过流通加工增值取得收益。

第二节 配送制的形成和配送的发展

一、配送制的形成

几十年来,发达国家为了实现物流合理化,积极进行探索,取得了一定的成效。但在经济复兴和经济高速发展时期,其流通状况尚不能令人十分满意。主要存在的问题是:① 物流分散。生产企业自备车辆,出行混乱;② 道路拥挤,运输效率低而流通费用上升。当时,日本曾就这方面的情况进行过大量的调查,调查的结果表明,由于社会上自备车辆多、道路拥挤及停车时间长,使得企业收集和发送货物的效率明显下降。

另据有关资料介绍,美国"20世纪财团"也曾组织过一次调查,他们提供了如下数据:"以商品零售价格为基数进行计算,流通费用所占的比例达59%,其中大部分为物流费。"该调查团得出的结论是:"在商品成本中,流通成本确实太大。"流通结构分散和物流费用逐年上升,严重阻碍了生产发展和企业利润率的提高。在这种形势下,改变传统的物流方式,采用现代化的物流技术,进一步提高物流合理化程度,自然成了一些国家实业界人士的共同要求,并且就此采取了一系列改革措施。美国企业界人士受流行于第二次世界大战期间的"战时后勤"观念与实践的影响和启发,率先把"战时后勤"的概念引用到了企业的经营管理活动中,推行新的供货方式,将物流中的装卸、搬运、保管、运输等功能一体化和连贯化,取得了很大的成效。与此同时,他们改革不合理的流通体制,改造了原有的仓库(据介绍,20世纪60年代美国的许多公司将原来的老式仓库改成了"配送中心",使老式仓库减少了90%以上),统一了装卸、搬运等物流作业标准。在此期间,不少公司设立了新型的送货方式。在日本,企业界也针对物流中存在的问题开始寻求解决的方法,在制定物流中心和物流团地(结点)的同时,还积极推行"共同配送制度"。经过不断的变革,一种被日本实业界称为"配送"的物流方式和流通体制便应运而生了。需要指出的是,作为一种新型的物流运动,配送首先是在变革和发展仓库业的基础上开展起来的。从某种意义上说,配送也是仓储业功能的扩大化和强化。

传统仓库和仓储业是以储存和保管货物(包括生产资料和生活资料)为其职能而设置和形成,其基本功能是保持储存货物的使用价值,以此为生产的连续运转和生活的正常进行提供物资保障。然而,当生产力业已高度发展、生产方式已经发生变革(亦即专业化、社会化大生产已经成为社会生产的主要形式)之后,仓储企业如果再单纯地储存和保管物资,就很难进一步得到发展。对于生产者(或生产企业)来说,处在社会化大生产和市场竞争的条件下,生产节奏的逐步加快,社会分工的不断扩大,以及竞争的日趋激烈,迫切要求缩短流通时间和减少库存资金的占用量。与此同时,也急需社会上的流通组织提供系列化、一体化和多项目的后勤服务。正是在这样的形势之下,许多经济发达的国家的仓储业相继调整了内部结构,扩大了业务范围,转变了经营方式。其中,不少老式仓库演化成了商品流通中心,其功能由货物"静态储存转变为动态储存",其业务活动由原来的单纯保管、储存货物改变成了向社会提供多种类的后勤服务,并且将货物保管、储存、加工、分类、拣选、输送等连成了一个整体。从服务方式上看,变革以后的仓库可以做到主动为客户提供"门到门"的服务(即可以把货物从仓库一直运送到用户的仓库、车间生产线或营业场所)。至此,现代化的物流运动——配送随即形成和推行起来。

二、配送的发展

配送和其他新生事物一样,是伴随着生产的不断发展而发展起来的。回顾历史,我们可以看到,配送的发展大体上经历了三个阶段,即萌芽阶段、发育阶段和成熟阶段。

(一)萌芽阶段的配送

配送的雏形最早展现于20世纪60年代初期。在这个时期,物流运动中的一般性送货开始向备货、送货一体化方向转化。从形态上看,初期的配送只是一种粗放型、单一性的活动,其活动范围很小,规模也不大。在这个阶段,企业开展配送活动的主要目的是为了促进产品销售和提高其市场占有率。因此,在这个发展时期,配送主要是以促销手段的职能来发挥其作用的。

(二)发育阶段的配送

20世纪60年代中期,随着经济发展速度的逐步加快,以及随着货物运输量的急剧增加和商品市场竞争的日趋激烈,配送在一些发达国家得到了进一步发展。在这个时期,欧美一些国家的实业界相继调整了仓库结构,组建或设立了配送组织(配送中心),普遍开展了货物配装、配载及送货上门活动。这期间,不但配送的货物种类日渐增多(除了种类繁多的服装、食品、药品、旅游用品等日用工业品以外,还包括不少生产资料产品),而且配送活动的范围也在不断扩大。例如,在美国已经开展了洲际间的配送,在日本配送的范围则由城市扩大到了区域。从配送形式和配送组织上看,这个时期曾试行了"共同配送",并且建立起了配送体系。

(三)成熟阶段的配送

20世纪80年代以后,受多种因素影响。配送有了长足的发展。在这个阶段,配送已演化成了广泛的、以高新技术为支撑手段的系列化、多功能性的供货活动。具体表现如下:

1. 配送区域进一步扩大

近几年,实施配送制的国家已不再限于发达国家,许多次发达国家和发展中国家(如中国等)也按照流通社会化的要求试行了配送制,并且积极开展配送活动。就发达国家而言,80年代以后,配送的活动范围已经扩大到了省际和国际。例如,以商贸业立国的荷兰,货物配送的范围已经扩大到了欧洲共同体诸国。

2. 劳动手段日益先进

技术不断更新,劳动手段日益先进,是成熟阶段配送活动的一个重要特征。进入80年代以后,发达国家在开展配送活动的过程中,普遍采用了诸如自动分拣、光电识别、条形码等先进技术,并且建立起了配套的体系和配备了先进的设备(如无人搬运车、分拣机等),由此,大大提高了配送作业效率。据介绍,有的工序因采用先进技术和先进设备,工作效率提高了5~10倍。后面的章节会详细介绍各类先进的设备。

3. 配送的集约化程度明显提高

随着市场竞争日趋激烈及企业兼并速度的明显加快,配送组织(企业)的数量在逐步减少;但是,其总体实力和经营规模却与日俱增,配送的集约化程度不断提高。据有关资料介绍,1986年,美国GPR公司共有送货点3.5万个;到了1988年经过合并后,送货点减少到了0.18万个,减少幅度为94.85%。此间,美国通用食品公司用新建的20个配送中心取代了以前建立的200个仓库,以此形成了规模经营优势。由于配送组织相对集中,故配送系统处理货物的能力有了很大的提高。据介绍,在日本,有的配送中心的人均搬运作业率每小时可达到500个托盘,分拣能力已达到2.45万件。日本资生堂配送系统每天可完成管区内4200个商店的货物配送任务,其配送能力已经达到了相当高的水平。

4. 配送方式的日趋多样化

进入80年代以后,由于经济发展的外部环境发生了变化(亦即由于生产和市场需求日趋多样化),不但配送规模和配送活动的范围明显在扩大。而且配送作业方式(或形式)也逐渐多了起来。在配送实践中,除了存在着独立配送、直达配送等一般性配送形式以外,人们又推出了许多新的配送方式,如"共同配送""即时配送""交货代理配送"等。至此配送形式明显多了起来。

三、配送现代化

为了更好地与生产及市场的发展相适应,进一步提高物流效率,多国家的政府和企业不断开发和推广新的物流技术。同时,它们也在不断探索更有效的配送形式,在实践中推出了许多改革措施。因此逐步将配送推上新的发展轨道。从发达国家的实践情况来看,配送趋向现代化主要表现在以下几个方面:

(一)设置配送中心,集中进行配送

在长期的流通实践中,很多从事送货活动的企业(厂商)或批发商意识到,在货物运距较远、顾客较多,且需求日趋复杂的情况下,直接从工厂或仓库装货,并且直接将装备好的货物送至客户手中并不十分经济;采用直达送货的办法开展配送,有时会浪费运力,增加物流成本。为了更有效地组织物流活动,许多厂商(或批发商)纷纷在流通枢纽地设置了配送中心,并以配送中心为基地开展配送活动。采用设置物流结点(即配送中心)的办法开展配送活

动,从原则上说,是为了谋求高效率地向社会提供后勤服务一体化,其出于如下几点考虑:

1. 控制物流费用

配送货物时,不再从工厂(或企业)直接装货和直接发货,而是先由配送中心集货,然后统一安排送货活动,这样做有利于合理规划运输路线,并可通过计划运输达到控制费用的目的。

2. 集中存储物资,保持合理的库存

设置配送中心,实践中将若干个"自备仓库"储存、保管的货物适当加以集中,这样可以避免因仓库重叠、分散而导致储存物资积压和浪费。

3. 提高服务质量,扩大销售

在物资消费较为集中的地区设置配送中心,中心组织配送活动,便于及时、全面了解客户需求,从而以掌握第一手材料,为服务和扩大销售创造有利条件。

4. 防止出现迂回运输和相向运输等现象

在通常情况下,品种繁多的却是由分散在全国各地的众多工厂生产出来的,若分头从各个工厂直接将商品配送到消费点(或客户手中),势必会出现过远运输和相向运输现象,进而会导致交通拥挤,增加运输费用。而选择适当的地方设置配送中心,以配送中心为基地进行集货和理货,然后统一运送货物,因各项活动相对集中,故便于制定统一计划,由此可以减少以致消除不合理的运输现象。

(二)实行了计划配送制度

近些年,在一些国家,出于物流急剧增加,道路拥挤,致使交通状况一度恶化。与此相关,也带来了运输效率下降、运输成本增加的不良后果。对于这些国家的厂商和物流者来说,其配送服务水平也日趋降低(速度慢、准确性差)。对这些情况,为了提高为顾客服务的水平,在市场竞争中处于优势地位,许多企业在实践中推行了面向效率的"路线发送"和"时间表式的发送"等计划配送制度。其操作方法是:按照地区和配送货物的数量将配送服务对象(即顾客)进行划分,然后在此基础上确定配送的时间间隔和到达目的地的具体时间。上述按照确定的时间间隔(如当日或隔日)进行的配送,有人称之为"路线发送";而按照规定的到货时间进行配送,则称之为"行车时间表式的配送"。在日本出版的专业书籍中,又把上述两种配送方式分别称为"定路线配送"和"定时配送"。

实践告诉我们,无论是"定时",还是"定路线",作为计划配送,都包含着制订计划和实施计划两个过程。其中,在制定配送计划时,先要根据客户提出的要货要求制定出按地区、按时间运输货物的运输配送,然后再制定全盘性的配送计划。在计划实施过程中(或者说,在计划实施阶段),配送主体尚需与生产部门或销售部门密切磋商,其计划配送,一方面能够使每日的配送量相对稳定,从而有利于减少配送活动的波动;另一方面又可以提高配送设备(如运输工具)的利用率,避免浪费投资。

(三)开展了共同配送活动

共同配送最早产生于日本。20世纪60年代中期,随着日本经济的振兴和产品产量及消费量的日益扩大,交通运输量也在迅猛增加。当时,由于道路拥挤,交通混乱,曾严重地困扰了配送活动的顺利开展。特别是在中小企业独立配送的形式之下,配送效率很难提高。面对这种现实,很多企业迫切希望联合行动,共同组织配送活动。经过不断探索,在流通实践中推行了共同配送方式。

共同配送,实质上就是在同一个地区,许多企业在物流运动中相互配合、联合运作,共同进行理货、送货等活动的一种组织形式。实际操作时有两种具体做法：① 共同投资建立"共同配送中心",使装卸、保管、发送等职能全面协作化,以求更有效地完成货物分类和理货、发送等工作。② 共同(或联合)运输、共同发送。后者有两种类型：其一,以物流业者为主体所组织的共同运送；其二,以需要提供运输服务的厂商和批发商牵头组织的共同配送。在日本,企业界曾提出过在整个地区共同进行配送活动的设想,以此谋求解决城市交通问题。

上述这种共同配送也被称作"综合系统"。其做法是将地区范围内小批货物的杂乱性、迂回或相向的运输加以整顿,使之综合,并在小批货物运输频繁的地区配置仓库,在仓库之间进行混装运输,以求共同配送货物。在流通实践中实行"共同配送",不仅能提高对客户(如零售店)的服务水平,从而可以扩大销售和服务对象,而且有利于减少重复性运输以及缓解交通紧张状况。

正因为如此,许多国家的政府都在积极向企业推广这种配送组织形式。在这方面,日本企业界提出了很多设想,有的设想现在已经成为了现实。据有关资料介绍,在日本,配送共同化主要存在着以下几种具体方式：

(1) 成批集货方式

采用这种方式的行为主体主要有东京坝留街的批发商。装卸批发商向地方发送的货物由特别指定的"固定运输路线卡车运输业的32家公司",由后者送货至顾客处。据称,采用这种方式搞配送,使进出东京地区的"固定运输路线卡车运输业者"的数量减少了70%,从而大大缓和了交通拥挤状况,降低了物流费用。

(2) 对百货店和批发商店采取的共同交货方式

在日本报行的共同交货制度,实际上是"委托代办"式的共同交货。其做法是：由货主(交货业者)从委托的运输业者中挑选出"特定的运输业者",由后者将商品集中运往配送中心,然后按照百货店、批发商及各个商铺的要求在配送中心进行分类和配装货物,最后委托运输业者送货。货物检验工作有时在百货店内进行,有时由运输业者会同商店检验员在配送中心完成。

(3) 中小运输企业的共同运输

日本运输业中的企业多为实力弱小的零散企业。在提高运输效率的呼声中,这些小企业以成立运输集团的形式开展共同运输活动,并由此实现了共同配送的愿望。其中比较大型的事例是首都系统运输集团SST所开展的共同运输活动。将市区划分成了若干个集货区和货物发送区,集团所属的24个中小运输企业按照分工负责的原则,分别将所在区域内的货物集中,并将集中的货物的一部分运到运输终端,由其他地区的运输业者接过货物并将货物运送到客户的收货处。对于每一个向(运输)终端运货的运输业者来说,既负责集中货物和运输货物,同时也要把属于配送到本区内的货物带回来进行发送。

(4) 配送技术现代化

近一二十年来,随着科学技术的不断进步和新技术的开发及广泛应用,配送技术也日趋现代化。从世界范围来看,目前,在配送作业中以托盘化、集装箱化为代表的集装箱系统已经普遍建立起来,由此大大提高了配送作业中的装卸和运输效率。

近几年来,在欧美和日本,配送作业相继采用了自动分拣技术和自动配货技术,并相应建立起了自动化的操作系统,如由高层货架、流动货架、自动取货机、传送带、图像识别机、计算机等组合而成的自动化配送系统。在日本,许多企业在编制计划及推行配送时,进一步应用了更为先进的 VSP 方法。VSP 是 IBM 公司研制的计算机软件。据介绍,应用 VSP 设计的运输计划,有如下功效:从几个配送据点向多家客户发送货物时,只要向计算机输入现有车辆台数、所需时间、运距和货物需要量等数据,它便能输出效率最高的送货路线和必须配备的车辆台数。

第三节　配送的要素与一般流程

一、配送的基本环节

从总体上看,配送是由备货、理货和送货等三个基本环节组成的,其中每个环节又包含着若干项具体的、枝节性的活动。

(一)备货

备货即指准备货物的系列活动。它是配送的基础环节。严格说来,备货应当包括两项具体活动:筹集货物和储存货物。

1. 筹集货物

在不同的经济体制下,筹集货物(或者说组织货源)是由不同的行为主体去完成的。若生产企业直接进行配送,那么,筹集货物的工作自然是由企业(生产者)自己去组织的。在专业化流通体制下,筹集货物的工作则会出现两种情况:其一,由提供配送服务的配送企业直接承担,一般是通过向生产企业订货或购货完成此项工作;其二,选择商流、物流分开的模式进行配送、订货、购货筹集货物的工作通常是由货主(如生产企业)自己去做,配送组织只负责进货和集货(集中货物)等工作,货物所有权属于业主(接受配送服务的需求者)。然而,不管具体做法怎样不同,就总体活动而言,筹集货物都是由订货(或购货)、进货、集货及相关的验货、结算等一系列活动组成的。

2. 储存货物

储存货物是购货、进货活动的延续。在配送活动中,货物储存有两种形态:一种是暂存形态;另一种是储备(包括保险储备和周转储备)形态。

(1) 暂存形态的储存是按照分拣、配货工序要求,在理货场地储存少量货物。这种形态的货物储存是为了适应"日配""即时配送"需要而设置的,其数量多少对下一个环节的工作方便与否会产生很大影响,但不会影响储存活动的总体利益。

(2) 储备形态的储存是按照一定时期配送活动要求和根据货源的到货情况(到货周期)有计划地确定的,它是使配送持续运作的资源保证。用于支持配送的货物储备有两种具体形态:周转储备和保险储备。然而不管是哪一种形态的储备,相对来说,数量都比较多。据此,货物储备合理与否,会直接影响配送的整体效益。

备货是决定配送成败与否、规模大小的最基础的环节。同时,它也是决定配送效益高低的关键环节。如果备货不及时或不合理,成本较高,将大大降低配送的整体效益。

（二）理货

理货是配送的一项重要内容,也是配送区别于一般送货的重要标志。理货包括货物分拣、配货和包装等若干经济活动:

货物分拣是采用适当的方式和手段,从储存的货物中分出(或拣选)用户所需要的货物。分拣货物一般采取两种方式来操作:其一是摘取式,其二是播种式。

1. 摘取式分拣

摘取式分拣就像在果园中摘果子那样拣选货物。具体做法是:作业人员拉着集货箱(或称分拣箱)在排列整齐的仓库货架间巡回走动,按照配送单上所列的品种、规格、数量等将客户所需要的货物拣出并装入集货箱内。

在一般情况下,每次拣选只为一个客户配装;在特殊情况下,也可以为两个以上的客户配装。目前,由于推广和应用了自动化分拣技术,装配了自动化分拣设施等,大大提高了分拣作业的劳动效率。

2. 播种式分拣

播种式分拣货物类似于田野中的播种操作。其做法是:将数量较多的各种货物集中运到发货场,然后,根据每个货位货物的发送量分别取出货物,并分别投放到每个代表用户的货位上,直至配货完毕。为了完好无损地运送货物和便于识别配备好的货物,有些经过分拣、配备好的货物尚需重新包装,并且要在包装物上贴上标签,记载货物的品种、数量、收货人的姓名、地址及运抵时间等。

（三）送货

送货是配送活动的核心,也是备货和理货工序的延伸。在物流运动中,送货的现象形态实际上就是货物的运输(或运送),因此,常常以运输代理送货;但是,组成配送活动的运输(有人称之为"配送运输")与通常所讲的"干线运输"是有很大区别的。前者多表现为对用户的"末端运输"和短距离运输,并且运输的次数比较多;后者多为长距离运输("一次运输")。由于配送中的送货(或运输)需要面对众多的客户,并且至多方向运输,因此,在送货过程中,常常进行运输方式、运输路线和运输工具的选择。按照配送合理化的要求,必须在全面计划的基础上,制定科学的、距离较短的配送路线,选择经济、迅速、安全的运输方式和适宜的运输工具。通常,配送中的送货(或运输)都把汽车(包括专用车)作为主要的运输工具。

（四）配送加工

在配送过程中,根据用户要求或配送对象(产品)的特点,有时需要在未配货之前先对货物进行加工(如钢材剪裁、木材截锯等),以求提高配送质量,更好地满足用户需要;融合在配送中的货物加工是流通加工的一种特殊形式,其主要目的是使配送的货物完全适合用户的需要和提高资源的利用率。

二、配送的要素

配送是根据客户的订货要求,在配送中心或物流结点进行货物的集结与组配,以最适合的方式特货物送达客户的全过程。配送包括以下要素：

（一）集货

集货（或备货）是将分散的或小批量的物品集中起来，以便进行运输、配送的作业。集货是配送的准备工作或基础工作，它通常包括制订进货计划、组织货源、储存保管等基本业务。配送的优势之一，就是可以集中用户的需求进行一定规模的集货。集货是决定配送成败的初期工作，如果集货成本太高，会大大降低配送的效益。专业化流通机构组织货源时，集货工作可以由配送机构组织订货、购货、结算，同时承担进货验收、储存等其他物流活动，也就是在配送机构实现商流与物流合一。比如商业性批发配送机构的连锁超市配送中心，也可以由配送机构整理供方或需方商品检验入库、验收、储存等物流活动，而采购、结算等物流活动由供需双方直接完成，即是商流与物流分离的模式。由传统仓库发展而来的仓储配送中心即属于这一类。

（二）储存

配送中的储存有储备及暂存两种形态。配送储备是按一定时期的配送经营要求，形成的对配送的资源保证。这种类型的储备数量较大，储备结构也较完善，视货源及到货情况，可以有计划地确定周转储备及保险储备结构及数量。配送的储备保证有时在配送中心附近单独设库解决。

另一种储存形态是暂存，是具体执行日配送时，按分拣配货要求，在理货场地所做的少量储存准备。由于总体储存效益取决于储存总量，所以，这部分暂存数量只会对工作方便与否造成影响，而不会影响储存的总效益，因而在数量上控制并不严格。

还有另一种形式的暂存，即是分拣、配货之后，形成的发送货载的暂存，这个暂存主要是调节配货与送货的节奏，暂存时间不长。

（三）分拣及配货

分拣及配货是配送不同于其他物流形式的有特点的功能要素，也是配送成败的一项重要支持性工作。分拣及配货是完善送货、支持送货准备性工作，是不同配送企业在送货时进行竞争和提高自身经济效益的必然延伸，所以，也可以说是送货向高级形式发展的必然要求。有了分拣及配货就会大大提高送货服务水平，所以，分拣及配货是决定整个配送系统水平的关键要素。

分拣是将物品按品名、规格、出入库先后顺序进行分门别类的作业。分拣是送货向高级形式发展的必然，有了分拣作业才能大大地提高送货服务水平。

配货是指使用各种拣选设备和传输装置，将存放的物品，按客户的要求分拣出来、配备齐全，送入指定发货区（地点）。它与分拣作业不可分割，二者一起构成了一项完整的作业。通过分拣配货可达到按客户要求进行高水平送货的目的。

（四）配装

在单个客户配送数量不能达到车辆的有效载运负荷时，就存在如何集中不同客户的配送货物，进行搭配装载以便充分利用运能、运力的问题，这就需要配装。配装有别于一般性的送货还在于，通过配装可以大大提高送货水平及降低送货成本，同时能缓解交通流量过大造成的交通堵塞,减少运次,降低空气污染,所以,配装也是配送系统中具有现代特点的功能要素之一。

(五) 配送运输

配送运输属于运输中的末端运输、支线运输。它和其他运输形态的主要区别在于:配送运输是较短距离、较小规模、较高频度的运输形式,一般使用汽车作为运输工具。与干线运输的另一个区别是配送运输的路线选择问题是一般干线运输所没有的。干线运输的干线一般是唯一的运输路线,不可选择,而配送运输由于配送客户多、地点分散,一般集中在城市内或城郊且城市交通路线又较为复杂,存在空间和时间上的峰谷交替。如何组合最佳路线,如何使配装和路线选择有效搭配成为配送运输的工作难点,也是配送运输的特点。对于较为复杂的配送运输,需要利用数学模型规划整合来取得较好的运输效果。

(六) 送达服务

将配好的货物运输到客户处还不算配送工作的结束,这是因为送达货物和客户接受货物往往还会出现不协调,使配送前功尽弃。因此,要圆满地实现运到之货的移交,并有效地、方便地处理相关手续并完成结算,还应当讲究卸货地点、卸货方式等。送达服务也是配送独具的特色。

(七) 配送加工

配送加工是流通加工的一种,是按照客户的要求所进行的流通加工。在配送活动中,有时需要根据用户的要求或配送对象,为便于流通和消费,改进商品质量,促进商品销售,对商品进行套裁、简单组装、分装、贴标、包装等加工活动。配送加工这个功能要素在配送中具有普遍性,但往往具有重要的意义,通过配送加工,可以大大提高客户的满意程度。配送加工一般取决于客户的要求,加工目的较为单一。

三、配送的基本作业

配送功能决定了配送的基本作业,配送的基本作业是配送功能的实现,只有进行规范的配送,才能更好地实施配送。以下为配送的基本作业:

(一) 订单处理作业

配送中心的交易始于客户的询价、业务部门的报价,然后是订单的接收,业务部门需咨询出货日的库存状况、装卸货能力、配送加工负荷、包装能力、配送负荷等是否能满足客户需求。当无法按客户要求交货时,业务部门需进行协调。由于配送中心不随货收款,因此在订单处理时,需根据公司对客户的信用状况进行查核。另外,需统计该时段的订货数量,并调货、分配出货程序及数量。退货数据也在此阶段处理。此外,业务部门还需制定报价计算方式,做报价历史管理,制定客户订购最小批量、订货方式或订购结账截止。

(二) 采购作业

接受订单后,配送中心需向供货厂商或制造厂商订购商品。采购作业包括商品数量需求统计，向供货厂商查询交易条件，然后根据所需数量及供货厂商提供的经济订购批量提出采购单。采购单发出后则进行入库进货的跟催。

（三）进货入库作业

发出采购单后，入库进货管理员即可根据采购单上预定入库日期进行入库作业调度、入库月台调度；在商品入库当日进行入库资料查核、入库质检，当质量或数量不符时即进行适当修正或处理，并输入入库数据。入库管理员可按一定方式指定卸货及托盘堆叠。对于退回商品的入库还需经过质检、分类处理，然后登记入库。

商品入库后有以下两种作业方式：

(1) 商品入库上架，等候出库需求时再出货

商品入库上架需由计算机或管理人员按照仓库区域规划管理原则或商品生命周期等因素来指定储放位置并登记，以便日后的库存管理或出货查询。

(2) 直接出库

此时管理人员需按照出货需求将商品送往指定的出货码头或暂时存放地点。入库搬运过程中需由管理人员选用搬运工具、调派工作人员，并安排工具、人员的工作进程。

（四）库存管理作业

库存管理作业包括仓库库区管理及库存控制。仓库库区管理包括：商品在仓库区域内摆放方式、区域大小、区域分布等规划，商品进出仓库的控制——先进先出或后进先出，进出货方式的制定——商品所需搬运工具、搬运方式、仓储区货位的调整及变动。库存控制则需按照商品出库数量、入库所需时间等来制定采购数量及采购时间，并做采购时间预警系统；制定库存盘点方法，定期打印盘点清单，并根据盘点清单内容清查库存数、修正库存账目并制作盘盈盘亏报表。仓库区的管理还包括包装容器的使用与保管维修。

（五）补货及拣货作业

统计客户订单即可知道商品真正的需求量。在出库口，当库存数量满足出货需求量时，即可根据需求数量打印出库拣货单及各项拣货提示，进行拣货区域的规划布置，使拣货不至于缺货，这包括补货量及补货时点的制定、补货作业调度和补货作业人员调派。

（六）配送加工

在配送中心的各项作业中，配送加工能提高商品的附加价值。配送加工作业包括商品的分类、过磅、拆箱重包装、贴标签及商品组合包装。这就需要进行包装材料及包装容器的管理、组合包装规划的制定、流通加工包装工具的选用、流通加工作业的调度、作业人员的调派。

（七）出货作业

处理完成商品拣取及配送加工作业后，即可进行商品出货作业。出货作业包括：根据客户订单为客户打印出货单据，制定出货调度，打印出货批次报表、出货商品上所需地址标签及出货核对表；由调度人员决定集货方式，选用集货工具，调派集货作业人员，并决定运输车辆大小与数量；仓库管理人员或出货管理人员决定出货区域的规划布置及出货商品的摆放

方式。

(八) 配送作业

配送作业包括商品装车并实际配送。完成这些作业需事先规划配送区域的划分或配送路线安排,由配送路线选用的先后次序来决定商品装车顺序,并在商品配送途中进行商品跟踪、控制及配送途中意外状况的处理。

(九) 会计作业

商品出库后销售部门可根据出货数据制作应收账单,并将账单转入会计部门作为收款凭据;商品入库后,则由收货部门制作入库商品统计表,以作为供货厂商催款稽核之用,并由会计部门制作各项财务报表供经营政策制定及经营管理参考。

(十) 经营管理及绩效管理业务

经营管理和绩效管理可先由各个工作人员或中层管理人员提供各种信息与报表,包括出货销售统计数据、客户对配送服务的反馈报告、配送商品次数及所需时间报告、配送商品的失误率、仓库缺货率分析、库存损失率报告、机具设备损坏及维修报告、燃料耗材等使用量分析、外雇人员、机具、设备成本分析、退货商品统计报表、人力使用率分析等。然后根据各项活动及活动间的相关性,将作业内容相关性较大者或数据相关性较大者分成同一组群,并将这些组群视为计算机管理系统下的大结构。

除上述作业外,还需高层管理人员通过各种考核评估来实现配送中心的效率管理,并制定经营决策及方针。

四、配送的工艺流程

(一) 配送的一般流程

配送的一般流程基本上是这样一种运动过程:进货→存储→分拣→配货→配装→送货。配送作业是配送企业或部门运作的核心内容,因而配送作业流程的合理性以及配送作业效率的高低都会直接影响整个物流系统的正常运行。配送作业的一般流程如图 8.2 所示。

1. 进货亦即组织货源

进货方式有两种,订货或购货(表现为配送主体向生产商订购货物,由后者供货)。集货或接货(表现为配送主体收集货物,或者接收用所订购的货物)。前者的货物所有权(物权)属于配送主体,后者的货物所有权属于用户。

2. 储存

储存即按照用户提出的要求并依据配送计划将购到或收集到的各种货物进行检验,然后分门别类地储存在相应的设施或场所中,以备拣选和配货。储存作业一般都包括这样几道程序:运输→卸货→验收→入库→保管→出库。存储作业依产品性质、形状不同而形式各异。有的是利用仓库进行储存,有的是利用露天场地储存,特殊商品(如液体、气体)则需存存在特制的设备中。为了提高储存的作业效率及使储存环节合理化,目前,许多企业普遍采用了先进的储存技术和储存设备。例如,采用"先进先出"的储存方式进行作业,利用贯通式货架、重力式货架和计算机储存系统等储存货物。

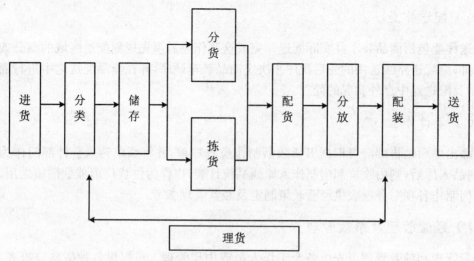

图 8.2　配送的一般作业流程

3. 分拣和配货

分拣和配货是同一个工艺流程中的两项有着紧密关系的经济活动。有时，这两项活动是同时进行和同时完成的（如散装物的分拣和配货）。在进行分拣、配货作业时，少数场合是以手工方式进行操作的，更多的场合是采用机械化或半机械化方式去操作的。如今，随着一些高新技术的相继开发和广泛应用，自动化的分拣、配货系统已在很多企业的配送中心建立起来，并且发挥了重要作用。

4. 送货

在送货流程中，包括这样几项活动：搬运、配装、运输和交货。其作业程序如下所示：配装→运输→交货。送货是配送的终结，故在送货流程中除了要圆满地完成货物的移交任务以外，还必须及时进行货款（或费用）结算。在送货这道工序中，运输是一项主要的经济活动。据此，在进行送货作业时，选择合理的运输方式和使用先进的运输工具，对于提高送货质量至关重要，就前者而言，应选择直线运输、配载运输（即充分利用运输工具的载重量和容积，合理安排装载的货物和载运方法的一种运输方式）方式进行作业。

（二）配送的特殊流程

在实践中，某些有特殊性质、形状的货物，其配送活动有许多独特之处。例如，液体状态的物质资料的配送就不存在配货、配装等工序，金属材料和木材等生产资料的配送常常附加流通加工工序。据此，在配送的一般流程的基础上，又产生了配送的特殊流程。其作业程序如下所示：

1. 进货→储存→分拣→送货

此为各类食品的配送工序。

2. 进货→储存→送货

此为煤炭等散货的配送流程。

3. 进货→加工→储存→分拣→配货→配装→送货

此为木材、钢材等长尺寸原材料和冷冻食品配送经常采用的作业工序。

长尺寸产品主要有金属材料、木材、水泥制品（如电杆、立柱）、竹材等。这些材料大多是生产资料，一般有比较稳定的、确定的配送地点。长尺寸材料一般为裸装或捆装，不采用外包装材料进行整体包装方式。

长尺寸材料配送的特殊之处，是没有复杂的分拣、配货一般配送流程中的复杂操作。但是，长尺寸材料往往只是用户的初级材料，在以往的生产方式中，这些初级材料要在用户进行"剪切、下料"等加工，配送方式广泛推行之后，这种类型的加工就转移到配送领域，变成了"流通加工"的对象。这些种类的材料，本身尺寸较长，重量较重，使用的量也较大，一般采用单独送货方式。

4. 进货→储存→加工→储存→装配→送货

此为机电产品小的散件、配件的中、小包装产品的配送流程。其是适合采用一般配送流程进行配送的主要产品群，也是最近几年兴起的 B-to-C 型电子商务所采取的主要配送流程。

配送的产品为各种包装形态及非包装形态的，能够混存混装的产品，主要是种类、品种、规格复杂多样的中、小件产品。主要有：百货、化妆品、纺织品、食品、饮料、小机电产品、仪表、电工产品、工具轴承、五金件、标准件、无腐蚀污染的化工及建材包装品、报纸、书籍、杂志、办公用品等。这一类产品的共同特点是，可以通过外包装改变组合数量；可以以内包装直接放入配送箱、盘等工具中；由于有确定包装，可以混载到车辆上、托盘上；产品个体尺寸都不大，可以大量存放于单元货格式等现代仓库之中。

配送工艺流程符合标准流程。其流程的重要特点是分拣、配货、配装的难度较大，也可以说这三项操作是工艺中的独特之处。这和这一类产品品种、规格多，而需求则是多品种少批量有关。每个用户需求种类多而单种数量少，配送又很频繁，这就必然要求有较复杂的理货、配货及配装工作。

第四节 配送模式及配送合理化

一、配送的作业目标

配送作业的总体目标：可以简单地概括为 7 个恰当（Right），即在恰当的时间、地点和恰当的条件下，将恰当的产品以恰当的成本和方式提供给恰当的消费者。为达到 7R，提高配送的服务质量和客户的满意度，降低配送成本，在实际的配送作业过程中，还要建立具体目标：快捷响应、最低库存、整合运输。

二、配送模式

配送模式是企业对配送所采取的基本战略和方法。根据国内外的发展经验及我国配送理论与实践，目前，主要形成了自营、共同配送、互用配送、第三方配送等几种配送模式。

（一）自营配送模式

自营配送模式是指企业物流配送的各个环节由企业自身筹建并组织管理，实现对企业内部及外部货物配送的模式。

这种模式有利于企业供应、生产和销售的一体化作业，系统化程度相对较高。既可满足企业内部原材料、半成品及成品的配送需要，又可满足企业对外进行市场拓展的需求。不足之处表现在，企业为建立的配送体系的投资规模将会大大增加，在企业配送规模较小时，配送的成本和费用也相对较高。

（二）共同配送模式

1. 共同配送模式的定义

共同配送是物流配送企业之间为了提高配送效率以及实现配送合理化所建立的一种功能互补的配送联合体。进行共同配送的核心在于充实和强化配送的功能，共同配送的优势在于有利于实现配送资源的有效配置，弥补配送企业功能的不足，促使企业配送能力的提高和配送规模的扩大，更好地满足客户需求，提高配送效率，降低配送成本。

2. 共同配送模式的类型

共同配送可以分为下述以货主为主体的共同配送和以物流业者为主体的共同配送。

（1）以货主为主体的协同配送

由有配送需求的厂家、批发商、零售商以及它们组建的新公司或合作社机构作为主体进行合作，解决个别配送的效率低下问题。这种配送又可分为发货货主主体型和进货货主主体型。

① 发货货主主体型

(a) 与客户的共同配送。用于采购零部件或原材料的运输车辆均可参与共同配送。

(b) 不同行业货主的共同配送。不跑空车让物流子公司与其他行业合作，装载回程货物或与其他公司合作进行往返运输。

(c) 集团系统内的共同配送。企业集团、大资本集团、零售商集团等的共同配送。

(d) 同行业货主的共同配送。集团协同配送，共同出资组建公司进行共同配送，建立合作社进行共同配送，通过同行业 VAN 增值网进行共同配送。

② 进货货主主体型

(a) 联购分销的共同配送，同一区域范围内的同业货主进行统一采购，分散销售的共同配送。

(b) 线路集货的共同配送，不同进货货主在同一运输线路上通过集货来降低运输成本的共同配送。

(c) 以大型零售业主导的共同配送，大型零售业为了追求物流效率化，并使配送活动能对应本企业店铺的各种需要，而建立窗口批发制度，由指定批发商统一几种不同厂商的产品，进行集中管理，统一输送。

（2）以物流业者为主体的协同配送

由提供配送的物流业者，或以它们组建的新公司或合作机构为主体进行合作克服个别配送的效率低下等问题。这一类共同配送又可分为公司主体型和合作机构主体型。

① 公司主体型

(a) 运送业者的共同配送：向特定交货点运送货物，交货业务合作化。

(b) 共同出资组建新公司开展共同配送：本地的运送公司（特别零担货物运输业者、包租业者）共同出资组建新公司开展送货到户业务。

② 合作机构主体型

(a) 运送业者组成合作机构开展共同配送：运送公司组成合作机构，将各成员在各自收集的货物或配送货物地区所收集的货物运到收配货据点，然后统一配送。

(b) 运送合作机构和批发合作机构合作，开展共同配送。共同设置收货和配货的据点，由运送公司达到合作机构统一承包批发商的集货和配货业务。

3. 开展共同配送的程序

① 研究物流共同化的可能性；② 参加的单位统一意志；③ 确立物流共同化的主体；④ 系统的设计；⑤ 办理有关手续（主要是行政手续）；⑥ 筹措资金；⑦ 工作开始的确认；⑧ 运营主体开始工作；⑨ 实施后的调查研究及工作改进。

（三）互用配送模式

1. 互用配送模式的定义

互用配送模式是几个企业为了各自利益，以契约的方式达成某种协议，互用对方配送系统而进行配送的模式。其优点在于企业不需要投入较大的资金和人力，就可以扩大自身的配送规模和范围，但需要企业有较高的管理水平以及与相关企业的组织协调能力。互用配送模式比较适合于电子商务条件下的 B-to-B 交易方式。

2. 与共同配送模式相比较，互用配送模式的特点

(1) 共同配送模式旨在建立配送联合体，以强化配送功能为核心，为社会服务；而互用配送模式旨在提高自己的配送功能，以企业自身服务为核心。

(2) 共同配送模式旨在强调联合的共同作用，而互用配送模式旨在强调企业自身的作用。

(3) 共同配送模式的稳定性较强，而互用配送模式的稳定性较差。

(4) 共同配送模式的合作对象需是经营配送业务的企业，而互用配送模式的合作对象既可以是经营配送业务的企业，也可以是非经营业务的企业。

（四）第三方配送模式

随着物流产业的不断发展以及第三方配送体系的不断完善，第三方配送模式应成为工商企业和电子商务网站进行货物配送的一个首选模式和方向。第三方配送模式的运作形式如图 8.3 所示。

三、配送合理化

（一）不合理配送的表现形式

对于配送合理与否，不能简单判定，也很难有一个绝对的标准。例如，企业效益是配送的重要衡量标志，但是，在决策时常常考虑各个因素，有时要做赔本买卖。所以，配送的决策是全面、综合决策，在决策时要避免由于不合理配送所造成的损失，但有时某些不合理现象是伴生的,要追求大的合理,就可能派生小的不合理,所以,虽然这里只单独论述不合理配送的表现形式,但要防止绝对化。

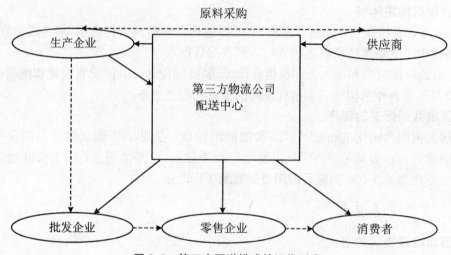

图 8.3　第三方配送模式的运作形式

1. 资源筹措的不合理

配送是利用较大批量筹措资源,通过筹措资源达到规模效益来降低资源筹措成本,使配送资源筹措成本低于用户自己筹措资源成本,从而取得优势。如果不是集中多个用户需要进行批量筹措资源,而仅仅是为某一两户代购代筹,对用户来讲,就不仅不能降低资源筹措费,相反却要多支付一笔配送企业的代筹代办费,因而是不合理的。资源筹措不合理还有其他表现形式,如配送量计划不准,资源筹措过多或过少,在资源筹措时不考虑建立与资源供应者之间长期稳定的供需关系等。

2. 库存决策不合理

配送应充分利用集中库存总量低于各用户分散库存总量,从而大大节约社会财富,同时降低用户实际平均分摊库存负担。因此,配送企业必须依靠科学管理来实现一个低总量的库存,否则就会出现单是库存转移,而未取得库存总量降低的效果。配送企业库存决策不合理还表现在储存量不足,不能保证随机需求,失去了应有的市场。

3. 价格不合理

总的来讲,配送的价格应低于不实行配送时,用户自己进货时产品购买价格加上自己提货、运输、进货之成本总和,这样才会使用户有利可图。有时候,由于配送有较高服务水平,价格稍高,用户也是可以接受的,但这不是普遍的原则。如果配送价格普遍高于用户自己进货价格,损伤了用户利益,就是一种不合理表现。价格过低,使配送企业在无利或亏损状态下运行,会损伤销售者,也是不合理的。

4. 配送与直达的决策不合理

一般的配送总是增加了环节,但是这个环节的增加,可降低用户平均库存水平,以此不但抵消了增加环节的支出,而且还能取得剩余效益。但是如果用户使用批量大,可以直接通过社会物流系统均衡批量进货,较之通过配送中转送货则可能更节约费用,所以,在这种情况下,不直接进货而通过配送,就属于不合理范畴。

5. 送货中不合理运输

配送与用户自提比较,尤其对于多个小用户来讲,可以集中配装一车送几家,这比一家一户自提,可大大节省运力和运费。如果不能利用这一优势,仍然是一户一送,而车辆达不到满载(即时配送过多、过频时会出现这种情况),则就属于不合理。

此外,不合理运输若干表现形式,在配送中都可能出现,会使配送变得不合理。

6. 经营观念的不合理

在配送实施中,有许多是经营观念不合理,使配送优势无从发挥,相反却损坏了配送的形象。这是开展配送时尤其需要注意克服的不合理现象。例如,配送企业利用配送手段,向用户转嫁资金、库存困难;在库存过大时,强迫用户接货,以缓解自己库存压力;在资金紧张时,长期占用用户资金;在资源紧张时,将用户委托资源挪做他用获利等。

(二)配送合理化

对于配送合理化与否的判断,是配送决策系统的重要内容,目前国内外尚无一定的技术经济指标体系和判断方法,按一般认识,以下若干标志是应当纳入的。

1. 库存标志

库存是判断配送合理与否的重要标志。具体指标有以下两方面:

(1) 库存总量

在一个配送系统中,库存是从分散于各个用户转移到配送中心施行一定程度的集中库存。在实行配送后,配送中心库存数量加上各用户在实行配送后库存数量之和应低于实行配送前各用户库存量之和。

(2) 库存周转

由于配送企业具有调剂作用,以低库存保持高的供应能力,库存周转一般总是快于原来各企业库存周转。此外,从各个用户角度进行判断,各用户在实行配送前后的库存周转比较,也是判断合理与否的标志。

2. 资金标志

总的来讲,实行配送应有利于资金占用降低及资金运用的科学化。具体判断标志如下:

(1) 资金总量

用于资源筹措所占用流动资金总量,随储备总量的下降及供应方式的改变必然有一个较大的降低。

(2) 资金周转

从资金运用来讲,由于整个节奏加快、资金充分发挥作用,同样数量资金,过去需要较长时期才能满足一定供应要求,采用配送之后,在较短时期内就能达此目的。所以资金周转是否加快,是衡量配送合理与否的标志。

(3) 资金投向的改变

资金分散投入还是集中投入,是资金调控能力的重要反映。实行配送后,资金必然应当从分散投入改为集中投入,以能增加调控作用。

3. 成本和效益

总效益、宏观效益、微观效益、资源筹措成本都是判断配送合理化的重要标志。对于不同的配送方式,可以有不同的判断侧重点;例如,配送企业、用户都是各自独立的以利润为中心的企业,则不但要看配送的总效益,而且还要看对社会的宏观效益及两个企业的微观效益,不顾及任何一方,都必然出现不合理。又例如,如果配送是由用户集团自己组织的,配送主要强调保证能力和服务性,那么,效益主要从总效益、宏观效益和用户集团企业的微观效益来判断,不必过多顾及配送企业的微观效益。

由于总效益及宏观效益难以计量,在实际判断时,常以按国家政策进行经营,完成国家税收及配送企业及用户的微观效益来判断。对于配送企业而言(在满足用户要求,即投入确定了的情况下),则企业利润反映配送合理化程度。对于用户企业而言,在保证供应水平或提高供应水平(产出一定)前提下,供应成本的降低,反映了配送的合理化程度。

4. 供应保证标志

实行配送,各用户的最大担心是害怕供应保证程度降低,这并不简单是个心态问题,更是可能要承担风险的实际问题。配送的重要一点是必须提高而不是降低对用户的供应保证能力,才算实现了合理。供应保证能力可以从以下方面判断:

(1) 缺货次数

实行配送后,必须下降才算合理。

(2) 配送企业集中库存量

对每一个用户来讲,其数量所形成的保证供应能力高于配送前单个企业保证程度。

(3) 即时配送的能力及速度

即时配送的能力及速度是用户出现特殊情况的特殊供应保障方式,这一能力必须高于未实行配送前用户紧急进货的能力及速度才算合理。

特别需要强调一点,配送企业的供应保障能力,是一个科学的合理的概念,而不是无限的概念。具体来讲,如果供应保障能力过高,超过了实际的需要,属于不合理。所以追求供应保障能力的合理化也是有限度的。

5. 社会运力节约标志

末端运输是目前运能、运力使用不合理,浪费较大的领域,因而人们寄希望于配送来解决这个问题。这也成了配送合理化的重要标志。

运力使用的合理化是依靠送货运力的规划和整个配送系统的合理流程及与社会运输系统合理衔接实现的。送货运力的规划是任何配送中心都需要花力气解决的问题,可以简化判断如下:社会车辆总数减少,而承运量增加;社会车辆空驶减少;一家一户自营运输减少,社会化运输增加。

6. 用户企业仓库、供应、进货、人力、物力节约标志

配送的重要作用是以配送代劳用户。因此,实行配送后,各用户库存量、仓库面积、仓库管理人员减少才为合理;用于订货、接货、供应的人减少才为合理。真正解除了用户的后顾之忧,配送的合理化程度则可以说是一个高水平了。

7. 物流合理化标志

配送必须有利于物流合理。这可以从以下几方面判断:是否降低了物流费用;是否减少了物流损失;是否加快了物流速度;是否发挥了各种物流方式的最优效果;是否有效衔接了干线运输和末端运输;是否不增加实际的物流中转次数;是否采用了先进的管理方法及技术手段。

物流合理化的问题是配送要解决的大问题,也是衡量配送本身的重要标志。

(三) 配送合理化可采取的做法

国内外推行配送合理化,有一些可供借鉴的办法,简介如下。

1. 推行一定综合程度的专业化配送

通过采用专业设备、设施及操作程序,取得较好的配送效果并降低配送过分综合化的复杂程度及难度,从而追求配送合理化。

2. 推行加工配送

通过加工和配送结合,充分利用本来应有的中转,而不增加新的中转求得配送合理化。同时,加工借助于配送,加工目的更明确和用户联系更紧密,更避免了盲目性。这两者有机结合,投入不增加太多却可追求两个优势、两个效益,是配送合理化的重要经验。

3. 推行共同配送

通过共同配送可以以最近的路程、最低的配送成本完成配送,从而追求合理化。

4. 实行送取结合

配送企业与用户建立稳定、密切的协作关系,配送企业不仅成了用户的供应代理人,而且承担用户储存据点的作用,甚至成为产品代销人,在配送时,将用户所需的物资送到,再将该用户生产的产品用同一车运回,这种产品也成了配送中心的配送产品之一,或者作为代存代储,免去了生产企业库存包袱。这种送取结合,使运力充分利用,也使配送企业功能有更大的发挥,从而追求合理化。

5. 推行准时配送系统

准时配送是配送合理化的重要内容。配送做到了准时,用户才有资源把握,可以放心地实施低库存或零库存,可以有效地安排接货的人力、物力,以追求最高效率的工作。另外,保证供应能力,也取决于准时供应。从国外的经验看,准时供应配送系统是现在许多配送企业追求配送合理化的重要手段。

6. 推行即时配送

作为计划配送的应急手段,即时配送是最终解决用户企业担心断供之忧、大幅度提高供应保证能力的重要手段。即时配送是配送企业快速反应能力的具体化,是配送企业能力的体现。

即时配送成本较高,但它是整个配送合理化的重要保证手段。此外,用户实行零库存,即时配送也是重要手段保证。

第五节 配送线路设计

一、线路设计的意义

配送运输由于配送方法的不同,其运输过程也不尽相同,影响配送运输的因素很多,如车流量的变化、道路状况、客户的分布状况和配送中心的选址、道路交通网、车辆额定载重量以及车辆运行限制等。配送线路设计就是整合影响配送运输的各因素,适时适当地利用现有的运输工具和道路状况,及时、安全、方便、经济地将客户所需的不同物资准确送达客户手中,以便提供优良的物流配送服务。

在配送运输线路设计时,需根据不同客户群的特点和要求,选择不同的线路设计方法,最终达到节省时间、运行距离和运行费用的目的。

二、节约里程法的线路设计

在配送线路的设计中,当由一个配送中心向多个客户共同送货,在同一条线路上的所有客户的需求量总和不大于一辆车的额定载重量时,由这辆车配装着所有客户需求的货物,按照一条预先设计好的最佳线路依次将货物送到每一个客户手中,这样即可保证按需将货物及时交送,同时又能节约行驶里程,缩短整个送货的时间,节约费用,也能客观上减少交通流量,缓减交通紧张的压力。一般采用节约里程法(节约法)来进行配送线路设计。

(一)节约法的约束条件

最佳的配送线路应满足下列条件:
① 车辆高效率运行;② 所需车辆最少;③ 运距最短;④ 所需时间最少;⑤ 配送成本最低。
除此以外还应满足下列条件,满足所有顾客的需求,各配送线路的货物量不得超过车辆的限载量与车辆容积限制,必须按配送计划所制定的时刻表进行配送,不得超过规定时间。

(二)节约法的基本假设

(1) 配送的是同一种货物;
(2) 已知各用户的坐标及需求量;
(3) 在配送能力范围内。

(三)节约法的基本思想

假设由一个配送中心 P_0 分别向 N 个用户 $P(=1,2,\cdots,N)$ 配送货物,在汽车载重量和容积允许的前提下,每辆汽车在配送线路上经过的客户个数越多,配送线路就越合理,总配送距离就越小。

(四)求解步骤

1. 送货方案比较

如图 8.4(a)所示,o 点为配送中心所在地,i 和 j 为客户所在地,三者相互间关系如图所示;如图 8.4(b)所示,o 点为配送中心所在地,i 和 j 为客户所在地,三者相互间关系如图所示。

比较方案 (a)、(b)。
$$D_a - D_b = (2d_{oi} + 2d_{oj}) - (d_{oi} + d_{ij} + d_{oj})$$
$$= d_{oi} + d_{oj} - d_{ij} > 0$$

方案 (a)优于方案 (b)。
节约里程数(节约量)
$$S_{ij} = d_{oi} + d_{oj} - d_{ij}$$

2. 求解步骤

(1) 第一步:首先计算相互之间最短距离(包括配送中心至各用户之间,用户与用户之

间),得出最短配送线路距离矩阵;

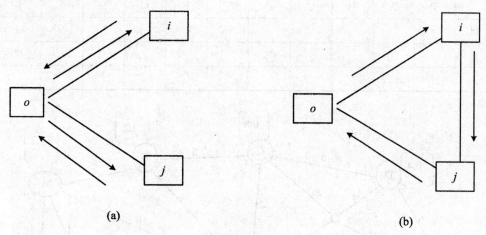

图 8.4

(2) 第二步:从最短配送线路距离矩阵中计算出各用户之间的配送线路节约行程图;
(3) 第三步:对节约行程按大小顺序进行排列;
(4) 第四步:按照配送线路节约行程排序表,组合成配送线路图。
① 初始解;
② 二次解;
③ 三次解;
……
n 最终解。

例 8.1

如图 8.5 所示为一配送网络,P 为配送中心所在地,A~J 为客户所在地,括号内的数字为配送量,单位为吨(t),线路上的数字为道路距离,单位为公里(km)。现有可以利用的车辆是最大装载量为 2 吨和 4 吨的两种厢式货车,并限制车辆一次运行距离在 30 公里以内。为了尽量缩短车辆运行距离,请求出最佳配送路线。

求解:第一步:首先计算相互之间最短距离,绘出最短配送线路距离矩阵表,如表 8.2 所示。

表 8.2 最短距离矩阵

	P	A	B	C	D	E	F	G	H	I	J
P		10	9	7	8	8	8	3	4	10	7
A			4	9	14	18	18	13	14	11	4
B				5	10	14	17	12	13	15	8
C					5	9	15	10	11	17	13
D						6	13	11	12	18	15
E							7	10	12	18	15
F								6	8	17	15
G									2	11	10

续表

	P	A	B	C	D	E	F	G	H	I	J
H										9	11
I											8
J											

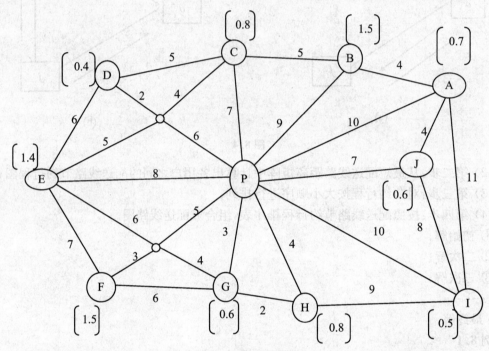

图 8.5　配送网络图

第二步：从最短配送线路距离矩阵中计算出各用户之间的配送线路节约行程，绘出节约行程图，如表 8.3 所示。

表 8.3　节约里程项目表

	A	B	C	D	E	F	G	H	I	J
A		15	8	4	0	0	0	0	9	13
B			11	7	3	0	0	0	4	8
C				10	6	0	0	0	0	1
D					10	3	0	0	0	0
E						9	1	0	0	0
F							5	4	1	0
G								5	2	0
H									5	0
I										9
J										

例如：A—B 的节约里程计算为
$$S_{AB} = d_{PA} + d_{PB} - d_{AB} = 10 + 9 - 4 = 15（千米）$$
依此类推可求解出其他各用户之间的配送线路节约行程。

第三步：对节约行程按大小顺序进行排列，如表 8.4 所示。

表 8.4 节约里程项目分类表

顺位	连接线	节约里程(km)	顺位	连接线	节约里程(km)
1	A—B	15	13	F—G	5
2	A—J	13	13	G—H	5
3	B—C	11	13	H—I	5
4	C—D	10	16	A—D	4
4	D—E	10	16	B—I	4
6	A—I	9	16	F—H	4
6	E—F	9	19	B—E	3
6	I—J	9	19	D—F	3
9	A—C	8	21	G—I	2
9	B—J	8	22	C—J	1
11	B—D	7	22	E—G	1
12	C—E	6	22	F—I	1

第四步：作成配送路线，从节约项目分类表中，按节约里程大小的顺序，组成路线图。

从配送中心 P 向各个用户配送，配送路线共 10 条，车辆共 10 台，总运行距离为 148 千米。
$$(10+9+7+8+8+8+3+4+10+7) \times 2 = 148（千米）$$

按节约里程由大到小的顺序，首先节约最大的是 A—B、A—J、B—C，把它们连接在一起形成路线甲 P→J→A→B→C→P，装载量为 3.6 吨，行走距离 27 公里，均符合条件要求。此时配送路线共 7 条，总运行距离为 109 公里，车辆台数为 2 吨车 6 台，4 吨车 1 台。如图 8.6 所示。

其次，节约里程最大的是 C—D、D—E。两者都有可能与二次解的路线甲连接在一起，但由于路线甲的车辆载重量和行走距离有限，D 加入路线甲后行走距离为 33 公里，故不能再增加收货点，为此略去 C—D 而连接 D—E。此时配送路线为 6 条，总运行距离为 99 公里，车辆台数为 2 吨车 5 台，4 吨车 1 台。如图 8.7 所示。

接下来节约里程大的是 A—I 和 E—F。由于 A 已组合在完成的路线甲中，不能再增加，所以略去 A—I 而将 E—F 连接到路线乙上，如图 8.8 所示。此时装载量为 3.3 吨，行走距离 29 公里，均符合条件要求。此时配送路线为 5 条，总运行距离为 90 公里，车辆台数为 2 吨车 3 台，4 吨车 2 台。如图 8.8 所示。

按节约里程顺序由大到小排列出 I—J、A—C、B—J、B—D 和 C—E。由于同一组中总有一头或两头包含在已完成路线甲中，故不能再作出新的路线。考虑把下一组 F—G 组合到路线乙中，总装载量为 3.3 吨，行走距离 29 公里，均未超出限制条件。此时配送路线为 4 条，总运行距离为 85 公里，车辆台数为 2 吨车 2 台，4 吨车 2 台。如图 8.9 所示。

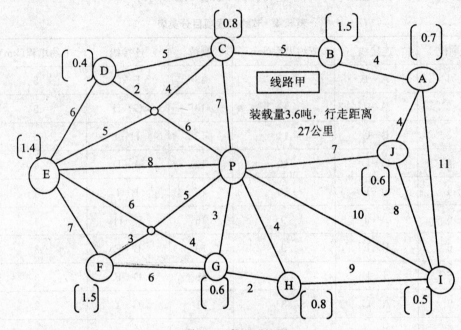

图 8.6 配送网络图

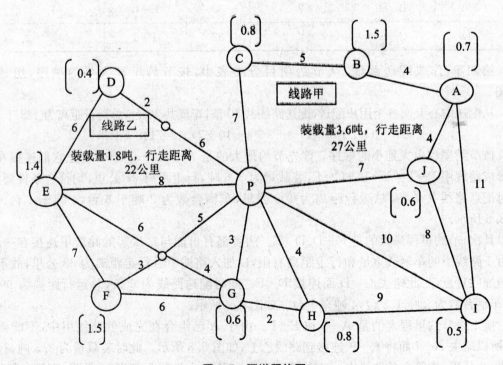

图 8.7 配送网络图

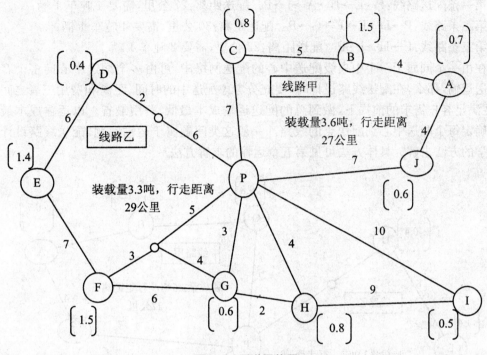

图 8.8 配送网络图

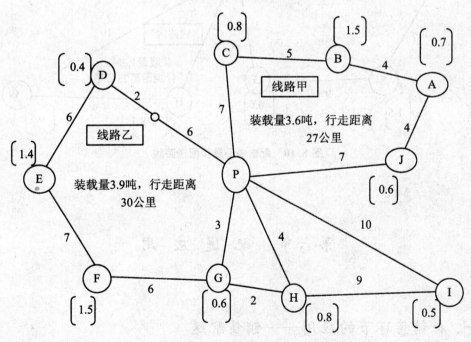

图 8.9 配送网络图

接下来的节约里程大小顺序为 G—H,由于受条件限制,故 H 不能再组合到配送路线乙中,所以不再连接 G—H,而连接 H—I 组成新的配送路线丙。现共有配送路线为 3 条,总运行距离为 80 公里,车辆台数为 2 吨车 1 台,4 吨车 2 台。如图 8.10 所示。

答案:

第一条配送路线:P→C→B→A→J→P　配送距离:27公里,需要4吨车1辆;
第二条路线:P→D→E→F→G→P　配送距离:30公里,需要4吨车1辆;
第三条路线:P→H→I→P　配送距离:23公里,需要2吨车1辆。

在由一个同属于一个中央级配送中心的配送网络中,可由多个配送中心向多个客户进行配送运输,那么,在配送线路设计时,要充分考虑配送中的时间、距离和费用三者之间的关系,在满足客户需求的前提下,做到总的配送运输成本最低、费用最省。以运输成本最小为原则确定每个配送中心到配送点的线路。一般这类问题属于运输问题,配送线路设计可用运筹学的方法求解。具体方法可见第五章运输的求解方法。

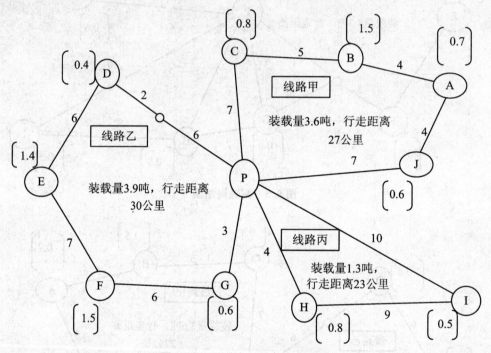

图8.10　配送中心最佳配送路线

第六节　配送应用

一、在销售环节的应用——销售配送

销售配送是销售性企业或销售企业作为销售战略一环,进行的促销型配送,或者是和电子商务网站配套的销售型配送。这种配送的配送对象往往是不固定的,用户也往往是不固定的,配送对象和用户依据对市场的占有情况而定,配送的经营状况也取决于市场状况,配送随机性较强而计划性较差。各种类型的商店配送、电子商务网站配送一般都属于销售配送。

用配送方式进行销售是扩大销售数量、扩大市场占有率、更多获得销售收益的重要方式。由于是在送货服务前提下进行的活动,所以也受到用户欢迎。

销售配送的经营管理模式有以下几种:

(一)电子商务的销售配送

1. 和 B-to-C 电子商务配套的"门到人"销售配送

这种销售配送的用户是以生活资料为主体的最终消费者。这就决定在管理上要面临数量庞大的用户、需求不稳定的用户、个性化及突发性需求的用户、每次需求品种及数量都较小的用户,当然,在这种情况下,很难实行计划配送,因而有非常大的管理难度。

2. 和 B-to-B 电子商务配套的"门到门"配送

这种销售配送的用户是以生产资料为主体的企业,或是以零售为主的商业企业。这些用户的特点是需求品种规格较多、数量较大、需求较稳定而且用户的数量确定,用户的随机性较小。所以,这种类型的销售配送,比较容易建立精细的计划管理。

在网络经济时代中,和虚拟网上交易相配套,利用配送方式将网上销售的商品送交用户,这是网络经济运行中必须要做的事情,销售配送作为电子商务重要的支撑力量,是不可缺少的,因而也是"新经济"的一种经济活动方式。

(二)批发分销型销售配送

批发分销型销售配送的应用领域主要是大型商业批发企业,大型工业、农业企业在国际贸易中或全国性、大范围的批发分销。

(三)零售型销售配送

零售销售配送是面向广大消费者的配送,主要是"门到人"和"门到门"方式的配送。零售型销售配送可以采用电子商务的交易方式,也可以采用电话订货、传真订货、通信订货以及现在广泛采用的商店购货等方式进行交易活动,然后采用"商物分离"的方式,由配送中心或者商店进行配送。这是通用的配送方式,前面所讲的和电子商务配套的销售配送只是其中的一个类型。

二、在供应环节的应用——供应配送

供应配送往往是针对特定的用户,用配送方式满足这些特定用户的供应需求的配送方式。这种方式配送的对象是确定的,用户的需求是确定的,用户的服务要求也是确定的,所以,这种配送可以形成较强的计划性、较为稳定的渠道,有利于提高配送的科学性和强化管理。

供应配送有两种方式:

(一)由本企业自己组织企业供应需求的配送

这种配送组织管理方式多发生在巨型企业和集团企业。这种类型的企业可以实行统一订货、集中库存准时配送的方式,以保证车间和分厂或分公司的供应配送服务,甚至可以达到"零库存"的配送供应服务。由于是在同一企业之内,可以建立比较完善的信息系统,有统一的计划、指挥系统,可以做到企业内需求和供应的同步,有较强的科学性。

（二）由社会物流服务商进行供应配送

这种配送组织管理方式,是由社会物流服务商对某一企业或者若干企业的供应需求实行统一订货、集中库存、准时配送或其他配送服务的方式,依靠社会物流服务商的专业配送服务,可以使企业专注于本身的核心竞争力和核心生产力,把供应服务委托给专业第三方物流企业去做,往往可以取得更好的供应保障和更低的成本。

这种供应配送按用户送达要求的不同可以分为以下几种形式。

1. "门到门"配送

它即由配送企业将用户供应需求配送到用户"门口",以后的事情由用户自己去做,有可能在用户企业内部进一步延伸成企业内的配送。

2. "门对库"供应配送

它是由配送企业将用户供应需求直接配送到企业内部各个环节的仓库。

3. "门到线"供应配送

它由配送企业将用户的供应需求直接配送到生产线。显然,这种配送可以实现企业的"零库存",对配送的准时性和可靠性要求较高。

三、供应、销售一体化配送

它是由生产企业或者是销售企业以自己生产和经营的产品供应给用户的配送形式。第三方物流只是受用户之委托,以自己的专业特长和配送渠道代理用户进行供应,而不是货物的所有者。货物所有者在实现销售的同时对用户完成了供应,这是在有连锁产品关系的企业之间、子企业和母企业之间经常采用的方式。这种方式对销售者来讲,能获得稳定的用户和销售渠道,有利于本身的稳定和持续发展,有利于强化与用户关系并取得销售经营的收益。对于用户来讲,能获得稳定的供应,可大大节约本身组织供应所耗用的人力、物力、财力,因而对供应保证程度可望大大提高。

供应——销售一体化的配送,是配送经营中的重要形式,这种形式有利于形成稳定的供需关系,有利于采取先进的计划手段和技术手段,有利于保持流通渠道的畅通稳定。

思考与练习

1. 试述配送的含义。
2. 试述配送在物流管理中的作用和地位。
3. 简述配送的基本环节内容。
4. 配送的要素有哪些?
5. 配送业务的组织有哪几种模式?
6. 简述配送的一般流程。
7. 举例说明配送如何应用于现实生活中的企业管理。
8. 某配送中心有8项运输任务(编号为1,2,…,8),各任务的货运量R_i由表8.5给出。这些任务由配送中心载重量为6吨的车辆和4吨的车辆来完成,每辆车的最大运输距离为45千米。各点之间的距离如图8.11所示。试为该配送中心编制一个配送计划。

表 8.5　某配送中心运输任务表

P_i	1	2	3	4	5	6	7	8
$R_i(t)$	2	1.5	2.5	3.6	1.2	1.3	1.2	2.2

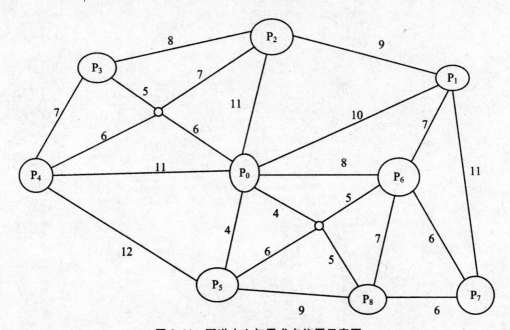

图 8.11　配送中心与需求点位置示意图

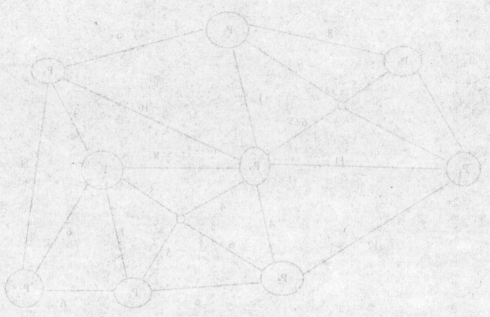

第三部分

物流企业管理

第九章 配送中心管理

 学习目标

通过本章学习,你应该能够:
- 掌握配送中心的有关概念及功能;
- 掌握配送中心选址的原则和影响配送中心布点的各种因素;
- 掌握分拣作业与车辆配装的操作;
- 了解配送中心的形成和发展;
- 了解几种典型的配送中心的模式和类型;
- 了解配送中心管理的内容和一般岗位设置;
- 熟悉配送中心选址的方法。

引入案例一 北京市食品配送中心

北京市食品配送中心的前身是北京市禽类加工厂。1989年,为解决在京召开的第十一届亚运会运动员餐厅的副食品配送问题,由北京市第二商业局组织建立该食品配送中心。中心占地面积91332平方米,固定资产3541万元,其中有5740平方米的食品分拣库和日储5000吨的食品冷库,具有生产、加工、整理和集中采购、综合配送的功能。

食品配送中心开展副食品配送业务,有着得天独厚的条件:① 配送中心所属北京市食品工贸集团总公司下辖15个市级专业批发和工业生产公司,70多个生产厂,生产的商品包括蛋、酒、肉、菜、糖、酱、醋、茶等近3000种,这些商品都是日常生活所必需的,并且具有价低、流量大等特点,需要配送这种物流形式;② 具有比较现代化的设施设备和多年的业务经验,并已经形成比较稳定的供货渠道。

在具体运作上,分两步走,第一步先解决已有业务联系的超市连锁店的配送、同时确定了以系统外开办的超市连锁店为主要配送目标。第二步是把系统外包括粮食、百货、水产、杂品等生产厂家的大众化商品组织进来配送到系统内。

在制定和完善配送服务措施上,配送中心从以下四方面入手:① 配送商品保持低价位;② 拆整化零,对小型连锁店实施多品种小批量送货;③ 专人、专车、专点送货,并按商店要求将商品直接送至货架;④ 加强电脑网络建设,重点投资开发计算机管理系统,提高配送规范化、科学化水平。

配送中心在提出建立配送网络的构思后,得到了众多厂家和商家的响应,特别是本市混鹏集团、华都集团、王府井连锁总公司、天客隆、物美等都愿意通过签约方式与配送中心合作。截止到1997年底已同80多个连锁总店及分店建立了商品配送业务关系,并对王府井、天客隆等大型连锁企业实施了总店订货、结算、配送至分店的配送方式。

引入案例二　沃尔玛——快速高效的物流配送中心

物流配送中心一般设立在100多家零售店的中央位置,也就是配送中心设立在销售主市场。这使得一个配送中心可以满足100多个附近周边城市的销售网点的需求;另外运输的半径既比较短又比较均匀,基本上是以320公里为一个商圈建立一个配送中心。

沃尔玛各分店的订单信息通过公司的高速通信网络传递到配送中心,配送中心整合后正式向供应商订货。供应商可以把商品直接送到订货的商店,也可以送到配送中心。有人这样形容沃尔玛的配送中心:这些巨型建筑的平均面积超过11万平方米,相当于24个足球场那么大;里面装着人们所能想象到的各种各样的商品,从牙膏到电视机,从卫生纸到玩具,应有尽有,商品种类超过8万种。

沃尔玛在美国拥有62个以上的配送中心,服务着4000多家商场。这些中心按照各地的贸易区域精心部署,通常情况下,从任何一个中心出发,汽车可在一天内到达它所服务的商店。

在配送中心,计算机掌管着一切。供应商将商品送到配送中心后,先经过核对采购计划、商品检验等程序,分别送到货架的不同位置存放。当每一样商品储存进去的时候,计算机都会把它们的方位和数量一一记录下来;一旦商店提出要货计划,计算机就会查找出这些货物的存放位置,并打印出印有商店代号的标签,以供贴到商品上。整包装的商品将被直接送上传送带,零散的商品由工作人员取出后,也会被送上传送带。商品在长达几公里的传送带上进进出出,通过激光辨别上面的条形码,把它们送到该送的地方去,传送带上一天输出的货物可达20万箱。对于零散的商品,传送带上有一些信号灯,有红的、有黄的、有绿的,员工可以根据信号灯的提示来确定商品应该被送往的商店,来取这些商品,并将取到的商品放到一个箱子当中,以避免浪费空间。

配送中心的一端是装货平台,可供130辆卡车同时装货,在另一端是卸货平台,可同时停放135辆卡车。配送中心24小时不停地运转,平均每天接待的装卸货物的卡车超过200辆。沃尔玛用一种尽可能大的卡车运送货物,大约有16米加长的货柜,比集装箱运输卡车还要长或者更高。在美国的公路上经常可以看到这样的车队,沃尔玛的卡车都是自己的,司机也是沃尔玛的员工,他们在美国的各个州之间的高速公路上运行,而且车中的每立方米都被填得满满的,这样非常有助于节约成本。

公司6000多辆运输卡车全部安装了卫星定位系统,每辆车在什么位置、装载什么货物、目的地是什么地方,总部都一目了然。因此,在任何时候,调度中心都可以知道这些车辆在什么地方,离商店还有多远,他们也可以了解到某个商品运输到了什么地方,还有多少时间才能运输到商店,对此,沃尔玛可精确到小时。如果员工知道车队由于天气、修路等某种原因耽误了到达时间,装卸工人就可以不用再等待,而可以安排别的工作。

灵活高效的物流配送使得沃尔玛在激烈的零售业竞争中技高一筹。沃尔玛可以保证,商品从配送中心运到任何一家商店的时间不超过48小时,沃尔玛的分店货架平均一周可以补货两次,而其他同业商店平均两周才能补一次货;通过维持尽量少的存货,沃尔玛既节省了存储空间又降低了库存成本。

经济学家斯通博士在对美国零售企业的研究中发现,在美国的三大零售企业中,商品物流成本占销售额的比例在沃尔玛是1.3%,在凯马特是8.75%,在希尔斯则为5%。如果年销售额都按照250亿美元计算,沃尔玛的物流成本要比凯马特少18.625亿美元,比希尔斯少4.25亿美元,其差额大得惊人。

思考题:为什么沃尔玛配送中心的物流成本比同行零售业低?

配送中心是物流系统中一种现代化的物流结点,尤其是城市物流领域,配送中心对于实行城市和区域范围的配送,优化城市和区域范围的物流系统起到很大的作用。在连锁商业和连锁服务业领域,配送中心已经成为这个商业系统的有机结构,上海华联的配送中心可以支持1000个连锁超市,商业发展在很大程度上也依托于配送中心的建设。

第一节 配送中心概述

一、配送中心(Distribution Center)的概念

对于配送中心的认识,国内外有不同的解释,主要有以下几种代表性的观点。

(一)标准的定义

接受并处理末端用户的订货信息,对上游运来的多品种货物进行分拣,根据用户订货要求进行拣选、加工、组配等作业,并进行送货的设施和机构。

(二)《现代物流学》的定义

配送中心是从事货物配备(集货、加工、分货、拣选、配货)和组织对用户的送货,以高水平实现销售或供应的现代流通设施。

(三)日本《市场用语词典》的解释

配送中心是一种物流结点,它不以储藏仓库的这种单一的形式出现,而是发挥配送职能的流通仓库,也称作基地、据点或流通中心。配送中心的目的是降低运输成本、减少销售机会的损失,为此建立设施、设备并开展经营、管理工作。

(四)日本《物流手册》的定义

从供应者手中接受多种大量的货物进行倒装、分类、保管、流通加工和情报处理等作业,然后按照众多需要者的订货要求备齐货物,以令人满意的服务水平进行配送的设施。

(五)中国国家标准《物流术语》的定义

简单地说,配送中心就是从事配送业务的物流场所或组织。它应基本符合下列要求:辐射范围小;完善的信息网络;多品种、小批量;以配送为主、储存为辅;主要为特定的客户服务;配送功能健全。

不论国内外如何认识配送中心,定义如何不同,但对于配送中心的现实功能和功能目的的认识是一致的,就是配送中心是配送业务活动的聚集地和发源地,其功能目的是按照客户的要求为客户提供高水平的供货服务。至于配送中心是一种物流设施还是物流活动组织则要看配送中心的经济功能定位。

二、配送中心的形成与发展

对配送中心的认识,我们要看看配送中心的形成和发展。很多学者认为,配送中心是在仓库的基础上发展起来的,仓库的基本功能就是保管、储存各种物资,随着社会经济的发展,生产总量的逐步扩大,仓库的功能也在不断地演化和分化。在我国明代就曾出现过有别于传统仓库功能的转运仓库,叫作"转搬仓"。新中国成立后,为适应计划经济体制,我国出现了大量以衔接流通为职能的"转运仓库",中转仓库的进一步发展和仓库业务能力的增加,出现了相当规模和数量的"储运仓库"。现阶段,我国一部分物流企业和配送中心就是由储运仓库通过功能拓展而发展起来的。

在国外,发达国家为了实现物流合理化进行了积极的探索,在经济复兴和经济高速发展时期,流通状况存在着诸多问题,比如物流分散、道路拥挤、运输效率低而流通费用高等。美国"20世纪财团"曾组织过一次调查,发现"以商品零售价格为基数进行计算,流通费用所占的比例达59%,其中大部分是物流费用"。流通结构分散和物流费用逐年上升,严重阻碍了生产发展和企业利润率的提高。在这种形势下,改变传统的物流方式,采用现代化的物流技术,进一步提高物流合理化程度,成为实业界人士的共同要求,并采取了一系列的改革措施。美国企业界人士受二战期间"战时后勤"观念与实践的影响和启发,率先把"战时后勤"的概念引用到了企业的经营活动中,推出了新的供货方式,将物流中的装卸、搬运、保管、运输等功能一体化和连贯化,取得了很大成效。同时,他们改革不合理的流通体制,改造原有仓库,据介绍,20世纪60年代美国的许多公司将原来的老式仓库适当合并改造成了"配送中心",使老式仓库减少了90%。在日本,企业界也针对物流中存在的问题寻求解决办法,在制定物流中心和物流结点的同时,积极推行共同配送制度。例如《变革中的配送中心》一文中指出的"由于客户在货物处理的内容上、时间上和服务水平上都提出了更高的要求,为了顺利地满足客户的这些要求,就必须引进先进的分拣设施和配送设备,否则就不可能建立正确、迅速、安全、廉价的作业体制。因此,在运输业界,大部分企业部建造了正式的配送中心。"

20世纪80年代以后,受多种因素的影响,配送中心有了长足的发展,配送已演化成以高新技术为支撑的系列化、多功能的供货活动。这主要表现在以下几个方面:① 配送区域进一步扩大,例如以商贸为主的国家——荷兰,货物配送的范围已经扩大到了欧共体诸国;② 作业手段日益先进,普遍采用了自动分拣、光电识别、条形码等现代先进技术手段,极大地提高了作业效率;③ 配送集约化程度的提高,据有关资料介绍,1986年,美国GPR公司共有送货点3.5万个,到1988年经过合并,送货点减少到0.18万个,减少幅度为94.85%;美国通用食品公司用新建的20个配送中心取代了过去的200个仓库,逐步以配送中心形成了规模经济优势;④ 配送方式日趋多样化。

由此可见,配送中心是基于物流合理化和拓展市场两个需要而逐步发展起来的。它是物流领域中社会分工,专业分工进一步细化之后的产物。在新型的配送中心没有建立起来之前,配送中心现在承担的有些职能是在转运型结点中完成的。以后,一部分这类中心向纯粹的转运站发展以衔接不同的运输方式和不同规模的运输。一部分则增加厂家配送的职能,而后向更强的"配"的方向发展。可以起到连接生产的功能。另外,通过发货和储存。配送中心又起到了调节市场需求,平衡供求关系的作用。现代化的配送中心如同一个"蓄水池",不断地进货、送货,快速地周转有效解决了产销不平衡,缓解供需矛盾,在产、销之间建立起一个缓冲平台,这是配送中心衔接供需两个市场的另一个表现。可以说,现代化的配送中心通过储存和发散货物功能的发挥,体现出了其衔接生产与消费,供应与需求的功能,使供需双方实现了无缝连接。

三、配送中心的基本功能

配送中心是专业从事货物配送活动的物流场所或经济组织,它是集加工、理货、送货等多种职能于一体的物流结点,也可以说,配送中心是集货中心、分货中心、加工中心功能的综合。因此,配送中心具有以下一些功能:

(一) 存储功能

配送中心的服务对象是生产企业和商业网点,如连锁店和超市。其主要职能就是按照用户的要求及时将各种配装好的货物送交到用户手中,满足生产的需要和消费需要。为了顺利有序的完成向用户配送商品(或货物)的任务,更好的发挥保障生产和消费需要的作用,通常,配送中心都建有现代化的仓储设施,如仓库、堆场等,存储一定量的商品,形成对配送的资源保证。某些区域性大型配送中心和开展"代理交货"配送业务的配送中心,不但要在配送货物的过程中存储货物,而且它所存储的货物数量更大,品种更多。如中海北方物流有限分公司在大连拥有 10 万平方米并配备了国内一流仓储设备的现代化物流配送仓库。

(二) 分拣功能

作为物流结点的配送中心。其客户是为数众多的企业或零售商,在这些众多的客户中,彼此之间存在着很大的差别,它们不仅各自的经营性质、产业性质不同,而且经营规模和经营管理水平不一样。面对这样一个复杂的用户群,为满足不同用户的不同需求、有效的组织配送活动,配送中心必须采取适当的方式对组织来的货物进行分拣,然后按照配送计划组织配货和分装。强大的分拣能力是配送中心实现按客户要求组织送货的基础,也是配送中心发挥其分拣中心作用的保证,分拣功能是配送中心重要功能之一,也是区别传统仓库的主要方面。

(三) 集散功能

在一个大的物流系统中,配送中心凭借其特殊的地位和其拥有的各种先进设备,完善的物流管理信息系统能够实现将分散各个生产企业的产品集中在一起,通过分拣、配货、配装等环节向多家用户进行发送。同时,配送中心也可以把各个用户所需要的多种货物有效的组合或配装在一起,形成经济、合理的批量、来实现高效率、低成本的商品流通。

另外,配送中心在建设选址时也充分考虑了其集散功能,一般选择商品流通发达,交通较为便利的中心城市或地区,以便充分发挥配送中心作为货物或商品集散地的功能,如中海北方物流有限公司按照统一标准在东北各主要城市设立了六个二级配送中心,形成了以大连为基地,辐射东北三省的梯次仓储配送格局。图 9.1 为中海北方物流有限公司的配送中心网络布局,配送中心集散功能如图 9.2 所示。

(四)衔接功能

通过开展货物配送活动、配送中心能把各种生产资料和生活资料直接送到用户手中,可以起到连接生产的功能。另外,通过发货和储存,配送中心又起到了调节市场需求,平衡供求关系的作用。现代化的配送中心如同一个"蓄水池",不断地进货、送货,快速地周转有效解决了产销不平衡的问题,缓解供需矛盾,在产、销之间建立起一个缓冲平台,这是配送中心衔接供需两个市场的另一个表现。可以说,现代化的配送中心通过储存和发散货物功能的发挥,体现出了其衔接生产与消费,供应与需求的功能,使供需双方实现了无缝连接。

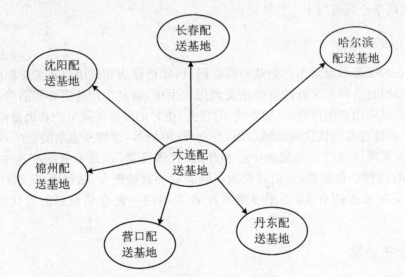

图 9.1 中海北方物流有限公司的配送中心网络布局

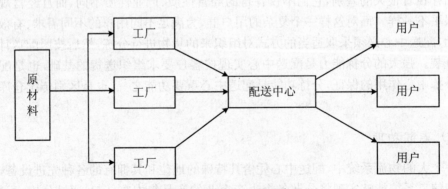

图 9.2 配送中心集散示意图

(五)流通加工功能

配送加工虽不是普遍的,但往往是有着重要作用的功能要素,主要是通过配送加工,可以大大提高客户的满意程度。国内外许多配送中心都很重视提升自己的配送加工能力,通过按照客户的要求开展配送加工可以使配送的效率和满意程度提高,配送加工有别于一般的流通加工,它一般取决于客户的要求。销售型配送中心有时也根据市场需求来进行简单的配送加工。

（六）信息处理

配送中心连接着物流干线和配送，直接面对着产品的供需双方，因而不仅是实物的连接，更重要的是信息的传递和处理，包括在配送中心的信息生成和交换。它为管理者提出更加准确、及时的配送信息，也是用户与配送中心联系的渠道。

每个配送中心一般都具有这些功能，根据对其中某一功能的重视程度不同，决定着该配送中心的性质，而且它的选址、房室构造、规模和设施等也随之变化。

四、物流中心与配送中心

物流中心是从事物流活动的场所或组织，通常是指综合性的物流场所，它可以具备配送中心的功能，又可以具有货物运输中转功能。它主要是面向社会服务，具备完整的物流功能，完善的信息网络，辐射的范围较大，涉及的商品品种较少，批量较大，存储和吞吐货物的能力较强，物流业务统一经营、管理。物流中心是综合性、地域性、大批量的物流物理位移集中地，它把商流、物流、信息流、资金流融为一体，成为产销企业之间的媒介。物流中心按照其功能不同可分为流转中心、配送中心、储存中心、流通加工中心等。

配送中心作为物流中心的一种形式，其功能基本涵盖了所有的物流功能要素。它是以组织配送性销售或供应，实行实物配送为主要职能的流通型物流结点。在配送中心中，为了能做好送货的编组准备，需要采取零星售货、批量进货等种种资源搜集工作和对货物分装、配备等工作，因此，配送中心也具有售货中心、分货中心的职能。为了更有效地、更高水平地送货，配送中心往往还有比较强的流通加工能力。此外，配送还必须执行货物配备后送达客户的使命，这是和分货中心只管分货送达的重要不同之处。出此可见，如果说售货中心、分货中心、加工中心的职能还较为单一的话，那么，配送中心功能则较全面、完整。也可以说，配送中心实际上是售货中心、分货中心、加工中心功能的综合，并有了"配"与"送"的有机结合，这样，配送中心作为物流中心的一种主要形式，有时便和物流中心等同起来。

不同之处：① 配送中心是物流中心中的主要形式（70%）；② 物流中心主要处理大范围、长距离、大批量的物流输送问题；③ 配送中心主要处理局部范围、短距离、小批量的物流输送问题。如表9.1所示。

表9.1 物流中心与配送中心的区别

比较项目	物流中心	配送中心
功能	单一或全面	全面
规模	较大	可大可小
在供应链中的位置	配送中心上游	物流中心下游
物流特点	少品种、大批量、少供应商	多品种、小批量、多供应商

五、配送中心的管理

（一）配送中心的组织结构

配送中心的组织结构一般可按三种方式来划分，一是按职能部门划分；二是按产品部门划分;三是按区域部门划分。

（二）配送中心的岗位设置

配送中心的岗位设置应该由配送中心的组织结构模式和作业流程来决定。配送中心一般可以设置如下岗位：

（1）采购或进货部

主要负责订货、采购、进货等作业环节的安排及相应的事务处理，同时负责对货物的验收工作。

（2）储存部

它负责货物的保管、拣取、养护等作业环节与管理。

（3）流通加工部

它负责按照客户的要求对货物进行包装、加工。

（4）运输部

它负责按客户的要求制订合理的运输方案，将货物送交客户，同时对配送进行确认。

（5）配货部

它负责对配送货物的拣选和组配作业进行管理。

（6）营业部

它负责接受和传递客户的订货信息、送达货物的信息，处理客户的投诉，受理客户的退货要求。

（7）财务部

它负责核对配送完成表单、出货表单、进货表单、库存管理表单．协调、控制、监督整个配送中心的货物流动，同时负责管理各种收费和物流收费统计、配送费用结算等工作。

（8）商务事故处理部

它在接到营业部处理的退货信息后，负责安排车辆回收退货商品，再集中到仓库的退货区，更新清点整理并根据事故原因妥善处理。

以上岗位设置是一般配送中心的主要岗位。实际中，由于配送中心的规模不同，其具体的岗位设置也不尽相同。

第二节　配送中心的基本作业

一、配送中心的作业流程

配送中心的效益主要来自"统一进货、统一配送"，统一进货的主要目的是避免库存分散、降低企业的整体库存水平。通过降低库存水平，可以减少库存商品占用的流动资金，减少为这部分占压资金支付的利息和机会损失，降低商品滞销压库的风险。统一配送的主要目的是减少送货的交通流量，提高送货车辆的空载率，从而减少送货费用。配送中心的作业流程设计要便于实现两个主要目标:一是降低企业的物流总成本;二是缩短补货时间,提供更好的服务。配送中心的作业流程如图 9.3 所示,流程中操作的每一步都要准确、及时,并且具备可跟踪性、可控制性和可协调性。

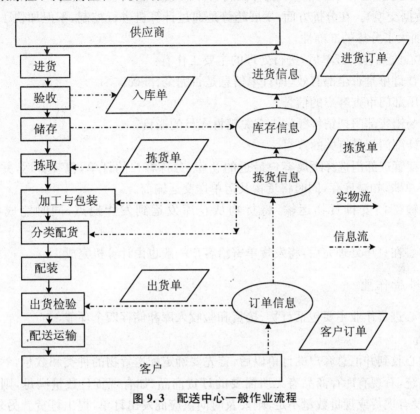

图 9.3 配送中心一般作业流程

二、配送中心的作业项目

配送中心的作业项目包括订货、到货接收、验货入库与退货、订单处理、储存、加工、拣选、包装、装托盘、组配、配装、送货、送达服务等作业项目之间衔接紧密,环环相扣,整个过程既包括实物流,又包括信息流,同时还有资金流。

(一)接受订单处理

配送中心和其他经济组织一样,具有明确的经营目标和对象,配送中心的业务活动是以客户订单发出的订货信息作为其驱动源。在配送活动开始前,配送中心根据订单信息,对客户的分布、所订商品的品名、商品特性和订货数量、送货频率和要求等资料进汇总和分析,以此确定所要配送的货物种类、规格、数量和配送的时间,最后由配送中心调度部门发出配送信息(如拣货单、出货单等)。订单处理是配送中心调度、组织配送活动的前提和依据,是其他各项作业的基础。

订单处理是配送中心客户服务的第一个环节,也是配送服务质量得以保证的根本。在订单处理过程中,订单的分拣和集合是重要的环节。

订单处理的职能之一是填制文件,通知指定仓库将所订货物备齐,一般用订单分拣清单表明所需集合的商品项目,该清单的一联送到仓库管理人员手中。仓库接到产品的出货通知后,按清单拣货、贴标,最后将商品组配装车。

国外许多的配送中心采用电子化方法将订单直接传送到企业,较为先进的方法是采用EDI(电子数据交换)。在分拣方面,发展趋势是通过计算机进行控制,不但加快了订单的分筛速度,也加大了分拣的准确性。

配送中心收到客户订单后,进行处理的主要工作有:

(1) 检查订单是否全部有效,即订单信息是否完全、准确。
(2) 信用部门审查客户的信誉。
(3) 市场销售部门把销售额记入有关销售人员的账目。
(4) 会计部门记录有关的账目。
(5) 库存管理部门选择距离客户最近的仓库,分拣客户的订单,包装备运,并及时登记公司的库存总账,扣减库存,同时将货物及运单送交运输商。
(6) 运输部门安排货物运输,将货物从仓库发运到发货地点,同时完成收货确认(签收)。

配送中心在订单处理完后,将发货单寄给客户一般也由计算机完成。

(二) 进货作业

配送中心进货作业主要包括订货、接货和验收入库和储存四个环节。

1. 订货

配送中心收到并汇总客户的订单以后,首先要确定配送货物的种类和数量,然后要查询管理信息系统,看现有库存商品有无所需要的订货商品,如有现货且数量满足,则转入拣货作业;如果没有现货或现货数量不足,则要及时向供应商发出订单,提出订货。另外,对于流转速度较快的热门商品保证供货,配送中心也可以根据需求情况提前组织订货,批量上最好按经济批量订货。对于商流、物流相分离的配送中心,订货作业由客户直接向供应商下达采购订单,配送中心进货工作从接货作业开始。

2. 接货

供应商在接到配送中心或用户的订单后,会根据订单要求的品种和数量组织供货,配送中心则组织人力、物力接受货物,有时还需到港、站、码头接运到货,签收送货单后就可进行验收货物。

3. 验收

所订货物到达配送中心后,即由配送中心负责对货物进行检查验收,验收的内容主要是货物的品质质量、数量和包装的完好性。验收的依据主要是合同条款要求和有关质量标准。验收合格无误的货物办理入账,信息采集和货物入库手续;如不符合合同条款要求,配送中心将详细登记差错情况,并拒收货物,按有关规定或合同中的事先约定来处理。

4. 储存

配送中心为保证货源供应,通常都会保持一定数量的商品库存(安全库存)。另外对于商流、物流一体化的配送中心来说,一次性集中采购,储备一定数量的商品,可享受供应商提供的折扣优惠。储存作业的主要内容就是随时掌握商品的库存动态,保证库存商品的质量完好和数量准确。

（三）理货和配货作业

配送中心的核心作业就是理货和配货作业。通过该项作业根据不同客户的订单要求进行货物的拣选、加工、包装和配装，为货物发出做好准备。

1. 拣选

分拣作业就是拣货人员，依据业务部门按照客户订单要求送达的拣货单，从储存的货物中拣出一定品种和数量的商品。分拣作业的方法分为摘果式和播种式两种，常用的是摘果式拣选。具体做法是拣货员拉着拣货箱在仓库货架内巡回走动，根据拣货单相配货单在货架上的位置（货位或储存），拣取规定的货物品种、规格和数量并装入货箱内。另外，一些大型配送中心采用了自动分拣技术，利用自动分拣设备自动分拣，大大地提高了拣货作业的准确性和作业效率。

2. 加工作业

配送中心加工作业属于增值性活动，不具有普遍性。有些加工作业属于初级加工活动，如按照客户的要求，将一些原材料套裁；有些加工作业属于辅助加工，比如对产品进行简单组装，给产品贴上标签或套塑料袋等，也有些加工作业属于深加工，食品类配送中心的加工通常是深加工，比如将蔬菜、水果洗净、切割、过磅、分份并装袋，加工成净菜，或按照不同的风味进行配菜组合，加工成原料菜等配送给超市或零售店。

不同类型的配送中心会根据其配送商品的特性，用户的要求，加工的可行性选择是否进行配送加工作业，作业内容也不尽相同，通过加工作业会完善配送中心的服务功能。

3. 包装作业

配送中心将需配送的货拣取出来后，为便于运输和识别不同用户的货物，有时还要对配送货物进行重新包装或捆扎，并在包装物上贴上标签。

4. 配装作业

为充分利用运输车辆的运力，提高运输效率，配送中心一般将在同一时间内发出货的不同用户的货物组合配装在同一批一次运输车辆上进行运送，这就是配送中心的配装作业。合理的混装与配装，不但能有效地降低成本，还可以减少城市道路的交通流量，改善交通状况。

（四）出货作业

出货作业是配送中心的末端作业环节。

1. 装车

配送中心装车作业可以采用机械装车，也可采用人力装车。通常对于较大批量或较大体积和重量的货物采用装卸机械设备（如叉车）和托盘进行装车；对于批量较小的散货，由于数量少，重量轻，可人力装车。装车时要注意避免货物损坏和外包装的破损。

2. 送货

一般情况下，配送中心都自备送货车辆，有时也可根据实际需要借助社会运力来组织送货，送货作业的重点是正确选择运输工具和合理选择运输路线；对于固定用户的送货，可事先编排出合理的运送线路，选择合适的送货时间，进行定时定线送货；对于临时送货，可根据用户要求和当时的交通状况，选择合适送货路线进行送货。

第三节　配送中心的模式

随着经济的不断发展、商品流通规模的日益扩大,配送中心的数量也在不断地增加。在众多的配送中心中,由于其各自的服务对象不同,其组织形式和服务功能也不尽相同,因此形成了不同的运营模式和经济功能的配送中心。

一、按配送中心的经济功能分类

(一)供应型配送中心

供应型配送中心是专门向某些用户供应货物、充当供应商角色的配送中心。在现实生活中,有很多从事货物配送活动的经济实体,其服务对象主要是生产企业和大型商业组织,他们所配送的货物以原材料、元器件和其他半成品为主,客观上起到了供应商的作用。这些配送中心类似于用户的后勤部门,故属于供应型配送中心。在物流实践中,那些接受用户委托、专门为生产企业配送零部件及为大型商场供应商品的配送中心,均属于供应型配送中心。我国上海地区6家造船厂共同组建的钢板配送中心,服务于汽车制造业的英国HONDA斯温登配送中心,美国SUZUKI MOTOR洛杉矶配送中心,以及法国MAZDA MOTOR配送中心等都是典型的供应型配送中心。

由于供应型配送中心须要向多用户供应商品,为保证生产和经营的正常运行,这类配送中心一般都是建有大型现代化仓库并储备一定数量的商品,占地面积一般也较大。例如英国HONDA斯温登配送中心占地为15万平方米,建筑面积7000平方米,经营大约6万种配件商品;美国SUZUN MOTOR洛杉矶配送中心占地面积4万平方米,建筑面积8200平方米,经营配件品种达1万种。

(二)销售型配送中心

这种模式的配送中心是以销售商品为主要目的,以开展配送活动为营销手段。在市场竞争中,许多生产商和经销商为了扩大自己的市场份额,提高市场占有率,采取了多种降低流通成本和完善服务的措施,包括为用户理货、加工和送货等提供系列化、一体化的后勤服务。同时,改造和完善了物流设施,组建了专门从事配送活动的配送中心,这类配送中心完全是围绕着市场营销而开展其配送业务活动的,属于商流、物流合一的一体化配送模式。在具体实践中销售型配送中心分为三种类型:

(1)生产企业(厂商)为了直接销售自己的产品及扩大自己的市场份额而设立的销售型配送中心,也称为单一厂商配送中心。

(2)专门从事商品销售活动的流通企业为了扩大销售而自建或合作建立起来的销售型配送中心。

(3)流通企业和生产企业联合建成立的销售型配送中心。它类似于"公共型"配送中心。

（三）储存型配送中心

这是一种有很强储存功能的配送中心。一般在买方市场下，企业商品销售需要有较大的库存来支持，而在卖方市场下，生产企业原材料、零配件供应，也需要有较大库存来维持生产的连续运转和应付急需。从物流运动过程来看，要组织大范围、高水平的配送活动也要求配送组织储存定量的配送商品。在实践中，一些大型配送中心正是在发挥储存作用的基础上组织和开展配送活动的。一般这种配送中心都是由传统的仓储企业发展而来的。如瑞士GIBA—GEJCY公司的配送中心拥有规模居世界前列的储存库，可储存4万个货位；美国赫马克配送中心拥有一个有16.3万个货位的储存区；美国福来明公司的食品配送中心建筑面积为7万平方米，其中包括有4万平方米的冷藏库和3万平方米的杂货仓库。

二、按物流设施的归属分类

（一）自有型配送中心

这类配送中心是指：包括原材料仓库和成品库在内的各种物流设施和设备归属一家企业或企业集团所有，作为一种物流组织，配送中心是企业或企业集团的一个组成部分。通常这类配送中心只服务于集团内的企业，不对外提供配送服务。例如美国大型零售企业沃尔玛商品公司的配送中心，就是沃尔玛独资建立，专为本公司所属的连锁店，提供商品配送服务的自有型配送中心。

（二）公共型配送中心

这类配送中心是面向所有用户提供后勤服务的配送组织（或物流设施），只要交付服务金，任何用户都可以使用这种配送中心。这种配送中心一般是由若干家生产企业共同投资、共同持股和共同管理的。在国外，也有个别的公共型配送中心是由私人（或某个企业）投资建立并独资拥有的。据介绍，美国有250多家公共型配送中心，有的已形成了网络体系。

（三）合作型配送中心

它是由几家企业合作兴建、共同管理，多为区域性配送中心，合作型配送中心可以是企业之间联合发展，如中小型零售企业联合投资兴建，实行配送共同化；也可以是系统或地区规划建设，达到本系统或本地区内企业的共同配送；或是多个企业、系统、地区联合共建，形成辐射全社会的配送网络。

三、按服务范围和服务对象分类

（一）城市配送中心

城市配送中心是只向城市范围内的众多用户提供配送服务的物流组织。由于城市范围内货物的运距比较短，因此，配送中心在送货时，运送距离一般均处于汽车运输经济里程范围内,可采用汽车进行配送运输,同时能发挥汽车运输的机动性强、供应快、调度方便的特点。因此,在实践中依靠城市配送中心能够开展少批量、多批次、多用户的配送活动,实现门到门配送服务。

城市配送中心的服务对象多为城市范围内的零售商、连锁店或生产企业,所以一般来说其辐射能力不是很强,实际操作中多是采取与区域配送中心联网或属于二级配送中心的位置。北京的"北京食品配送中心"就属于这种类型的配送中心。

（二）区域配送中心

这是一种以较强的辐射能力和库存准备,向省（州）际、全国乃至国际范围的用户配送的配送中心。美国沃尔玛公司下属的配送中心、荷兰 NEDLLOYD 集团所属的"国际配送中心",以及欧洲其他国家批发公司的配送中心、日本贩神配送中心都属于这个类型的配送中心。

区域配送中心有三个基本特征:第一,其经营规模比较大,设施和设备齐全,并且数量较多,活动能力强。例如沃尔玛公司的配送中心,建筑面积有 12 万平方米,投资 7000 万美元、每天可为分布在 6 个州的 100 多家连锁店配送商品,配送商品有 4 万余种;荷兰的"国际配送中心",其业务活动范围更多,该中心在接到订单后,24 小时内即可将货物装好,3~4 天的时间内就可以把货物运送到欧共体任一成员国用户的手中。第二,配送货物和批量比较,批次较少。第三,在配送实践中,区域配送中心虽然也从事零星的配送活动,但这并不是其主要业务。区域配送中心常向城市配送中心和大的工商企业配送商品,因而这种类型的配送中心是配送网络或配送体系的分支结构或属于中央级的配送中心。

知识窗　国外盛行的九种物流配送中心

1. 专业配送中心

专业配送中心大体上有两个含义:一是配送对象、配送技术是属于某一专业范畴,在某一专业范畴有一定的综合性,综合这一专业的多种物资进行配送,例如多数制造业的销售配送中心,我国目前在石家庄、上海等地建的配送中心大多采用这一形式。第二个含义是指以配送为专业化职能,基本上不从事经营(不参与商流)的服务型配送中心。

2. 柔性配送中心

这种配送中心不向固定化、专业化方向发展,而向能随时变化,对用户要求有很强适应性,不固定供需关系,不断向发展配送用户和改变配送用户的方向发展。

3. 供应配送中心

专门为某个或某些用户(例如联营商店、联合公司)组织供应的配送中心。

例如:为大型连锁超级市场组织供应的配送中心;代替零件加工厂送货的零件配送中心,使零件加工厂对装配厂的供应合理化;我国上海市六家造船厂的配送钢板中心,也属于供应型配送中心。

4. 销售配送中心

比较来看,国外和我国的发展趋势,都向以销售配送中心为主的方向发展。以销售经营为目的,以配送为手段的配送中心。有三种不同的类型:

第一种是生产企业为本身产品直接销售给消费者的配送中心,也称为厂商配送中心。

第二种是流通企业作为本身经营的一种方式,建立配送中心以扩大销售;

第三种是流通企业和生产企业联合的协作性配送中心。它类似于"公共型"配送中心。

5. 城市配送中心

以城市范围为配送范围的配送中心,由于城市范围一般处于汽车运输的经济里程,这种配送中心可直接配送到最终用户,且采用汽车进行配送。

这种配送中心往往和零售经营相结合,由于运距短,反应能力强。因而从事多品种、少批量、多用户的配送较有优势。我国已建的"北京食品配送中心"就属于这种类型。

6. 区域配送中心

以较强的辐射能力和库存准备,向省(州)际、全国乃至国际范围的用户配送的配送中心。这种配送中心配送规模较大,一般而言,用户也较大,配送批量也较大,而且,往往是配送给下一级的城市配送中心,也配送给营业所、商店、批发商和企业用户,虽然也从事零星的配送,但不是主体形式。

7. 储存型配送中心

有很强储存功能的配送中心,一般来讲,在买方市场下,企业成品销售需要有较大库存支持,其配送中心可能有较强储存功能;在卖方市场下,企业原材料,零部件供应需要有较大库存支持,这种供应配送中心也有较强的储存功能。

8. 流通型配送中心

基本上没有长期储存功能,仅以暂存或随进随出方式进行配货、送货的配送中心。这种配送中心的典型方式是,大量货物整进并按一定批量零出,采用大型分货机,进货时直接进入分货机传送带,分送到各用户货位或直接分送到配送汽车上,货物在配送中心里仅做少许停滞。

日本阪神配送中心,中心内只有暂存,大量储存则依靠一个大型补给仓库。

9. 加工配送中心

具有较强的加工职能的配送中心。

例如:① 我国上海市和其他城市已经开展的配煤配送,在配送点中进行了配煤加工;② 上海六家船厂联建的船板处理配送中心;③ 原国家物资部北京剪板厂配送中心。

九种配送中心如表9.2所示。

表9.2 配送中心类别总表

名称	特点
专业配送中心	专业配送中心大体上有两个含义,一是配送对象、配送技术是属于某一专业范畴;专业配送中心第二个含义是,以配送为专业化职能,基本不从事经营的服务型配送中心
柔性配送中心	在某种程度上和第一专业配送中心对立的配送中心,这种配送中心不向固定化、专业化方向发展,而向能随时变化,对客户要求有很强适应性,不固定供需关系,不断向发展配送客户和改变配送客户的方向发展
供应配送中心	专门为某个或某些客户(如联营商店、联合公司)组织供应的配送中心。例如,为大型连锁超级市场组织供应的配送中心
销售配送中心	专门以销售经营为目的的,以配送为手段的配送中心

续表

名称	特点
区域配送中心	它以较强的辐射能力和库存准备,向省(州)际、全国乃至国际范围的客户配送的配送中心。这种配送中心配送规模较大
城市配送中心	专门以城市为配送范围的配送中心。由于城市范围一般处于汽车运输的经济里程,这种配送中心可直接配送到最终客户
存储型配送中心	存储型配送中心是以存储为主要功能的配送中心,一般规模较大
流通型配送中心	这种配送中心基本上没有长期存储功能,仅以暂存或随进随出方式进行配货、送货
加工型配送中心	对货物进行加工满足用户需求,许多配送中心都有加工这一职能,但单纯的加工型配送中心的实例很少

四、配送中心运作模式

按配送中心的技术装备、运行方式、工作方法等方面,可分为以下几个水平模式:

(一)半机械化水平模式

这是人工作业与机械作业相结合的模式,即装卸搬运作业采用机械作业,分拣、配货采用手工或半机械化作业。这种模式适合于现有仓库基础上进行简单改造而成的配送中心,实现仓库向配送中心功能的转换。因此,其技术装备主要维持在原有仓库水平上,而增加的功能(即包括分拣、配货)在配送初期业务量不大的情况下,完全可以用手工作业方式来完成。这种模式既达到了功能转换的目的,又不增加很多投资,是适合我国国情的。采用这种半机械化水平模式的配送中心,一般采取手工信息系统或计算机单机运行方式。

(二)机械化水平模式

这是配送中心的各项作业完全实现机械化的一种模式,除装卸搬运外,流通加工或商品分拣、配货也基本采用机械操作,如使用加工机械操作,输送带等机械。这种模式一般配送任务量较大,原仓库机械设施已不能适应,需要作大规模技术改造,新建的配送中心一般应达到这一水平模式。这种模式的信息处理是采用人机系统,或配送中心内部计算机联网运行方式。

(三)自动化水平模式

这是配送中心的主要作业环节实现高度机械化的一种模式,如结合商品包装条形码推行的自动识别仪、机械手等,信息处理采用自动化联网系统,同时由计算机控制机械运行。这种模式需要有先进的技术和先进的管理,还需要一定的经济实力才能实施。

五、配送中心的建立方式

配送的开展离不开配送中心。配送中心是进行配送活动的基地,目前我国配送中心正在建设中。储运企业、批发企业能开展一些小规模、小范围的配送业务,但还不能称得上是真正的配送,所以配送中心的建立是开展配送业务的前提条件。

在我国,城市是商品的流通中心,它有着良好的通信设施、交通条件,而且也是商品集散地。所以,我国开展商品的配送首先应在作为经济中心的大、中城市开展。大城市作为经济的发展中心,在物资设备、技术、管理水平、人员素质、消费水平方面,已具备开展配送的条件。而且配送的主要工具是汽车,城市范围则是在汽车最经济的行驶范围内,所以城市是配送中心的理想之地。

(一) 各专业储运公司与商业企业联合建立配送中心

1. 批发企业与储运公司联合建立配送中心

批发企业可以选择地理位置、设施条件较好的储运公司下属的分公司,通过使用、兼并、股份等多种形式联合。通过联合,批发企业不仅扩大了仓库的面积,增加了储存能力,而且配送上门,提高了服务质量。对储运企业来说,曾经因为批发企业货物的流失而使储存量急剧下降而陷入困境。通过配送中心的建立,批发与储运再度联合,改变了过去储运企业坐等用户上门的被动局面,提高了仓库及车辆、设备的利用率,从而带动储运业的发展。

这种配送中心建立后,改变了商品的传统流通渠道。货物可直接由工厂运送至配送中心。用户的订单由批发商汇总并按用户订购要求通知配送中心,零售店、用户也可以直接向工厂订货,然后由配送中心直接向零售店、用户发货。这样,批发商可以把主要精力放在收集信息方面,及时把商品信息反馈给工厂,有利于商品结构调整,加速商品的流转。

2. 零售企业与储运公司联合建立配送中心

随着大型零售企业集团和连锁店的纷纷成立,配送中心的建立十分必要。因为大型零售企业一般都有自用库房,且分散在几处,就整个集团来说,不仅造成了人力物力的浪费,也增加了成本。因此,以整个集团的名义通过委托、租赁的方式和储运企业联合建立一个配送中心,把内部各企业的车辆,所需商品集中在一个仓库内,把所需商品的数量、时间通知给配送中心,由配送中心统一安排、合理配送到商场或顾客手中。由于同属一个集团,在人事管理、财务、利益等方面有利于调节、统一,而且可以大大降低物流费用,从集团整体利益上收到很大效益。

同样,连锁店的成立在我国也是近两年的事,重新选址建立配送中心也不现实。最好的办法也是与储运公司联合,利用他们的库房、设备,委托配送,可以做到少花钱、多办事。

(二) 各专业储运公司建立配送中心

储运公司利用其优越的地理位置,完备的设施,铁路专用线及多年管理经验和经营上的优势,通过贷款、合股等形式筹集资金,对旧的库房、场址加以改造成为配送中心。在业务方面,要稳住现有客户,积极发展新顾客,也可以自己搞批发业务。

还可以为其他企业代理业务,开展租赁业务,向租赁者提供场地、设施、人员和管理等服务,为其开展配送业务,这种形式的好处是储运公司掌握自主权,且有经营灵活,便于管理等特点。但关键的一条是客户的数量,只有争取到足够多的客户,才能取得配送的规模效益。

(三) 各批发公司建立配送中心

批发公司完全可以利用自己的流通渠道和储运设备开展配送,建立配送中心。一方面可以面向社会,给大、中、小型零售企业进行配送;另一方面可以利用自己的批发网络、销售渠道,联合中、小零售企业成立连锁店,并建立配送中心为之服务。

第四节　配送中心的选址

配送中心的选址,应符合城市规划和商品储存安全的要求,适应商品的合理流向,交通便利,具有良好的运输条件、区域环境和地形、地质条件,具备给水、排水、供电、道路、通信等基础设施。特别是大型配送中心,应具备大型集装箱运输车辆进出的条件,包括附近的桥梁和道路。配送中心一般都选址在环状公路与干线公路或者铁路的交汇点附近,并充分考虑商品运输的区域化、合理化。配送中心拥有众多建筑物、构筑物以及固定机械设备,一旦建成很难搬迁,如果选址不当,将付出长远代价。因而,配送中心的选址是配送中心规划中至关重要的一步。此外还应分析服务对象,例如连锁超市公司的门店目前分布情况和将来布局的预测,以及配送区域范围。往往先初定若干个候选地点,然后采用数值分析法和重心法,谋求配送成本最低的地点。

随着国民经济的发展,社会物流量不断增长,要求有相应的配送中心及网点与之相适应。进行配送中心的建设,必须有一个总体规划,就是从空间和时间上,对配送中心的新建、改建和扩建进行全面系统的规划。规划的合理与否,对配送中心的设计、施工与应用,对其作业质量、安全、作业效率和保证供应,对节省投资和运营费用等,都会产生直接和深远的影响。

一、配送中心选址的影响因素

配送中心选址是指在一个具有若干供应点及若干需求点的经济区域内,选一个地址设置配送中心的规划过程。较佳的配送中心选址方案是使商品通过配送中心的汇集、中转、分发,直至输送到需求点的全过程的效益最好。

配送中心的选址主要应考虑以下因素:

(一) 自然环境因素

1. 气象和气候条件

配送中心选址过程中,主要考虑的气象和气候条件有温度、风力、降水量、无霜期、冻土深度、年平均蒸发量等指标。如选址时要避开风口,因为在风口建设会加速露天堆放商品的老化。

2. 地质条件

配送中心是大量商品的集结地。某些容重很大的建筑材料堆码起来,会对地面造成很大压力。如果配送中心地面以下存在着淤泥层、流沙层、松土层等不良地质条件,会在受压地段造成沉陷、翻浆等严重后果,为此,配送中心选址要求土壤承载力要高。

3. 水文条件

配送中心选址需远离容易泛滥的流域与地下水上溢的区域。要认真考察近年的水文资料,地下水位不能过高,洪泛区、内涝区、故河道、干河滩等区域绝对禁止选择。

4. 地形条件

配送中心应选择地势较高、地形平坦之处,且应具有适当的面积与外形。如果选在完全平坦的地形上是最理想的,其次选择稍有坡度或起伏的地方,对于山区陡坡地区则应该完全避开;在外形上可选择长方形,不宜选择狭长或不规则形状。

(二)经营环境因素

1. 经营环境

配送中心所在地区的优惠物流产业政策对物流企业的经济效益会产生重要影响,数量充足和素质较高的劳动力也是配送中心选址考虑的因素之一。

2. 商品特性

经营不同类型商品的配送中心最好能分别格局在不同地域,如生产型配送中心的选址应对产业结构、产品结构、工业布局紧密结合进行考虑。

3. 物流费用

物流费用是配送中心选址的重要考虑因素之一。大多数配送中心选择接近物流服务需求地,例如接近大型工业、商业区,以便缩短运距、降低运费等物流费用。

4. 服务水平

服务水平是配送中心选址的考虑因素。在现代物流过程中,能否实现准时运送是配送中心服务水平高低的重要指标,因此,在配送中心选址时,应保证客户可在任何时候向配送中心提出物流需求时,都能获得快速满意的服务。

(三)基础设施状况

1. 交通条件

配送中心必须具备方便的交通运输条件。最好靠近交通枢纽进行布局,如紧临港口、交通主干道枢纽、铁路编组站或机场,有两种以上运输方式相连接。

2. 公共设施状况

配送中心的所在地,要求城市的道路、通信等公共设施齐备,有充足的供电、水、热、燃气的能力,且场区周围要有污水、固体废物处理能力。

(四)其他因素

1. 国土资源利用

配送中心的规划应贯彻节约用地、充分利用国土资源的原则。配送中心一般占地面积较大,周围还需留有足够的发展空间,为此地价的高低对布局规划有重要影响。此外,配送中心的布局还要兼顾区域与城市规划用地的其他要素。

2. 环境保护要求

配送中心的选址需要考虑保护自然环境与人文环境等因素,尽可能降低对城市生活的干扰。对于大型转运枢纽,应当设置在远离市中心区的地方,使得大城市交通环境状况能够得到改善,城市的生态建设得以维持和增进。

3. 周边状况

由于配送中心是火灾重点防护单位,不宜设在易散发火种的工业设施(如木材加工、冶金企业)附近,也不宜选择居民住宅区附近。

二、配送中心选址的基本条件

配送中心选址时应该考虑的主要因素有客户的分布、供应商的分布、运输条件、土地的条件、自然的条件、行政的条件等,以下针对这几点加以说明。选址时,事先要明确建立配送中心的必要性、目的及方针,明确研究的范围。

(一)需要条件

它包括作为配送中心的服务对象——顾客的现在分布情况及未来分布情况的预测、货物作业量的增长率及配送区域的范围。

1. 客户的分布

配送中心选址时首先要考虑的就是所服务客户的分布。对于零售商型配送中心,其主要客户是超市和零售店,这些客户大部分是分布在人口密集的地方或大城市,这类配送中心为了提高服务水平及降低配送成本,多建在城市边缘接近客户分布的地区。

2. 供应商的分布

配送中心的选址应该考虑的因素还有供应商的分布地区。因为物流的商品全部是由供应商所供应的,如果物流节点接近供应商,则其商品的安全库存可以控制在较低的水平。但是因为国内一般进货的输送成本是由供应商负担的,所以有时不重视此因素。

(二)运输条件

运输条件是影响物流的配送成本及效率的重要因素之一。交通运输的不便将直接影响配送的进行,因此必须考虑对外交通的运输通路,以及未来交通与邻近地区的发展状况等因素。地址宜紧临重要的运输线路,应靠近铁路货运站、港口和公共卡车终点站等运输据点,以方便配送运输作业的进行。同时,也应靠近运输业者的办公地点。考核交通方便程度的条件有:高速公路、国道、铁路、快速道路、港口、交通限制规定等。一般配送中心应尽量选择在交通方便之高速公路、国道及快速道路附近的地方,如果以铁路及轮船作为运输工具,则要考虑靠近火车编组站、港口等。

(三)配送服务的条件

向顾客报告到货时间、发送频度、根据供货时间计算的从顾客到配送中心的距离和服务范围。

(四)用地条件

土地与地形的限制是必须考虑的因素。对于土地的使用,必须符合相关法规及城市规划的限制,尽量选在物流园区或经济开发区。建设用地的形状、长宽、面积与未来扩充的可能性,与规划内容有密切的关系。因此在选择地址时,有必要参考规划方案中仓库的设计内容,在无法完全符合的情形下,必要时需修改规划方案的内容。

另外,还要考虑土地大小与地价,在考虑现有地价及未来增值状况下未来可能扩充的需求程度,决定最合适的面积大小。是利用配送中心现有的土地还是重新取得地皮,如是后者,要确定地价有多贵,地价允许范围内的用地分布情况如何。

（五）法规制度

根据指定用地区域等法制规定,有哪些地区不允许建设仓库和配送中心。政策环境条件也是物流选址评估的重点之一,尤其是物流用地取得困难的现在,如果有政府政策的支持,则更有助于物流业的发展。政策环境条件包括企业优惠措施（土地提供、减税）、城市规划（土地开发,道路建设计划）、地区产业政策等。最近在许多交通枢纽城市如深圳、武汉等地都在规划设置现代物流园区,其中除了提供物流用地外,也有关于税费方面的减免,有助于降低物流企业的营运成本。

（六）管理与情报职能条件

配送中心是否要求靠近本公司的营业、管理和计算机等部门。

（七）流通职能条件

商流职能与物流职能是否要分开？配送中心是否也附有流通加工的职能？如果需要,从保证职工人数和通勤的方便出发,要不要限定配送中心的选址范围？

配送中心的设计者对上述各项条件必须进行充分详尽的研究。在某些条件下,设施的规模和选址决定不下来,就得不出最终结论。但是,配送中心的地点一定要选择得令人满意。这就要把各种条件排列对比,描绘在地图上,经过反复研究,再确定选址的范围和候选地址。

三、选择地址必备资料

选择地址的方法,一般是通过成本计算,也就是将运输费用、配送费用及物流设施费用模型化,采用约束条件及目标函数建立数学公式,从中寻求费用最小的方案。但是,采用这种选择方法寻求最优的选址解时,必须对业务量和生产成本进行正确的分析和判断。

1. 掌握业务量

选址时,应掌握的业务量包括如下内容
（1）工厂至配送中心之间的运输量；
（2）向顾客配送的货物数量；
（3）配送中心保管的数量；
（4）配送路线的业务量。

由于这些数量在不同时期、不同的季节、不同的月份等有各种各样的波动,要对所采用的数据水平进行研究,研讨选址时采用什么样水平的数量。除现状数据外,必须设定设施使用后的预测值。

2. 掌握费用

选址时,应掌握的费用如下：
（1）工厂至配送中心之间的运输费；

(2) 配送中心至顾客间的配送费;不同季节等期间内均有种种波动,对现状的各项数值进行分析;

(3) 与设施、土地有关的费用及人工费、业务费等。

由于(1)和(2)两项费用随着业务量和运送距离的变化而变动,所以,必须对每一吨公里的费用进行分析(成本分析)。(3)项包括可变费用和固定费用,最好根据其总和进行成本分析。

3. 其他

用缩尺地图表示顾客的位置、现有设施的配置方位及工厂的位置,并整理各候选地址的配送路线及距离等资料。对必备的车辆数、作业人员数、装卸方式、装卸机械费用等要与成本分析结合起来确定。

三、地址的选定

配送中心选址方法截至目前,已发表的选址方法有两种,一是单一配送中心的选址方法,二是多个配送中心的选址方法,两者稍有区别,现将两种方法介绍如下:

(一) 单一配送中心地址选择的方法

1. 数值分析法

此法是利用费用函数求出配送中心至顾客之间配送成本最小地点的方法之一。如果一个配送中心为多个顾客配送货物,配送中心的位置应选在运输费用最小的地方。图9.4所示有 n 个顾客,各自的坐标点为 (x_i, y_i),配送中心的坐标点为 (x_0, y_0) 位置,从配送中心到顾客 i 的运输费用为 c_i,运输费总额为

$$H = \sum_{i=1}^{n} c_i \tag{9.1}$$

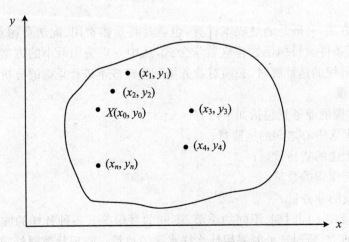

图9.4 单一配送中心与多个顾客

假设:

a_i 为从配送中心到顾客 i 每单位运量、单位距离的运输费;

w_i 为到顾客 i 的运输量;

d_i 为从配送中心到顾客 i 的直线距离。

根据勾股定理可用下式表示：

$$d_i = \sqrt{(x_i - x_0)^2 + (y_i - y_0)^2} \tag{9.2}$$

运输费总额为

$$H = \sum_{i=1}^{n} a_i w_i d_i = \sum_{i=1}^{n} a_i w_i \sqrt{(x_i - x_0)^2 + (y_i - y_0)^2} \tag{9.3}$$

对式(9.3)分别对 x_0 和 y_0 求偏导，并令其等于零解得 x_0 和 y_0 的解。

$$x_0 = \frac{\sum_{i=1}^{n} \dfrac{a_i w_i x_i}{d_i}}{\sum_{i=1}^{n} \dfrac{a_i w_i}{d_i}} \tag{9.4}$$

$$y_0 = \frac{\sum_{i=1}^{n} \dfrac{a_i w_i y_i}{d_i}}{\sum_{i=1}^{n} \dfrac{a_i w_i}{d_i}} \tag{9.5}$$

上述两式中仍含有未知数 d_i，因此一次不能求得 x_i, y_i，需反复收敛计算，用迭代法求解。虽然计算过程较为复杂，且在实际应用中，可选用 SPESS 专用软件求解，但本书仍对其进行讲解。

其求解过程如下：

① 首先不考虑距离 d_i，用重心公式估算初始选址点。

$$x_0 = \frac{\sum_{i=1}^{n} a_i w_i x_i}{\sum_{i=1}^{n} a_i w_i} \tag{9.6}$$

$$y_0 = \frac{\sum_{i=1}^{n} a_i w_i y_i}{\sum_{i=1}^{n} a_i w_i} \tag{9.7}$$

② 根据公式(9.2)，用步骤①求得的 x_0 和 y_0，计算 d_i；

③ 将 d_i 代入(9.4)和(9.5)，解出修正后的 x_0 和 y_0；

④ 根据修正的 (x'_0, y'_0) 再重新计算 d_i；

⑤ 反复重复步骤③和④，直至 x_0 和 y_0 的坐标值在连续迭代过程中都不再变化或变化很小，继续计算没有意义；

⑥ 最后，如有需要可利用公式(9.3)计算最优选址的总成本。

例 9.1

设某制造厂的工厂 P_{10} 和需求地的 $P_1 \sim P_9$ 位置及需求量如表 9.3 所示。现要从工厂将产品送到需求地，试在需求地附近设置一个配送中心，使运费最少。并与工厂直送方式相比，哪一种方式最经济？

表 9.3　工厂和需求地的位置及需求量

需求地和工厂	坐标	需求量 w_i
P_1	(150,60)	15
P_2	(130,90)	5
P_3	(60,130)	18
P_4	(100,130)	7
P_5	(70,60)	12
P_6	(30,90)	15
P_7	(50,40)	13
P_8	(65,140)	10
P_9	(110,120)	5
P_{10}(工厂)	(150,90)	100

已知从工厂到配送中心每吨货物运输费 $R_{10}=18$ 元,配送吨货配送费 $R_i=40$ 元($i=1,2,3,\cdots,9$),配送中心的费用每吨 180 元,若采用直送方式,从工厂到需求地每吨运费 $r_i=40$ 元。

解:(1) 求配送中心最优地址

① 求初始解

$$P_0=(x_0,y_0)=\left(\frac{\sum_{i=1}^{n}a_iw_ix_i}{\sum_{i=1}^{n}a_iw_i},\frac{\sum_{i=1}^{n}a_iw_iy_i}{\sum_{i=1}^{n}a_iw_i}\right)=(95,120)$$

$$d_i=\sqrt{(x_i-x_0)^2+(y_i-y_0)^2}\quad(i=1,2,3,\cdots,9,10)$$

$$H_0=\sum_{i=1}^{10}a_iw_id_i=386940.7(元)$$

② 把①中求解出的 $d_1,d_2,\cdots,d_9,d_{10}$ 代入公式(9.4)和(9.5)求得(x_0',y_0'),即(94.9, 123.0);

再利用式(9.2)进一步求解 $d_1,d_2,\cdots,d_9,d_{10}$,并代入(9.3)求解出 $H'=386163.1$。

③ 因为 $H'<H_0$,令 $H_0=H'$, $x_0=x_0'=94.9, y_0=y_0'=123.0$。

④ 再重复上面的计算得 $x_0'=95.1, y_0'=124.4, H'=386022.0$。

同理,再进行迭代 7 次,有 $H_0=385960.5$(元)。

⑤ 计算得 $x_0'=96.2, y_0'=125.3, H_0=385960.5$(元)。

⑥ 因为 $H'<H_0$,令 $H_0=H'=385960.5, x_0=x_0'=96.2, y_0=y_0'=125.3$。

⑦ 计算得 $x_0'=96.2, y_0'=125.3$。

$$d_i=\sqrt{(x_i-x_0)^2+(y_i-y_0)^2}\quad(i=1,2,3,\cdots,9,10)$$

$H_0=385960.5$(元)

⑧ 因为 $H_0=H', H_0$ 已最小,得出最优解,$(x_0,y_0)=(96.2,125.3) H=385960.5$(元)。

(2) 与工厂直送方式成本相比较

$T_1=$ 工厂到配送中心的运费+配送中心到需求地的运费+配送中心本身费用
$=385960.5+100\times180=403960.5$(元)

工厂直送方式费用为：

$$T_2 = 工厂到需求地的运费 = \sum_{i=1}^{9} a_i w_i d_i = 514451.5 （元）$$

因为 $T_1 < T_2$，所以，经过配送中心方式是经济的。

2. 重心法

此法不是参照数值解析法进行求解，而是使用试验器具，求得地址位置的方法。具体操作方法为：在平板上放一副缩尺地图、计算出顾客 $A, B, \cdots, N$ 所在地点，在各点上分别穿一个孔；用一定长度的细绳，分别拴上一个小锤。每个小锤的重量比例，按顾客需要换算求得；把拴有 $A, B, \cdots, N$ 各小锤的线，分别穿过各项中的各对应孔，然后在平板上把各线端集中起来打一个小结，间列在平板上的订结处做个记号；用手掌把绳结托起，然后让它们自由落下；这样多次反复实验，把落下点比较稳定处作为合适的选址点，如图 9.5 所示。

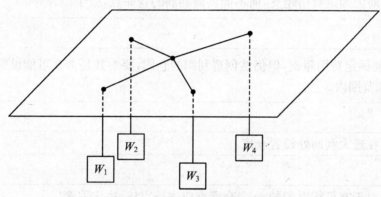

图 9.5 配送中心选址的重心法

但是，这种方法位置点缺乏充分考虑。例如，最适当的选址点可能是车站、公园等，但却是不能实现的解。可以在其最近处作为可以实现的场址点，可以在其附近选定几个现实的候补场址，再把各候补场址点代入上述的数值解析法中，在分析成本的同时进行求解。

（二）多个配送中心地址选址的方法

多个配送中心地址选择常用启发式方法来确定。启发式方法的程序如下：

1. 读入各项
(1) 工厂位置；
(2) 可以设置的 n 个仓库的位置；
(3) 详细审核 n 个仓库的初步选址情况；
(4) 工厂及可能设置的仓库情况以从这些仓库至消费者之间的运输费用；
(5) 对消费者的期望销售量；
(6) 与仓库运行有关的费用函数；
(7) 由于发送延误和库存短缺造成的机会损失费。

↓

2. 在允许范围内,确定 n 个可能设置仓库的位置。也就是说,当仅考虑区域需要时,一般从仓库的职能来看,把仓库分散地建在各个地区,可能带来最大的经济效益。

↓

3. 在允许范围内,对 n 个仓库点逐个扩建新仓库后,从流通机构的综合系统角度,全面评价、计算费用的节约程度。

↓

4. 对因固定费用超支,而不能创造利润的仓库点,应予以舍弃。

↓

5. 即使固定费用超支,但仍然创造利润的仓库,要看其是否在可能设置的 n 个仓库范围内。

↓

6. 在最大利润处设置仓库。

↓

7. 对于有可能设置的 m 个仓库点应进行审核,决定取舍。

↓

8. 仓库能力替换
(1) 由于新仓库的建成,因而可以把不经济的仓库舍弃。这样,对于从前曾利用这些不经济的仓库的消费者来说,利用新仓库可以节省费用。
(2) 原来在集中需要仓库的地区和可以建设仓库的地点,仓库起到了服务性作用。现在,可以通过改变仓库位置,评价其经济效益。

↓

结束

确定多个配送中心的地址的方法还有很多种,在这里由于篇幅有限,不作赘述。进货地、配送中心和收货地三者之间的配送概念如图9.6所示。

第五节 配送中心系统的设计

配送中心的建设是一项规模大、投资额高、涉及面广的系统工程。

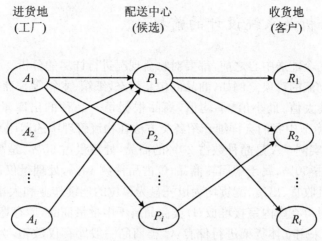

图 9.6 进货地、配送中心和收货地三者之间的配送概念图

一、配送中心的设计原则

配送中心一旦建成就很难再改变,物流系统设计是成败的关键。因此配送中心的建设应遵循一定的原则。

（一）系统工程原则

配送中心的工作,包括收验货、搬运、储存、装卸、分拣、配货、送货、信息处理以及供应商、连锁商场等店铺的连接,如何使它们之间均衡、协调地运转是极为重要的。其关键是做好物流量的分析和预测,把握住外流的最合理流程。由于运输的线路和物流据点交织成网络,配送中心的选址也非常重要。在下面的章节中我们将详细介绍有关选址、流程合理化等具体相关内容。

（二）价值工程原则

在激烈的市场竞争中,配送的准点及时和缺货率低等方面的要求越来越高,在满足服务高质量的同时,又必须考虑物流成本。特别是建造配送中心耗资巨大,必须对建设项目进行可行性研究,并作多个方案的技术、经济比较,以求得到最大的企业效益和社会效益。

（三）尽量实现工艺、设备、管理科学化的原则

近年来,配送中心均广泛采用电子计算机进行物流管理和信息处理,大大加速了商品的流转,提高了经济效益和现代化管理水平。同时,要合理地选择、组织、使用各种先进物流机械化、自动化设备,以充分发挥配送中心多功能、高效率的特点。

（四）发展的原则

规划配送中心时,无论是建筑物、信息处理系统的设计,还是机械设备的选择,都要考虑到有较强的应变能力,以适应物流量扩大、经营范围的拓展。在规划设计第一期过程时,应将第二期工程纳入总体规划,并充分考虑到扩建时的业务工作的需要。

二、物流分析是系统设计的前提

在设计、建设一个配送中心之前,都要对物流现况进行详尽的分析。

第一,要普查物流的对象。例如,商品的包装形态(纸箱、木箱等),商品的单件包装重量以及外形尺寸的最大值、最小值、平均值,商品根据每一品种的出库量、库存量分项进行ABC分析(以后的章节中我们会详细介绍各类方法在物流管理中的运用)。

某配送中心的实例。A是品种数占20%的商品,处理量占60%,是高周转商品;B占品种数40%,处理量占30%,属于中周转商品;C占品种数40%,处理量仅占10%。A类商品大多库存量较大,且收货、出货、配货均为以托盘为单位的连续作业和大量搬运,故使用叉车最为有效,而保管时可在库内直接堆放;B类商品属于中批量商品,库存期比A长,须加强日期管理,先进先出,采用立体货架进行储存;C类商品一般库存仅数箱,为了确保保管效率,往往采用重力式货架最为合理。

第二,对配送中心的物流量进行分析和预测。配送中心规模的确定取决于物流量的大小,故调查必须抓住这个重点,包括物流量的最大值、最小值和平均值,查明年间、月间、日间的变化情况。在调查清楚物流量变化的基础上,要科学地分析和预测将来的物流量,它是配送中心设计的重要依据。预测内容通常包括从运营之日起,六年内物流量的逐年变化情况。如品种、数量、周转率,以及使用物流量发生变化的各种因素。

第三,对物流信息处理情况进行调查。要了解配送中心订货以及库存、分拣、配送等物流管理信息的处理,信息的网络形式,目前信息处理中存在的问题等。

第四,对配送中心作业的内容进行调查。作业内容包括验货的内容、所需时间、验货标准等。作业流程中包装材料和种类,商品托盘堆码图谱、堆码方案、配货方法、配货量、作业表,分拣的到站数、分拣量以及分拣后的处理(装托盘等)。

第五,考察入出货的条件,包括供货商、供货方式、送货车辆(吨数、每天车辆数)、每天、每小时进货件数、品种数的最大值、平均值,商品形态(以托盘为单位、以盒为单位各占的百分比)、收货店铺数、配送车辆(吨数、每天车辆数次)、配送量,品种的最大值、平均值,配送要求(紧急发货量所占百分比)等。

第六,对商品的保管形态进行研究。特别是设计高层货架以及自动化立体仓库时,必须事先确定托盘上商品的堆垛尺寸(长、宽、高)等。而确定最佳货架尺寸必须考虑影响货架尺寸的直接因素和间接因素。

在此基础上研究货架的空间利用率、搬动的次数、运输的手段等。如选择托盘最佳尺寸时应从以下6个方面进行考查:① 装载效率,根据每种商品的形态、尺寸研究用怎样的托盘尺寸(平面尺寸、高度)效率最高;② 入出库的批数,入库(包括生产批数)、出库批数及其大小;③ 运输条件,从工厂来卡车及配送车辆的装载运输效率;④ 防止商品倒塌的措施;⑤ 操作条件,如根据配货等作业的要求,高度和大小的限制;⑥ 已有托盘的尺寸和数量,研究如何有效利用。

第七,规划配送中心总物流量流程图。它是在对物流过程中的上述充分调研后,得到的物流分析成果。在对配送中心进行了各项数据的调查和分析后,即可进入下一个阶段配送中心的立项。

三、配送中心的布点原则

配送中心建设是一项物流基础设施建设，一旦建成就无法改变，因此中心的布点不能有一丝的随意性，应按一定设计原则下进行布点。

（一）适应性原则

配送中心布点必须与国家及省市的经济发展方针、政策相适应，与我国物流资源分布和需求分布相适应；同时还要与一个地区或区域的经济发展特征和主产品特征相适应；既要考虑配送中心本身经营运作上的可行性，又要与区域物流系统规划相适应。

（二）协调性原则

配送中心布点要将国家的物流网络作为一个大系统来考虑、要确立自身在网络中的位置。与整个系统相协调。同时在配送中心的规模、设施与设备的选择，生产作业能力、配送商品的特性等方面要保持协调性、一致性。

（三）经济性原则

配送中心布点中的费用主要包括建设费和经营费用两大部分。前者涉及的面广，一次性投入较大，比如规划、设计费用、使用费用、基本建设材料费用、人工费用、设施与设备的选择与安装费用等；后者主要是配送中心建成后、经营配送中心所需的费用，比如运输费用、设备、设施使用费用和维护费用等。配送中心布局时，既要充分考虑各种技术、经济因素，进行功能比较，又要进行价值分析；既要考虑企业效益，又要兼顾社会效益，总的原则是求得综合成本最低。

（四）前瞻性原则

配送中心建设是一项长期投资，所以，配送中心布点要有全局观念和长远考虑，要有前瞻性。应结合国家物流系统的长期规划和现实状况以及国家经济长期发展规划来考虑，既要符合目前需要，又要考虑日后发展的可能，应立足当前，放眼未来。

四、配送中心规模的确定

配送中心规模大小受业务量、业务性质、内容和作业要求的影响较大，一般要根据以下几个方面来确定：

（一）物流量预测（吞吐量预测）

预测时要根据历年经营的大单原始数据分析，以这企业发展的规划和目标为依据进行。要考虑商品库存的周转率、最大库存水平，通常以备齐全部配送商品品种为前提，根据商品数量品种的 ABC 分类。A 类商品备齐率 100%，B 类 95%，C 类 90%，由此确定配送中心的平均储存量和最高储存量。

(二) 确定单位面积作业量的定额

根据经验,配送中心各作业的单位面积作业量定额可以确定。根据预测吐吞量和各作业区单位面积作业量定额可大致估算出配送中心的作业面积。

(三) 配送中心的占地面积

一般辅助生产建筑面积为配送中心作业面积的5%~8%,办公、生活用建筑面积为配送中心作业面积的5%左右,这样,配送中心的总建筑面积就可大致确定出来,再根据城建规划部门的有关规定可基本估算出总的占用面积。

第六节 配送中心的内部布局及设施构造

配送中心的设计,首先要求具有与装卸、搬运、保管等与产品活动完全适应的作业性质和功能,还必须满足管理,提高经济效益,对作业量的变化和商品形状变化能灵活适应等要求。

一、配送中心内部布局

(一) 商品数量分析

首先要对不同品种商品数量进行分析。制定配送中心设计规划时,"以何种产品,多大的作业量为对象"是确定实施计划的前提条件。为此,通常按照如下顺序分析:

(1) 对商品的类别,按照商品出、入库的顺序进行整理,同时还按照类似的货物流加以分组;

(2) 确定不同种类商品的作业量;

(3) 以作业量的大小为顺序制作坐标图,图中横轴为种类,纵轴为数量。根据曲线图分析:曲线斜度大的区间商品品种少,数量大,是流通快的商品群;曲线倾斜缓慢的区间商品品种多,数量少,是流通的商品群。

(二) 进行物流分析

按照全面分析的作业量和出、入库次数等资料分析编制产品流程的基本计划(产品在配送中心内部的流程在其他的章节中有详细介绍)也就是按照作业设施的不同,表示流程路线图,同时计入货物数量比率。

(三) 进行设施的关联性分析

在制定设计计划时,把作为设计对象的设施及评价项目总称为业务活动。所以,业务活动除了建筑物内的收货场所、保管场所、流通加工场所及配送场所等设施外,还包括事务所、土地利用情况及道路等。这些设施中,关联密切的设施应相互靠近进行配置。

关于业务活动分析的顺序如下:

(1) 列举必要的设施

除了正门、事务所、绿化地、杂品仓库、退货处理场所、福利保健场所等外,还有配送中心的建筑物及其具体的各项内部设施,都要列举出来。

(2) 业务活动相互关系表

对上述各项业务活动,应作靠近性分析。所谓靠近性分析是指不仅要研究产品的流程,还要研究产品的流程、作业人员的管理范围,以及卡车的出入和货物装卸系统等,从不同角度进行合理性的判断。

(3) 业务活动线路图

对各个业务活动相互位置的关系进行一般的设计。

(四) 设施面积的确定

按照上述方法确定出设施关联方案后,再计算这些设施需要的面积。其面积是按照作业量计算的,根据经验确定的单位面积作业量为:① 保管设施(库存剩余货物量):1 吨/米^2;② 处理货物的其他设施:0.2 吨/米^2。还要根据装卸路线、保管场所、剩余面积、人员配置、经济效益等条件加以详细的研究、设计。

另外,配送中心的作业,不可能像在工厂的作业过程那样划分,往往一些设施是兼用的,只用理论方法无法解决所有问题。所以,在采用科学方法确定设计方案的同时,还要听取现场工作人员的意见,根据实际情况研究、修正后,才能确定出最优的设计方案。

二、配送中心内车流的布置

配送中心的车流量很大。一个日处理量达 10 万箱商品的配送中心,每天的车流量达 250 辆次;而实际上送货、发货的车辆,大多集中在几个时间带(即高峰时间)。如日本东京流通中心是一个超大型配送中心,其日车流量达 8000 辆次。因此,道路、停车场地及车辆运行线路的设计显得尤为重要。可以说,配送中心总体设计的成败,决定于车流规划的合理与否。配送中心的设计必须包括"车辆行驶线路图"。

为了保证配送中心内车辆行驶秩序井然,一般采用"单向行使、分门出入"的原则。不少配送中心还规定了大型卡车、中型卡车、乘用小车的出入口以及车辆行驶线路。配送中心内部的车道必须是继承环状,不应出现尽端式回车场,并结合消防道路布置。

配送中心的主要道路宽度较大,通常为 4 车道,甚至 6 车道;考虑到大型卡车、集装箱车进出,最小转弯半径不小于 15 米;车道均为高级沥青路面,并标有白色界线、方向、限速等标记。

三、配送中心内部的设施构造

(一) 建筑物

从装卸货物的效率看,建筑物最好是平房建筑。但在城市,由于土地紧张和受地价的限制,采用多层建筑的情况较多。假若建造钢骨架的平房建筑物的建筑费为100,则多层建筑物的建筑费标准大致如下:二层钢骨架建筑物的建筑费为150,二层钢筋混凝土建筑物的建筑费为180,三层钢筋混凝土建筑物的建筑费为200,三层钢骨架钢筋混凝土建筑物的建筑费为240,而建造4~7层钢骨架建筑物的费用为270。对建筑费用影响较大的因素有地面负荷强度、天棚高度、立柱间隔距离等。还有,设施内部配置的保管机器、装卸机器的多少,也对建筑费用有较大的影响。

(二)地面负荷强度

地面负荷强度是由保管货物的种类决定的。一级地面负荷强度规定如下:
(1)平房建筑物,每平方米负荷2.5~3.0吨;
(2)多层建筑物:一层,平均每平方米负荷2.5~3.0吨;二层,平均每平方米负荷2.0~2.5吨;三层以上,平均每平方米负荷1.5~2.0吨。

多层建筑物,二层以上的地面负荷是指通过建筑物墙体支撑的负荷,因而,随着建筑物层次的增多,各层地面所承载的能力是逐渐减小的。当然,在确定地面承受能力时,不仅要考虑地面上货物的重量,还要考虑所用机器工具的重量。例如,用叉车装卸作业时,也必须考虑叉车的重量。这时,在钢筋混凝土地面作业时,地面上平均每平方米的承载能力,应增加按下式计算的车轮荷重:

叉车的最大车轮荷重=(货叉自重+装载货物重量)×A×B。式中:A指装载货物时,平衡重型或伸长型叉车前面两个轮子所承受货物重量的比例,其差别不大,以货叉自重加载货物重量的0.85~0.88为宜;B指另外加上1.3~1.5倍的货物短时间冲击力。

(三)库房高度规划

在储存空间中,库房的有效高度也称为梁下高度即天花板高度,理论上是越高越好,但实际上受货物所能堆码的高度、叉车的扬程、货架高度等因素的限制,库房太高有时反而会增加成本及降低建筑物的楼层数,因此要合理设计库房的有效高度。在进行库房的有效高度设计时,应从以下三个方面考虑。

1. 保管物品的形态、保管设备的形式和堆码高度

由于所保管物品的形态及所采用的保管货架形式均和高度有关,当采用托盘地面堆码或采用高层货架时,两者所需的堆码高度差距非常大,耐压的坚硬货品及不耐压的货品在采用地面堆码时,其对梁下有效高度的需求也有很大差异,必须根据所采用的保管设备与堆码方式来决定库内的有效高度。

以下为采用地面堆码时梁下有效高度的计算方法。

例9.2

货高$M=1.3$米,堆码层数$N=3$,货叉的估货高度$FA=0.3$米,梁下间隙尺寸$a=0.5$米,求最大举升货高与梁下有效高度。

最大举升货高度$=3×1.3+0.3=4.2$(米);

梁下有效高度$He=4.2+0.5=4.7$(米)。

2. 所使用堆垛搬运设备的种类

储存区内采用不同的作业设备,如各类叉车、吊车等,对梁下间隙有不同的要求,需要根据具体的堆垛搬运设备的起升参数和梁下间隙进行计算。

例 9.3

货架高度 $Hr=3.2$ 米,货物高度 $HA=1.3$ 米,货叉的抬货高度 $FA=0.3$ 米,梁下间隙尺寸 $a=0.5$ 米,求最大举升货高与梁下有效高度。

最大举升货高 $HL=3.2+1.3+0.3=4.8$(米);

梁下有效高度 $He=4.8+0.5=5.3$(米)。

3. 所采用的储存保管设备的高度

由于各种货架都有其基本设计高度。装设货架时必须达到此高度才有经济效益,因此有效高度的设计必须能符合所采用保管储存设备的基本高度要求。

梁下间隙尺寸是为了消防、空调、采光等因素,必须放置一些配线、风管、消防设备、灯光照明等而必须预留的装设空间,在所有梁下高度的计算中部必须把梁下间隙考虑进去。即:

梁下有效高度=最大举升的货高+梁下间隙尺寸。

例 9.4

货架高度 $HL=2.4$ 米,底层高度 $Hf=0.4$ 米,梁下间隙尺寸 $a=0.6$ 米,货物高度 $M=2$ 米,求最上层货架高度与梁下有效高度。

最上层货架高度 $HL=2.4\times2+0.4=5.2$(米);

梁下有效高度 $He=5.2+0.6=5.8$(米)。

(四)立柱间隔距离

配送中心库内柱子的主要设计依据包括建筑物的楼层数、楼层高度、地盘载重、抗震能力等,另外还需考虑配送中心内的保管效率及作业效率。配送中心仓库内储存空间柱子间距的设计可以从以下几个方面考虑:

1. 根据卡车台数及种类确定柱子间距

进入仓库内停靠的卡车台数及种类:不同形式重量的载货卡车会有不同的体积长度,停靠站台所需的空间及柱距也有不同。柱子间隔不当,会使作业效率和保管能力下降。因而要充分研究建筑物的构造及经济性,以求出适宜的柱子间隔距离。一般柱子间隔距离为 7~10 米(在建筑物前面可停放大型卡车两辆、小型卡车三辆)。

2. 根据储存设备的种类及尺寸确定柱子间距

储存空间的设计应优先考虑保管设备的布置效率,其空间的设计尽可能大而完整以供储存设备的安置,故应配合储存设备的规划,来决定柱子的间距。

(五)建筑物的通道

通道是根据搬运方法、车辆出入频度和作业路线等确定的。建筑物内部通道的设置与内部设施的功能、效率、空间使用费等因素有关,所以,应根据货物的品种和批量的大小,以及所选定机器的出入频度和时间间隔等因素,来决定通道的宽度和条数(有单向通道和往返通道两种)。通道配置的方案应在充分比较研究的基础上确定。

通道宽度的标准大致如下:① 人 0.5 米;② 手推车 1 米;③ 叉车(直角装载时):重型平衡叉车 3.5~4.0 米,伸长货叉型叉车 2.5~3.0 米,侧面货叉型叉车 1.7~2.0 米。

(六)卡车停车场

通常,各种车辆都必须有停车场。车辆停止时占用的面积如下:

15 吨重拖挂车	60 平方米
10～11.5 吨卡车	45 平方米
6～8 吨卡车	35 平方米
3～4 吨卡车	25 平方米

然而,很多车辆停在一起时,各车之间一般情况下需要有超出通过1个人的距离(0.5～1.0米)。如宽2.5米、长9米的8吨车,与邻车的间隔为1米时,其必要的停车空间面积为:$(2.5+1)\times(9+1)=35$(m^2),是车体实际投影面积($2.5\times9=22.5$(平方米))的1.56倍。

另外,日常装卸货物时,所占用的停车空间与上述车辆处于静止状态时不同。为了确保卡车装卸作业,应留有必要的侧面通道,或者在卡车前方留有一定宽度的通道、使卡车作业时可以前进和后退。其标准用下列公式求出:

(1) 与站台或设施成直角停车(纵向)时:

车辆前方通道宽度=车体全长×[1+车体宽/(车体宽+与停车距离)]+α

一般相邻车的间隔距离为0.5～1米,α表示剩余空间。

(2) 与站台或设施平行停车(横向),用叉车进行托盘作业时:

车体侧面通道宽度=车体宽+叉车直角装载作业时通道宽度 + 一个托盘的临时放置空间+α

四、合理布局网点的主要内容

物流网点是组织物流活动的基础条件。由于物资资源的分布、需求状况、运输条件和自然环境等因素的影响,使得在同一计划区域内的不同地方,设置不同规模的网点,不同的供货范围及其整个物流系统和全社会的经济效益是不相同的,有时差别甚至很大。那么,在已有的客观条件下,如何设置物流网点,才能使物流费用最少而社会经济效益最佳,对用户的服务质量最好呢?这就是物流网点的合理布局问题。

概括地讲,物流网点的合理布局是以物流系统和社会的经济效益为目标,用系统学的理论和系统工程的方法,综合考虑物资的供需状况、运输条件、自然环境等因素,对物流网点的设置位置、规模、供货范围等进行研究和设计。此外,研究物流网点布局还应考虑系统中中转供货和直达供货的比例。前面的章节中已经提到,在物流系统中物资的中转供货和直达供货常常是同时存在的。理论和实践均已证明,物资的直达供货只是在少数几种情况下才是有利的,并且它所占的比例大小与中转供货的费用水平和服务质量有着密切的关系,中转费用低、服务质量好时直达供货比例小,否则直达供货比例大。因此,如何确定中转与直达供货的比例,系统中的用户是否应采取直达方式进货,这也是网点合理布局问题应该解决的内容。

综上所述,进行物流网点布局应以费用低、服务好、社会效益高为目标,讨论如下几方面的问题:

① 计划区域内应设置物流网点的数目;② 网点的地理位置;③ 二元网点的规模(吞吐能力);④ 各网点的进货与供货关系,即从哪些资源厂进货,向哪些用户供货;⑤ 计划区域内中转供货与直达供货的比例。

研究和解决这些问题,一般先通过详细的系统调查,收集资料并进行系统分析,确定一些可能设置网点的备选地址,建立模型,然后对模型优化求解,最后进行方案评价并确定最佳布局方案。

思考与练习

1. 简述配送中心的形成和发展。
2. 解释配送中心的概念,说明配送中心与物流中心有何区别。
3. 配送中心具有哪些功能?
4. 简述配送中心的基本作业流程和作业项目。
5. 按不同的分类标志,配送中心可分为哪些类型?各类型的配送中心之间有哪些不同?
6. 配送中心布点时应遵循哪些原则?布点时需要考虑哪些影响因素?
7. 配送中心选址的方法具体有哪些?

第十章 物流组织管理

 学习目标

通过本章学习,你应该能够:
➢ 掌握物流组织管理的定义及其类型;
➢ 掌握物流组织管理的结构形态;
➢ 理解物流组织管理设计应考虑的有关因素;
➢ 掌握企业物流组织的新趋势。

引入案例　安吉物流公司的组织结构变革

> 安吉物流的历史沿革可追溯至1988年6月,是当时上海汽车工业供销公司下属的长征储运经营部。上汽集团于2000年8月成立安吉汽车物流有限公司,是该集团旗下的全资子公司。随着安吉物流的快速发展壮大,上汽集团又于2009年1月对属下汽车物流企业进行重组,将安吉汽车物流有限公司升格为二层次企业。将整车物流、零部件物流、口岸物流三大物流板块资源进行相应整合后成立对应的分公司。安吉物流以此为契机,整合行业内资源,通过组织网络化、资源网络化,大力拓展集疏运体系建设,实现公铁水多式联运和多种运力均衡可持续发展,打造全新的绿色物流模式,建立铁路干线运输网络,拓展水路物流运输规模,节约物流成本,实现社会资源最大化,公司年收入快速翻番。如图10.1所示。

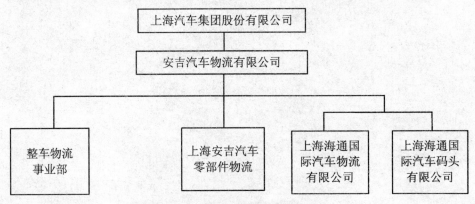

图 10.1　直线型物流管理组织结构

组织是进行有效管理的手段。建立健全合理的物流组织是实现现代物流发展的基础和保证。而研究物流组织管理的内容、原则、组织结构以及如何设计等问题,则是建立与健全合理的物流组织管理的前提条件。

第一节 物流组织管理概述

一、物流组织管理的概念

(一) 物流管理的定义

物流管理是指企业通过物流管理组织,根据物流的规律,应用管理的基本原理和科学方法,对物流活动进行计划、组织、指挥、协调、控制和监督,使各项物流活动实现最佳的协调与配合,以降低物流成本,提高物流效率和经济效益。

(二) 物流组织管理的定义

所谓组织,是指为实现既定目标,通过人与人、人与物以及信息的有机结合,所形成的社会系统。组织存在于社会生活的许多方面。

所谓企业组织,是指为了有效地向社会提供产品或劳务,将企业的各种资源,按照一定形式相结合的社会系统。企业组织可分为两方面:一是生产劳动组织,二是企业管理组织。

物流组织管理是指从事物流管理的机构设置和管理权限及范围划分的组织形式。物流组织管理作用的发挥,是通过建立一定的物流管束机构,确定与其相应的职位、职责和权利,合理传递信息等一系列活动,将物流各个要素合成一个有机的整体,最终实现物流管理,乃至企业管理的总体目标。

二、物流组织管理的分类

(一) 根据物流组织所处的领域不同进行划分

根据物流组织所处的领域可划分为生产领域的物流组织和流通领域的物流组织。

各生产企业的物流管理机构即生产领域的物流组织。它的主要职责是组织生产所需的各种生产资料的进货物流,产品的出厂物流,以及生产工序间的物流等。

流通领域的物流组织是指那些专门从事产品空间位移的组织机构,因此也可称之为专业性的物流组织。专业性物流组织的特点是:各项机构的设置,完全是以实现物流各项活动为目的的。

(二) 按物流组织在物流管理中的任务不同进行划分

按物流组织在物流管理中的任务不同可以划分物流管理的行政机构和物流管理的业务机构。

物流管理的行政机构是指那些负责制定物流管理的制度和办法,对物流的计划管理以及编制物流计划并组织实施的组织。

物流管理的业务机构是指那些负责执行物流计划,具体进行各项物流活动的组织,如运输管理组织、仓储管理组织等。

(三) 按物流组织管理的设置与职权划分

现代物流是一个极其广泛、极其复杂的系统。物流形式的多样性要求物流管理组织必须是多层次的。

1. 中央一级的物流管理组织

我国中央一级的物流管理组织是国家直接设立和领导的物流管理组织。它享有物流管理的最高权限。它负有制定物流政策,下达物流计划,指导国民经济物流任务完成的责任。

2. 地方的物流管理组织

地方的物流管理组织是指在各省、自治区、直辖市以至各区、县的地方物流管理机构。这种物流管理组织的特点表现为管理权限主要集中在地方。同级地方与地方的物流管理组织互相之间的联系较少或不存在联系。地方的物流管理组织负责在其管理范围内的物流组织活动并有权制定地方物流活动的政策、方法,组织物流活动的完成。地方物流管理组织有承担中央一级物流管理组织下达物流任务的义务,并有权向中央提出物流合理化的建议。

3. 企业的物流管理组织

生产企业的物流管理组织是生产企业的一个部门。它的主要职责是完成生产所需要的原材料的供应和产品的销售以及半成品的物流任务。流通企业的物流组织是围绕着流通活动的各种职能所设置的,通常是流通企业生产活动的组织保证。

三、物流组织的演进

物流组织的出现和发展是人们对物流认识不断提高的结果。20 世纪 50 年代以前物流仅仅被看做是生产和流通的附属职能,物流的组织责任遍布企业或工厂的各个部门,企业没有正式统一的物流组织,物流是分散在组织内不同职能中的一系列互不协调的、零散的活动,企业物流处于职能分散化、管理分离化阶段。20 世纪 50 年代末企业出现了对物流活动的归类,将两个或更多的物流功能在运作上进行归组,才真正拉开了企业物流组织发展的序幕。物流组织的演进大体可分为以下四个阶段:

(一) 物流功能集成化发展阶段

物流功能的集成是一个渐进发展的过程,20 世纪 60 年代初期开始出现的集成很少改变企业传统的部门和组织层次,往往只发生在同一大的职能部门和组织的直线管理层,如围绕着客户集合销售物流分离出物资配送部门,围绕着采购集合供应或生产物流分离出原料管理部门,但物流管理仍然分散于传统的制造、销售和财务管理部门。20 世纪 70 年代后,随着企业集成运作物流的成本降低和物流经验的提高,围绕着客户的物资配送组织地位上升,在企业的组织结构中并行于制造、销售和财务管理部门,并且物资配送和生产组织下的物料管理各自一体化也得到了发展。在制造业中,直到目前这种各自一体化的物流组织结构仍很普遍

(二) 物流功能一体化组织阶段

所谓物流功能一体化组织,即在一个高层物流经理的领导下,统一所有的物流功能和运

作,将采购、储运、配送、物料管理等物流的每一个领域组合构成一体化运作的组织单元,形成总的企业内部一体化物流框架。这种一体化的物流组织结构,一方面强调了物流资源计划对企业内部物流一体化的重要作用,另一方面强调了各物流支持部门(仓储、运输、包装等)与物流运作部门(采购、制造物料流和配送等)直接沟通,各部门之间能够有效地进行利益互换。同时在组织的最高层次设置了计划和控制处,从总体上负责物流发展战略的定位、物流系统的优化和重组、物流成本和客户服务绩效的控制与衡量等。尽管20世纪80年代初这类物流组织已开始出现,但是由于集中化物流运作的种种困难,并且此类组织结构本身存在着大而复杂的弊病,其应用并不广泛。

(三)物流过程一体化组织阶段

20世纪90年代以来,在彼得·圣吉的学习型组织理论以及迈克·哈默和詹姆士·钱皮的企业流程再造理论影响与指导下,扁平化、授权、再造和团队的思想被越来越多的企业理解并接受,企业的组织进入了一个重构的时代。物流管理也由重视功能转变为重视过程,通过管理过程而非功能提高物流效率成为整合物流的核心。物流组织不再局限于功能集合或分隔的影响,开始由功能一体化的垂直层次结构向以过程为导向的水平结构的转换,由纵向一体化向横向一体化转变,由内部一体化向内外部一体化转变。从某种意义上说,矩阵型、团队型、联盟型等物流组织形式就是在以物流过程及其一体化为导向的前提下发展起来的,并且已经成为欧美企业物流组织发展趋势。

(四)虚拟与网络化物流组织阶段

虚拟物流组织实际上是一种非正式的、非固定的、松散的、暂时性的组织形式,它突破原有物流组织的有形边界,通过整合各成员的资源、技术、顾客市场机会等,依靠统一、协调的物流运作,以最小组织来实现最大的物流职能。网络化物流组织是将单个实体或虚拟物流组织以网络的形式紧密的联合在一起,它是以联合物流专业化资产,共享物流过程控制和完成共同物流目的为基本特性的组织管理形式。20世纪90年代中期以后,信息和网络技术的快速发展,为虚拟与网络化物流组织的产生和发展提供了外部环境。特别是当企业引入了供应链管理的理念,物流从单个企业扩展到了供应链上的所有企业,虚拟与网络化物流组织将可能成为更加有效的物流组织运作形式。就目前而言,企业对此类组织形式的应用探索才刚刚开始。

第二节 物流组织管理的结构形态

一、物流组织管理的结构形态

物流组织管理的设立在实际操作中,一般可归为三种组织结构形态:直线型组织、参谋型组织和运用型组织

（一）直线型组织

这是一种按基本职能组织物流管理部门的组织形式。当物流活动对于一个企业的经营较为重要时，企业一般会采取这种模式。在这种组织结构中，物流管理的各个要素不再作为其他的职能部门如财务、市场、制造部门的从属职能而存在，而处于并列的地位。物流经理对所有的物流活动负责，对企业物流总成本的控制负责。在解决企业的经济冲突时，物流经理可以和其他各部门经理平等磋商，共同为企业的总体目标服务。直线型物流管理组织结构如图10.2所示。

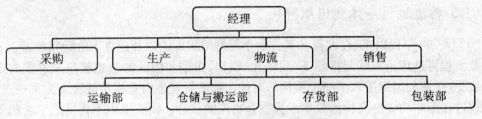

图10.2 直线型物流管理组织结构

（二）参谋型组织

这也是一种按照职能不同设定的组织，但由于物流活动往往贯穿于企业组织的各种职能之中，它只把有关物流活动的参谋组织单独抽出来，基本的物流活动还在原来的部门中进行，物流管理者起一个"参谋"的作用，负责物流与其他几个职能部门的协调合作。参谋型组织的好处在于能够在较短的时期内，使企业经营顺利地采用新的物流管理手段。参谋型物流管理组织结构如图10.3所示。

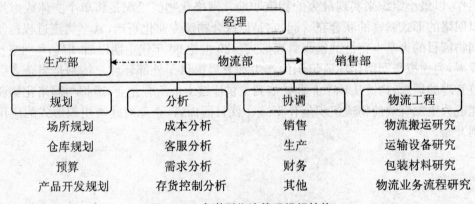

图10.3 参谋型物流管理组织结构

参谋型组织结构带来的问题是：物流部门对具体的物流活动没有管理权和指挥权，物流活动仍分散在各个部门，所以仍会出现物流效率低下、资源浪费以及职权不明等弊病。

（三）直线参谋型组织

单纯的直线型或参谋型物流组织结构都存在一定的缺陷，逻辑上的解决办法是将这两种组织结构形式合二为一，变成直线参谋型的物流组织结构。直线参谋型物流管理组织结构如图10.4所示。

这种组织结构方式消除了物流在企业中的从属地位,恢复了物流部门功能上的独立性。当然,这并不意味着物流部门可以与企业其他部门隔绝而独自运作。物流部门中诸如规划、协调等顾问性功能仍有必要与其他部门紧密配合,才能使企业作为一个整体得到改进,而并非仅仅是企业的物流功能得到改进。

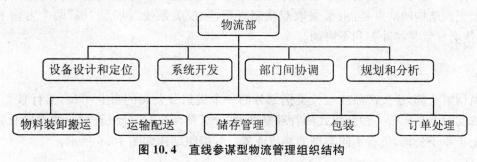

图 10.4　直线参谋型物流管理组织结构

（四）运用型组织

物流组织的主要目标是对不同的物流活动实施控制,使它们之间保持协调一致。因此,要达成目标可以设立专门正式的物流组织,也可以利用原有的组织。通过各种手段,靠合作的方式来达成负责物流活动的人员之间的协调,或是外聘专家,对本企业的物流活动进行规划调整,推进企业物流合理化。

运用型组织属于一种非正式物流组织,因此它的运作常常需要建立一些激励机制,或是成立一个协调委员会来促进合作。

（五）矩阵型组织

矩阵型物流管理组织结构是由美国学者丹尼尔·W·蒂海斯和罗伯特·L·泰勒于1972年提出的,它的设计原理是将物流作为思考问题的一种角度和方法,而不把它作为企业内的一种功能。

蒂海斯和泰勒提出了矩阵式的物流组织结构,其大体内容是:履行物流业务所需的各种物流活动仍由原部门（垂直方向）管理、但水平方向上又加入类似于项目管理的部门（一般也称为物流部门）,负责管理一个完整的物流业务（作为一个物流"项目"）,从而形成了纵横交错的矩阵式物流组织结构。矩阵型物流管理组织结构如图 10.5 所示。

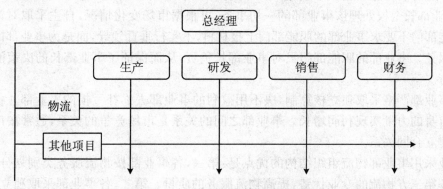

图 10.5　矩阵型物流管理组织结构

在矩阵型管理组织结构下,物流"项目"经理在一定的时间、成本、数量和质量约束下,负责整个物流"项目"的实施(水平方向),传统部门(垂直方向)对物流"项目"起着支持的作用。

矩阵型物流管理组织结构有三个优点:第一,物流部门作为一个责任中心,允许其基于目标进行管理,可以提高物流运作效率。第二,这种形式比较灵活,适合于任何企业的各种需求。第三,它可以允许物流经理对物流进行一体化的规划和设计,提高物流的整合效应。矩阵型组织结构的缺点是:由于采取双轨制管理,职权关系受"纵"和"横"两个方向上的控制,可能会导致某些冲突和不协调。

(六)事业部型组织

所谓事业部,是按产品或服务类别划分的一个类似分公司的事业单位,实行独立核算。事业部实际上是实行一种分权式的管理制度,即分级核算盈亏、分级管理。物流事业部相当于一个企业子公司,负责不同类型的物流业务。其组织结构如图10.6所示。

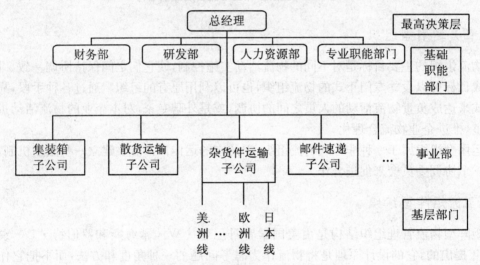

图 10.6 事业部型物流管理组织结构

事业部制是一种集权—分权—集权的管理方式,分权主要体现在各事业部拥有计划制定、自主决策和指挥领导的权力,集权表现为总公司对各事业部在资金管理、利润管理和营运监督方面实行集权式管理。

在事业部制的企业组织中,事业部长是事业部的最高负责人,其地位相当于独立公司的经理,事业部长全权处理该事业部的一切事务,可根据市场变化情况,自主采取对策。总公司的职能部门不要求事业部的职能部门上报材料,不实行垂直领导,而是为事业部的职能部门提供服务。事业部的职能部门只对事业部长负责,从而保证了事业部长的决策能够切实得以履行。

各事业部严格采取独立核算制,决不用盈利的事业部去弥补亏损的事业部。各事业部必须靠自身的力量实现利润增长。事业部之间的关系是市场竞争的关系,通常按市场竞争的原则建立合同关系。

企业采用事业部物流组织结构的优点是:第一,各事业部按物流服务类别划分,有利于充分发挥第三方物流的专业优势,提高物流服务的质量。第二,各事业部采取独立核算制,使得各部门的经营情况一目了然,便于互相比较,互相促进。第三,各事业部由于权力下放,分工明确,因而形成一种责任经营制,有利于锻炼和培养出精通物流经营管理的人员,有利于发挥个人的才能和创造性。但是,事业部的组织结构虽然提高了企业经营的灵活性,使管理责任明确并容易实施成本控制,但随着市场变化的加速、消费者需求多样化以及企业市场创造战略的全面展开,原来意义上的事业部制组织结构在某些方面也显现出不足之处。从各事业部自身所负责的业务来看、虽然能够灵活地对应市场变化,并且有效地进行盈亏管理,但事业部制层次的效率化对整个企业来说并不一定是最有效的。例如,在新产品开发方面,创新已不是单个事业部生产、开发产品的活动,而是种跨越事业部界限、整个企业的战略行为,特别是整体产品战略(例如一个事业部生产的硬件与另一个事业部生产的软件组成的全新产品)的推广,更使得完全的事业部存在着很多制约因素。此外,人事管理上的僵化和设备、人员投资的重复性等都使得事业部制面临着新的挑战。为此,对原有的组织结构加以改革,将某些管理职能或创新职能从事业部制中分离出来,由企业全体统一指挥、实施,这样既可以保证战略管理的统一性,发挥企业整体优势,又能使企业灵敏地对应市场的变化,发挥事业部机动性、创造性的特征。

事业部制革新的一项重要内容就是要调整物流管理在企业组织中的地位,在高度经济成长时期,由于整个生产、流通体系是以厂商为主导展开,因此,企业经营的核心要素是产品创造和生产,物流只是生产的附属职能,在组织结构上它随生产而存在。然而,随着市场竞争和需求大量、不断地发展,这种以生产为中心的经营方式不能适应低经济成长期需求创造和市场维系的要求。相反,以满足顾客需求为中心的生产、经营体系成为整个企业管理活动的目标和标准,这种变化对物流管理带来的影响是两方面的:第一,从产业力量对比来看,随着经营方式和理念的变化,与最终消费者接触的零售业正在取代厂商成为流通过程的主角,而以高附加价值、低价格为主导的量贩店、折扣店和 24 小时店等新型零售业的兴起,对物流管理又提出了新的要求,即为了实现低价格,取得竞争优势,必须做到从厂商、经批发商到零售商各阶段企业调剂成本的降低,以及各企业内部费用的削减。在这种状况下,原来单纯的事业部制显然不能适应零售企业不断降低成本的要求;第二,作为厂商在当今多品种、少量化的生产条件下,为了真正体现顾客的需求,创造出高附加价值的产品,必须随时了解市场动向和本企业产品流通过程中的信息,其中包括商品在途、在库以及周转等信息资源。这对于只从事个别品种生产、经营的事业部来说是难以实现的。因此,在上述两种状况下,物流管理在组织中的调整已成为一个必然趋势。主要存在诸如管理费用高和综合能力差等问题,容易产生本位主义和分散倾向。

第三节 物流组织设计原则

一、物流组织设计

(一)物流组织设计应考虑的有关因素

1. 企业所属类型因素

不同类型的企业,物流管理的侧重点不同,物流组织管理的结构设计也相应各有特点。

如原材料生产型的企业,它们是其他企业原材料的供应者,其产品种类虽一般较少,但通常却是大批量装卸和运输。因此,一般要成立正式的物流管理部门与之适应。

2. 企业的战略因素

企业组织是帮助企业管理者实现管理目标的手段。因为目标产生于组织的总战略,因此组织的设计应与企业的战略紧密配合,特别是组织结构应当服从企业战略。如果一个企业的战略发生了重大调整,毫无疑问,组织的结构就需要做相应的变动以适应和支持新的战略。

3. 企业的规模因素

企业规模的大小对企业的组织结构有明显的影响作用。例如,对于规模大的企业,目前流行一种新形式的组织设计,把组织设计的侧重点放到顾客需要或工作过程方面,用跨职能的项目小组取代僵硬的部门设置,在提高效率方面发挥了作用。

4. 企业的技术因素

以追求利润为目标的企业(特别是生产制造企业),都需要采取一定的技术,将投入转换为产出。进行组织设计时不可忽视技术对组织结构提出的要求。越是常规的技术,结构就越应该标准化,即采用机械式的组织结构;越是非常规的技术,结构就越应该是有机式的

5. 企业环境的因素

企业环境是组织结构设计的一个主要影响因素。从本质上说,较稳定的企业环境,采用机械式组织更为有效;而动态的、不确定的环境,则采用有机式组织更佳。由于现今企业面临的竞争压力增大,企业环境也不似从前稳定,故企业物流组织应该能够对环境的变化做出有益于企业运行的反应,设计要充分体现出"柔性"特征。

总之,企业物流管理组织设计一定要从企业的实际出发,综合考虑企业的规模、产权制度、生产经营特点、企业组织形态及实际管理水平等多种因素,以建立最适宜的组织。物流管理组织的调整,要适应企业经营方式变革和企业内部管理向集约化转换的需要。

(二) 物流组织设计的原则

要保证一个管理组织的正常有效地运行,组织设计必须科学合理。管理组织设计的一般原则有:系统效益原则,优化原则,标准化原则和服务原则。

我们还必须根据企业物流工作的特点,考虑企业物流组织特有的一些原则,包括任务目标原则、分工协作原则、集权和分权相结合的原则、稳定性和适应性相结合的原则、责任和权利相结合的原则、精干有效的原则等等。

(三) 物流组织的职能范围设计

物流管理机构的组织活动,要明确物流管理的职能范围。关于职能范围,虽然各个企业不尽相同,但基本包括物流业务与系统协调两大部分。

物流业务主要在于物流活动计划和计划的调整实施,执行结果的评价等。物流管理部门在这方面的主要作用在于:评价物流系统现状、发现问题、研究改进办法,对能够改变物流现状的物流系统本身进行设计和改造,并制定新的物流计划,确定出控制标准,以保证合理的物流活动的继续。

物流管理部门还额外承担进行系统协调的"非正式职能"。这主要因为物流管理与企业其他的管理职能紧密相关,且具有交叉性。

(四)企业物流组织的新趋势

随着经济环境的变化,企业越来越关注使组织达到目标的过程更加简便化。在企业物流组织建设中也出现了新的发展趋势:

1. 结构压缩

管理者用减少规模、扁平化、网络、集中、修正范围、重组和非层次性等理念,对组织进行重新构建。

2. 设立企业物流总部

20世纪90年代企业组织的一个重要变化是改变原来单纯以事业部为中心的组织体系,实行某些职能管理活动的统一化和集中性管理,打破事业部的界限。现代物流不仅在横向上集中了各事业部的物流管理,还在纵向上统括了购买、生产、销售等伴随企业经营行为而发生的物流活动。所以在企业组织机构中,出现了这种全企业层次的物流组织,被人们称之为物流总部。

需要指出的是,物流总部的设立并不一定是将物流现场作业全部集中到总公司,一般物流现场作业仍然由各事业部独自开展,物流总部统一决策的是从流通全体来看的物流战略的设立和管理。其职能是建立基本的物流体系、决定物流发展战略,不断完善物流管理系统并推动其发展。

3. 成立单独的物流分公司

从最新企业组织的发展变化看,有不少先进企业不仅成立了企业物流总部,甚至将物流作业也从事业部中独立出来,成立单独的物流分公司。物流分公司的建立主要有两种方法:一是企业将属于本企业的物流中心从各事业部中独立出来,全面承担企业物流的所有活动;二是企业与运输业者的物流公司共同成立物流分公司。

与企业内的物流管理组织相比较,物流分公司具有几个方面的优点:首先是可以使物流费用明确化;其次,有利于促进物流水平的改善;再次,还有利于扩大物流活动的领域。

4. 任务小组结构

企业物流的组织结构多是基于功能而形成的。在功能结构下,物流活动的归类集合与直线领导的权力和责任相关,很难取得能满足独特客户要求的跨功能的灵活性。而任务小组的出现,就是被设计用来达成某种特定的明确规定的复杂任务。物流组织中运用任务小组,是企业在保持有效的功能结构的同时,获得一种基于任务的灵活性,使组织更好地分享企业的有限的资产和技术资源。

思考与练习

1. 简述物流管理组织的定义。
2. 简述物流管理组织的结构形态。
3. 物流管理组织设计应考虑哪些因素?
4. 简述企业物流组织的新趋势。

第十一章 物流成本管理

 学习目标

通过本章学习,你应该能够:
➢ 掌握物流成本的定义及其构成;
➢ 了解物流成本的有关类型;
➢ 了解物流成本管理的定义与意义;
➢ 掌握物流成本管理的相关措施。

引入案例　我国物流成本超过西方发达国家

2011年上半年我国物流费占GDP比重为18%,物流成本超过西方发达国家。

据报道,中国物流与采购联合会日前发布的《2011年上半年物流运行情况分析》显示,上半年中国社会物流总费用与GDP的比率为18%,同比提高0.1个百分点。我国物流成本占GDP比例偏高的问题,似乎未有明显改善迹象。

物流成本占GDP比重,是国际上公认的衡量一个国家或地区物流业的发展水平与运作效率的标准。据了解,在西方发达国家,物流成本占GDP比重一般为8%~10%。中国的物流成本要比世界平均水平高1~2倍。如果能降低1个百分点,就相当于为企业节约出近4000亿元的效益。

业内专家指出,物流费用占到总成本比例的增长,对于一些中小企业尤其是一些利润较低的企业的发展是不利的,虽然物流业的增长也是支持GDP增长的一个主要因素。

1997年国际货币基金组织的统计数据显示(表11.1),物流成本在各国经济中扮演重要角色,如果某国可以用较小比例的资源完成其各项物流活动,则显示出该国的物流性能较高;其中以美、英、日的表现为佳,中国的物流成本比例最高。

表11.1　各国物流成本占国民生产总值的比例

国家	GDP(10亿美元)	物流成本(10亿美元)	比重
中国	4250	718	16.9%
新加坡	85	12	13.9%
日本	3080	351	11.4%
美国	8083	849	10.5%
英国	1242	125	10.1%

物流成本作为物流过程的必要耗费,是必然存在的,但这种耗费不创造任何新的使用价值。人们经常说"物流成本增高了"。长期以来人们对物流活动不够重视,使物流成为一块"黑暗大陆"、对物流成本认识也停留在"冰山"一角,大部分的物流成本得不到揭示,物流方面的浪费严重。物流成本管理的目的就是寻求降低物流总成本和增强企业核心竞争优势的有效途径。因此,加强物流成本管理,将会提高整个社会的整体经济效益。

第一节 物流成本概述

一、物流成本的涵义

物流成本有广义和狭义之分。狭义的物流成本仅指由于物品移动而产生的运输、包装、装卸等费用。广义的物流成本(本书研究的范畴)是指生产、流通、消费全过程的物品实体与价值变化所发生的全部费用;它具体包括了从生产企业内部原材料的采购、供应开始,经过生产制造过程中的半成品存放、产成品的仓储、搬运、装卸、包装、运输发生的成本,到流通领域和消费领域中的验收、分类、仓储、保管、配送、废品回收发生的所有成本。物流成本是指伴随着企业的物流活动而发生的各种费用,是物流活动中所消耗的物化劳动和活劳动的货币表现,具体表现为物流各个环节所支出的人、物力和财力的总和。

物流成本种种含义,这需要正确理解,比如社会的物流成本、企业的物流成本、商品的物流成本,它们是不同的。

二、物流成本的构成

不同类型企业对物流成本的理解有所不同。对专业物流企业而言,企业全部营运成本都可以理解为物流成本;制造企业则指物流采购、储存和产品销售过程中为了实现物品的物理性空间运动而引起的货币支出,但通常不包括原材料、半成品在生产加工过程中而产生的费用;商品流通企业则指商品采购、储存和销售过程中商品实体运动所发生的费用。

物流成本的构成具体包括以下几部分:

(1)人工费用,为物流作业人员和管理人员支出的费用,如工资、资金、津贴、社会保险、医疗保险、员工培训费等。

(2)作业消耗,物流过程中的各种物质消耗,如包装材料、电力、燃料等消耗,固定资产的磨损等。

(3)物品损耗,物资在运输、装卸搬运、保管等过程中的合理损耗。

(4)利息支出,属于再分配项目的支出,用于保证物流顺畅的资金成本,如支付银行贷款的利息等。

(5)管理费用,在组织物流的过程中发生的其他费用,如有关物流活动顺利进行的差旅费、办公费、咨询费、技术开发费用和通信费等。

(6) 在生产过程中一切由产品空间运动(包括静止)引起的费用支出,如原材料、燃料、半成品、在制品、产成品等的运输、装卸搬运、储存等费用,都是物流费用,也称为物流成本。对物流成本的分析和研究是探讨物流合理化的强有力的手段。

三、物流成本的分类

(一) 按费用支出形式不同的分类

按费用支出形式不同的物流费用分类方法与财务会计统计方法相一致。这种方法将物流费用分为本企业支付的物流费用和支付给他人的物流费用两大项。每个项目中又将物流费用详细分解为材料费、人工费、差旅费、维护费等。运用这种分类方法,其优点是便于检查物流费用在各项日常支出中的数额和所占的比例,对比与分析各项费用水平的变化情况。这种分类方法最适合于生产企业和专业物流部门。

(二) 按物流活动构成的分类

这种分类方法是根据物流活动构成的几个基本环节,把物流费用大体上分为物流环节费用、情报流通费用和物流管理费用三个方面。

(1) 物流环节费用

伴随着物资的物理性活动发生的费用以及从事这些活动所必需的设备、设施的费用。包括包装费(运输包装费、集合包装与解体费等)、运输费(营业性运输费、自备运输费等)、保管费(物品保管、养护费等)、装卸费(营业性装卸费、自备装卸费等)、加工费(外包加工费、自行加工费等)。

(2) 情报流通费用

指用于物流信息收集、处理、传输的费用。物流信息的传送和处理活动发生的费用以及从事这些活动所必需的设备和设施的费用。包括线路租用费、入网费、网站维护费、计算机系统硬件和软件支出等。

(3) 物流管理费用

对上述活动进行综合管理的费用,包括物流现场管理和物流机构管理费等。

这种分类方法可用来比较不同性质费用所占的百分比例,发现物流成本问题发生在哪个环节;便于检查物流构成的各个环节费用支出情况,对于物流资金的安排,衔接各环节的关系具有十分方便的作用。这种方法比较适用于专业物流企业或综合性物流部门的物流成本分析与控制。

(三) 按物流范围的物流费用分类

所谓按物流范围的分类方法也就是按物流的流动过程进行分类。这种分类方法强调物流的先后次序,便于分析在各个物流阶段中物流费用的情况。这种分类方法无论在专业的物流部门还是在综合性的物流部门,以及各类形式的企业物流中都具有较大的实用性。

(四) 按物流活动的逻辑顺序进行物流费用分类

按物流活动的逻辑顺序分为供应物流、生产物流、销售物流、回收物流和废弃物流等阶

段,相应发生的费用有:

(1) 供应物流费

它指从供应商调达物料到本企业过程中发生的手续费、运输费、商品检验费等。

(2) 生产物流费

它指生产过程中发生的包装费、储存费、装卸搬运费等。

(3) 销售物流费。指商品销售过程发生的物流费,如运输费、储存费、包装费、流通加工费、配送费等。

(4) 回收物流费

它指在生产和销售过程中因废品、不合格品引起退货、换货所引起的物流费用。

(5) 废弃物流费

它指企业用于处理废弃物的费用,如排污费、污水处理费、垃圾清运费等。

这种分类法使用于分析物流各阶段的成本发生情况,较适用于生产企业及综合性物流部门。

(五) 按物流成本是否具有可控性分类

按物流成本是否具有可控性,可将物流成本分为可控成本与不可控成本:

1. 可控成本

可控成本是指考核对象对成本的发生能够控制的成本。例如生产部门对产量的消耗是可以控制的,所以材料的耗用成本(按标准成本计算)是生产部门的可控成本;而材料的价格,因由供应部门所控制,所以是供应部门的控制成本。又如企业在生产过程中消耗由辅助生产部门所提供的水、电、气时,这些水、电、气成本的高低对辅助生产部门来说是可以控制的,因而是可控成本,但对生产部门来说,则是不可控制的,所以必须按标准成本来结转其成本,由于可控成本对各责任中心来说是可控制的,因而必须对其负责。

2. 不可控成本

不可控成本是指考核对象对成本的发生不能予以控制的成本,因而也不予以负责的成本。例如上面所说的材料的采购成本,生产部门是无法控制的,因而对生产部门来说是不可控成本;又如供应部门的水、电、气成本对生产部门来说也是不可控成本。

可控成本与不可控成本都是相对的,而不是绝对的。对于一个部门来说是可控的,而对另一部门来说是不可控的。但从多个企业来考虑,所发生的一切费用都是可控的,只是这种可控性需分解落实到相应的责任部门,所以从整体上看,所有的成本都是可控成本,这样就能同时调动各责任中心的积极性。

(六) 按物流成本的特性分类

按物流成本的特性分类,即按物流成本与业务量之间的关系分类,可将物流成本划分为变动成本和固定成本。

在企业的生产经营活动中,企业发生的资源消耗与业务量之间的关系可以分为两类:一类是随着业务量的变化而变化的成本,例如材料的消耗、工人的工资、能源消耗等,这类成本的特征是业务量高成本的发生额也高,业务量低成本的发生额也低,成本的发生额与业务量近似成正比关系。另一类是在一定的业务量范围内,与业务量的增减变化无关的成本,例如固定资产折旧费、管理部门的办公费等,这类成本的特征是在企业正常经营的条件下,这些成本是必定要发生的,而且在一定业务量范围内基本保持稳定。对于这两类不同性质的成本,我们将前者称为变动成本,而将后者称为固定成本。

这里需要强调的变动与固定所指的对象是成本总额,而非单位成本。就单位成本而言,则恰恰相反,单位变动成本是固定的,而单位固定成本却是变动的,因为在成本总额固定的情况下,业务量小的单位产品所负担的固定成本就高,业务量大的中性产品所负担的固定成本就低。

在生产经营活动中,还存在一些既不与产量的变化成正比例变化、也非保持不变,而且随产量的增减变动而适当变动的成本,这种成本被称为半变动成本或半固定成本,如机器设备的日常维修费、辅助生产费用等。其中受变动成本影响较大的称为半变动成本,而受固定成本的特征影响较大的称为半固定成本。由于这类成本同时具有变动成本和固定成本的特征,所以也称为混合成本。对于混合成本,可按一定方法将其分解成变动与固定两部分,并分别划归到变动成本与固定成本中。

上述几种物流费用的分类方法是比较常见的。事实上,在组织物流活动的过程中,物流管理人员可根据企业物流现状以及所要反映的物流费用的不同侧面,采用各种不同的分类方法,如按物资的类别分类等。采取什么样的分类方式往往是围绕着如何加强物流费用的管理,如何降低物流费用为目的而考虑的。

四、降低物流成本的意义

（一）增加国家资金积累的来源

积累是社会扩大再生产的重要来源。物流部门同样承担着上交国家利税的任务,这种利税是国家积累的一部分。物流费用的降低,就意味着相应提高和增加对国家的更多积累。工厂企业物流成本的降低,对降低产品成本、提高企业的经济效益有特别重要的意义。

（二）为社会节省大量的物质财富

物流费用的降低,意味着在实物流动过程中劳动耗费的减少。在这种情况下,生产领域中的劳动就可以相应增加。在物流过程必然伴随着一定量的物质损耗,加强物流管理就可以不断地降低这些损耗。这不但节约了物流费用,而且为社会节约了大量的物质财富。

（三）有利于调整物资价格

物流费用是商品价格的组成部分之一,物流费用的高低,对商品的价格具有重大影响。降低物流费用,意味着降低它在物资价格中的比重,从而使商品价格下降,减轻消费者的负担,增加消费者剩余。

（四）有利于改进企业的物流管理,提高物流管理水平

企业物流管理水平的高低,将直接影响物流费用水平。要达到降低物流费用水平,对每个企业来说就意味着不断提高服务质量,不断改进物流管理。因此,降低物流费用是企业提高物流管理、服务质量的刺激因素。

总之,降低物流费用,同企业的经营、经济效益有着十分重要的关系;从宏观角度上看,

五、降低物流成本与企业和社会经济效益的关系

(一) 从企业微观的角度看

从企业微观的角度看,降低物流成本的经济效益主要体现在以下两点:

1. 物流成本降低,企业利润提高

由于降低了企业的生产经营总成本,从而扩大了企业的利润空间,提高了利润水平。在销售收入和其他成本及费用不变的情况下,企业的利润因此会得到增加。由经济学的基本原理可以知道,企业产品的市场价格是由市场的供求关系决定的,但价格背后体现的还是产品的价值量,即产品中所凝聚的人类抽象劳动的数量。商品价值并不取决于个别企业的劳动时间,而是由行业平均必要劳动时间所决定。当某个企业的物流活动效率高于所属行业的平均物流活动效率,物流费用低于所属行业平均的物流费用水平的时候,该企业就有可能因此获得超额利润,物流成本的降低部分就转化为企业的"第三利润";反之,企业的利润空间就会下降。正是这种与降低物流成本相关的超额利润的存在,而且具有较大的空间,导致企业积极关注物流领域的成本管理,致力于降低物流成本的努力。

2. 物流成本降低,产品价格具有竞争优势

降低物流成本后,企业具备了产品在价格方面的优势,可以利用相对低的价格销售自己的产品,从而提高产品在市场上的竞争力。

(二) 从宏观的角度观察

从宏观的角度观察,降低物流成本的经济效益体现在以下几个方面:

1. 物流成本降低,物流效率提高使得行业竞争力提高

如果全行业的物流效率普遍提高,物流费用平均水平降低到一个新的水平,那么,该行业在国际上的竞争力将会得到增强。

2. 物流成本降低,物价相对下降,提高国民购买力水平

全行业物流成本的普遍下降,将会对产品的价格产生影响,导致物价相对下降,这有利于保持消费物价的稳定,提高国民的购买力水平。

3. 物流成本降低,使得物流领域(物化、活化)劳动消耗得到节约

物流成本的下降,对于全社会而言,意味着创造同等数量的财富,在物流领域所消耗的物化劳动和活劳动得到节约,资源得到节省。

六、企业降低物流成本的途径

通过对企业物流成本的分析,降低物流成本的基本途径有以下几种:

(一) 树立现代物流理念,健全企业物流管理体制

企业降低物流成本首先要从健全物流管理体制入手,从企业组织上保证物流管理的有效进行,要有专司物流管理的部门,实现物流管理的专门化。树立现代物流理念,重新审视

企业的物流系统和物流运作方式,吸收先进的物流管理方法,结合企业自身实际,寻找改善物流管理,降低物流成本的最佳途径。

(二)通过效率化的配送来降低物流成本

企业实现效率化的配送,减少运输次数,提高装载率及合理安排配车计划,选择最佳的运送手段,从而降低配送成本。利用物流外包降低企业物流成本,降低投资成本。企业把物流外包给专业化的第三方物流公司,可以缩短商品在途时间,减少商品周转过程的费用和损失。有条件的企业可以采用第三方物流公司直供上线,实现零库存,降低成本。

(三)树立物流总成本观念,增强全员的物流成本意识

现代物流的一个显著特征,是追求物流总成本的最小化,这一点对于企业构筑和优化物流系统,寻找降低物流成本的空间和途径具有特别重要的意义。随着物流管理意识的增强和来自降低成本的压力,不少企业开始把降低成本的眼光转向物流领域,这无疑是值得肯定的。但是,在实践中发现,不少企业把降低物流成本的努力只是停留某一项功能活动上,而忽视了对物流活动的整合。其结果,一是由于忽视了物流功能要素之间存在着的效益背反关系,虽然在某一项物流活动上支付的费用降低了,但总体物流成本并没有因此下降,甚至反而出现增加;二是将降低物流成本的努力变成只是利用市场的供求关系,向物流服务提供商提出降低某项服务收费标准的要求。如果物流服务供应商无法承受而又可以拒绝的话,降低物流成本的努力便无功而返。

加强企业职工的成本管理意识,把降低成本的工作从物流管理部门扩展到企业的各个部门,并从产品开发、生产、销售全生命周期中,进行物流成本管理,使企业员工具有长期发展的"战略性成本意识"。对商品流通的全过程实现供应链管理,使由生产企业、第三方物流企业、销售企业、消费者组成的供应链的整体化和系统化,实现物流一体化,使整个供应链利益最大化,从而有效降低企业物流成本。

(四)加强物流成本的核算,建立成本考核制度

物流成本核算的基础是物流成本的计算,物流成本计算的难点在于缺乏充分反映物流成本的数据,物流成本数据很难从财务会计的数据中剥离出来。因此,要准确计算物流成本,首先要做好基础数据的整理工作。

同时,为了保证企业物流成本的可比性,需要确定一个物流成本计算的统一标准(例如,日本原运输省在1977年制定了《物流成本计算统一标准》),用以统一企业物流成本计算的口径。

传统的物流成本计算按照运输费、保管费、包装费、装卸费等功能类别统计,并没有与物流服务水准联系起来,也没有按顾客类别和销售业务人员类别计算物流成本,以至于物流成本上升的责任不明确。解决这个问题的途径是采用近年来日益受到重视的物流作业成本法(物流 ABC——Activity-Based Costing)。

传统的物流成本计算方法,虽然通过展示成本的大小来说明物流管理的重要性,在强化物流管理意识方面起到重要作用,但是,这些成本数据在物流管理上所发挥的作用有限。尽管不少企业已经掌握了物流成本,但如何在物流管理中灵活应用这些数据却遇到了难题。这说明,按照传统的计算方法得到的成本数据在解决物流管理中出现的问题上,在促进物流

管理水平提高方面表现出很大的局限性。例如,在推进物流管理方面十分有效的数据,按不同的服务水平区分的物流成本,按照原先的成本计算方法是无法得到的,而利用 ABC 则可以掌握这个数据。通过不同作业环节的作业成本的计算获得的成本数据,可以清晰地说明物流成本增加的具体原因,从而为降低物流成本提供思路,明确降低物流成本的责任部门。

例如,导致企业物流成本上升的一个很重要的原因是物流服务水准的上升,而物流服务水准提高的原因是多方面的,其中有来自于销售部门的要求。销售部门出于获得用户的需要,会在物流服务上作出高承诺或者满足用户提出的苛刻要求(如提高配送频率等),从而导致物流成本上升。物流部门担负着降低物流成本的使命,但是,对于自身以外原因造成的物流成本上升无法控制是物流管理上的一个大问题。在物流部门更多的时候只是物流服务的执行者的情况下,物流部门在物流管理上要做的工作是,提供不同服务水准下的成本数据,说明成本上升的原因,分清部门责任,而最终的决策由销售部门作出。

按照物流理论,物流服务与物流成本之间存在着效益背反关系,物流管理部门的任务是寻找二者的平衡点。但是,现实中要做到这一点是不大可能的。物流部门的任务是满足销售部门提出的物流需求,物流服务水准的决策权掌握在对方手里。这里的问题不是费用的大小,而是上升的这部分物流费用是由于什么原因产生的、是哪个部门的责任导致的。物流部门具有降低物流成本的责任,但是,引起物流成本上升的原因简单地讲来自于单价和数量两个方面。物流部门只能对单价,即单位作业成本负责,而数量责任则应归咎于物流的需求部门。物流部门虽然无权干涉销售部门的决定,但是可以通过向销售部门提供翔实的成本数据来促使销售部门考虑物流成本对于利润的影响,而能够影响销售部门的就是成本数据。销售部门根据物流部门提供的成本资料,会重新考虑物流服务水准的设定,或是从战略的角度考虑维持现在服务水准,或是出于盈利的考虑降低物流服务水准。

(五)优化企业物流系统,寻找降低成本的切入点

对企业的物流系统进行优化,就是要结合企业的经营现状寻找一个恰当的物流运作方式。物流系统优化是关系到企业的竞争能力、影响到企业盈利水平的重大问题,应该得到企业上层领导的高度重视,从战略的高度规划企业的物流系统。同时,要协调各部门之间的关系,使各个部门在优化物流系统的过程中相互配合。

物流管理部门作为直接对企业物流系统规划和运营负责的部门,理所应当成为企业物流系统优化的主导者。优化物流系统不仅是物流部门自身的工作,还涉及生产、销售等部门,物流部门在企业的地位的高低直接关系到物流系统化工作的质量。从物流部门的角度出发,作为优化物流系统的基本方法之一,首先从改善物流作业效率入手,以此为切入点,对物流系统进行优化。但仅此还不能达到物流系统优化的最终目的,还需要将企业的物流活动与生产和销售活动连为一体,实现生产、销售和物流一体化,进而实现供应链过程的一体化。只有这样,才可以实现真正意义上的物流系统优化,降低物流成本。

(六)借助现代化的信息管理系统控制和降低物流成本

在传统的手工管理模式下,企业的成本控制受诸多因素的影响,往往不易也不可能实现各个环节的最优控制。企业采用信息系统,一方面可使各种物流作业或业务处理能准确,及时和迅速的进行;另一方面通过信息系统的数据汇总,进行预测分析,可控制物流成本发生的可能性。

在企业经营活动中,物流是渗透到各项经营活动之中的活动。物流成本就是用金额评价物流活动的实际情况。现代物流成本是指从原材料供应开始一直到将商品送达到消费者手上所发生的全部物流费用。由于物流成本没有被列入企业的财务会计制度,制造企业习惯将物流费用计入产品成本,商业企业则把物流费用与商品流通费用混在一起。因此,无论是制造企业还是商业企业,不仅难以按照物流成本的内涵完整地计算出物流成本,而且连已经被生产领域或流通领域分割开来的物流成本,也不能单独真实地计算并反映出来。无论是企业物流还是物流企业,如何对自身物流资源进行优化配置,如何实施管理和决策,以期用最小的成本带来最大的效益,都是它们所面临的最重要问题之一。物流被看做是制造企业最后的也是最有希望降低成本、提高效益的环节。

第二节 物流成本管理概述

物流成本管理是指对物流活动中所发生的所有成本进行控制、分析、核算、控制与优化,以达到降低物流总成本的目的。物流成本管理不应该理解为管理物流成本,而是通过对物流成本的把握和分析去发现物流系统中需要重点改进的环节,达到改善物流系统的目的。

一、物流成本管理的意义

物流成本管理在物流管理中占有重要的位置,"物流是经济的黑暗大陆"、"物流是第三利润源"以及"物流成本冰山说"等观点都说明了物流成本问题是物流管理初期人们关心的主要问题。所谓"物流是第三利润源",是指通过物流合理化降低物流成本,成为继降低劳动力资源和物质资源(另一种观点是:降低制造成本和扩大销售)消耗之后企业获取利润的第三种途径。正是由于在物流领域存在着广阔的降低成本的空间,物流问题才引起企业经营管理者的重视,企业物流管理可以说是从对物流成本的关心开始的。

物流成本管理是物流管理的重要内容,降低物流成本与提高物流服务水平构成企业物流管理最基本的课题。物流成本管理的意义在于,通过对物流成本的有效把握,利用物流要素之间的效益背反关系,科学、合理地组织物流活动,加强对物流活动过程中费用支出的有效控制,降低物流活动中的物化劳动和活劳动的消耗,从而达到降低物流总成本,提高企业和社会经济效益的目的。

二、物流成本管理的内容

物流成本管理的具体内容包括:物流成本预测、物流成本决策、物流成本计划、物流成本控制、物流成本核算、物流成本分析和物流成本检查等。

(一) 物流成本预测

物流成本预测是根据有关成本数据和企业具体的发展情况,运用一定的技术方法,对未来的成本水平及其变动趋势做出科学的估计。成本预测是成本决策、成本计划和成本控制的基础工作,可以提高物流成本管理的科学性和预见性。

在物流成本管理的许多环节都存在成本预测问题,如仓储环节的库存预测,流通环节的加工预测,运输环节的货物周转量预测等。

(二) 物流成本决策

物流成本决策是在成本预测的基础上,结合其他有关资料,运用一定的科学方法,从若干个方案中,选择一个满意的方案的过程。从物流整个流程来说,有配送中心新建、改建、扩建的决策;装卸搬运设备、设施决策;流通加工合理下料的决策等。进行成本决策、确定目标成本是编制成本计划的前提,也是实现成本的事前控制,提高经济效益的重要途径。

(三) 物流成本计划

物流成本计划是根据成本决策所确定的方案、计划期的生产任务、降低成本的要求以及有关资料,通过一定的程序,运用一定的方法,以货币形式规定计划期物流各环节耗费水平和成本水平,并提出保证成本计划顺利实现所采取的措施。通过成本计划管理,可以在降低物流各环节方面给企业提出明确的目标,推动企业加强成本管理物流成本目标的实现。

(四) 物流成本控制

物流成本控制是根据计划目标,对成本发生和形成过程以及影响成本的各种因素和条件施加主动的影响,以保证实现物流成本计划的一种行为。从企业生产经营过程来看,成本控制包括成本的事前控制、事中控制和事后控制。成本事前控制是整个成本控制活动中最重要的环节,它直接影响以后各作业流程成本的高低。物流事前成本控制活动主要有物流配送中心的建设控制,物流设施、设备的配备控制,物流作业过程改进控制等。物流成本的事中控制是对物流作业过程实际劳动耗费的控制,包括设备耗费的控制、人工耗费的控制、劳动工具耗费和其他费用支出的控制等方面。成本的事后控制是通过定期对过去某一段时间成本控制的总结、反馈来控制成本。通过成本控制,可以及时发现存在的问题,采取纠偏措施,保证成本目标的实现。

(五) 物流成本核算

物流成本核算是根据企业确定的成本计算对象,采用相适应的成本计算方法,按规定的成本项目,通过一系列的物流费用汇集与分配,从而计算出各物流活动成本计算对象的实际总成本和单位成本。通过物流成本计算,可以如实地反映生产经营过程中的实际耗费,同时,也是对各种活动费用实际支出的控制过程。

(六) 物流成本分析

物流成本分析是在成本核算及其他有关资料的基础上的方法,揭示物流成本水平的变动,进一步查明影响物流成本变动的各种因素。通过物流成本分析,可以提出积极的建议,采取有效的措施,合理地控制物流成本。

上述各项成本管理活动的内容是互相配合、相互依存的一个有机整体。成本预测是成本决策的前提,成本计划是成本决策所确定目标的具体化,成本控制是对成个计划的实施进行监督,以保证目标的实现,成本核算与分析是对目标是否实现进行的检验。

三、物流成本管理的基本思路

对物流成本的控制仅仅采用一般的成本管理方法是不够的,需要从更高层次、更广阔的领域来控制物流成本。以物流系统管理的总成本法为提纲,阐述物流成本管理的基本思路。

（一）从供应链的视角来降低物流成本

从一个企业的范围来控制成本的效果是有限的,而应该从原材料供应到最终用户整个供应链过程来考虑提高物流效率和降低成本。例如,有些制造商的产品全部通过批发商销售,其物流中心与批发商的物流中心相吻合,从事大批量的商品储存和输送。然而,随着零售业中的折扣店、便民店的大量开设,客观上要求制造商必须适应这种新型的业态,展开直接面向零售店的配送活动。在这种情况下,原来的投资就有可能沉淀,同时又要求建立新型的符合现代配送要求的物流中心及设施。尽管从制造商的角度看,这些投资增加了物流成本,但从整个供应链来看,增强了供应链的竞争力,提高了物流绩效,从而使用户满意度提高、商品销售增加,单位商品分摊的物流成本下降。

（二）通过优化顾客服务来降低成本

一般来说,提高服务水平会增加物流成本,如多频率、少批量配送会增加运输成本,缩短顾客的订货周期,提高顾客订货的满足率会增加仓储成本。显然,我们不可能通过降低服务水平来降低物流成本。但是,我们可以通过对顾客服务的优化,在不降低服务水平甚至提高服务水平的前提下,降低物流成本。优化顾客服务的第一步是要明确顾客究竟需要什么样的服务项目和水平。为此,必须与顾客进行全方位、频繁地沟通,深入了解客户企业的生产、经营活动的特点,要经常站在顾客的立场上考虑问题,模拟顾客的行为。第二步是消除过度服务。超过必要量的物流服务,必然带来物流成本上升,而顾客的满意程度并没有有效地提高。第三步是实现物流服务的规模化、网络化,使顾客能就地就近、随时随地得到服务,并得到专业化服务,从而有效地降低物流成本。

（三）重视企业内部物流成本的控制

一般企业都十分重视降低外购物流费用,而对于企业内部物流成本却较少关注。但多数物流成本发生在企业内部,重视企业内部物流成本的控制,是降低物流总成本的主要途径。为此,应在企业内部设立专门的物流成本项目,明确物流成本控制的关键点;应用管理会计方法,分析物流成本的习性,改善物流成本管理。

（四）借助现代信息系统的构筑降低物流成本

缺少及时、准确、全面的信息是产生车辆空载、重复装卸、对流运输等无效物流现象的根源,也是导致库存周转慢、库存总量大的重要原因。为此,企业必须依靠建立现代化信息系统,提高物流管理的科学性、准确性,降低物流成本。

（五）通过物流外包降低成本

将企业物流业务及物流管理的职能部分或全部外包给外部的第三方物流企业，并形成物流联盟，也是降低物流成本的有效途径。

（六）依靠标准化降低物流成本

物流标准化，包括物流技术、作业规范、成本核算等方面的标准化，对于降低物流成本具有重要的意义。技术上的标准化可以提高物流设施、运载工具的利用率和相互的配套性；物流作业和服务的标准化可以消除多余作业和过度服务；物流成本核算的标准化能使各企业的成本数据具有可比性，从而使标准化物流在物流管理中推广并发挥作用。

四、物流成本管理的原则

物流成本管理是企业财务管理的一项重要内容。物流成本管理应遵循下列原则：

（一）认真执行财务制度，严格遵守费用开支范围

物流管理开支必须按照财务制度的规定，不得随意扩大开支范围和提高开支标准。财务部门要严格审查一切费用开支，凡不符合规章制度的费用和超过标准的部分，应一律拒绝，以保证费用开支的真实性和合理性。

（二）在保证物流正常进行的前提下，进行节约

尽量节约一切不必要的开支，努力降低费用水平。但是节约应当以保证物流正常进行和提高服务质量为前提。只有这样，才能有利于以最少劳动消耗取得最好的经济效益。

（三）实现计划管理，坚持按计划开支

物流企业的经营活动是在国家计划指导下有计划进行的。为此，应当正确编制流通费用计划，对企业的费用开支实行计划管理，而且应当坚持按照计划开支，保证完成计划规定的降低物流成本的任务。

五、物流成本管理的方法

由于在现行的财务报表中只能得到对物流业务者支出的运输费用、保管费用，因此需要运用管理会计的方法来管理物流成本。物流成本管理是以把握物流成本、分析物流成本为手段进行的物流管理。物流成本数据对于制定物流计划、控制物流活动以及对物流业绩评价等管理工作来说是一个重要尺度，是物流管理不可缺少的资料。

（一）物流成本计算

1. 物流成本计算的目的

物流成本是客观存在的，但是，在对于物流成本的计算内容和范围没有一个统一的计算标准之前，不同的企业有不同的计算方法，企业之间千差万别，这给物流成本计算和成本管

理带来很大困难。随着对物流成本管理必要性认识的提高,企业要求统一物流计算的标准。在这种背景下,有关部门开始着手物流成本计算标准的制定。例如,日本运输省于1977年制定了《物流成本计算标准》,为统一物流成本计算提供了依据。从企业经营的总体上看,物流成本计算的数据主要为了满足以下几个方面工作的需要:① 为各个层次的经营管理者提供物流管理所需的成本资料;② 为编制物流预算以及预算控制提供所需的成本资料;③ 为制定物流计划提供所需的成本资料;④ 提供价格计算所需的成本资料。

物流成本管理的前提是物流成本计算,其难点在于物流费用,除了对外支出的物流费用以外,发生在企业内部的物流费用很难在财务报表中反映出来,有些物流费用与其他管理费用混合在一起。

物流成本计算本身不是目的,而是为物流管理服务,物流成本计算的目的主要满足以下几个方面的需要:

(1) 揭示物流成本的大小,提高企业内部对物流的重视程度,为了形成利于物流管理的环境;

(2) 发现物流活动中存在的问题;

(3) 对物流活动进行计划、控制和业绩评价;

(4) 指出由于其他部门引起的不合理物流活动。

为达到以上目的,物流成本除了按物流活动领域、支付形态、物流功能分类外,还应根据管理上的需要进行分类,而且要通过不同期间成本的比较,实际发生费用与预算标准的比较,并结合销售额和物流服务水平,对物流成本进行分析比较。

2. 取得物流成本基础数据的方法

在计算物流成本之前,需要明确物流成本的计算范围所涵盖的物流领域。计算范围取决于成本计算的目的,如果要对所有的物流活动进行管理,就需要计算出所有的物流成本。同样是物流成本,由于所涵盖的范围不同,计算结果也不一样。例如,在计算销售物流成本时,如果只统计了运输部分的费用,物流成本就会变小。同样,只统计销售物流费用,不考虑采购物流等其他物流领域的费用,也不能全面反映物流成本的全貌。由于每个企业在统计物流费用时的口径不一样,往往缺乏可比性。因此,在谈论物流成本的时候,首先应该明确该成本计算所涵盖的范围。

在计算物流成本时,由于原始数据主要来自财务部门提供的数据,因此,首先把握按支付形态分类的成本。在这种情况下,对外支付的运费和保管费可以直接作为物流成本全额统计,但因企业内发生的物流费用是与其他部门以外的费用混合在一起的,需要从中剥离出来。例如,人工费、材料费、物业费、管理费等。下面结合部分主要费用具体说明物流费用剥离的方法。

材料费:这是与包装材料、消耗工具、器具备品和燃料等关联的费用,可以根据材料列出数据,将此期间与物流有关的消耗量剥离出来,再分别乘以单价,便可得出物流材料费。其关键是要全面翔实的记录。

人工费:可以从物流人员支付的工资、资金、补贴等报酬的实际金额,以及由企业统一负担部分,按人头数分割后得到的金额计算出来。

物业费:包括水、电、气等费用,可以根据安装在设施上的记录装置获取相关数据,也可以根据物流建筑设施的比例和物流人员的比例简单推算。

管理费:无法从财务上直接得到的部分,可以按人头比例推算。

营业外费用：包括折旧、利息等。折旧根据设备的折旧年限、折旧率计算。利息根据物流相关资产的贷款利率计算。

（二）物流预算编制及物流预算管理

物流预算管理是通过编制成本预算来控制物流活动的。

物流预算作为物流成本的计划发生额，是根据预计的物流量，按照一定的科目分类而设定的。物流预算的范围包括企业整体范围的物流成本预算和制造部、销售部、事业部等个别部门的物流成本预算。

物流成本预算是物流成本控制的目标，通过实际成本发生额与成本预算的比较和分析，可以发现存在的问题，根据发现的问题寻找解决的方法和途径。

编制新的物流成本预算首先要准确把握物流成本实际发生状况，与前期的物流预算进行比较，分析出现变动的原因，在此基础上，结合各项改进措施和未来时期内的物流业务量，制定出新的物流成本预算。

预算既要体现一定的先进性，同时又应该是通过努力可以实现的，这样预算在控制成本、促进成本管理工作等方面才能起到应有作用。因此，在确定预算标准时，要结合企业的具体实际和能力，参考同行业其他企业和物流成本水平制定出合理的物流成本预算。

为了对物流成本实施有效的管理，降低物流成本，必须按照不同活动领域、不同行业环节分析物流成本的内容，选择降低成本的方法和途径。下面我们将进行具体介绍。

六、物流成本管理的发展

物流成本管理是物流管理部门最为关心的一项内容。从国外企业物流成本管理的发展来看，大致可以分为以下几个阶段：

（一）物流成本认识阶段

物流成本管理在物流管理中占有重要的位置，"物流是经济的黑暗大陆"，"物流是第三利润源"等观点都说明了物流成本问题是物流管理初期人们关心的主要问题。所谓"物流是第三利润源"，是指通过物流合理化，降低物流成本，成为继降低制造成本和扩大销售之后企业获取利润的第三种途径。正是由于在物流领域存在着广阔的降低成本的空间，物流问题才引起了企业经营管理者的重视。企业物流管理可以说是从对物流成本的关心开始的。

但是，在这个阶段，人们对于物流成本的认识只是停留在概念的层面上，还没有依照管理的步骤对物流成本实施全面管理。

（二）物流项目成本管理阶段

物流项目成本管理阶段是在对物流成本认识的基础上，根据不同部门、不同领域、不同产品出现的特定物流问题，组织专门的人员进行研究解决。但是，对于物流成本管理的组织化程度，以及对物流成本的持久把握方面仍存在不足。到了这个阶段，物流管理组织开始出现。

（三）引入物流预算管理制度的阶段

随着物流管理组织的设置,对物流成本有了一个统一、系统的把握,开始引入物流预算管理制度。也就是说,通过物流预算的编制、预算与实际的比较对物流成本进行差异分析,从而达到控制物流成本的目的。

但是,这个阶段编制的物流预算还缺乏准确性,对于成本变动原因的分析也缺乏全面性,而且对物流费用的把握仅限于运费和对外支付的物流费用。

（四）物流预算管理制度确立阶段

在物流预算管理制度确立阶段,推出了物流费用的计算标准,物流预算的制定及其管理有了比较客观、准确的依据,物流部门成为独立的成本中心和利润中心。

（五）物流业绩评价制度确立阶段

物流预算管理制度确立后,进一步发展的结果则形成了物流业绩评价制度,就是通过对物流部门的企业业绩贡献度的把握,准确评价物流部门的工作。物流部门的业绩评价离不开对其降低物流成本的贡献度的考核,降低物流成本是物流部门永恒的课题。

第三节 物流成本控制的方法

一、物流成本控制的方法

当今国际上企业对物流成本的控制方法大致有三种,即按支付形态的物流成本控制、按工作功能的物流成本控制以及按适用范围的物流成本控制。

（一）按支付形态的物流成本控制

所谓按支付形态的物流成本控制是指将物流成本按支付运费、支付保管费、商品材料费、本企业配送费、人员费、物流管理费、物流利息等支付形态来进行归类(图11.1)。通过这样的管理方法,企业可以很清晰地掌握物流成本在企业整体中处于什么位置,物流成本中哪些费用偏高等问题。这样,企业既能充分认识到物流成本合理化的重要性,又能明确控制物流成本的重点在于管理哪些费用。

（二）按工作功能的物流成本控制

按工作功能的物流成本控制是将物流费用按包装、保管、装卸、信息、物流管理、等工作功能进行分类(如图11.2所示),通过这种方式把握各功能所承担的物流费用,进而着眼于物流不同功能的改善和合理化,特别是算出标准物流功能成本后,通过作业管理,能够正确设定合理化目标。其具体方法为,在计算出不同形态物流成本的基础上,再按功能算出物流成本。当然,功能划分的基准随着企业实际情况的不同而不同,因此,按功能标准控制物流成本时,必须使划分标准与本企业的实际情况相吻合。

按工作功能控制物流成本的特点是在算出单位功能物流成本后,企业管理层在计算出各功能物流成本的构成比、金额等之后,将其与往年数据进行对比,从而明确物流成本的增减原因,找出改善物流成本的对策。

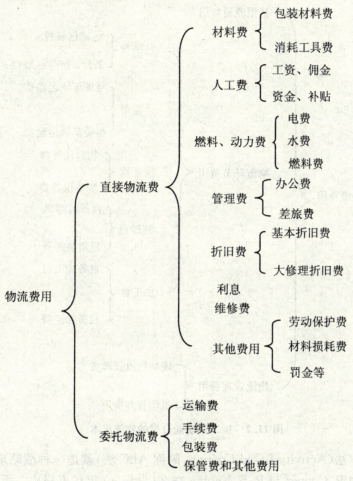

图 11.1 按支付形态分类的物流成本

(三)按适用范围的物流成本控制

所谓按适用范围的物流成本控制是指分析物流成本适用于什么对象,以此作为控制物流成本的依据。例如,可将适用对象按商品别、地域别、客户别、负责人别等进行划分。当今先进企业的做法是,按公司营业点不同来把握物流成本,有利于对各分公司或营业点进行物流费用与销售额、总利润的构成分析,从而正确掌握各分支机构的物流管理现状,及时加以改善物流服务水准,调整物流经营战略;按商品类别管理物流成本,能使企业掌握不同商品群物流成本的状况,合理调配、管理商品。

企业经营的一个重要目标是以最小的投入换取最大的收益。而实现这一目标的最好途径是成本管理,物流成本的控制是对成本限额进行预算,将实际成本与目标成本限额加以比较,纠正存在的差异,提高物流活动的经济效益。

一般地,对物流成本加以控制可采用生产率标准、标准成本和预算检验物流绩效等方法。战略成本管理是一种全面性与可行性相结合的管理技术,使企业在产品企划与设计阶段就关注到将要制造的产品成本是多少,战略成本管理最关键的因素是目标成本。

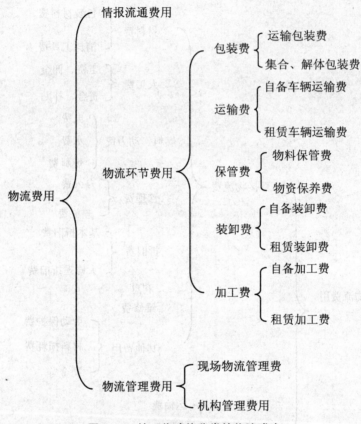

图 11.2　按工作功能分类的物流成本

作业基准成本法(Activity-Based Costing,简称 ABC 法)就是一种战略成本管理方法,作业基准成本法由 R. Cooper 与 R. S. Kaplan 在 20 世纪 80 年代末提出。所谓 ABC 法,是按照各项作业消耗资源的多少把成本费用分摊到作业,再按照各产品发生的作业多少把成本分摊到产品。利用 ABC 法可以改进优化作业链,减少作业消耗,提高作业质量,并在整个作业生命周期内进行战略成本管理。

作业基准成本法不但是一种较为先进的成本计算方法,通过作业成本管理对企业战略成本进行管理,为物流实施流程再造、业绩评价等提供成本信息,也为企业进一步改进成本控制和战略性规划与决策提供了更为有利的依据和标准。

二、物流成本控制策略

配送是按用户的订货要求,在物流据点进行分货、配货工作,并将配好的货物送交收货人的活动。它是流通加工、整理、拣选、分类、配货、装配、运送等一系列活动的集合。通过配送,才能最终使物流活动得以实现,而且,配送活动增加了产品价值,它还有助于提高企业的竞争力。但完成配送活动是需要付出代价的,即需配送成本。对物流配送成本的管理就是在配送的目标即满足一定的顾客服务水平与配送成本之间寻求平衡:在一定的配送成本下尽量提高顾客服务水平,或在一定的顾客服务水平下使配送成本最小。

(一)混合策略

混合策略是指物流配送业务一部分由企业自身完成。这种策略的基本思想是,尽管采用纯策略(即配送活动要么全部由企业自身完成,要么完全外包结第三方,如专业物流公司完成)易形成一定的规模经济,并使管理简化,但由于产品品种多变、规格不一、销量不等等情况,采用纯策略的配送方式超出一定程度后不仅不能取得规模效益,反而还会造成规模不经济。而采用混合策略,合理安排企业自身完成的配送和外包给第三方完成的配送,能使配送成本最低。例如,美国一家干货生产企业为满足遍及全美的1000家连锁店的配送需要,建造了6座仓库,并拥有自己的车队。随着经营的发展,企业决定扩大配送系统,计划在芝加哥投资700万美元再建一座新仓库,并配以新型的物料处理系统。董事会讨论该计划时,却发现这样不仅成本较高、而且就算仓库建起来也还是满足不了需要。于是,企业把目光投向租赁公共仓库。结果发现,如果企业在附近租用公共仓库,增加一些必要的设备,再加上原有的仓储设施,企业所需的仓储空间就足够了,且总投资只需20万美元的设备购置费,10万美元的外包运费,加上租金,也远远没有达到700万美元。

(二)差异化策略

差异化策略的指导思想是:产品特征不同,顾客服务水平也不同。当企业拥有多种产品时,不能对所有产品都按同一标准的顾客服务水平来配送,而应按产品的特点、销售水平,来设置不同的库存、不同的运输方式以及不同的储存地点,忽视产品的差异性会增加不必要的配送成本。例如,一家生产化学品添加剂的公司,为降低成本,按各种产品的销售量比重进行分类:A类产品的销售量占总销售量的70%以上,B类产品占20%左右,C类产品则为10%左右。对A类产品,公司在各销售网点都备有库存,B类产品只在地区分销中心备有库存而在各销售网点不备有库存,C类产品连地区分销中心都不设库存,仅在工厂的仓库才有存货。经过一段时间的运行,事实证明这种方法是成功的,企业总的配送成本下降了20%之多。

(三)合并策略

合并策略包含两个层次:一是配送方法上的合并,另一个则是共同配送。

1. 配送方法上的合并

企业在安排车辆完成配送任务时,充分利用车辆的容积和载重量,做到满载满装,是降低成本的重要途径。由于产品品种繁多,不仅包装形态、储运性能不一,在容重方面,也往往相差甚远。车上如果只装容重大的货物,往往是达到了载重量,但容积空余很多;只装容重小的货物则相反,看起来车装得满,实际上并未达到车辆载重量。这两种情况实际上都造成了浪费。实行合理的轻重配装、容积大小不同的货物搭配装车,不但可以在载重方面达到满载,而且也充分利用车辆的有效容积,取得最优效果。最好是借助电脑计算货物配车的最优解。

2. 共同配送

共同配送是一种产权层次上的共享,也称集中协作配送。它是几个企业联合,集小量为大量,共同利用同一配送设施的配送方式。其标准运作形式是:在中心机构的统一指挥和调度下,各配送主体以经营活动(或以资产为纽带)联合行动,在较大的地域内协调运作,共同对某一个或某几个客户提供系列化的配送服务。

这种配送有以下两种情况:① 中小型生产、零售企业之间分工合作实行共同配送。即向一行业或在同一地区的中小型生产、零售企业单独进行配送的运输量少、效率低的情况下进行联合配送,不仅可减少企业的配送费用,配送能力得到互补,而且有利于缓和城市交通拥挤,提高配送车辆的利用率。② 几个中小型配送中心之间的联合。针对某一地区的用户,由于各配送中心所配物资数量少、车辆利用率低等原因,几个配送中心将用户所需物资集中起来,共同配送。

(四)延迟策略

传统的配送计划安排中,大多数的库存是按照对未来市场需求的预测量设置的,这样就存在着预测风险,当预测量与实际需求量不符时,就出现库存过多或过少的情况,从而增加配送成本。延迟策略的基本思想就是对产品的外观、形状及其生产、组装、配送应尽可能推迟到接到顾客订单后再确定。一旦接到订单就要快速反应,因此采用延迟策略的一个基本前提是信息传递要非常快。

1. 实施延迟策略的前提条件

一般说来,实施延迟策略的企业应具备以下几个基本条件:

(1) 产品特征:模块化程度高,产品价值密度大,有特定的外形,产品特征易于表述,定制后可改变产品的容积或重量。

(2) 生产技术特征:模块化产品设计,设备智能化程度高,定制工艺和基本工艺差别不大。

(3) 市场特征:产品生命周期短,销售波动性大,价格竞争激烈,市场变化大,产品的提前期短。

2. 实施延迟策略的方式

实施延迟策略常采用两种方式:生产延迟(或称形成延迟)和物流延迟(或称时间延迟),而配送中往往存在着加工活动,所以配送实施延迟策略既可采用形成延迟方式,也可采用时间延迟方式。具体操作时,常常发生在诸如贴标签(形成延迟)、包装(形成延迟)、装配(形成延迟)和发送(时间延迟)等领域。

美国一家生产金枪鱼罐头的企业就通过采用延迟策略改变配送方式,降低了库存水平。历史上这家企业为提高市场占有率曾针对不同的市场设计了几种标签,产品生产出来后运到各地的分销仓库储存起来。由于顾客偏好不一,几种品牌的同一产品经常由于某种品牌畅销而缺货,而另一些品牌却滞销压仓。为了解决这个问题,该企业改变以往的做法,在产品出厂时都不贴标签就运到各分销中心储存。当接到各销售网点的具体订货要求后,才按各地点指定的品牌标志贴上相应的标签,这样就有效地解决了此消彼长的矛盾,从而降低了库存。

(五)标准化策略

标准化策略就是尽量减少因品种多变而导致附加配送成本,尽可能多地采用标准零部件、模块化产品。如服装制造商按统一规格生产服装,直到顾客购买时才按顾客的身材调整尺寸大小。采用标准化策略要求厂家从产品设计开始就要站在消费者的立场考虑节省配送成本,而不要等到产品定型生产出来了才考虑采用什么技巧降低配送成本。

思考与练习

1. 简述物流成本的构成及其分类。
2. 列举降低物流成本的基本思路。
3. 如何实现物流成本管理?
4. 物流成本控制的策略具体有哪些方式?

第十二章 物流质量管理

 学习目标

通过本章学习,你应该能够:
➢ 掌握物流质量管理的定义及其构成;
➢ 了解物流质量管理的类型;
➢ 了解物流质量管理的意义;
➢ 掌握物流标准化的措施和方法。

引入案例 托盘标准不统一使厄瓜多尔香蕉出口欧洲受限

随着人们生活水平和健康、安全意识的不断提高,消费者对健康、营养食品的需求档次也在提升,为此,水果中的无公害、绿色、有机香蕉越来越受到消费者的青睐,目前每年世界有机香蕉的消费量已达23万吨,占香蕉交易总量的2%。到2010年,这种无公害、绿色、有机香蕉的消费量增长52%,达35万吨,世界主要产蕉国都致力于这种水果的种植和出口,加勒比海国家多米尼加是有机香蕉的主要供应国,每星期向国际香蕉市场供应160万箱有机香蕉,厄瓜多尔排行第二,每星期供应12万箱,其次为秘鲁和哥伦比亚,每星期分别出口2.5万箱和1.5万箱。有机香蕉的市场为欧盟和美国,每星期分别进口12万箱和8万箱。

目前厄瓜多尔仍保持世界香蕉出口第一、种植和生产第二大国的位置。厄瓜多尔香蕉种植和产量均占世界总种植面和产量的9%左右,出口数量和金额占世界香蕉出口总量的20%以上,最高年份接近30%,起着左右国际香蕉市场的作用,今后还将继续主导和引领国际香蕉市场。

但是由于厄瓜多尔采用的托盘标准是1200 mm×1000 mm,而欧洲大陆托盘采用的标准是1200 mm×800 mm(英国、荷兰和芬兰除外),由于托盘标准的不一致,厄瓜多尔的香蕉出口商先用本国标准的托盘和包装将香蕉运抵欧洲,然后再更换成欧标托盘。托盘标准不一致使得厄瓜多尔的香蕉出口商必须额外承担托盘处理费用,倒换托盘的人工费用,重新租用欧标托盘的费用,以及由于标准不一致的造成搬运效率降低而多支付的搬运费用等等,最终使得厄瓜多尔的香蕉出口成本增加了21%。而厄瓜多尔每年向欧洲出口400万吨香蕉,仅香蕉这一种产品,由于托盘标准的不一致,厄瓜多尔的出口商们就需要多支付2700万美元的额外费用。

托盘标准不统一增加厄瓜多尔香蕉换装时间和换装费用,使厄瓜多尔的出口商们增加额外费用,增加物流成本,提高厄瓜多尔香蕉的销售价格,影响香蕉的销售,进一步影响厄瓜多尔经济的发展。

在物流领域,经常会出现很大的质量事故,如车祸造成货物及人员装备的损失,沉船造成全面巨大的损失,物流中这样的丢失、损坏、变质、延误等事故都不仅使物流中货物数量受到损失,而且使货物质量损失,其结果,是使物流本身和企业经营活动两方面都受到挫折!对于一个企业,物流是与外界系统的"接口",物流质量直接与用户相关,从而也与本企业生命攸关的市场占有率相关,低劣的质量会使用户另寻其他合作伙伴使企业的战略发展受挫。

第一节 物流质量管理概述

一、物流质量管理的概念

在第二次世界大战后的发展和兴旺时期,许多工业化国家忘记了这样一条基本训示:"始终如一地做事"。面对全球激烈竞争的挑战,工业化国家被迫认真地考虑利用质量来参与竞争,从而使产品和服务中的"零缺陷概念"迅速地在物流作业中蔓延开来。厂商们开始认识到,在其他方面都有出色表现的产品,一旦交付延迟或损坏,都是不可接受的。这就是说,劣质的物流表现毁灭了产品的质量创新理念。一位制造商有20个关键顾客,把他们合在一起,可组成其全部销售额的80%以上时,他就必须懂得,同一水平的物流表现将不会充分满足所有客户的需求。为此,具有领先优势的厂商通常会实行一整套独特的物流解决方案,以适应每一个关键顾客的以质量为动力的期望。因此,与质量有关的事情足以驱使最佳的物流思想把注意力从纯效率上转向变成一种战略资源。

现代企业物流质量是一个整体概念。一方面,现代企业物流活动过程需要的各种资源和技术是完全可以控制的,很容易确定质量规格和操作标准;另一方面,现代企业物流是为物流客户提供时间空间效应的物流服务,需要根据顾客的不同要求提供不同的服务,物流服务质量是由顾客根据期望来评价的。

物流质量管理,是指科学运用先进的质量管理方法、手段,以质量为中心,对物流全过程进行系统管理,包括保证和提高物流产品质量和工作质量而进行的计划、组织、控制等各项工作。

现代企业物流质量管理就是依据物流系统运动的客观规律,为了满足物流顾客的服务需要,通过制定科学合理的基本标准,运用经济办法实施计划、组织、协调、控制的活动过程。

企业根据物流运动规律所确定的物流工作量化标准,与根据物流经营需要而评估的物流服务的客户期望满足程度的有机结合。

二、物流质量管理的主要内容

(一)物流对象物的质量

物流的对象是具有一定质量的实体,具有合乎要求的等级、尺寸、规格、性质和外观等。

这些质量是在生产过程中形成的,物流过程在于转移和保护这些质量,最后实现对用户的质量保证。因此,对用户的质量保证既依赖于生产,又依赖于流通。现代物流过程不单是消极地保护和转移物流对象,还可以采用流通加工手段改善和提高商品的质量。因此,物流过程在一定程度上说就是商品质量的形成过程。

(二)物流服务质量

现代企业物流活动具有服务的本质特性,既要为现代企业生产经营过程服务,也要为现代企业产品和顾客提供全面的物流服务。甚至可以说:整个物流的质量目标就是现代企业物流的服务质量。服务质量因用户不同而要求各异,要掌握和了解用户要求。此外,现代企业物流服务质量将在社会发展进程中依顾客需要发展而提出绿色物流等新概念,形成新的服务质量要求。同时,需要适应经济全球化发展,引进国际物流服务标准,不断提高物流服务质量,积极开展国际化物流经营活动。

一般来讲,物流服务普遍体现在满足用户要求方面,这一点难度是很大的,各个用户要求不同,这些要求往往超出企业的能力,要实现这些服务要求,就需要企业有很强的适应性及柔性,而这些又需要以强大的硬件系统和有效的管理系统为支撑。当然,对服务的满足不能是消极被动的,因为有时候用户提出的某些服务要求,由于"交替损益"的作用,会增大成本或出现别的问题,这对用户实际是有害的,盲目满足用户的这种要求不是高服务质量的表现,物流承担者的责任是积极、能动地推进服务质量。

(三)物流工作质量

工作质量指的是物流各环节、各工种、各岗位具体工作的质量。工作质量和物流服务质量是两个有关但又不大相同的概念,物流服务质量水平取决于各个工作质量的总和。所以,工作质量是物流服务质量的某种保证和基础。重点抓好工作质量,物流服务质量也就有了一定程度的保证。同时,提高物流服务质量需要强化现代企业物流管理,建立科学合理的管理制度,充分调动员工积极性,不断提高物流工作质量。

(四)物流工程质量

物流质量不但取决于工作质量而且也取决于工程质量。在物流过程中,将对产品质量发生影响的各因素(人的因素、体制因素、设备因素、工艺方法因素、计量与测试因素、环境因素)统称为"工程"。很明显,提高工程质量是进行物流质量管理的基础工作,能提高工程质量,就能做到"预防为主"的质量管理。

所以,和产品生产的情况类似,物流质量不但取决于工作质量,而且取决于工程质量,优良的工作质量对于物流质量的保证程度,受制于物流技术水平、管理水平、技术装备。好的物流质量,是在整个物流过程中形成的,要想能"事前控制"物流质量,预防物流损失,必须对影响物流质量的诸因素进行有效控制。很明显,提高工程质量,是进行物流质量管理的基础工作,能提高工程质量,就能做到"预防为主"的质量管理。

物流质量主要由物流时间、物流费用和物流效率来衡量。我国物流业由于受多方面因素的影响,物流质量总体水平比较低。据有关统计资料显示,工业生产中物流所占用时间几乎为整个生产过程的90%,在货物运输中,我国现行运输管理体制也制约了不同运输方式之间的高效衔接,一定程度上也减缓了物流速度。目前,全国铁路货运列车的平均技术速度仅为45公里/小时;闲散续、集装箱运输技术尚未普及,装卸效率低,铁路货车中转停留时间约5小时。公路运输营运货车平均日行程仅200公里左右,车辆工作率约60%。城市内运输由于道路面积增长与车辆增长不适应,车辆运输速度不断下降。在一些大城市,平均车速已下降到每小时15公里,严重影响了城市物流效率。

三、物流质量管理的基本要求

根据全面质量管理的基本理论,在推行物流质量管理时要求做到"三全一多",即全员的质量管理,全过程的质量管理,全企业的质量管理,所采用的质量管理方法可以是多种多样的。

(一)全员参与

产品质量是企业各个生产环节,各个部门工作的综合反映。任何一个环节,任何一个人的工作,都会直接或间接地影响产品质量。因此,必须把企业所有人员的积极性和创造性充分调动起来,人人做好本职工作,个个关心产品质量,全体参加质量管理,只有通过企业各方面人员的共同努力,才能生产出顾客满意的产品。

要实现全员的质量管理,首先必须抓好全员的质量管理教育和技术素质教育。系统、准确、科学地宣传全面质量管理的有关内容,提高职工的质量意识,促使职工自觉地参加质量管理的各项活动。质量管理教育要自上而下地进行,抓好领导者的质量教育是开展全员教育的关键。同时,还要不断提高职工的技术素质、管理素质和思想素质。要实现全员的质量管理,还要明确规定各个部门、各级人员的质量责任制,使之明了他们在质量管理中的作用、任务、职责和权限,各司其职,互相配合。要实现全员的质量管理,还要积极开展各种形式的群众性的质量管理活动,充分发挥广大员工的聪明才智,集思广益,这是提高质量管理水平的有效方法。

(二)全过程控制

产品质量具有客观的发生、形成的过程,这个过程包括从最初的认识到最终满足要求和顾客期望的全部阶段。这些阶段和活动包括:营销和市场调研;技术研究和开发;设计规范的编制和产品开发;采购;工艺策划和开发;生产工序的测量、控制和调整;生产制造;工序维护;检验、试验和检查安装、包装和储存;销售和分发;顾客使用;技术服务;用后处置等。保证产品质量,不仅要关注生产过程,还要关注设计过程等一系列过程,建立一个综合的质量管理体系,做到预防为主,防检结合,不断改进。

(三)全企业参与

质量管理职能分散在企业的各个部门,要提高质量管理水平,各个部门就必须积极行动起来。从组织结构上看,企业有高层、中层和基层。高层管理人员进行质量决策,并负责组织、协调各部门、各环节和各类人员的质量活动;中层管理人员执行质量决策,承担具体的质量职责;基层员工需要严格按标准、规章制度进行生产活动。

(四) 采用多种多样的管理方法和管理手段

产品质量形成的整个过程有许多不同的阶段,每个阶段又有许多影响产品质量的因素,如人员的因素、材料的因素、设备的因素等。随着科学技术的发展,产品的结构越来越复杂,性能要求也越来越高,这就要求在质量管理工作中采用多种多样的管理方法和管理手段,综合加以运用,以达到稳定和提高产品质量水平的目的。

生产质量管理的一些原则和方法,同样适用于物流质量管理。但应注意,物流是个大系统,在系统中各个环节之间的联系和配合是非常重要的:物流质量管理必须强调"预防为主",明确"事前管理"的重要性,即在上一道物流过程就要为下一道物流过程着想,估计下一道物流过程可能出现的问题,加以预防。

物流质量管理必须满足两方面的要求:一方面是满足生产者的要求,因为物流的最终结果必须保证生产者的产品能保质保量地转移给用户;另一方面是满足用户的要求,即按用户要求将其所需的商品送交;物流质量管理的目的,就是在"向用户提供满足要求的质量的服务"和"以最经济的手段来提供"两者之间找到一条优化的途径,同时满足这两个要求。为此,必须全面了解生产者、消费者、流通者等各方面所提出的要求,从中分析出真正合理的、各方面都能接受的要求,作为管理的具体目标。从这个意义上来讲,物流质量管理可以定义为:"用经济的办法,向用户提供满足其要求的物流质量的手段体系。"

四、加强物流质量管理的基本途径

加强企业物流质量管理的主要措施如下:

(一) 树立现代企业物流整体质量管理思想

根据全面质量管理理论,建立和完善现代企业物流质量管理的计量、评估体系,切实消除现代企业物流过程中的差错。

(1) 真正形成物流整体质量管理的认识;
(2) 认真做好物流服务过程的整体质量管理;
(3) 整体考核现代企业物流服务质量管理水平;
(4) 同时提高现代企业内部物流服务质量和外部物流服务质量。

(二) 积极引进现代质量管理理论和技术,提高质量管理水平

科学技术就是生产力,企业必须借助现代高新技术强化物流质量管理,要求企业真正认识技术推动的意义,大力开展技术创新活动。实际中,控制导向的企业与学习导向的企业采取不同方法。控制导向的企业采用基准比较法,了解其他企业的生产程序和质量标准,明确客户对产品质量的期望,并根据基准比较结果,采取改进措施。

(三) 运用有效的激励措施,实行全员质量管理

企业应根据客户需求环境的相对不确定性,运用有效的奖励和激励措施,激励员工提高学习能力和创新能力,鼓励员工承担风险,通过精心设计、认真实施的实验,探索减少差错的新方法。在大多数企业里,控制导向的质量管理措施与学习导向的质量管理措施相互补充,

兼顾企业控制的需要和学习需要。企业必须不断地改进质量管理工作,以便不断地提高物流服务的质量。

（四）建立有效的物流质量管理信息系统

要建立有效的物流质量管理信息系统,现代企业应遵循的原则有：
(1) 计量顾客对物流质量的期望；
(2) 强调信息质量；
(3) 实时监控物流质量状况。

（五）企业应根据质量管理环境来确定质量管理措施

在质量管理文献中,许多学者认为所有企业都可以采用全面质量控制措施加强全面质量控制,从而有效地做好质量管理工作。

第二节　物流标准化

一、物流标准化概念

（一）标准化的一般含义

标准是指为取得全局的最佳效果,在总结实践和充分协商的基础上,对人类生活和生产技术活动中,具有多样性和重复性特征的事物和概念,以特定的程序和形式颁发的统一规定。

标准化是在经济、技术、科学及管理等社会实践中,对重复性事物和概念通过制订、发布和实施标准,达到统一,以获得最佳秩序和社会效益。

标准化的内容,实际上就是经过优选之后的共同规则,为了推行这种共同规则,世界上大多数国家都有标准化组织,例如英国的标准化协会(BSI),我国的国家技术监督局等。在日内瓦的国际标准化组织(ISO)负责协调世界范围的标准化问题。

目前,标准化工作开展较普遍的领域是产品标准,这也是标准化的核心,围绕产品标准,工程标准、工作标准、环境标准、服务标准等也出现了发展的势头。

（二）物流标准化的定义及特点

物流标准化,指的是以物流为一个大系统,制定系统内部设施、机械装备、专用工具等各个分系统的技术标准。制定系统内各分领域如包装、装卸、运输等方面的工作标准；以系统为出发点,研究各分系统与分领域中技术标准与工作标准的配合性要求,统一整个物流系统的标准；研究物流系统与其他相关系统的配合性,进一步谋求物流大系统的标准统一。

物流标准化的主要特点有以下几方面：

1. 涉及面更为广泛

和一般标准化系统不同,物流系统的标准化涉及面更为广泛,其对象也不像一般标准化系统那样单一,而是包括了机电、建筑、工具、工作方法等许多种类。虽然处于一个大系统中,但缺乏共性,从而造成标准种类繁多,标准内容复杂,也给标准的统一性及配合性带来很大困难。

2. 属于二次系统,或称为后标准化系统

这是由于物流及物流管理思想诞生较晚,组成物流大系统的各个分系统,过去没有归入物流系统之前,早已分别实现了本系统的标准化,并经多年的应用、发展和巩固,已很难改变。在推行物流标准化时,必须以此为依据,个别情况也可以把旧标准推翻,按物流系统所提出的要求重新建立标准化体系。总的来说,通常是在各个分系统标准化基础上建立物流标准化系统。这就必然从适应及协调角度建立新的物流标准化系统,而不可能全部创新。

3. 体现科学性、民主性和经济性

物流标准化更应体现科学性、民主性和和经济性。这是标准的三性,是物流标准化特殊性所要求的。科学性是指要体现现代科技成果,以科学实验为基础,在物流中则还要求与物流的现代化相适应,要求能将现代科技成果联结成大系统。这里既包含单项技术的高水平,又表现在协调与适应能力方面,使综合的科学水平最优。民主性标准的制订,采用协商一致的办法,广泛考虑各种现实条件,广泛听取意见,使标准更具有权威,减少阻力,易于贯彻执行。经济性是物流标准化的主要目的之一,也是标准生命力的决定因素,物流过程增值是有限度的,物流中的多支出,必然影响效益。不能片面追求科技水平,引起物流成本的增加,不然会使标准失去生命力。

4. 物流标准化具有非常强的国际性

由于我国是执行开放政策,对外贸易和交流有了大幅度上升,特别是加入 WTO 以后,国际交往、对外贸易越来越重要,而国际贸易都是靠国际物流来完成。这就要求各国家间的物流相衔接,力求使本国标准与国际物流标准体系相一致,否则会加大国际交往的难度。更重要的是在很高的国际物流费用的基础上又增加了标准化不统一造成的损失,增加了国际贸易成本。因此物流标准化的国际性也是区别于其他产品标准的重要特点。

二、物流标准的种类

(一) 大系统配合性、统一性标准

1. 专业计量单位标准

除国家公布的统一计量标准外,物流系统有许多专业的计量问题,必须在国家及国际标准基础上,确定本身专门的标准,同时,由于物流的国际性很突出,专业计量标准需考虑国际计量方式的不一致性,还要考虑国际习惯用法,不能完全以国家计量标准为唯一依据。

2. 物流基础模数尺寸标准

基础模数尺寸标准化的共同单位尺寸,或系统各标准尺寸的最小公约尺寸。在基础模数尺寸确定之后,各个具体尺寸标准,都要以基础模数为依据,选取其整数倍为规定的尺寸标准。物流基础模数尺寸的确定,不但要考虑国内的物流系统,而且要考虑到与国际物流系统的衔接,这具有一定的难度和复杂性。

3. 物流建筑模数尺寸标准

它主要是物流系统中,各种建筑所使用的基础模数,它是以物流基础模数尺寸为依据确定的,也可以选择共同的模数尺寸。该尺寸是设计建筑物长、宽、高尺寸、门窗尺寸、建筑物间距离、跨度及进深等尺寸的依据。

4. 集装模数尺寸标准

它是在物流基础模数尺寸基础上,推导出的各集装设备的基础尺寸,以此尺寸作为设计集装设备三向尺寸的依据。在物流系统中,由于集装是起贯穿作用的,集装尺寸必须与各环节物流设施、设备、机具相配合,因此,整个物流系统设计时往往以集装尺寸为核心,然后在满足其他要求的前提下决定设计尺寸。因此,集装模数尺寸影响和决定着与其相关各环节的标准化。

5. 物流专业名词标准

为了使大系统配合和统一,尤其是在建立系统的情报信息网络之后,要求信息传递非常准确,这首先便要求专用语言及所代表的涵义实现标准化,如果同一个指令,不同环节有不同的理解,这不仅会造成工作的混乱,而且容易出现大的损失。物流专业名词标准,包括物流用语的统一化及定义的统一解释,还包括专业名词的统一编码。

6. 物流核算、统计的标准

物流核算、统计的标准化是建立系统情报网、对系统进行统一管理的重要前提条件,也是对系统进行宏观控制与微观监测的必备前提。这标准化包含下述内容:① 确定共同的,能反映系统及各环节状况的最少核算项目;② 确定能用于系统进行分析并可供情报系统收集储存的最少的统一项目;③ 制定核算、统计的具体方法,确定共同的核算统计计量单位;④ 确定核算、统计的管理、发布及储存规范等。

7. 标志、图示和识别标准

物流中的物品、工具、机具都是在不断运动中,因此,识别和区分就十分重要,对于物流中的物流对象,需要有易于识别的又易于区分的标识,有时需要自动识别,这就可以用复杂的条形码来代替用肉眼识别的标识。标识、条形码的标准化便成为物流系统中重要的标准化内容。

以上并未将物流系统中需贯彻应用的全部标准化内容列入,仅只是列举了有物流突出特点的标准化内容。

(二) 分系统技术标准

1. 运输车船标准

其对象是物流系统中从事物品空间位置转移的各种运输设备,如火车、货船、拖拉车、卡车、配送车辆等。从各种设备的有效衔接等角度制定的车厢、船舱尺寸标准,载重能力标准,运输环境条件标准等。此外,从物流系统与社会关系角度出发,制定的噪音等级标准,废气排放标准等。

2. 作业车辆标准

其对象是物流设施内部使用的各种作业的车辆,如叉车、台车、手推车等,包括尺寸、运行方式、作业范围、作业重量、作业速度等方面的技术标准。

3. 传输机具标准

它包括水平、垂直输送的各种机械式、气动式起重机、提升机的尺寸、传输能力等技术标准。

4. 仓库技术标准

它包括仓库尺寸、建筑面积、有效面积、通道比例、单位储存能力、总吞吐能力、湿度等技术标准。

5. 站台技术标准

它包括站台高度、作业能力等技术标准。出口处和入口处的站台高度应根据车辆的车厢高度建设。

6. 包装、托盘、集装箱标准

它指包装、托盘、集装系列尺寸标准、包装物强度标准、包装托盘、集装箱重量标准以及各种集装、包装材料、材质标准等。

7. 货架、储罐标准

它包括货架净空间、载重能力、储罐容积尺寸标准等。

（三）工作标准与作业规范

工作标准与作业规范是对各项工作制定的统一要求及规范化规定。工作标准及作业规范可提供划定各种岗位职责范围、权利与义务、工作方法、检查监督方法、奖罚方法等。可使全系统统一工作方式，大幅度提高办事效率，方便用户的工作联系，防止在工作及作业中出现遗漏、差错，并有利于监督评比。主要工作标准及作业规范有：

（1）岗位责任及权限范围。

（2）岗位交换程序及工作执行程序。例如配运车辆每次出车规定应由司机进行的车检程序，车辆定期车检时间及程序等。

（3）物流设施、建筑的检查验收规范。

（4）货车、配送车辆运行时间表、运行速度限制等。

（5）司机顶岗时间，配送车辆的日配送次数或日配送数量。

（6）吊钩、索具使用，放置规定。

（7）情报资料收集、处理、使用、更新规定。

（8）异常情况的处置办法等。

三、物流标准化的意义及作用

标准化是物流管理的重要手段，物流标准化对物流成本、效益有重大决定作用。托盘标准化、集装箱标准化、运输工具的标准化等手段对生产、流通都起到了很大作用。它能加快流通速度，保证物流质量，减少物流环节，降低物流成本，从而较大地提高经济效益。同时，物流标准化对国际物流也是非常重要的保证。

在物流技术发展，实施物流管理工作中，物流标准化是有效的保证。主要体现在以下几个方面：

（一）物流标准化是物流管理，尤其是大系统物流管理的重要手段

在进行系统管理时，系统的统一性、一致性、系统内部各环节的有机联系是系统能否生存的首要条件。保证统一性、一致性及各环节的有机联系，除了需要有一个适合的体制形式

外,还需要许多方法手段,标准化就是手段之一。方法、手段健全与否又会反过来影响指挥能力及决策水平。例如由于我国目前物资编码尚未实现标准化,各个领域又分别制订了自己领域的统一物资编码,其结果是不同领域之间情报不能传递,电子计算机无法联网,妨碍了系统物流管理的实施。又如,我国铁道及交通两个部门集装箱未能实现统一标准,极大阻碍了车船的广泛联运,妨碍了物流水平的提高

(二) 物流标准化对物流成本、效益有重大决定作用

标准化可以带来效益,这个在技术领域是早已被公认的了,在物流领域也是如此。标准化的效益通过以下几方面可以得到体现:实行了标准化后、贯穿于全系统,可以实行一贯到底物流,做到速度快,中转费用低,装卸作业费用降低,中间损失降低而获得。例如,我国铁路、交通集装箱由于未实行统一标准,双方衔接时要增加一道装箱工作,为此,每吨物资效益损失一元左右,相当于火车30公里以上的运费,这在广泛采用集装箱运输,物资运量加大后,效益损失是很大的。

(三) 物流标准化是加快物流系统建设,迅速推行物流管理的捷径

物流系统涉及面广,难度非常大,推行了标准化,会少走弯路,加快我国物流管理的进程。例如我国平板玻璃的集装托盘、集装架的发展初期未能及时推行物流标准化,各部门、各企业都发展了自己的集装设备,一下子出现了几十种集装方式,使平板玻璃物流系统的建立出现了困难,延缓了发展。

(四) 物流标准化也给物流系统与物流以外系统的联结创造了条件

物流本身不是孤立的存在,在流通领域,上接生产系统,下联消费系统。从生产物流看,物流和相关工序相联结,彼此有许多交叉点。要使本系统与外系统衔接,通过标准化和统一衔接点是非常重要的。

四、物流标准化的原则

企业实行物流标准化应遵循下述基本原则:

(一) 确定标准化的基点

物流是一个非常复杂的系统,涉及面又很广泛,过去构成物流这个大系统的许多组成部分也并非完全没搞标准化,但是这只形成了局部标准化或与物流某一局部有关的横向系统的标准化。从物流系统来看,这些互相缺乏联系的局部标准化之间缺乏配合性,不能形成纵向的标准化体系。所以要形成整个物流体系的标准化,必须在这个局部中寻找一个共同的基点,这个基点能贯穿物流全过程,形成物流标准化工作的核心,这个基点的标准化成了衡量物流全系统的基准,是各个局部标准化的准绳。

为了确定这个基点,人们将进入物流领域的产品(货物)分成三类,即零星货物、散装货物与集装货物三类。对于零星货物和散装货物在换载、装卸等作业时,实现操作及处理的标准化,都是相当困难的。集装货物在流转过程中始终都以集装体为基本单位,其他集装形态在运输、储存、装卸搬运各个阶段都基本上不会发生变化,也就是说集装货物容易实现标准

化处理。人们经过调查物流现状及对发展趋势预测,肯定了集装形式是物流通行的主导形式,而散装只是在某些专用领域可能有发展,而在这专用领域很容易建立独立的标准化系统。至于零星货物,一部分可以向集装靠拢,另一部分还会保持其多样化的形态而难以实现标准化。

所以,不论是国际物流还是国内物流,都可以肯定地讲:集装系统使物流全过程贯通而形成体系,是保持物流各环节上使用设备、装置及机械之间整体性及配合性的核心,所以集装系统是使物流过程连贯而建立标准化体系的基点。

(二) 体系的配合性

配合性是建立物流标准化体系必须体现的要求,衡量物流系统标准化体系的成败,配合性是重要标准。物流系统配合性的一些主要范围是:

(1) 集装与生产企业最后工序至包装环节的配合性。为此要研究集装的"分割系列",以此来确定包装环节的要求。如包装材料、材料的强度、包装方式、规格尺寸等。

(2) 集装与装卸机具、装卸场所、装卸小工具(如索具、跳板)的配合性。

(3) 集装与仓库站台、货架、搬运机械,保管设施乃至仓库建筑的配合性。

(4) 集装与保管条件、工具、操作方式的配合。

(5) 集装与运输设备、设施,如运输设备的载重、有效空间尺寸等的配合性。例如:将集装托盘货载入大集装箱或国际集装箱,就组成了以大型集装箱为整体的更大的集装单位,将集装托盘货载或小型集装箱放入卡车车厢,货车车厢就组成了运输单位。要研究基本集装单位的"倍数系列"。

(6) 集装与末端物流的配合性。根据当前状况和对将来的预测,关注消费者需求的转移,"用户第一"的基本观念,在物流中的反映,就是末端物流越来越受到重视。集装物流转变为末端物流,一是对简单性的集装容易地进行多样化的分割,就必须研究集装的"分割系列";另一方面是进行"流通加工"活动,以解决集装的简单化与末端物流多样化要求的矛盾。衔接消费者的"分割系列"与衔接生产者的"分割系列"有时是有矛盾的,所以集装的配合性便不能孤立地去研究,要与生产的包装的配合性结合起来,这样就增加了复杂性。

(7) 集装与国际物流的配合性。由于国际贸易额的急剧增加以及跨国公司的建立,集装与国际物流的配合性的研究成为物流标准化的重要方面。标准化空间越大,标准化的利益就越大。国际间的标准逐渐统一,国际标准化空间的继续扩大,已是大势所趋的时代潮流。向国际标准靠拢,积极采用国际标准,将是今后最有益的途径。标准化在国际贸易中将发挥越来越大的作用。

(三) 传统、习惯及经济效果的统一性

物流活动是和产品生产系统,车辆、设备制造系统,消费使用系统等密切联系的。早在物流的系统思想建立之前,这些与物流密切联系的系统就已经建立起各自的标准体系,或者形成了一定的习惯。在这种情况下,物流标准体系的建立,单考虑本系统的要求是不行的,还必须适应这些既成事实,或者改变这些既成事实。这就势必与早已实现标准化的各个系统、与长期形成的习惯及社会的认识产生矛盾,这些矛盾涉及人的看法、习惯,也涉及宏观及微观的经济效果。

所以,单从技术角度来研究个别标准的配合性虽然是必要的,但最后不一定以研究的结论作为定论。因为上述问题涉及物流系统标准化经济效果的计算问题。如上所述,由于物流系统标准化往往牵动其他系统,所以标准化经济效果的计算是十分复杂而困难的事情。目前,物流系统标准化工作进展较快的日本等国,也正在研究经济效果的计算方法,但还没有一套成熟的东西。

(四) 与环境及社会的适应性

物流对环境的影响在近些年来表现出尖锐化和异常突出的倾向,主要原因是物流量加大,物流速度的增加,物流设施及工具大型化之后,使环境受到影响。对环境影响主要表现在噪音对人精神、情绪、健康影响,废气对空气、水的污染,运输车辆对人身的伤害等。这些影响是与物流标准化有关的,尤其是在推行标准化过程中,只进行设施、设备、工具、车辆技术标准等内在标准的研究,而忽视物流对环境及社会影响,强化了上述矛盾,这是有悖于物流标准化的宗旨的。

所以,在推行物流标准化时,必须将物流对环境的影响放在标准化重要位置上,除了有反映设备能力、效率、性质的技术标准外,还要对安全标准、噪音标准、排放标准、车速标准等作出具体的规定,否则,再高的标准化水平若不被社会接受,甚至受到居民及社会的抵制也很难发挥作用。

(五) 贯彻安全与保险的原则

物流安全问题也是近些年来非常突出的问题,往往是一个安全事故会将一个公司损失殆尽,几十万吨的超级油轮、货轮遭受灭顶损失的事例也并不乏见。当然,除了经济方面的损失外,人身伤害也是物流过程中经常出现的,如交通事故的伤害,物品对人的碰、撞伤害,危险品的爆炸、腐蚀、毒害的伤害等。所以,物流标准化中一项重要工作是对物流安全性、可靠性的规定和为安全性、可靠性统一技术标准、工作标准。

物流保险的规定也是与安全性、可靠性标准有关的标准化内容。在物流中,尤其在国际物流中,都有世界公认的保险险别与保险条款,虽然许多规定并不是以标准化形式出现的,而是以立法形式出现的,但是,其共同约定、共同遵循的性质,是通用的,是具有标准化内含的,其中不少手续、申报、文件等都有具体的标准化规定,保险费用等的计算也受标准规定的约束,因而物流保险的相关标准化工作,也是物流标准化的重要内容。

第三节 物流标准化方法

从世界范围来看,物流体系的标准化,各个国家都还处于初始阶段,在这初始阶段,标准化的重点在于通过制定标准规格尺寸来实现全物流系统的贯通,取得提高物流效率的初步成果。这里介绍标准化的一些方法,主要是初步的规格化的方法及做法。

一、确定物流的基础模数尺寸

物流基础模数尺寸的作用和建筑模数尺寸的作用大体是相同的,其考虑的基点主要是简单化。基础模数尺寸一旦确定,设备的制造、设施的建设、物流系统中各环节的配合协调、物流系统与其他系统的配合就有所依据。目前国际标准化组织(ISO)中央秘书处及欧洲各国已基本认定 600 mm×400 mm 为基础模数尺寸,我国应当研究这个问题,为以后的发展做好准备。

如何确定基础模数尺寸呢?可以大体说明如下:由于物流标准化系统较其他标准化系统建立较晚,所以,确定基础模数尺寸主要考虑了目前对物流系统影响最大而又最难改变的事物,即输送设备。采取"逆推法",由输送设备的尺寸来推算最佳的基础模数。当然,在确定基础模数尺寸时也考虑到了现在已通行的包装模数和已使用的集装设备,并从行为科学的角度研究了人及社会的影响。从其与人的关系看,基础模数尺寸是适合人体操作的高限尺寸。

二、确定物流模数

物流模数即集装基础模数尺寸。前面已提到,物流标准化的基点应建立在集装的基础上,所以,在基础模数尺寸之上,还要确定集装的基础模数尺寸(即最小的集装尺寸)。

集装基础模数尺寸可以从 600 mm×400 mm 按倍数系列推导出来,也可以在满足 600 mm×400 mm 的基础模数的前提下,从卡车或大型集装箱的分割系列推导出来。日本在确定物流模数尺寸时,就是采用后一种方法,以卡车(早已大量生产并实现了标准化)的车厢宽度为确定物流模数的起点,推导出集装基础模数尺寸。

三、以分割及组合的方法确定系列尺寸

物流模数作为物流系统各环节的标准化的核心,是形成系列化的基础。依据物流模数进一步确定有关系列的大小及尺寸,再从中选择全部或部分,确定为定型的生产制造尺寸,这就完成了某一环节的标准系列。根据物流模数可以推导出大量的系列尺寸,如确定包装容器、运输装卸设备、保管器具等的系列尺寸。和其他领域不同,我国物流尚处于起步阶段,还没有形成为全国习惯接受的标准化体系。

根据物流模数可以推导出包装的系列尺寸,例如,日本工业标准(JIS)中,1100 mm×1100 mm 集装尺寸可以分割出 60 个运输包装系列尺寸,1200 mm×1000 mm 集装尺寸可以分割成 40 个运送包装系列尺寸。

模数尺寸配合关系如图 12.1 所示。

思考与练习

1. 什么是物流质量管理?
2. 简述物流质量管理的基本途径有哪些。
3. 什么是物流标准化?

4. 论述实行物流标准化的意义与作用。
5. 实施物流标准化应注意哪些原则?
6. 简述实施物流标准化的方法。

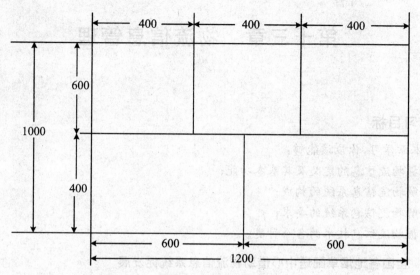

图 12.1　模数尺寸配合关系(单位:mm)

第十三章 物流信息管理

 学习目标

通过本章学习,你应该能够:
➢ 掌握物流信息的定义及其基本功能;
➢ 了解物流信息系统的构成;
➢ 了解物流信息系统的要求;
➢ 掌握物流信息技术的各个种类。

引入案例　全国各地烟草配送中心借助物流信息系统促发展

　　由于信息技术、网络技术的普及和发展,特别是互联网技术解决了信息共享、信息传输的标准问题和成本问题,使得信息更广泛地成为控制、决策的依据和基础,因此只要解决信息的采集、传输、加工、共享,就能提高决策水平,从而带来效益。

　　全国各地烟草专卖局近年来逐渐认识到物流配送的重要性,结合各地实际情况,建立烟草配送中心,充分利用各种资源,基本建成了科学合理的卷烟配送网络,以物流信息网络加强烟草配送管理。一些烟草配送中心开放了快递数据接口,与烟草零售客户对接数据,并提供物流客户端,实现电子数据无缝对接,烟草零售客户通过网络可以随时订货和监控货物状态,分享物流信息资源。

　　如烟草配送进度查询系统,方便客户实时查询配送进度,对于用户确定货物到达时间,安排货物交接具有重要意义。进度查询系统的信息来源于车辆实时监督调度系统,主要包含送货客户数、送货总量、现金总量、订单完成数百分比、配送车辆进度、业务报警、车辆所在地理位置等信息。配送中心通过在车辆上安装 GPS 卫星定位系统,对车辆进行实时监督、调度和管理。

　　如长治烟草配送中心在烟草仓储管理方面,通过物流信息围绕"卷烟仓储数字化,维护商品精细化"来进行管理,做到商品入库及时、出库准确、摆放整齐、分拣快速无误、账目清晰、存储温湿度适宜,从入库、备货、分拣到出库,全部实现了信息化、智能化管理,确保了卷烟的快速流通。同时一批即将入库的卷烟正接受自动扫码,有关数据即刻传输到国家烟草局。此外通过物流信息网络整合配送资源和客户,使全市配送线路由原来的 225 条减少了 30 条,配送车辆由 42 辆减少了 3 辆,中转车辆由 8 辆减少了 5 辆,配送人员由 93 人减少了 9 人,配送车辆年节省费用 40 多万元,单箱配送费用由原来的 109.9 元降为 103.14 元。日平均服务客户 2300 余户,配送卷烟 550 箱,客户满意度在 95% 以上,为该公司带来巨大的经济效益和品牌效应。

物流信息在企业现代物流管理中,占有越来越重要的地位。建立物流信息系统,提供迅速、准确、及时、全面的物流信息是现代企业获得竞争优势的必要条件。发展物流业的关键是实现物流信息化。只有实现了物流信息化,掌握并熟练应用各种信息技术,如条形码、电子自动订货系统、销售时点系统、物流企业管理信息系统、卫星全球定位系统等,才能在真正意义上以客户为中心,实现物流、商流、信息流、资金流的高度统一,完成物流资源的整合和一体化供应链管理,快速响应客户的需求,提供适应经济全球化的现代物流服务。

第一节　物流信息综述

一、物流信息概述

（一）物流信息的定义

物流活动进行中必要的信息为物流信息。所谓信息是指能够反映事物内涵的知识、资料、信息、情报、图像、数据、文件、语言、声音等。信息是事物的内容、形式及其发展变化的反映。因此,物流信息和运输、仓储等各环节都有密切关系,在物流活动中起着神经系统的作用。加强物流信息的研究才能使物流成为一个有机系统,而不是各个环节孤立的活动。一些物流技术发达的国家都把加强物流信息工作作为改善物流状况的关键而给予充分的注意。在物流活动中要对各项活动进行计划预测、动态分析,还要及时提供物流费用、生产情况、市场动态等有关信息。只有及时收集和传输有关信息,才能使物流通畅化、定量化。

（二）物流信息的基本功能

现代物流作为一个相当复杂的社会大系统工程,其运作的前提是要有一个与之相适应的物流信息系统。它的运作流程是,输入社会需求文件信息和供应商货源文件信息,形成产品生产计划、生产能力计划、送货计划和订货进货计划、运输计划、仓储计划、物流能力计划,并进行成本核算。

现代物流信息在物流活动中所起的类似于神经系统的作用,主要通过它的几项基本功能来实现,包括：

1. 市场交易活动功能

交易活动主要记录接货内容、安排储存任务、作业程序选择、制定价格及相关人员查询等。物流信息的交易作用就是记录物流活动的基本内容。主要特征是：程序化、规范化、交互式,强调整个信息系统的效率性和集成性。

2. 业务控制功能

物流服务的水平和质量以及现有管理个体和资源的管理,要有信息系统做相关的控制,应该建立完善的考核指标体系来对作业计划和绩效进行评价和鉴别,这里强调了信息系统作为控制工作和加强控制力度的作用。

3. 工作协调功能

在物流运作中,加强信息的集成与流通,有利于提高工作的时效性,有利于提高工作的质量与效率,有利于减小劳动强度系数。这里,物流信息系统也能发挥重要作用。

4. 支持决策和战略功能

物流信息管理协调工作人员和管理层进行活动评估和成本—收益分析,从而更好地进行决策。强调物流信息管理系统的支持决策和战略定位作用。

（三）物流信息的特征

物流信息有以下几个方面的特征:

1. 信息量大

物流信息随着物流活动以及商品交易活动开展而大量发生。多品种少批量生产和多频度小批量配送使库存、运输等物流活动的信息大量增加。零售商广泛应用 POS 系统读取销售时点的商品品种、价格、数量等即时销售信息,并对这些销售信息加工整理,通过 EDI 向相关企业传送。同时为了使库存补充作业合理化,许多企业采用 EOS 系统。随着企业间合作倾向的增强和信息技术的发展,物流信息的信息量在今后将会越来越大。

2. 动态性强

物流信息的更新速度快、动态性强。多品种少批量生产、多频度小批量配送、利用 POS 系统的即时销售使得各种作业活动频繁发生,从而要求物流信息不断更新,而且更新的速度越来越快。

3. 来源多样化

物流信息不仅包括企业内部的物流信息(如生产信息、库存信息等),而且包括企业间的物流信息和与物流活动有关的基础设施的信息。企业竞争优势的获得需要供应链中各参与企业之间相互协调合作。协调合作的手段之一是信息即时交换和共享。许多企业把物流信息标准化和格式化,利用 EDI 在相关企业间进行传送,实现信息共享。另外,物流活动往往利用道路、港湾、机场等基础设施。因此,为了高效率地完成物流活动,必须掌握与基础设施有关的信息,如在国际物流过程中必须掌握报关所需信息、港口作业信息等。

二、物流信息系统的构成

物流信息系统是一个综合的业务管理和过程控制计算机系统,它至少应包括以下几个子系统:

1. 业务管理系统

它包括订货(电子商务)系统,入库、出库登记、业务统计、分析、决策支持等系统。

2. 存储管理系统

它包括库存管理、货位管理、自动分拣、自动存取、库房环境控制等系统。

3. 运输管理系统

它包括运输工具、路线、吨位优选、在途监控、实时调度、返程配载等系统。

4. 增值服务管理系统

它包括包装、装卸、搬运、组合、加工处理等系统。

5. 查询反馈系统

它包括向用户发布信息、用户自动查询等系统。

物流信息系统结构如图 13.1 所示。

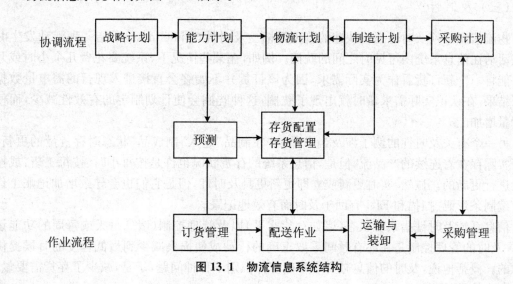

图 13.1 物流信息系统结构

三、物流信息系统的要求

按垂直方向，物流信息系统可以划分为三个层次，即管理层、控制层和作业层；在水平方向，物流信息系统贯穿供应物流、生产物流、销售物流、回收和废弃物流的运输、仓储、装卸搬运、包装、流通加工等各个环节，呈金字塔结构。可见物流信息系统是物流领域的神经网络，遍布物流系统的各个层次、各个方面。物流信息系统必须结合六条原理来满足管理信息的需要，并充分支持企业制订计划和运作。

（一）可得性

物流信息系统必须就有容易而又始终如一的可得性（Availability）。所需信息的例子中包括订货和存货状况。但企业有可能获得有关物流活动的重要数据时，就往往是以书面为基础的，或者很难从计算机系统重新得到。

迅速的可得性对于对消费者作出反应以及改进管理决策是很有必要的。应该为顾客频繁的需要存取存货和订货状态方面的信息，所以这一点是至关重要的。可得性的另一方面是存取所需的信息，例如订货信息的能力，无论是管理上的、消费者的、还是产品订货位置方面的。物流作业分散化的性质，都要求对信息具有存取能力，并且能从国内甚至世界范围内的任何地方得到更新。这样，信息的可得性就能减少作业上和制订计划的不确定性。

（二）精确性

物流信息必须精确的反映当前状况和定期活动，以衡量顾客订货和存货水平。精确性（accuracy）可以解释为物流信息系统的报告与物流技术或实际状况相比所达到的程度。例如，平稳的物流作业要求实际的存货与物流信息系统报告的存货相吻合的精确性最好在 99% 以上。但实际存货和信息系统之间存在较低的一致性时，就有必要采取缓冲存货或安全的方式来适应这种不确定性。正如信息可得性那样,增加信息的精确性,并减少了存货需要量。

(三) 及时性

物流信息必须及时地提供快速的管理反馈。及时性(Timeliness)系指一种活动发生时与该活动在信息系统内可见时之间的耽搁。例如,在某些情况下,系统要花费几个小时或几天才能将一个新订货看作为实际需求,因为该订货并不始终会直接进入现行的需求量数据库。结果,在认识实际需求量时就出现了耽搁,这种耽搁会使计划制定的有效性减少,而使存货量增加。

另一个有关及时性的例子涉及当产品从"在制品"进入"制成品"状态时存货量的更新。尽管实际存在着连续的产品流,但是,信息系统的存货状况也许是按每小时、按每工班、或按每天进行更新的。显然,实时更新或立即更新更具及时性,但是它们也会导致增加记账工作量。编制条形码、扫描和EDI有助于及时而有效地记录。

信息系统及时性指系统状态(诸如存货水平)以及管理控制(诸如每天或每周的功能记录)。及时的管理控制是在还有时间采取正确的行动或使损失减少到最低程度的时候提供信息的。概括地说,及时的信息减少了不确定并识别了种种问题,于是,减少了存货需要量,增加了决策的精确性

(四) 以异常情况为基础的物流信息系统

物流信息系统必须以异常情况为基础(Exception-based),突出问题和机会。物流作业通常与大量的顾客、产品、供应商和服务公司竞争。例如,必须定期检查每一个产品选址组合的存货状况,以便于制定补充订货计划。另一个重复性活动是对于非常突出的补充订货状况的检查。在这两种情况中,典型的检查需要大量的产品或补充订货。通常,这种检查过程需要问两个问题,第一个问题涉及是否应该对产品或补充订货采取任何行动。如果第一问题的答案是肯定的,那么,第二个问题就涉及应该采取哪一种行动。许多物流信息系统要求手工完成检查,尽管这项检查正越来越趋向自动化。仍然使用手工处理的依据是有许多决策在结构上是松散的,并且是需要经过用户参与作出判断的。具有目前工艺水平的物流信息系统结合了决策规则去识别这些要求管理部门注意并作出决策的"异常"情况。于是,计划人员或经理人员就能够把他们的精力集中在最需要引起注意的情况或者能提供最佳机会来改善服务或降低成本的情况。该样本报告详细地推荐了多个品目,建议有实际能力的存货管理部门采取补充订货、发货和重订计划的行动。对未来行动方式,这类异常情况报告可以计划人员利用其时间来提炼建议,而不是浪费时间去识别那些需要作出决策的产品。

另一个例子是:物流信息系统应该突出的异常情况中,应包括很大的订货、小批量或无存货的产品、延迟的装船或降低的作业生产率。概括地说,具有目前工艺水平的物流信息系统应该有强烈的异常性导向,应该利用系统去识别需要管理部门引起注意的决策。

(五) 灵活性

物流信息系统必须具有灵活性(Flexibility),以满足系统用户和顾客两个方面的需求。信息系统必须有能力提供能迎合特定顾客需要的数据。例如,有些顾客也许想要把订货发货票跨越地理或部门界限进行汇总。特别是,零售商A也许想要每一个店的单独的发票,而

零售商 B 却可能需要所有的商店汇总的总发票。一个灵活的物流信息系统必须有能力适应这两类要求。从内部之间,信息系统要有更新能力,在满足未来企业需要的同时不削弱在金融投资以及规划时间上的能力。

(六) 适当形式化

物流报告和显示屏应该有适当的形式,这意味着它们用正确的结构和顺序包含正确的信息。例如,物流信息系统往往包含一个配送中心存货状态显示屏,每个显示屏列出一个产品和配送中心。这种形式要求一个顾客服务代表在试图给存货定位时,要检查每一个配送中心的存货状况。换句话说,如果有 5 个配送中心,就需要检查和比较这 5 个计算机显示屏。适当的形式会提供单独一个显示屏,包含所有这 5 个配送中心的存货状况。这种组合显示屏的一个顾客代表便可更加容易的识别产品最佳来源。

显示屏或报告含有并有效地向决策者提供所有相关的信息。显示屏将过去信息和未来信息结合起来,信息中包含现有库存、最低库存、需求预测以及在一个配送中心单独一个品目的计划入库数。这种结合了存货流量和存货水平的图形界面显示,当计划的现有库存有可能下跌到最低库存水平时,有助于计划人员把注意力集中在按每周制定存货计划和订货计划上。例如,一个计划人员通过检查图中的显示屏,就能轻易地看到当前的(0 周)现有库存恰好处在最低水平,如果不采取行动的话,在第 7 周期间将会没有库存。

正是由于物流信息有这么重要的作用,因此,对物流进行信息化管理,随着物流行业的发展壮大日益为从业者和管理信息系统(Management Information System,MIS)提供商所重视。在欧美等发达国家,物流的产值已经占到国民生产总值相当大的部分。其中物流信息系统对此行业的贡献不容忽视,所以中国要成为东亚乃至环亚太地区的物流中心,构筑现代物流信息管理系统也是重中之重。

四、物流信息系统的支持与决策作用

物流信息系统对物流信息进行收集、整理、存储传播和利用,也就是将物流信息从分散到集中,从无序到有序,从产生、传播到利用。同时对涉及物流信息活动的各种要素,包括人员、技术、工具等进行管理,实现资源的合理配置。在这个意义上,物流信息系统将硬件和软件结合在一起,对物流活动进行管理、控制和衡量。

从图 13.2 中可以看到,现代物流是一系列繁杂而精密的活动,要计划、组织、控制和协调这一活动,离不开物流信息系统的支持。物流信息系统的支持与决策作用主要表现在以下几个方面:

(1) 为物流战略规划提供决策依据;

(2) 为建立以顾客为中心的服务战略提供实施依据,确立正确的顾客服务水平和物流保障系统;

(3) 为客户的订单处理提供准确可靠的作业指令,订单处理过程是作业指令的发出和进行具体的生产、运输、仓储、配送等方面的执行命令过程,有了及时准确的作业命令,才会有准确率高的物流作业活动;

(4) 为物流基础设施投资提供项目可行性建议;

(5) 为物流绩效评价提供基础数据和指标体系。

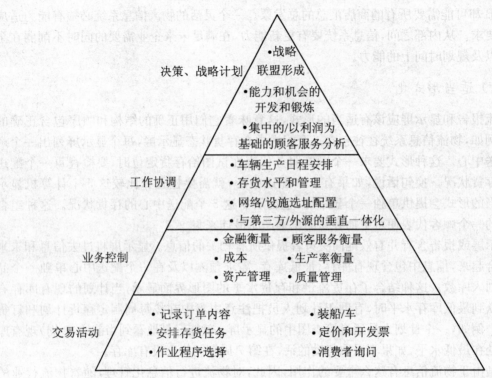

图 13.2 物流信息系统层次决策图

第二节 物流信息技术

现代物流是伴随着信息时代的到来而到来、发展而发展的。可以说,没有信息技术就没有现代物流,两者是相伴相生,相辅相成的关系。在电子商务模式下,由于信息流、商流、资金流都可以在网上快速实现,决定电子商务系统成功的关键是要建立一个覆盖面大、反应快速、成本有效的物流网络。只有应用物流信息技术,完成物流各作业流程的信息化、网络化、自动化的目标才有可能实现。

物流信息技术指的是现代信息技术在物流各作业环节中的应用,包括BarCode(条形码)、GIS(地理信息系统)、GPS(全球卫星定位系统)、EDI(电子数据交换)、ITS(智能交通系统)、RF(手持射频无线终端)、EL(电子标签)等,是物流现代化的重要标志。

物流信息技术是物流技术中发展最迅猛的领域,从数据采集技术到物流信息系统都发生了日新月异的变化,计算机、网络技术的飞速发展,进一步促进了物流产业的信息化进程,从而从真正意义上提高了现代物流技术和管理水平。

一、条码

(一) 条码的定义及组成

商品条形码是指由一组规则排列的条、空及其对应字符组成的标识,用以表示一定的商品信息的符号。其中条为深色、空为白色,用于条形码识读设备的扫描识读。其对应字符由一组阿拉伯数字组成,供人们直接识读或通过键盘向计算机输入数据使用。这一组条、空和相应的字符所表示的信息是相同的。

条形码自动识别技术(Barcode Auto-identification Tech)简称条形码技术,是在当代信息技术基础上产生和发展起来的符号自动识别技术。它将符号编码、数据采集、自动识别、自动录入、存储信息等功能融为一体,能够有效解决物流过程中大量数据的采集与自动录入问题。是随着计算机与信息技术的发展和应用而诞生的,它是集编码、印刷、识别、数据采集和处理于一身的新型技术。使用条形码扫描是今后市场流通的大趋势。在贸易和物流活动中,为了使商品能够在全世界自由、广泛地流通,为了能迅速、准确地识别商品、自动读取有关商品的信息,条形码技术被广泛应用。企业无论是设计制作,申请注册还是使用商品条形码,都必须遵循商品条形码管理的有关规定。

条形码是用一组数字来表示商品的信息。按使用方式分为直接印刷在商品包装上的条形码和印刷在商品标签上的条形码。按使用目的分为商品条形码和物流条形码。

商品条形码是以直接向消费者销售的商品为对象、以单个商品为单位使用的条形码。目前世界上常用的码制有 ENA 条形码、UPC 条形码、二五条形码、交叉二五条形码、库德巴条形码、三九条形码和 128 条形码等,而商品上最常使用的就是 EAN 商品条形码。

EAN 商品条形码亦称通用商品条形码,由国际物品编码协会制定,通用于世界各地,是目前国际上使用最广泛的一种商品条形码。我国目前在国内推行使用的也是这种商品条形码。EAN 商品条形码分为 EAN-13(标准版)和 EAN-8(缩短版)两种。

EAN-13 通用商品条形码一般由前缀部分、制造厂商代码、商品代码和校验码组成。它由 13 位数字组成,最前面的 2 个或 3 个数字是前缀码,用来标识国家或地区的代码,赋码权在国际物品编码协会,如 00-09 代表美国、加拿大。45-49 代表日本。690-695 代表中国内地,471 代表中国台湾地区,489 代表中国香港特区。接着的 4 个或 5 个数字表示生产厂家的代码,其后的 5 个数字表示商品品种,最后的 1 个数字用来防止机器发生误读错误。例如,商品条形码 6902952880041 中,690 代表中国,2952 代表贵州茅台酒厂,88004 代表 53%(V/V)、106PROOF、500 mL 的白酒。

物流条形码是物流过程中的以商品为对象,以集合包装商品为单位使用的条形码。标准物流条形码由 14 位数字组成,除了第 1 位数字之外,其余 13 位数字代表的意思与商品条形码相同。物流条形码第 1 位数字表示物流识别代码,如在物流识别代码中 1 代表集合包装容器装 6 瓶酒,2 代表装 24 瓶酒,物流条形码 26902952880041 代表该包装容器装有中国贵州茅台酒厂的白酒 24 瓶。商品条形码和物流条形码的区别如表 13.1 所示。

表 13.1　商品条形码和物流条形码的区别

条形码种类	应用对象	数字构成	包装形状	应用领域
商品条形码	向消费者销售的商品	13 位数字	单个商品包装	POS 系统、补货、订货系统管理
物流条形码	物流过程中的商品	14 位数字	集合包装	出入库、运输、仓储、分拣管理

条形码是有关生产厂家、批发商、零售而、运输业者等经济主体进行订货和接受订货、销售、运输、保管、出入库检验等活动的信息源。由于在活动发生时点能即时自动读取信息,因此便于及时捕捉到消费者的需要,提高商品销售效果,也有利于促进物流系统提高效率。

(二) 条码的特点

条码技术有以下特点:

(1) 成本低廉。按每个数据集计算,其制作费用约是射频卡、IC 卡的 1/30～1/60;

(2) 使用方便。条码技术是迄今为止运用最广泛、用量最大、渗透性最强的自动识别技术。由此可以反映其使用的方便性。

(3) 投入小、作用大。一套条码生成与识别设备,配备相应软件的总投资约为 1 万元人民币,就可有效解决大批货物、商品信息的自动录入、统计、查询等功能,提高工作效率,出错率也大为降低。

(4) 不可复制(防伪)性。条码符号是印制在某种固定载体上的,一经生成,便无法更改其中的信息,因而具有防伪性和不可复制性,能较好地保证货件在众多物品中被查寻、跟踪和确定其唯一性。这一特点与射频卡、IC 卡正好相反,但不具备特殊情况下需要改写信息的功能。

正是条码技术的上述特点,决定了它在物流领域中的特殊地位和作用。简单地说,任何信息系统都离不开数据。没有数据的流动和对数据的处理,就不需要信息化。众所周知,物流企业在运作过程中会产生大量的数据。这些数据主要来自物品本身,比如收寄地、寄达地、重量、尺寸、内件性质、运输路径、配载工具等,都需要在一定规则下对其进行数据化处理,从而形成信息化系统能够识别和处理的数据信息。这不仅是将物品的性状信息转换成计算机信息以便实施控制的需要,也是物流管理系统赖以存在的基础和前提。当物流企业业务量达到一定规模时,如一个配送中心每天 10 万件以上物品时,用传统的手工作业方式就无法满足需要了。一是手工登录速度太慢,大约为自动识别录入速度的 1/20～1/10;二是出错率高。按人工出错概率统计数据,每 10 万件一般将可能有 100 件物品信息被录错。而运用条码技术时,此项指标则可降为零。同时节省大量人工和时间,能更好地满足物品位数多对快和准的需要。

二、GIS(地理信息系统)

(一) 地理信息技术概述

地理信息技术是指一种以地理信息系统为核心,集遥感 RS、全球定位系统 GPS 和计算机网络技术等于一体的高新技术。而地理信息系统(英文名称为 Geographic Information System, 简称 GIS)是一种以地理空间数据库为基础,在计算机硬件、软件环境支持下,对空间相关数据进行采集、管理、操作、分析、模拟和显示,并采用地理模型分析方法,适时提供多种空间和动态的地理信息,为地理研究、综合评价、科学管理、定量分析和决策服务而建立的一类计算机应用系统。作为一种基于计算机的应用工具,GIS把地图的视觉和空间地理分析功能与数据库功能集成在一起,提供了一种对空间数据进行分析、综合和查询的智能化手段。而RS和GPS是两种重要的空间信息采集工具,是GIS的重要数据源。

地理信息技术具有数据搜集、数据管理和数据分析等方面的强大功能。其中GIS软件是功能强大的,用于建立、编辑图形和地理数据库并对其进行空间分析的工具集合,是十分重要而又特殊的信息系统。其最大的优点在于它对空间数据的操作功能,并使用户可视化地进行人机对话;RS和GPS的结合实现了数据搜集的宏观性与精确性的统一,从而优化了GIS的数据需求。地理信息技术由于其强大的空间分析能力,因此成为空间决策必不可少的工具。

(二)精确物流概述

首先,物流是指物资实体在空间位置和时间位置上的移动,而所谓精确物流,是指物流系统依托以数字化网络为核心的信息技术,实现物资可视与动态模拟、准确预见和把握物资的流向和流量、并以此为基础在物流各节点上实现高效合理的营运方式,达成物资配给效益的最大化。

其次,精确物流的内容,一是准确,即准确掌握物资自身的动、静状态,准确预测未来某时段的配给任务量,准确对物流过程实行实时监控,并保证物资准确到位;二是快速,即将数字化、可视化与现代储运机械化设备相结合,加快物资的物理流动速度;三是综合,即物资配给实现横向一体和纵向一体,军地物流要素连成一体,实现优化组合,发挥整体效益;四是效益,即在科学运筹和合理组织的基础上,实现物资按需配给,在其各个流动环节上达到成本最低。

(三)地理信息技术在精确物流中的应用

地理信息技术把地理位置和相关属性有机结合起来,根据实际需要,准确真实、图文并茂地把结果输出给用户,以满足各部门对空间信息的要求。借助其独有的空间分析功能和可视化表达,还可进行各种辅助决策。地理信息技术的特点使之成为与传统方法迥然不同的解决问题的先进手段,是人们不断挑战并超越生存空间,满足对各种信息需求最强有力的武器。

近年来,地理信息技术的发展突飞猛进,它的应用范围也不断扩大,在电力供应、物业管理、房地产管理、广告宣传、金融保险、商业服务等各个领域都得到了非常广泛的应用。地理信息技术目前广泛地应用在各个领域,已渗透到社会的每一个角落,同电力、通信系统一样被称为现代社会必不可少的"基础设施"。它既服务于社会经济建设,又服务于人民生活及军队建设,是社会赖以运转和发展的条件和保障。随着计算机技术的发展,信息高速公路的建成,一个以地理信息技术为平台,以信息高速公路为纽带的"数字地球",必将为人类信息交流与共享提供一种全新的方式。

而现代物流是一个多环节的、十分复杂的系统,如何应用好地理信息技术来合理地组织物流活动,使各个环节相互协调,适时、适量地调度系统内的基本资源,实现物流的"精确化",就成为一个非常关键的问题。下面简单介绍一下地理信息技术在精确物流中应用的几个具体方面：

1. 空间查询和分析

通过空间数据进行快速搜索和复杂查询是 GIS 的看家本领，GIS 能提供从最简单的点击式查询到辩证思维的空间分析方法，GIS 最引人入胜的作用是通过各种假设分析来模拟区域内空间规律和发展趋势。而且 GIS 的操作结果可通过高品质和高信息含量的可视化地图、影像、多媒体等方式加以直观表达，这是 GIS 无与伦比的优势。正是地理信息技术的空间查询和分析能力，使物流过程中，可以迅速、准确地掌握供需双方的地理分布，确定物资调运的数量和运输方式，决定运送货的数量、种类、到货方式等，从而降低经营成本，提高收益。

2. 辅助决策

在精确物流环境中，为优化企业经营者的利益，最大限度地体现消费者权益，必须将商品需求、商品流通和商品生产有机地联系在一起，在库存数量、存货地点、订货计划、配送运输等方面实现最佳选择，而且能够在准确的时间、准确的地点、以恰当的价格和便捷的方式将商品送到消费者手中。因此，针对物流配送的各项分析和决策就显得非常重要，这些分析和决策主要包括位置决策：指在建立配送体系时的设施定位；生产决策：主要是根据存在的设施情况，确定物流在这些设施间的流动路径等；库存决策：主要是关心库存的方式、数量和管理方法；运输决策：包括运输方式、批量、路径以及运输设备的尺度等。数据集成、空间分析、可视化表达，GIS 堪称最佳决策支持系统。GIS 以快速有效的信息获取、加工处理手段，使用户足不出户便可运筹帷幄。

3. 商业服务

在物流过程中，不管是企业在不断变化的客户环境中寻求建立合适的零售商店，还是消费品厂商试图扩大市场，GIS 总能帮助用户正确决策，以满足市场目标。掌握精确的顾客资料是成功的关键，分析 GIS 中的顾客和商务数据，能够帮助用户发现最好的顾客，发掘潜在市场，并针对特定顾客设计独特的广告和促销活动，并选择办公设施的最佳位置。

利用 GIS 还可准确掌握潜在顾客的地理分布，降低经营成本，提高收益。了解顾客市场的顾客数据库是企业最宝贵的财富之一。充分利用顾客数据库的关键是地理定位，GIS 可以根据顾客的地址给顾客信息赋以地理位置值，并使这些信息与顾客收入、心理因素、购买行为等许多有关数据联系起来，从而分析出潜在的顾客。

4. 实时跟踪物资的流通

现代化的物流是一个成品从原材料直至终端客户手中的大物流体系，具体可分为三个部分，即原材料流通至生产厂、生产厂内原材料转变为成品的流动和成品从生产厂至消费者手中的过程。无论哪一种流动，对附有条码等信息载体的流动物品，都可以利用地理信息技术的全球定位功能，对其实现实时的跟踪与控制。

此外，在提高仓库等物流设施的利用率方面也可以应用地理信息技术。据统计，目前我国物流设施的空置率高达 60%，仓库利用率不足 60%，名不副实、重复建设、资源浪费的现象十分严重，这在全球物流业是绝无仅有的。应用地理信息技术进行空间数据分析，可以辅助决策物流设施的分布，从而减少浪费。当然，地理信息技术在精确物流中的应用还远不止以上几个方面，希望后来者能够丰富和完善它。

三、GPS（全球卫星定位系统）

GPS 是 Global Positioning System 的简称，它结合了卫星及无线技术的导航系统，具备全天候、全球覆盖、高精度的特征,能够实时、全天候地为全球范围内的陆地、海上、空中的各类的目标提供持续实时的三维定位、三维速度及精确时间信息。

(一)GPS 概述

1. GPS 的定义

全球卫星定位系统是指利用卫星,地面控制部分和信号接收机对对象进行动态定位的系统。

全球定位系统(Global Positioning System,GPS)是美国从 20 世纪 70 年代开始研制,历时 20 年,耗资 200 亿美元,于 1994 年全面建成,具有在海、陆、空进行全方位实时三维导航与定位能力的新一代卫星导航与定位系统。经近 10 年我国测绘等部门的使用表明,GPS 以全天候、高精度、自动化、高效益等显著特点,赢得广大测绘工作者的信赖,并成功地应用于大地测量、工程测量、航空摄影测量、运载工具导航和管制、地壳运动监测、工程变形监测、资源勘察、地球动力学等多种学科,从而给测绘领域带来一场深刻的技术革命。

随着全球定位系统的不断改进,硬、软件的不断完善,应用领域正在不断地开拓,目前已遍及国民经济各种部门,并开始逐步深入人们的日常生活。

2. GPS 的特点

(1)全球全天候工作。GPS 能为全球任何地点或近地空间的各类用户提供连续的、全天候的导航能力,用户不用发射信号,因而能满足无限多的用户使用。

(2)定位精度高。利用 GPS 定位时,在 1 秒内可以取得几次位置数据,这种近乎实时的导航能力对于高动态用户具有很大意义,同时能为用户提供连续的三维位置、三维速度和精确的时间信息,目前利用 C/A 码的实时定位精度可达 20～50 米,速度精度为每秒 0.1 米,利用特殊处理可达每秒 0.005 米,相对定位可达毫米级。

(3)功能多,应用广。GPS 是军民两用的系统,其应用范围极其广泛,在军事上,GPS 将成为自动化指挥系统,在民用上可广泛应用于农业、林业、水利、交通、航空、测绘、安全防范、军事、电力、通信、城市多个领域,尤其以地面移动目标监控在 GPS 应用方面最具代表性和前瞻性。车载卫星监控 GPS 的应用领域包含:

① 汽车自主导航,地面车辆跟踪和城市智能交通管理;
② 个人旅游及野外探险,紧急救生;
③ 物流运输车、客运车、出租车、急救车等车辆监控调度管理;
④ 私家车防盗、防劫以及通信服务管理;
⑤ 公安、武警、军队等特种车辆监控调度管理。

(4)抗干扰能力强,保密性好。GPS 采用扩频技术和伪码技术,用户只需接收 GPS 的信号,自身不会发射信号,因而不会受到外界其他信号源的干扰。

(二)GPS 的物流功能

1. 实时监控功能

在任意时刻通过发出指令可查询运输工具所在的地理位置(经度、纬度、速度等信息),并在电子地图上直观地显示出来。

2. 双向通信功能

GPS 的用户可使用 GSM 的话音功能与司机进行通话或使用本系统安装在运输工具上

的移动设备的汉字液晶显示终端进行汉字消息收发对话。驾驶员通过按下相应的服务、动作键,将该信息反馈到网络 GPS,质量监督员可在网络 GPS 工作站的显示屏上确认其工作的正确性,了解并控制整个运输作业的准确性(发车时间、到货时间、卸货时间、返回时间等等)。

3. 动态调度功能

调度人员能在任意时刻通过调度中心发出文字调度指令,并得到确认信息。可进行运输工具待命计划管理,操作人员通过在途信息的反馈,运输工具未返回车队前即做好待命计划,可提前下达运输任务,减少等待时间,加快运输工具周转速度。可进行运能管理,将运输工具的运能信息、维修记录信息、车辆运行状况登记处、司机人员信息、运输工具的在途信息等到多种信息提供调度部门决策,以提高重车率,尽量减少空车时间和空车距离,充分利用运输工具的运能。

4. 数据存储、分析功能

实现路线规划及路线优化,事先规划车辆的运行路线、运行区域,何时应该到达什么地方等,并将该信息记录在数据库中,以备以后查询、分析使用。

可进行可靠性分析,通过汇报运输工具的运行状态,了解运输工具是否需要较大的修理,预先做好修理计划,计算运输工具平均天差错时间,动态衡量该型号车辆的性能价格比。

可进行服务质量跟踪,在中心设立服务器,并将车辆的有关信息(运行状况,在途信息,运能信息,位置信息等用户关心的信息)让有该权限的用户能异地方便地获取自己需要的信息。同时还可对客户索取的信息中的位置信息用相对应的地图传送过去,并将运输工具的历史轨迹印在上面,使该信息更加形象化。

依据资料库储存的信息,可随时调阅每台运输工具的以前工作资料,并可根据各管理部门的不同要求制作各种不同形式的报表,使各管理部门能更快速、更准确地作出判断及提出新的指示。

(三) GPS 在物流领域的应用

1. 用于汽车自定位、跟踪调度

据丰田汽车公司的统计和预测,日本车载导航系统的市场在 1995 年至 2000 年间将平均每年增长 35% 以上,全世界在车辆导航上的投资将平均每年增长 60.8%,因此,车辆导航将成为未来全球卫星定位系统应用的主要领域之一。我国已有数十家公司在开发和销售车载导航系统。

2. 用于铁路运输管理

我国铁路开发的基于 GPS 的计算机管理信息系统,可以通过 GPS 和计算机网络实时收集列车、机车、车辆、集装箱及所运货物的动态信息,可实现列车、货物追踪管理。只要知道货车的车种、车型、车号,就可以立即从近 10 万公里的铁路网上流动着的几十万辆货车中找到该货车,还能得知这辆货车现在何处运行或停在何处,以及所有车载货物发货信息。铁路部门运用这项技术可大大提高其路网及其运营的透明度,为货主提供更高质量的服务。

3. 用于军事物流

全球卫星定位系统首先是因为军事目的而建立的,在军事物流中,如后勤装备的保障等方面,应用相当普遍,尤其是在美国,其在世界各地驻扎的大量军队无论是在战时还是在平时都对后勤补给有很高的需求,在战争中,如果不依赖 GPS,美军的后勤补给就会变得一团糟。美军在20世纪末的地区冲突中依靠GPS和其他顶尖技术,以强有力的、可见的后勤保障,为保卫美国的利益做出了贡献。目前,我国军事部门也在运用GPS。

GPS在物流中的作用:① 用于军事物流;② 用于铁道、空运、汽车定位。

运输车辆装备了GPS接收机,汽车驾驶员在行驶途中可以通过GPS接收机和电子地图选择最佳驾驶路线,随时了解所处地理位置、海拔高度、汽车行驶方向、行驶里程、行车速度、燃料消耗及储存情况等。运输企业调度人员可以通过GPS接收机对装载有重要物品、贵重物品的汽车进行跟踪和监控等,通过这一技术可以得到及时控制的效果。GPS进一步发展的方向是汽车GPS接收机电子地图的开发与无线通信设备的接口技术、工作保密性技术、工作可靠性技术的研究。综合利用卫星定位技术、电子地图匹配技术、移动通信技术、差分校正技术、信息系统技术等多种先进技术,可以形成集定位、导航、监测、报警、通信、指挥于一体的多功能系统,在物流系统运行中有广泛的作用。

四、EDI(电子数据交换)

EDI是现代物流的重要发展方向,是将商业或行政事务处理,按照一个公认的标准,形成结构化的事务处理或报文数据格式,再从计算机到计算机的数据传输方法。现代物流中所用的电子数据交换主要是应用于单证的传递、货物送达的确认等。现代物流中应用电子数据交换传输的单证种类有采购单、采购变更单、询价单、采购订单、提单、发票、到货通知单、交货确认单等等。

(一)EDI的定义

它可被简单地看作用电子单据取代纸张单据,用电子传输取代传统传输方式,如传真邮递等,更是一种用电脑处理数据代替人工处理数据的方法,能消除处理的延误和数据的重复输入。电子数据交换包含数据交换标准、计算机网络、信息处理软件等三个构成要素。

(二)EDI在现代物流中的作用

(1) 提高企业经营效益,降低了企业运营成本;
(2) 密切与客户的关系;
(3) 提高企业在国际市场的竞争能力,促进国际贸易发展。

(三)物流EDI的两种工作方式

1. 重接连线工作方式

此方式适宜于当电子数据交换的范围较小时。单对多EDI系统中的"单"往往是大型的制造商,大型零售商。如图13.3所示。其优点是系统的拥有者有控制整个系统的能力,缺点是系统的建立、管理及维护需花费很高的费用。

2. 增值网络工作方式

此方式适合大型社会化物流中心的电子数据交换。增值网(Value-added Network,VAN),或称第三方系统。如图13.4所示。它是目前最受欢迎的EDI系统。在这个系统中,所有的顾客、供货商都经过第三方系统。同单对多系统相比,VAN具有很多优点:

(1) 不同时性,对于单对多系统,只有发送方与接收方同时开机时,信息的传输才能完成。而 VAN 则不同,它为每个接收方准备了一个邮件箱,第三方把发送方的信息转到相应接收方的邮件箱中,因此,接收方可以随时查看自己的邮箱。

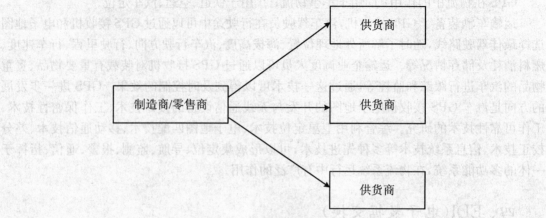

图 13.3 单对多 EDI 系统

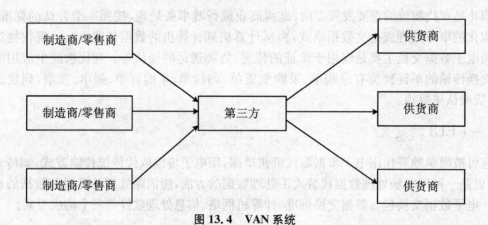

图 13.4 VAN 系统

（2）第三方向用户提供了一些易学易使用的应用系统,相比复杂的 EDI 标准而言,可以降低用户的启动费用,减少培训费用。

（3）用户选择面广,在第三方系统中,有许多供货商或客户以供选择。

（4）第三方物流系统包含单对多,一个顾客多个供货商系统一样可以通过 VAN 来完成,而且用户不必花费大量资金管理维护 EDI 系统。

（四）EDI 具有以下七个特点

（1）使用对象仅仅局限于物流交易双方；
（2）处理对象为物流业务资料报文（单证、发票等）；
（3）信息标准执行联合国 EDIFACT 标准；
（4）数据格式为标准化的数据；
（5）技术特征为数据通过互联网直接传送,不需要人工处理与干预；
（6）通信网络使用增值网或者是专用网；
（7）传输方式为数据自动传输、没有人工介入处理操作。

五、ITS(智能交通系统)

ITS(Intelligent Transportation System)是以信息通信技术将人、车、路三者紧密协调、和谐统一,而建立起的大范围内、全方位发挥作用的,实时、准确、高效的运输管理系统。ITS将有效地利用现有交通设施、减少交通负荷和环境污染、保证交通安全、提高运输效率、促进社会经济发展、提高人民生活质量,并以推动社会信息化及形成新产业受到各国的重视。目前已形成世界 21 世纪的发展方向。

智能交通系统(ITS)是未来交通系统的发展方向,其是将先进的信息技术、数据通信传输技术、电子传感技术、控制技术及计算机技术等有效地集成运用于整个地面交通管理系统而建立的一种在大范围内、全方位发挥作用的,实时、准确、高效的综合交通运输管理系统。当前 ITS 的服务领域有:先进的交通管理系统、先进的出行者信息系统、先进的公共交通系统、先进的车辆控制系统、营运车辆调度管理系统、电子收费系统、应急管理系统等。其中交通控制和线路诱导是现今城市交通的两大重要管理手段,即为先进的交通管理系统 ATM (Advanced Traffic Management System)和先进的出行者信息系统 ATIS(Advanced Traveller Information System)。

先进的交通管理系统 ATMS 用于监测控制和管理公路交通,在道路、车辆和驾驶员之间提供通信联系。依靠先进的交通监测技术和计算处理技术,获得有关交通状况的信息,并进行处理,及时地向道路使用者发出诱导信号,从而达到有效管理交通的目的。

先进的出行者信息系统 ATIS 采取先进的信息技术、数据通信技术、电子传感技术、控制技术及计算机技术将采集到的各种道路交通及服务信息经交通管理中心处理后传输到交通系统的各个用户(驾驶员、公共交通利用者、步行者)使得出行者实时选择出行方式和出行路线。

道路交通控制和线路诱导是现今城市交通在线管理的两大重要手段,同时是 ITS 的两大子系统 ATMS、ATIS 系统功能的实现。ITS 中城市交通的在线管理主要由道路交通控制系统和车辆诱导系统完成,但二者存在着矛盾。

六、RF(手持射频无线终端)

手持射频无线终端技术(RFHUT)是提高物流效率的主要信息化技术之一。利用 RF 手持无线终端技术能够比人工分拣操作提高 34 倍的效率。RF 手持射频无线终端技术的特点是可移动性、信息量大、交互式、是现代物流信息化的外在表现。可移动性使物流中心的工作人员减少了寻找货物位置的时间。手持射频无线终端系统适用于全球范围,可以十分便利地了解所有货物的具体方位。

贴附于存货单元的充电标签按规定的时间间隔发送射频。操作者利用手持无线终端接收有用信号,辨认几米范围内存货的位置,无线终端将该标签所在的商品的信息实时传输到物流中心的网络计算机上,自动输入中心数据库。物流中心管理者可识别特定时间内所有存货的位置。

RF 手持射频无线终端技术具有 5 大优点:① 提高物流的时效性;② 提高物流中心的作业效率;③ 交互式信息交换使指示、确认与纠错一体化;④ 减少文件处理工作,实现无纸化办公;⑤ 提高在库货品资料的正确性。

七、EL(电子标签)

电子标签技术是随着现代物流信息化不断深入开始应用的。它的应用给物流带来了效率的提高。电子标签应用的原因是连锁商店和零售店对物流作业的"拆零"需求越来越强烈,而拣货、拆零的作业劳动力超过了物流中心劳动力的一半,在这种情况下,物流中心在向现代化转变的过程中逐渐采用了电子标签技术。

电子标签系统的工作流程:EL 系统的运作过程很简便,操作者无需掌握电子方面的知识。只要物流中心管理者把客户的订单输入操作台上的电脑,存放各种商品的货架上货位指示灯和品种显示器会立刻显示出所拣选商品在货架上的具体位置及拣选的数量。作业人员可以从货架里取出商品,放到传送带上的周转箱或是手推车的周转箱,然后按下按钮,货位指示灯和品种显示器会熄灭,配齐订单商品的周转箱由运输带或者是手推车送到出库检验区

电子标签在现代物流中的优点:① 使物流中心的拣货效率提高了 3～5 倍;② 分拣出货的差错率降低到 1‰以下;③ 操作简单,无需专门技术指导。

第三节　现代信息技术在物流中的应用

一、电子自动订货系统(EOS)

EOS(Electronic Automatic Ordering System)是指企业间利用通信网络(VAN 或互联网)和终端设备以在线联结(On-line)方式进行订货作业和订货信息交换的系统。EOS 应用范围可分为企业内的 EOS,零售商与批发商之间的 EOS 系统以及零售商、批发商和生产者之间的 EOS 系统,EOS 的基本框架如图 13.5 所示。

图 13.5　EOS 系统框架

(一) EOS 系统的作用

EOS 系统能及时准确地交换订货信息,它在企业物流管理中的作用如下:

(1) 对于传统的订货方式,如上门订货、邮寄订货、电话、传真订货等,EOS 系统可以缩短从接到订单到发出订货的时间,缩短订货商品的交货期,减少商品订单的出错率,节省人工费用。

(2) 有利于减少企业的库存水平,提高企业的库存管理效率,同时也能防止商品特别是畅销商品缺货现象的出现。

(3) 对于生产厂家和批发商来说,通过分析零售商的商品订货信息,能准确判断畅销商品和滞销商品,有利于企业调整商品生产和销售计划。

(4) 有利于提高企业物流信息系统的效率,使各个业务信息子系统之间的数据交换更加便利和迅速,丰富企业的经营信息。

(二) 企业在应用 EOS 系统时应注意的问题

(1) 订货业务作业的标准化,这是有效利用 EOS 系统的前提条件。

(2) 商品代码的设计。在零售行业的单品管理方式中,每一个商品品种对应一个独立的商品代码,商品代码一般采用国家统一规定的标准。对于统一标准中没有规定的商品则采用本企业自己规定的商品代码。商品代码的设计是应用 EOS 系统的基础条件。

(3) 订货商品目录账册的设计和更新。订货商品目录账册的设计和运用是 EOS 系统成功的重要保证。

(4) 计算机以及订货信息输入和输出终端设备的添置和 EOS 系统设计是应用 EOS 系统的基础条件。

(5) 需要制定 EOS 系统应用手册并协调部门间、企业间的经营活动。

二、销售时点信息系统(POS)

销售时点信息(Point of Sale)系统是指通过自动读取设备(如收银机)销售商品时直接读取商品销售信息(如商品名、印价、销售数量、销售时间、销售店铺、购买顾客等),并通过通信网络和计算机系统传送至有关部门进行分析加工,以提高经营效率的系统。POS 系统最早应用于零售行业,以后逐渐扩展至其他如金融、旅馆等服务性行业,利用 POS 信息的范围也从企业内部扩展到整个供应链。下面以零售行业为例,对 POS 系统进行详细介绍。

(一) POS 系统的运行步骤

POS 系统的运行由以下 5 个步骤组成。

(1) 店铺销售商品都贴有表示该商品信息的条形码或 OCR。

(2) 在顾客购买商品结账时,收银员使用扫描读数仪自动读取商品条形码标识或 OCR 标签上的信息,通过店铺内的微型计算机确认商品的单价,计算顾客购买总金额等,同时返回给收银机,打印出顾客购买清单和付款总金额。

(3) 各个店铺的销售时点信息通过 VAN 以在线联结方式即时传送给总部或物流中心。

(4) 在总部,物流中心和店铺利用销售时点信息来进行库存调整、配送管理、商品订货等作业。通过对销售时点信息进行加工分析来掌握消费者购买动向,找出畅销商品和滞销商品,以此为基础,进行商品品种配置、商品陈列、价格设置等方面的作业。

(5) 在零售商与供应链的上游企业(批发商、生产厂家、物流业者等)组成协作伙伴关系(也称为战略联盟)的条件下,零售商利用 VAN 以在线联络的方式根据销售现场的最及时准确的销售信息制定经营计划、进行决策。例如,生产厂家利用销售时点信息进行销售预测,掌控消费者购买动向,找出畅销商品和滞销商品,把销售时点信息(POS 信息)和订货信息(EOS 信息)进行比较分析来把握零售商的库存水平,以此为基础制订生产计划和零售商库存连续补充计划(CRP:Continuous Replenishment Program)。

(二) POS 系统的特征

POS 系统有四个特征:第一,单品管理、员工管理和顾客管理;第二,自动读取销售时点的信息;第三,信息的集中管理;第四,连接供应链的有力工具。

下面对这四个特征进行逐一详细说明。

1. 单品管理、员工管理和顾客管理

零售业的单品管理是指对店铺陈列销售的商品以单个商品为单位进行销售跟踪和管理的方法。由于 POS 信息即时准确地反映了单个商品的销售信息,因此 POS 系统的应用使高效率的单品管理成为可能。

员工管理是指通过 POS 终端机上的计时器的记录,依据每个职工的出勤状况、销售状况(以月、周、日甚至时间段为单位)进行考核管理。

顾客管理是指在顾客购买商品结账时,通过收银机自动读取零售商发行的顾客 ID 或顾客信用卡来把握每个顾客的购买品种和购买额,从而对顾客进行分类管理。

2. 自动读取消售时点的信息

在顾客购买商品结账时,POS 系统通过扫描读数仪自动读取商品条形码标签或 OCR 标签上的信息,在销售商品的同时获得实时(Real Time)的销售信息是 POS 系统的最大特征。

3. 信息的集中管理

在各个 POS 终端获得的销售时点信息以在线联结方式汇总到企业总部,与其他部门发送的有关信息一起由总部的信息系统加以集中并进行分析加工,如把握畅销商品和滞销商品以及新商品的销售倾向,对商品的销售量和销售价格、销售量和销售时间之间的相关关系进行分析,对商品店铺陈列方式、促销方式、促销周期、竞争商品的影响进行相关分析等。

4. 连接供应链的有力工具

供应链参与各方合作的主要领域之一是信息共享,而销售时点信息是企业经营中最重要的信息之一,通过它能及时把握顾客的需求信息,供应链的参与各方可以利用销售时点信息并结合其他的信息来制定企业的经营计划和市场营销计划。目前,领先的零售商正在与制造商共同开发一个整合的物流系统 CFAR(整合预测和库存补充系统),该系统不仅能分享 POS 信息,而且能一起联合进行市场预测,分享预测信息。

三、物流企业管理信息系统(MIS)

管理信息系统(Management Information System,MIS)是随着物流企业的管理方式和计算机技术的进步一同发展的。物流企业的 MIS 从简单到复杂,从单纯的数量管理向质量管理发展,从模拟现行管理体制向改革现行管理体制发展,特别是在综合性不断提高、管理方法互相融合的情况下,我国大中型物流企业管理信息系统经过多年努力,在系统开发、建设与应用方面取得了显著的成绩,积累了许多经验,并获得了一定的经济效益,为以后向更高层次的发展奠定了基础。

(一)物流企业对管理信息系统建设的要求

从物流企业管理功能和业务发展的角度,物流企业对 MIS 的建设需求主要体现在以下几个方面:

(1)改善物流企业内部和物流企业信息交流方式,满足业务部门对信息处理和共享的需求,在物流企业管理和业务过程中,使物流企业信息更有效地发挥效力。

(2)提高办公自动化水平,提高工作效率,降低管理成本,提高物流企业在市场上的竞争能力。

(3)通过对每项业务的跟踪监控,物流企业的各层管理者可以了解业务进展情况,掌握第一手资料;通过信息交流,及时掌握经营管理数据,加强对业务的控制,为决策提供数据支持。

(4)加强物流企业对员工的管理,随时了解所辖人员的背景材料和业务进展,分析工作定额,合理调度资源,加强管理能力。

(5)管理信息系统的建设应综合利用计算机技术、通信技术和信息技术,将系统建成实用、稳定、可靠、高效、能体现新技术并能满足物流企业主要业务处理,完成信息查询、加工、汇总、分析的管理信息系统,最终为决策提供支持。

(二)管理信息系统建设

管理信息系统的开发是一项系统性相当强的工作,其开发过程涉及人、财、物等资源的合理组织、调度和使用,涉及组织管理工作的改进及工作模式的变迁。对于任何一个项目,都有一个从问题的提出、论证到问题的分析、方案的设计,直到方案的实施和评价等过程,这是管理信息系统开发的一般过程。因系统开发是一个动态的概念,系统开发的上一步骤的输出作为下一步骤的输入,同时此输出又作为前面步骤的动态反馈。系统就是在这种运动过程中进行动态调整,不断提高、完善的。

利用大量定量化的科学的管理方法,深入探讨实现 MIS 对物流企业经营和管理过程的预测、管理、调节、规划和控制等的方法;使 MIS 成为解决物流企业结构化管理决策问题和以定量化的确定型的技术开发方法为主的管理信息系统;制定和建立最佳物流企业 MIS 组织结构方案。在 MIS 开发过程中,应充分体现其系统功能与业务功能建立完善的 MIS 功能子系统和业务子系统。

信息管理系统的指导思想应满足物流企业深化改革、走向市场、提高经济效益的总体需求,从而达到优化系统资源配置与开发,强化系统软件集成,扩大系统功能,推进系统间资源共享等目标,为物流企业实现集约化经营,提高经济效益服务。随着信息时代的到来,对物流企业的信息管理赋予更高的管理思想和信息技术要求,如管理信息网络集约化、数据管理与处理标准化、系统管理通用化、智能化、系统集成商品化等。

思考与练习

1. 什么是物流信息技术?物流信息的特点是什么?
2. 简述物流信息系统的概念及类型。
3. 举例说明地理信息技术在精确物流中的应用。
4. 条码技术有哪些特点?其应用系统是如何构成的?
5. EDI 系统是由哪几部分组成的?实施 EDI 的条件是什么?
6. GPS 系统是由哪几部分组成的?应用 GPS 系统如何实现货物的跟踪与调度?
7. 无线射频识别系统是由哪几部分组成的?主要应用领域有哪些?

第十四章 供应链管理

学习目标

通过本章学习,你应该能够:
➤ 掌握供应链与供应链管理的概念;
➤ 了解供应链管理的产生;
➤ 掌握卖方管理库存的含义;
➤ 了解 POS、QR、ECR、ERP 等技术与方法;
➤ 理解供应链管理的现状与问题。

引入案例一　宝洁(中国)公司的供应链管理

宝洁公司作为世界上顶尖的日用品制造厂商,其与沃尔玛公司的合作是供应链管理的典范。由于中国国情的特殊,例如物流信息不畅通,信用体系不健全,分销渠道不灵活,采购及库存与配送观念落后,使宝洁公司在中国不得不采取独特的供应链管理方式,即以对分销商的管理为中心,以建立顺畅的营销通路为目的,使产品能顺畅地推向消费者。以下即为宝洁(中国)公司的供应链渠道(通路)管理的实践。

宝洁公司1988年进入中国市场,在十余年时间里,宝洁(中国)公司在渠道管理上经历了三个发展阶段。

1988年至1992年,宝洁(中国)公司对分销商采取的是典型的"推压"式管理方式,将产品直接销售给分销机构,以分销商缴纳货款为分水岭来确认产品所有权的转移。宝洁(中国)公司相信,如果产品的所有权发生了转移,那么,产品的销售责任同在这种销售理念的支配下,宝洁(中国)公司销售部门的主要任务是寻找分销商或批发商,促使其订购更多的商品,并且有能力回收货款。

问题是显而易见的,回款难和市场覆盖差是这种渠道管理模式的痼疾,宝洁(中国)公司也不例外。因此,从1992年开始,公司开始"帮助"分销商销售自己的产品,同时对市场覆盖进程加大推广力度,在一定程度上解决了市场覆盖问题。同时,由于宝洁(中国)公司突出的市场地位,使得宝洁产品成了价格"标靶",即"宝洁"的产品被多数分销商树立为价格标杆,用以表明自己的商店中,至少是同类产品的销售价格低廉。它们通过不断地降低宝洁产品的零售价格,来招徕零售商,进而造成渠道的混乱,使宝洁(中国)公司遭受了巨大损失。在这种情况下,1995年以后,宝洁(中国)公司开始推行严格的数字化管理,为分销商转型做好准备。

1999年7月,宝洁(中国)公司推出"宝洁分销商2005计划"。"2005宝洁分销商计划"指明了分销商的经营定位和发展方向,并详细介绍了宝洁(中国)公司帮助分销商向新的经营定位和发展方向过渡的措施。在宝洁(中国)公司的计划中,分销商将扮演三个重要的角色:

首先,分销商是向其零售和批发客户提供宝洁产品的首要供应商,由于能够提高价值的产品和服务(产品储运、信用等),分销商可以从客户那里赚取合理利润。未来的分销商将具备完善的基础设施、充足的资金和标准化的运作。高效的管理,能够向客户提供更新鲜、更稳定、更及时的产品供应。其次,分销商是现代化的分销储运中心,是向生产商提供覆盖服务的潜在供应商,分销商为生产商提供覆盖服务,根据覆盖水平,相应地获取生产商提供的覆盖服务费。分销商还负责招聘、培训、管理覆盖队伍。最后,分销商同时也是向中小客户提供管理服务的潜在供应商,通过向中小客户提供电子商务、店铺宣传、品类管理和促销管理等服务,收取相应管理服务费。

对宝洁(中国)公司而言,将分销商定位覆盖服务;供应商是这一计划的核心。根据覆盖目标及完成情况,宝洁(中国)公司向分销商提供覆盖服务费。计划中的覆盖服务费标准以覆盖占有率为基数,以覆盖方法和结果为衡量方法。分销商拥有更大的支配权,除支付覆盖人员的工资、奖金和福利外,剩余部分由分销商自主支配。分销商是覆盖人员的雇主,负责招聘、培训和管理覆盖工作人员。

宝洁(中国)公司希望"宝洁分销商2005计划"能够使自己的分销商网络结构得到优化,借此建成一个战略性的分销商网络。宝洁的分销商除了要求具备规模、效率、专业服务和规范等特点之外,还必须具备很强的融资能力。宝洁分销商必须将宝洁(中国)公司的经营的发展提在优先发展的地位。战略性一致是分销商与宝洁(中国)公司共同发展的关键。

为了实施这一计划,宝洁(中国)公司首先缩减了分销商的数量,变更了分销商的选择方式,以保证分销商的质量。1999年上半年,宝洁(中国)公司将分销商数量减少了40%。宝洁分销商的权利实行公开招标,使分销商更加关注自己的竞争力。

紧接着,宝洁(中国)公司总共投资1亿元人民币,用于选定分销商的电脑系统建设和车辆购置。资助分销商购买依维柯汽车约400辆,在全国的分销商总部及其分公司基本完成电脑系统的安装。覆盖服务费、车载销售、分销商管理一体化的信息系统和掌上电脑构筑起分销面对二级客户的标准化、机械化和简单化的管理体系。分销商运作实现初级现代化,分销商与宝洁(中国)公司、分销商与客户之间实现了初级的商务电子化。

宝洁(中国)公司还向分销商提供全方位、专业化的指导。宝洁(中国)公司组建了跨部门的工作组,向分销商提供财务、人事、法律、信息技术和储运等方面的专业化指导,以全面提高分销商的管理水平和运作效率,从而提高分销商的竞争力。

在计划实施中,宝洁(中国)公司与分销商一起经历了深刻的变革,变革不可避免地带来了震荡和阵痛。变革之初,宝洁产品的销售量也曾出现过大幅度的萎缩,其主要原因是:

(1) 作为一个强势生产商,宝洁(中国)公司对"宝洁分销商2005计划"的宣传解释不够,导致各级渠道对该计划的远景缺乏理解,造成分销商网络忠诚度的下降。

(2) 大幅度精简分销商,引起了部分分销商的抵触。

(3) 在对分销机构业务流程并没能完全优化并进化标准化的情况下,宝洁(中国)公司开始推行了分销商管理一体化信息系统,造成了较大的震荡。

尽管如此,宝洁(中国)公司仍然深信,分销商作为服务供应商的方向是正确的。对于出现的问题,宝洁(中国)公司也及时地进行了分析,并且找到了一些针对性的解决办法。而分销商与宝洁(中国)公司已达成的战略性共识和协作,将帮助宝洁(中国)公司实现最终的胜利——实现分销商管理和运作的全面现代化,全面提升渠道的市场竞争力。

引入案例二 麦德龙公司的商品供应链管理

麦德龙于1964年创立,以其独特的C&C(Cash&Carry,即现购自运制)理念和管理方式,在德国及全球21个国家迅速成长。目前,麦德龙已成为世界上最大的现购自运制的商业连锁公司。在世界商业集团中名列第三位,在全球500强中居第32位。其2000年销售额为900多亿德国马克。

1. 动态管理

供应链管理的目标之一,就是要降低商品库存。因此,有效的物流跟踪与库存控制,是整个供应链在最优化状态下运行的基本保证。

2. 标准化操作

所有麦德龙的分店都一个样,麦德龙将成功的模版复制到每个商场,包括商场的外观和内部布置及操作规则,所有商场实施标准化、规则化管理。

3. 客户分类

麦德龙主要针对专业客户,如中小型零售商、酒店、餐饮业、工厂、企事业单位、政府和团体等。其供应链管理的特色之一就是对顾客实行不收费的会员制管理,并建立了顾客信息管理系统。

4. 与供应商双赢

专门为供应商制作了供货操作手册,包括凭据、资料填写、订货、供货、价格变动、账单管理、付款等过程的方方面面。

供应链不仅是一条联结供应商到用户的物料链、信息链和资金链,而且还是一条增值链,物料在供应链上因加工、包装、运输等过程而增加其价值,给相关企业都带来收益。供应链管理是一种集成的管理思想和方法,它执行供应链中从供应商到最终用户的物流计划和控制等职能,通过分享信息和共同计划使整体物流效率得到提高。

第一节 供应链与供应链管理概述

一、供应链的概念

(一)供应链的定义

虽然供应链的概念是20世纪80年代初提出的,但其真正发展却是在20世纪90年代后期。可是目前供应链尚未形成统一的定义,许多学者从不同的角度出发给出了许多不同的定义。

早期的观点认为供应链是制造企业中的一个内部过程,它是指把从企业外部采购的原材料和零部件,通过生产转换和销售等活动,再传递到零售商和用户的一个过程。传统的供应链概念局限于企业的内部操作层上,注重企业自身的资源利用。有些学者把供应链的概念与采购、供应管理相关联,用来表示与供应商之间的关系,这种观点得到了研究合作关系、JIT 关系、精细供应、供应商行为评估和用户满意度等问题的学者的重视。但这样一种关系也仅仅局限在企业与供应商之间,而且供应链中的各企业独立运作,忽略了与外部供应链成员企业的联系,往往造成企业间的目标冲突。

后来供应链的概念注意了与其他企业的联系,注意了供应链的外部环境,认为它应是一个"通过链中不同企业的制造、组装、分销、零售等过程将原材料转换成产品,再到最终用户的转换过程",这是更大范围、更为系统的概念。例如,美国的史迪文斯(Stevens)认为:"通过增值过程和分销渠道控制从供应商的供应商到用户的用户的流就是供应链,它开始于供应的源点,结束于消费的终点。"伊文斯(Evens)认为:"供应链管理是通过前馈的信息流和反馈的物料流及信息流,将供应商、制造商、分销商、零售商,直到最终用户连成一个整体的模。"这些定义都注意了供应链的完整性,考虑了供应链中所有成员操作的一致性(链中成员的关系)。

而到了最近,供应链的概念更加注重围绕核心企业的网链关系,如核心企业与供应商、供应商的供应商乃至与一切前向的关系,与用户、用户的用户及一切后向的关系。此时对供应链的认识形成了一个网链的概念,像丰田、耐克、尼桑、麦当劳和苹果等公司的供应链管理都从网链的角度来实施。哈理森(Harrison)进而将供应链定义为:"供应链是执行采购原材料、将它们转换为中间产品和成品、并且将成品销售到用户的功能网。"这些概念同时强调供应链的战略伙伴关系问题。菲利浦(Phillip)和温德尔(Wendell)认为供应链中战略伙伴关系是很重要的,通过建立战略伙伴关系,可以与重要的供应商和用户更有效地开展合作。在研究分析的基础上,我们给出一个供应链的定义:供应链是围绕核心企业,通过对信息流、物流、资金流的控制,从采购原材料开始,制成中间产品以及最终产品,最后由销售网络把产品送到消费者手中的将供应商、制造商、分销商、零售商、直到最终用户连成一个整体的功能网链结构模式。它是一个范围更广的企业结构模式,它包含所有加盟的节点企业,从原材料的供应开始,经过链中不同企业的制造加工、组装、分销等过程直到最终用户。它不仅是一条连接供应商到用户的物料链、信息链、资金链,而且是一条增值链,物料在供应链上因加工、包装、运输等过程而增加其价值,给相关企业都带来收益。

供应链译自于英文的"Supply Chain",是指产品生产和流通过程中所涉及的原材料供应商、生产商、批发商、零售商以及最终消费者组成的供需网络,即由物料获取、物料加工、并将成品送到用户手中这一过程所涉及的企业和企业部门组成的一个网络。

供应链的网络结构模型如图 14.1 所示。

(二) 供应链的分类

根据不同的划分标准,我们可以将供应链分为以下几种类型。

1. 按照供应链存在的稳定性划分

根据供应链存在的稳定性划分,可以将供应链分为稳定的供应链和动态的供应链。基于相对稳定、单一的市场需求而组成的供应链稳定性较强,而基于相对频繁变化、复杂的需求而组成的供应链动态性较高。在实际管理运作中,需要根据不断变化的需求,相应地改变供应链的组成。

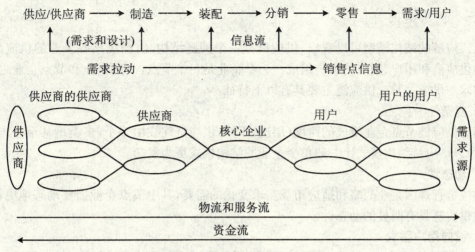

图 14.1 供应链的网络结构模型

2. 按照供应链容量与用户需求的关系划分

根据供应链容量与用户需求的关系可以划分为平衡的供应链和倾斜的供应链。一个供应链具有一定的、相对稳定的设备容量和生产能力(所有节点企业能力的综合,包括供应商、制造商、运输商、分销商、零售商等),但用户需求处于不断变化的过程中,当供应链的容量能满足用户需求时,供应链处于平衡状态,而当市场变化加剧,造成供应链成本增加、库存增加、浪费增加等现象时,企业不是在最优状态下运作,供应链则处于倾斜状态。

平衡的供应链可以实现各主要职能(采购/低采购成本、生产/规模效益、分销/低运输成本、市场/产品多样化和财务/资金运转快)之间的均衡。

3. 按照供应链的功能模式划分

根据供应链的功能模式(物理功能和市场中介功能)可以把供应链划分为两种:有效性供应链(Efficient Supply Chain)和反应性供应链(Responsive Supply Chain)。有效性供应链主要体现供应链的物理功能,即以最低的成本将原材料转化成零部件、半成品、产品,以及在供应链中的运输等;反应性供应链主要体现供应链的市场中介的功能,即把产品分配到满足用户需求的市场,对未预知的需求做出快速反应等。两种类型的供应链比较可参见表 14.1。

表 14.1 有效性供应链和反应性供应链的比较

	有效性供应链	反应性供应链
基本目标	以最低的成本供应可预测的需求	尽可能快地对不可预测的需求做出反应,使缺货、降价和库存最小化
制造的核心	保持高的平均利用率	配置多余的缓冲库存
库存策略	产生高收入而使整个链的库存最小化	部署好零部件和成品的缓冲库存
提前期	尽可能短的提前期(在不增加成本的前提下)	大量投资以缩短提前期
供市商的标准	以成本和质量为核心	以速度、柔性、质量为核心
产品设计策略	绩效最大化而成本最小化	用模块化设计尽可能延迟产品差别

（三）供应链的特征

从供应链的结构模型可以看出，供应链是一个网链结构，由围绕核心企业的供应商、供应商的供应商和用户、用户的用户组成。一个企业是一个节点，节点企业和节点企业之间是一种需求与供应关系。供应链主要具有以下特征：

1. 复杂性

因为供应链节点企业组成的跨度（层次）不同，供应链往往由多个、多类型甚至多国企业构成，所以供应链结构模式比一般单个企业的结构模式更为复杂。

2. 动态性

供应链管理因企业战略和适应市场需求变化的需要，其中节点企业需要动态地更新，这就使得供应链具有明显的动态性。

3. 面向用户需求

供应链的形成、存在、重构，都是基于一定的市场需求而产生的，并且在供应链的运作过程中，用户的需求拉动是供应链中信息流、产品/服务流、资金流运作的驱动源。

4. 交叉性

节点企业可以是这个供应链的成员，同时又是另一个供应链的成员，众多的供应链形成交叉结构，增加了协调管理的难度。

二、供应链管理概述

以上介绍了供应链的概念，对供应链这一复杂系统，要想取得良好的绩效，必须找到有效的协调管理方法，供应链管理思想就是在这种环境下提出的。对于供应链管理，有许多不同的定义和称呼，如有效用户反应（Efficient Consumer Response，ECR）、快速反应（Quick Response，QR）、虚拟物流（Virtual Logistics，VL）或连续补充（Continuous Replenishment，CR）等等。这些称呼因考虑的层次、角度不同而不同，但都通过计划和控制实现企业内部和外部之间的合作，实质上它们在一定程度上都集成了供应链和增值链两个方面的内容。

（一）供应链管理的概念

计算机网络的发展进一步推动了制造业的全球化、网络化过程。虚拟制造、动态联盟等制造模式的出现，更加迫切需要新的管理模式与之相适应。传统的企业组织中的采购（物资供应）、加工制造（生产）、销售等看似整体，但却是缺乏系统性和综合性的企业运作模式，已经无法适应新的制造模式发展的需要，而那种大而全，小而全的企业自我封闭的管理体制，更无法适应网络化竞争的社会发展需要。因此，供应链的概念和传统的销售链是不同的，它已跨越了企业界限，从建立合作制造或战略伙伴关系的新思维出发，从产品生命线的源头开始，到产品消费市场，从全局和整体的角度考虑产品的竞争力，使供应链从一种运作性的竞争工具上升为一种管理性的方法体系，这就是供应链管理提出的实际背景。

供应链管理是一种集成的管理思想和方法，它执行供应链中从供应商到最终用户的物流的计划和控制等职能。例如，伊文斯（Evens）认为：供应链管理是通过前馈的信息流和反馈的物料流及信息流，将供应商、制造商、分销商、零售商，直到最终用户连成一个整体的管理模式。菲利浦（Phillip）则认为供应链管理不是供应商管理的别称，而是一种新的管理策略,它把不同企业集成起来以增加整个供应链的效率,注重企业之间的合作。最早人们把供应链管理的重点放在管理库存上,作为平衡有限的生产能力和适应用户需求变化的缓冲手段,它通过各种协调手段,寻求把产品迅速、准确地送到用户手中所需要的费用与生产、库存管理费用之间的平衡点,从而确定最佳的库存投资额。因此其主要的工作任务是管理库存和运输。现在的供应链管理则把供应链上的各个企业作为一个不可分割的整体,使供应链上各企业分担的采购、生产、分销和销售的职能成为一个协调发展的有机体。

供应链管理"Supply Chain Management（SCM）",是指利用计算机网络技术全面规划供应链中的商流、物流、信息流、资金流等并进行计划、组织、协调与控制。

供应链管理的意义是什么？波音飞机公司宣布由于"原材料短缺,内部本部件和供应商零部件的短缺,以及低效率的生产……"导致了公司在1997年10月账面价值损失26亿美元。可见缺货给波音飞机公司带来了巨大损失,这主要是由于公司没有有效地控制供给。如果波音公司有效地实施了供应链管理,则可以避免这些损失。在过去的二三十年中,国外学者对供应链成本问题给予了特别的关注。最近一次调查的结果显示,供应链成本在企业的运行费用中占有很高的比重,在某些行业,该比例甚至高达75%以上。但是通过有效的管理,供应链成本完全有可能降低到现有成本的35%左右。实际上,在管理最好的供应链中,其成本竞争优势平均比一般竞争对手低45%;从供应链成本占销售收入的百分比来看,平均低3%～7%。

供应链成本主要包括财务成本、信息系统建立和运行成本、制订计划的成本、库存成本、物料购置成本和订货管理成本。其中,库存成本是供应链成本的最重要组成部分之一,一般占总成本的30%以上。成本竞争是现代竞争最有效的手段之一,研究供应链库存成本控制具有极其重要的现实意义。

供应链管理涉及的领域如图14.2所示。

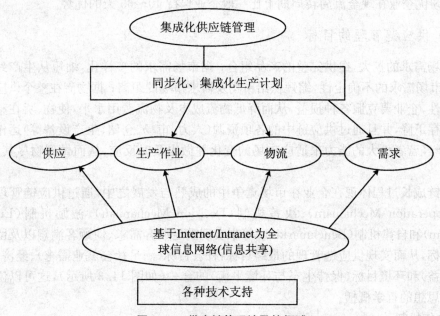

图14.2 供应链管理涉及的领域

(二)供应链管理(SCM)的作用

1. 节约交易成本

用 Internet 整合供应链将大大降低供应链内各环节的交易成本,缩短交易时间。

2. 降低存货水平

通过扩展组织的边界,供应商能够随时掌握存货信息,组织生产,及时补充,因此企业已无必要维持较高的存货水平。

3. 降低采购成本

促进供应商管理:由于供应商能够方便地取得存货和采购信息,应用于采购管理的人员等都可以从这种低价值的劳动中解脱出来,从事具有更高价值的工作。

4. 减少循环周期

通过供应链的自动化,预测的精确度将大幅度的提高,这将导致企业不仅能生产出需要的产品,而且能减少生产的时间,提高顾客满意度。

5. 收入和利润增加

通过组织边界的延伸,企业能履行他们的合同,增加收入并维持和增加市场份额。

企业可以达到以下多方面的效益:

(1) 总供应链管理成本(占收入的百分比)降低超过 10%;

(2) 中型企业的准时交货率提高 15%;

(3) 订单满足提前期缩短 25%~35%;

(4) 中型企业的增值生产率提高超过 10%;

(5) 绩优企业资产运营业绩提高 15%~20%;

(6) 中型企业的库存降低 3%,绩优企业的库存降低 15%;

(7) 绩优企业在现金流周转周期上比一般企业保持 40~65 天的优势。

(三)供应链管理的目标

据市场需求的扩大,提供完整的产品组合;据市场需求的多样化,缩短从生产到消费的周期;据市场需求的不确定性,缩短供给市场及需求市场的距离;据物流在整个供应链体系中的重要性,企业要克服各种损益,从而降低物流成本及物流费用水平,使物、货在整个供应链中的库存下降,并且通过供应链中的各项资源(人力、市场、仓储、生产设备等)运作效率的提升,赋予经营者更大的能力来适应市场的变化并做出及时反应,从而做到物尽其用、货畅其流。

供应链成长过程体现在企业在市场竞争中的成熟与发展之中,通过供应链管理的合作机制(Cooperation Mechanism)、决策机制(Decision Mechanism)、激励机制(Encourage Mechanism)和自律机制(Benchmarking)等来实现满足顾客需求、使顾客满意以及留住顾客等功能目标,从而实现供应链管理的最终目标:社会目标(满足社会就业需求)、经济目标(创造最佳利益)和环境目标(保持生态与环境平衡)的合一(如图 14.3 所示),这可以说是对供应链管理思想的哲学概括。

1. 合作机制

供应链合作机制体现了战略伙伴关系和企业内外资源的集成与优化利用。基于这种企业环境的产品制造过程,从产品的研究开发到投放市场,周期大大地缩短,而且顾客导向化

(Customization)程度更高,模块化、简单化产品、标准化组件,使企业在多变的市场中柔性和敏捷性显著增强,虚拟制造与动态联盟提高了业务外包(Outsourcing)策略的利用程度。企业集成的范围扩展了,从原来的中低层次的内部业务流程重组上升到企业间的协作,这是一种更高级别的企业集成模式。在这种企业关系中,市场竞争的策略最明显的变化就是基于时间的竞争(Time-based)和价值链(Value Chain)及价值让渡系统管理或基于价值的供应链管理。

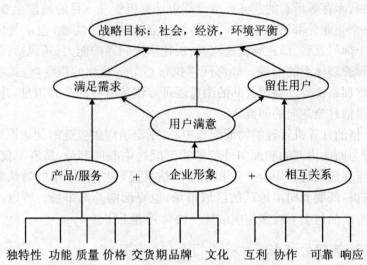

图 14.3　供应链管理目标实现过程

2. 决策机制

由于供应链企业决策信息的来源不再仅限于一个企业内部,而是在开放的信息网络环境下,不断进行信息交换和共享,达到供应链企业同步化、集成化计划与控制的目的,而且随着 Internet/Intranet 发展成为新的企业决策支持系统,企业的决策模式将会产生很大的变化,因此处于供应链中的任何企业决策模式应该是基于 Internet/Intranet 的开放性信息环境下的群体决策模式。

3. 激励机制

归根到底,供应链管理和任何其他的管理思想一样都是要使企业在 21 世纪的竞争中,在"TQCSF"上有上佳表现(T 为时间,指反应快,如提前期短,交货迅速等;Q 指质量,指产品、工作及服务质量高;C 为成本,企业要以更少的成本获取更大的收益;S 为服务,企业要不断提高用户服务水平,提高用户满意度;F 为柔性,企业要有较好的应变能力)。缺乏均衡一致的供应链管理业绩评价指标和评价方法是目前供应链管理研究的弱点和导致供应链管理实践效率不高的一个主要问题。为了掌握供应链管理的技术,必须建立、健全业绩评价和激励机制,使我们知道供应链管理思想在哪些方面、多大程度上给予企业改进和提高,以推动企业管理工作不断完善和提高,也使得供应链管理能够沿着正确的轨道与方向发展,真正成为能为企业管理者乐于接受和实践的新的管理模式。

4. 自律机制

自律机制要求供应链企业向行业的领头企业或最具竞争力的竞争对手看齐,不断对产品、服务和供应链业绩进行评价,并不断地改进,以使企业能保持自己的竞争力并持续发展。自律机制主要包括企业内部的自律、对比竞争对手的自律、对比同行企业的自律和比较领头企业的自律。企业通过推行自律机制,可以降低成本,增加利润和销售量,更好地了解竞争对手,提高客户满意度,增加信誉,企业内部部门之间的业绩差距也可以得到缩小,提高企业的整体竞争力。

(四)供应链管理的载体

供应链的载体是计算机管理信息系统,它分为两部分,其一是企业内部网Intranet,即企业内部财务、营销、库存等所有的业务环节全部由计算机管理。目的是使企业内部管理明细化。同时建立一个企业外部网 Internet,目的是建立一些应用功能,包括与供应商、生产厂家、销售商的各个部门互联,以达到快速沟通、快速解决问题的能力;还包括代理商与下游企业间的订单体系、管理体系的实现。外部网将执行整个一体化的指令,包括物价指令、库存查询系统、网上培训系统等。通过公共的浏览器可以浏览所有的公共信息,并建立一种整个市场的统计,满足信息流逆向的回流。

其二是有严格的计算机管理的物流配送中心,制定适应供应链的配送原则和管理原则。物流配送中心分为面向内部的和面向外部的物流配送中心两部分,后者不仅仅是物流的配送流动,因为物流在流动过程中会产生相当多的信息流,包括需求单的确认和发送。同时,对于一个单品来讲,既要面向本地区的区域市场,也要面向外部市场。所以,内外物流中心要紧密配合,要对产品的上下线做相应的统一协调管理工作。

(五)供应链管理的特征

1. 管理目标呈现多元化特征与超常的性质

在传统的管理活动中,管理目标一般是针对现有问题来制定的,设计的管理行为主要着力于最终解决问题,因此管理的目标比较单一,以最终能解决问题为管理的追求;供应链管理的目标则较为复杂,它不仅追求问题的最终解决,而且还关注解决问题的方式,要求以最快的速度、最优的方式、最佳的途径解决问题。这就使得管理的目标既有时间方面的要求,又有成本方面的要求,同时还有效果的追求。例如,"在最合适的时间,将合适的产品,以最低的价格送到合适的消费者手中",正说明了供应链管理的目标多元化。在供应链管理的各项目标中,有些目标以常规眼光来看是相互矛盾和冲突的。传统管理目标的定位主要是建立在企业自身可以利用的资源基础之上,即企业在确定管理目标时,是以当前现有的资源条件作为决策依据,强调目标的现实可行性。但在供应链管理中,企业的管理目标却往往较少受到自身资源的限制。这是因为通过企业内外资源的集成使用,企业可以超越自身实力来进行管理目标定位,从而扩大和延伸企业的目标,显示出超常的性质。

2. 管理视域极大拓宽

管理视域代表着管理主体行为的活动范围。管理视域越窄,管理行为就越受限制,管理的影响力度也就必然越小。在集成思想的指导下,供应链管理的视野得到极大地拓宽,过去那种围绕企业内某具体部门、某个企业或某个行业的点、线及面式的管理疆域,现在已经被一种更加开放的全方位、立体式的管理空间所取代。在这里,管理的触角从一个部门伸到了另外一个部门,从企业内伸到了企业外,从本行业伸到了其他相关的诸多行业。总之,管理视野是全方位、立体状的,从而为供应链管理提供了充分自由的运作空间。

3. 管理要素更加多样,包容度增加

在过去的管理活动中,人、财、物是基本的管理要素。随着社会科技的进步,一方面,上述管理要素的内容不断演化更新；另一方面，各种新的管理要素也大量涌现，各种管理要素的重要性也相继发生转换。科技已上升为经济增长的主要推动力量，因而它在管理中的地位也变得至关重要。在供应链管理中，管理要素的种类和范围都比以往有更大的拓展。从人、财、物，到信息、知识、策略等，管理对象无所不包，几乎涵盖了所有的软、硬资源要案，因而使得管理者的选择余地大大增加，同时管理难度也进一步加大尤其应引起管理人员注意的是，软性要素在供应链管理中的作用日渐重要，由于供应链管理中知识、智力的含量大大增加，在许多情况下，信息、策略和科技等软性要素常常是决定供应链管理成败的关键。

4. 管理系统的复杂度增加，系统边界日益模糊

从本质上来看，企业供应链管理行为既是由企业内在本质所决定的并受企业支配的各项活动的总和，又是随着外界环境的变化而变化并受外在环境刺激所做出的各种决策和对策的反应。供应链管理行为所涵盖的不只是企业内部的技术行为，而且是涉及"系列广泛而又复杂的社会经济行为"。它融合了宏观与微观、纵向与横向、外部环境与内部要素的交互作用。并且彼此之间形成一个密切相关的、动态的、开放的有机整体。而且，其中的各项要素之间又交织成相互依赖、相互制约、相互促进的关系链，从而使得供应链管理行为极其复杂，难以把握。另外，由于供应链管理打破了传统管理系统的边界限制，追求企业内外资源要素的优化整合，即企业的内部资源、功能及优势与外界的可以相互转化、相互协调、相互利用，形成一种"内部优势外在化、外部资源内在化"的态势，从而使管理的系统边界越来越难以确定。因此，在供应链管理中，必须运用非常规的分析方法才有可能较好地把握管理系统的内在本质。

二、实现供应链管理的主要流程

供应链管理(SCM)划分为三个主要流程：

首先是计划：包括需求预测和补货，旨在使正确的产品在正确的时间和地点交货，还可以使信息沿着整个供应链流动。这需要深入了解客户的需求，同时这也是成功管理供应链的根本所在。

其次是实施：主要关注运作效率，包括客户订单执行、采购、制造、存货控制以及后勤配送等应用系统，其最终目标是综合利用这些系统，以提高货物和服务在供应链中的流动效率。其中，关键是要将单个商业应用提升为能够运作于整个商业过程的集成系统，也就是要有一套适用于整个供应链的电子商务解决方案(包括实施框架、优化业务流程、技术标准、通信技术及软硬件设备等)。

最后是执行评估：是指对供应链运行情况的跟踪，以便于制定更开放的决策，更有效地反应变化的市场需求。利用电子商务工具，如财会管理系统，可进行有效地信息审核和分析。为了解决信息通路问题，许多公司正在开发集成数据仓库，它可提供数据分析工具，管理者能够在不影响系统运作性能的情形下分析商业信息。还有一种趋势是利用基于Web的软件媒体做预先分析。

三、供应链管理与传统企业管理的联系与区别

联系:供应链管理战略的成功实施必然以成功的企业内物流管理为基础。

区别:传统企业管理模式和供应链管理模式的区别可以表述为如下几个方面的内容:

(1)供应链管理的研究范围比物流管理更为广泛。供应链管理把供应链中所有节点企业看做一个整体,供应链管理涵盖整个物流的、从供应商到最终用户的采购、制造、分销和零售等职能领域过程(如图 14.4 所示)。

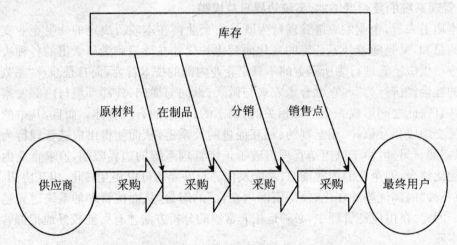

图 14.4 供应链管理的范围

(2)供应链管理强调和依赖战略管理。"供应"是整个供应链中节点企业之间事实上共享的一个概念(任意两节点之间都是供应与需求关系),同时它又是一个具有重要战略意义的概念,因为它影响甚至决定了整个供应链的成本和市场占有份额。

(3)供应链管理的关键是采用集成的思想和方法,而不仅仅是节点企业、技术方法等资源的简单连接。

(4)供应链管理思想的形成与发展,是建立在多个学科体系基础上的。

(5)供应链管理具有更高的目标,通过管理库存和协调合作关系达到高水平的服务,而不是仅仅完成一定的市场目标。

(6)传统企业的目标是:制造为了销售。供应链企业的目标是:按订单安排生产。

(7)传统企业的管理目标是:减少与优化库存。供应链管理的目标是:创新。

(8)传统企业提高生产效率的主要方法是:增加批量。供应链企业提高效率的主要方法是:提高企业的柔性。

因此,实施供应链管理首先要在经营思想上提高对它的认识,这样才能制造出符合企业发展目标和供应链管理运行规律的战略。

第二节 供应链管理中的物流运作技术

一、发挥第三方物流系统的作用

第三方物流系统(Third Party Logistics, TPL)是供应链集成的一种技术手段、有效方法和策略。TPL 也叫物流服务提供者(Logistics Service Provider, LSP),它为用户提供各种服务,如产品运输、订单选择、库存管理等。第三方物流系统的产生是由一些大的公共仓储公司通过提供更多的附加服务演变而来,另外一种产生形式是由一些制造企业的运输和分销部门演变而来。它通过协调企业之间的物流运输和提供后勤服务,把企业的物流业务外包给专门的物流管理部门来承担,特别是一些特殊的物流运输业务。

通过外包给第三方物流承包者,企业能够把时间和精力放在自己的核心业务上,提高了供应链管理和运作的效率。第三方物流系统起到了供应商和用户之间联系的桥梁作用,使企业获得诸多好处:

第三方物流系统在供应链中的作用如下:
(1) 减少成本;
(2) 使企业集中于核心业务;
(3) 获得更多的市场信息;
(4) 获得一流的物流咨询;
(5) 改进服务质量;
(6) 快速进入国际市场。

面向协调中心的第三方物流系统使供应与需求双方都取消了各自独立的库存,增加了供应链的敏捷性和协调性,并且能够大大改善供应链的用户服务水平和运作效率。

二、卖方管理库存(VMI)

卖方管理库存(Vendor Managed Inventory,简称 VMI)是生产厂家等上游企业对零售商下游企业的流通库存进行管理和控制。具体地说,生产厂家基于零售商的销售等信息,判断零售商的库存是否需要补充。如果需要补充的话,自动地向本企业的物流中心发出发货指令,补充零售商的库存。VMI 方法包括了 POS、CAO 和 CRP 等技术。

长期以来,流通中的库存是各自为政的。流通环节中的每一个部门都是各自管理自己的库存,零售商、批发商、供应商都有各自的库存,各个供应链环节都有自己的库存控制策略。由于各自的库存控制策略不同,因此不可避免地产生需求的扭曲现象,即所谓的需求放大现象,无法使供应商快速地响应用户的需求。在供应链管理环境下,供应链的各个环节的活动都应该是同步进行的,而传统的库存控制方法无法满足这一要求。近年来,在国外,出现了一种新的供应链库存管理方法——供应商管理用户库存(Vendor Managed Inventory,

VMI),这种库存管理策略打破了传统的各自为政的库存管理模式,体现了供应链的集成化管理思想,适应市场变化的要求,是一种新的有代表性的库存管理思想。

(一) VMI 的基本思想

传统地讲,库存是由库存拥有者管理的。因为无法确切知道用户需求与供应的匹配状态,所以需要库存,库存设置与管理是由同一组织完成的。这种库存管理模式并不总是有最优的。例如,一个供应商用库存来应付不可预测的或某一用户不稳定的(这里的用户不是指最终用户,而是分销商或批发商)需求,用户也设立库存来应付不稳定的内部需求或供应链的不确定性。虽然供应链中每一个组织独立地寻求保护其各自在供应链的利益不受意外干扰是可以理解的,但不可取,因为这样做的结果影响了供应链的优化运行。供应链的各个不同组织根据各自的需要独立运作,导致重复建立库存,因而无法达到供应链全局的最低成本,整个供应链系统的库存会随着供应链长度的增加而发生需求扭曲。VMI 库存管理系统就能够突破传统的条块分割的库存管理模式,以系统的、集成的管理思想进行库存管理,使供应链系统能够获得同步化的运作。

VMI 是一种很好的供应链库存管理策略。关于 VMI 的定义,国外有学者认为:"VMI 是一种在用户和供应商之间的合作性策略,以对双方来说都是最低的成本优化产品的可获性,在一个相互同意的目标框架下由供应商管理库存,这样的目标框架被经常性监督和修正,以产生一种连续改进的环境。"关于 VMI 也有其他的不同定义,但归纳起来,该策略的关键措施主要体现在如下几个原则中:

(1) 合作精神(合作性原则)

在实施该策略时,相互信任与信息透明是很重要的,供应商和用户(零售商)都要有较好的合作精神,才能够相互保持较好的合作。

(2) 使双方成本最小(互惠原则)

VMI 不是关于成本如何分配或谁来支付的问题,而是关于减少成本的问题。通过该策略使双方的成本都获得减少。

(3) 框架协议(目标一致性原则)

双方都明白各自的责任,观念上达成一致的目标。如库存放在哪里,什么时候支付,是否要管理费,要花费多少等问题都要回答,并且体现在框架协议中。

(4) 连续改进原则

使供需双方能共享利益和消除浪费。VMI 的主要思想是供应商在用户的允许下设立库存,确定库存水平和补给策略,拥有库存控制权。

精心设计与开发的 VMI 系统,不仅可以降低供应链的库存水平,降低成本。而且,用户外还可获得高水平的服务,改善资金流,与供应商共享需求变化的透明性和获得更高的用户信任度。

(二) VMI 的实施方法

实施 VMI 策略,首先要改变订单的处理方式,建立基于标准的托付订单处理模式。首先,供应商和批发商一起确定供应商的订单业务处理过程所需要的信息和库存控制参数,然后建立一种订单的处理标准模式,如 EDI 标准报文,最后把订货、交货和票据处理各个业务功能集成在供应商一边。

库存状态透明性(对供应商)是实施供应商管理用户库存的关键。供应商能够随时跟踪和检查到销售商的库存状态,从而快速地响应市场的需求变化,对企业的生产(供应)状态做出相应的调整。为此需要建立一种能够使供应商和用户(分销、批发商)的库存信息系统透明连接的方法。

供应商管理库存的策略可以分如下几个步骤实施。

第一,建立顾客情报信息系统。要有效地管理销售库存,供应商必须能够获得顾客的有关信息。通过建立顾客的信息库,供应商能够掌握需求变化的有关情况,把由批发商(分销商)进行的需求预测与分析功能集成到供应商的系统中来。

第二,建立销售网络管理系统。供应商要很好地管理库存,必须建立起完善的销售网络管理系统,保证自己的产品需求信息和物流畅通。为此,必须做到以下几点:① 保证自己产品条码的可读性和惟一性;② 解决产品分类、编码的标准化问题;③ 解决商品存储运输过程中的识别问题。

目前已有许多企业开始采用 MRPⅡ 或 ERP 企业资源计划系统,这些软件系统都集成了销售管理的功能。通过对这些功能的扩展,可以建立完善的销售网络管理系统。

第三,建立供应商与分销商(批发商)的合作框架协议。供应商和销售商(批发商)一起通过协商,确定处理订单的业务流程以及控制库存的有关参数(如再订货点、最低库存水平等)、库存信息的传递方式(如 EDI 或 Internet)等。

第四,组织机构的变革。这一点也很重要,因为 VMI 策略改变了供应商的组织模式。过去一般由会计经理处理与用户有关的事情,引入 VMI 策略后,在订货部门产生了一个新的职能负责用户库存的控制,库存补给和服务水平。

一般来说,在以下的情况下适合实施 VMI 策略:零售商或批发商没有 IT 系统或基础设施来有效管理他们的库存;制造商实力雄厚并且比零售商市场信息量大;有较高的直接存储交货水平,因而制造商能够有效规划运输。

(三) VMI 的支持技术

VMI 的支持技术主要包括:EDI/Internet、ID 代码、条码、条码应用标识符、连续补给程序等。

1. ID 代码

供应商要有效地管理用户的库存,必须对用户的商品进行正确识别,为此对供应链商品进行编码,通过获得商品的标识(ID)代码并与供应商的产品数据库相连,以实现对用户商品的正确识别。目前国外企业已建立了应用于供应链的 ID 代码的类标准系统,如 EAN-13(UPC-12)、EAN-14(SCC-14)、SSCC-18 以及位置码等,我国也建有关于物资分类编码的国家标准,届时可参考使用。

供应商应尽量使自己的产品按国际标准进行编码,以便在用户库存中对本企业的产品进行快速跟踪和分拣。因为用户(批发商、分销商)的商品多种多样,有来自不同的供应商的同类产品,也有来自同一供应商的不同产品。实现 ID 代码标准化有利于采用 EDI 系统进行数据交换与传送,提高了供应商对库存管理的效率。目前国际上通行的商品代码标准是国际物品编码协会(EAN)和美国统一代码委员会(UCC)共同编制的全球通用的 ID 代码标准。

2. EDI/Internet

EDI 是一种在处理商业或行政事务时,按照一个公认的标准,形成结构化的事务处理或信息数据格式,完成计算机到计算机的数据传输。我们主要介绍 EDI 如何应用到 VMI 方法体系中,如何实现供应商对用户的库存管理。

供应商要有效地对用户(分销商、批发商)的库存进行管理,采用 EDI 进行供应链的商品数据交换,是一种安全可靠的方法。为了能够实现供应商对用户的库存进行实时地测量,供应商必须每天都能了解用户的库存补给状态。因此采用基于 EDIFACT 标准的库存报告清单能够提高供应链的运作效率,每天的库存水平(或定期的库存检查报告)、最低的库存补给量都能自动地生成,这样大大提高了供应商对库存的监控效率。

分销商(批发商)的库存状态也可以通过 EDI 报文的方式通知供应商。在 VMI 管理系统中,供应商一方有关装运与发票等工作都不需要特殊的安排,主要的数据是顾客需求的物料信息记录、订货点水平和最小交货量等,需求一方(分销商、批发商)惟一需要做的是能够接受 EDI 订单确认和或配送建议,以及利用该系统发放采购订单。

3. 条码

条码是 ID 代码的一种符号,是对 ID 代码进行自动识别且将数据自动输入计算机的方法和手段,条码技术的应用解决了数据录入与数据采集的"瓶颈",为供应商管理用户库存提供了有力支持。

条码是目前国际上供应链管理中普遍采用的一种技术手段。为有效实施 VMI 管理系统,应该尽可能地使供应商的产品条码化。条码技术对提高库存管理的效率是非常显著的,是实现库存管理的电子化的重要工具手段,它使供应商对产品的库存控制一直可以延伸到和销售商的 POS 系统进行连接,实现用户库存的供应链网络化控制。

4. 连续补给程序

连续补给程序策略将零售商向供应商发出订单的传统订货方法,变为供应商根据用户库存和销售信息决定商品的补给数量。这是一种实现 VMI 管理策略的有力工具和手段。为了快速响应用户"降低库存"的要求,供应商通过和用户(分销商、批发商或零售商)建立合作伙伴关系,主动提高向用户交货的频率,使供应商从过去单纯地执行用户的采购订单变为主动为用户分担补充库存的责任,在加快供应商响应用户需求的速度同时,也使用户方减少了库存水平。

三、计算机辅助订货(CAO)

计算机辅助订货(CAO)这是由订单发出方的计算机系统自动生成订单的一种补货方式。计算机辅助订货是一个基于零售的系统,当货架上的存货低于预定水平时,或者根据 POS 数据产品销售量达到一定程度时,CAO 系统自动生成商店补货订单。计算机系统跟踪商店内所有商品的存货,调整进货与销售。

计算机何时生成订单呢?计算机库存系统由最高库存和最低库存之间的一个恒定的订货点控制。最高库存与最低库存之间的库存为安全库存。随着商品不断售出,计算机系统就会自动更新商店的销售数据库和库存数据库中的有关数据,并产生相应的销售数据报告和库存报告。当库存降到订货点时,计算机就会自动生成一个新的订单。经零售商确认后,新订单便以 EANCOM 订购单(ORDERS)报文(EANCOM 报文标准广泛应用于全球的行政管理、商业、运输业领域)形式传送给供应商。

四、通过式运输

通过式运输是一个配销系统,仓库和配销中心接收的货物不是用于储存,而是要马上配给到零售商店。通过式运输主要目的是减少甚至消除零售商配销中心(RDC)中的库存,同时提高运输效率。通过式运输的特点是交货周期非常短,通过式运输依赖于商品入库与商品送货的同步进行。小批量的频繁交货取代供应商不经常的大批量交货。

五、POS 系统

POS 系统即销售时点信息系统,是指通过自动读取设备(如收银机)在销售商品时直接读取商品销售信息(如商品品名、单价、销售数量、销售时间、销售店铺、购买顾客等),并通过通信网络和计算机系统传送至有关部门进行分析加工以提高经营效率的系统。POS 系统最早被沃尔玛应用于零售业,以后逐渐扩展至其他如金融、旅馆等服务行业,利用 POS 系统的范围也从企业内部扩展到整个供应链。POS 数据库主要用于有效补货系统,从而预测未来销售,制作建议订单,判断补货效果。

第三节 供应链管理方法

一、快速反应(QR)

(一) QR 的定义

快速反应 Quick Response(QR)是指物流企业面对多品种、小批量的买方市场,不是储备了"产品",而是准备了各种"要素",在用户提出要求时,能以最快速度抽取"要素",及时"组装",提供所需服务或产品。因此它的目标是在信息系统与 JIT 物流系统的联合下,在适当的时间与地点提供适当的产品。信息技术的发展特别是 EDI、条码及 POS 的应用,使之成为可能。

实施 QR 可分为三个阶段:

1. 第一阶段

对所有的商品单元条码化,即对商品消费单元用 EAN/UPL 条码标识,对商品贸易单元用 ITF—14 条码标识,而对物流单元则用 UCC/EAN—128 条码标识。利用 EDI 传输订购单报文和发票报文。

2. 第二阶段

在第一阶段的基础上,增加与内部业务处理有关的策略,例如,自动补库与商品即时出售等;并采用 EDI 传输更多的报文,例如,发货通知报文、收货通知报文等。

3. 第三阶段

与贸易伙伴密切合作,采用更高级的 QR 策略,以对客户的需求做出快速反应。一般来说,企业内部业务的优化相对来说较为容易,但在贸易伙伴间进行合作时,往往会遇到诸多障碍,在实施的第三阶段,每个企业必须把自己当成集成供应链系统的一个组成部分,以保证整个供应链的整体效益。例如,Varity Fair 公司与 Federated Stores 公司,是北美地区的先导零售商,在与它们的贸易伙伴采用联合补库系统后,它们的采购人员和财务经理就可以省出更多的时间来选货、订货和评估新产品。

(二) 实施 QR 成功的条件

美国是 QR 的发源地,有许多企业都已开始实施 QR,并取得了成功。实施 QR 的零售商有:Sears 公司、WalMart 公司、Kmart 公司等,实施 QR 的供应商有 Levi Strauss 公司、VF corp 公司、Nike 公司,以及 Panasonic 公司。实施 QR 的承运商有 Roadway 公司和 Schneider 公司。Black Bum 在对美国纺织服装业研究的基础上,认为成功实施 QR 的五项条件是:

1. 改变传统的经营方式、经营意识和组织结构

(1) 企业不能局限于依靠本企业独自的力量来提高经营效率的传统经营意识,要树立通过与供应链各方建立合作伙伴关系,努力利用各方资源来提高经营效率的现代经营意识。

(2) 零售商在垂直型 QR 系统中起主导作用,零售店铺是垂直型 QR 系统的起始点。

(3) 在垂直型 QR 系统内部,通过 POS 数据等销售信息和成本信息的相互公开和交换,来提高各个企业的经营效率。

(4) 明确垂直型 QR 系统内各个企业之间的分工协作范围和形式,消除重复作业,建立有效的分工协作框架。

(5) 必须改变传统的事务作业方式,通过利用信息技术实现事务作业的无纸化和自动化。

2. 开发和应用现代信息处理技术

这些信息技术有条码技术、电子订货系统、POS 系统、EDI 技术、电子资金转账(EFT)、卖方管理库存(VMU)和连续补货(CBP)等。

3. 与供应链各方建立战略伙伴关系

具体内容包括以下两个方面:一是积极寻找和发现战略合作伙伴;二是在合作伙伴之间建立分工和协作关系。合作的目标定为削减库存,避免缺货现象的发生,降低商品风险,避免大幅度降价现象发生,以及减少作业人员和简化事务性作业等。

4. 改变传统的对企业商业信息保密的做法

将销售信息、库存信息、生产信息和成本信息等与合作伙伴交流共享,并在此基础上,要求各方在一起发现问题、分析问题和解决问题。

5. 缩短生产周期和降低商品库存

具体来说,供应方应努力做到:缩短商品的生产周期;进行多品种、少批量生产和多频度、少批量配送,降低零售商的库存水平,提高顾客服务水平;在商品实际需要即将发生时,采用 JIT 方式组织生产,减少供应商自身的库存水平。

（三）QR 的最新发展

目前在欧美，QR 的发展已跨入第三个阶段，即联合计划、预测与补货（Collaborative Planning, Forecasting and Replenishment,简称 CPFR)阶段。

二、有效客户反应（ECR）

（一）ECR 的定义

有效客户反应是以满足顾客要求和最大限度降低物流过程费用为原则，能及时做出准确反应，使提供的物品供应或服务流程最佳化的一种供应链管理战略。

它是在食品杂货分销系统，分销商和供应商系统中不必要的成本和费用，给客户带来更大效益而进行密切合作的一种供应链管理策略，它的目标是降低供应链各个环节如生产、库存、运输等方面的成本。

ECR 的最终目标是建立一个具有高效反应能力和以客户需求为基础的系统，使零售商及供应商以业务伙伴方式合作，提高整个食品杂货业供应链的效率，而不是单个环节的效率，从而大大降低整个系统的成本、库存和物资储备，同时为客户提供更好的服务。

要实施有效客户反应，首先应联合整个供应链所涉及的供应商、分销商以及零售商，改善供应链中的业务流程，使其最合理有效；然后，再以较低的成本，使这些业务流程自动化，以进一步降低供应链的成本和时间。具体地说，实施 ECR 需要将条码技术、扫描技术、POS 系统和 EDI 集成起来，在供应链（由生产线直至付款柜台）之间建立一个无纸系统（如图 14.5 所示），以确保产品能不间断地由供应商流向最终客户，同时，信息流能够在开放的供应链中循环流动。这样，才能满足客户对产品和信息的需求，即给客户提供最优质的产品和适时准确的信息。

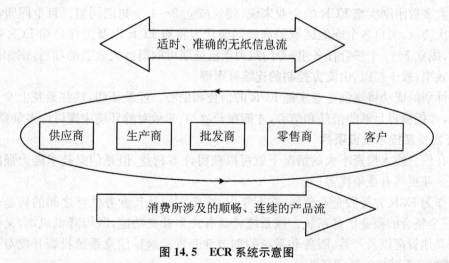

图 14.5 ECR 系统示意图

有效客户反应是一种运用于工商业的策略。供应商和零售商通过共同合作（例如，建立供应商/分销商/零售商联盟），改善其在货物补充过程中的全球性效率，而不是以单方面不协调的行动来提高生产力，这样能节省从生产到最后销售的贸易周期的成本。

通过 ECR，如果采用计算机辅助订货技术，那么，零售商无需签发订购单，就可以实现订货；供应商则可利用 ECR 的连续补货技术，随时满足客户的补货需求，使零售商的存货保持在最优水平，从而提供高水平的客户服务，并进一步加强与客户的关系。同时，供应商也可从商店的销售点数据中获得新的市场信息，改变销售策略；对于分销商来说，ECR 可使其快速分拣运输包装，加快订购货物的流动速度，进而使消费者享用更新鲜的物品，增加购物的便利和选择、并加强消费者对特定物品的偏好。

（二）实施 ECR 的原则

（1）以较少的成本，不断致力于向食品杂货供应链客户提供更优的产品、更高的质量、更好的分类、更好的库存服务以及更多的便利服务。

（2）ECR 必须由相关的商业带头人启动。该商业带头人应决心通过代表共同利益的商业联盟取代旧式的贸易关系，而达到获利之目的。

（3）必须利用准确、适时的信息以支持有效的市场、生产及后勤决策。这些信息将以 EDI 的方式在贸易伙伴间自由流动，它将影响以计算机信息为基础的系统信息的有效利用。

（4）产品必须随其不断增值的过程，从生产至包装，直至流动至最终客户的购物篮中，以确保客户能随时获得所需产品。必须采用通用一致的工作措施和回报系统。

（三）实施 ECR 的方法

1. 为变革创造氛围

对于大多数组织来说，改变对供应商或客户的内部认知过程，即从敌对态度转变为将其视为同盟的过程，将比实施 ECR 的其他相关步骤更困难，花费时间更长。创造 ECR 的最佳氛围，首先需要进行内部教育以及通信技术和设施的改善，同时也需要采取新的工作措施和回报系统。但企业或组织必须首先具备诚信态度，并且具有强有力的高层组织领导。

2. 选择初期 ECR 同盟伙伴

对于大多数刚刚实施 ECR 的企业来说，建议成立 2～4 个初期同盟。每个同盟都应首先召开一次会议，来自各个职能区域的高级同盟代表将对 ECR 以及怎样启动 ECR 进行讨论。同时，成立 2～3 个联合任务组，专门致力于已证明可取得巨大效益的项目，例如提高货车的装卸效率、减少损毁、由卖方控制的连续补库等。

以上计划的成功将增强企业实施 ECR 的信誉和信心。经验证明，往往要花上 9～12 个月的努力，才能赢得足够的信任和信心，才能在开放的、非敌对的环境中探讨许多重要问题。

3. 开发信息技术投资项目

虽然在信息技术投资不大的情况下就可以获得许多利益，但是信息技术能力强的企业要比其他企业更具有竞争优势。

那些作为 ECR 先导的企业预测：在五年内，连接它们及其业务伙伴之间的将是一个无纸张的、完全整合的商业信息系统。该系统将具有许多补充功能，既可降低成本，又可使人们专注于其他管理以及产品、服务和系统的创造性开发。这种信息系统投资开发对于支持 ECR 的成功实施具有重要意义。

（四）实施 ECR 的四大要素

高效产品引进（Efficient Product Introductions）、高效商店品种（Efficient Store Assortment)、高效促销(Efficient Promotion)以及高效补货(Efficient Replenishment)。

1. 高效产品引进

通过采集和分享供应链伙伴间时效性强的更加准确的购买数据,提高新产品销售的成功率。

2. 高效商店品种

通过有效地利用店铺的空间和店内布局,来最大限度地提高商品的获利能力。例如,建立空间管理系统等。

3. 高效促销

通过简化分销商和供应商的贸易关系,使贸易和促销的系统效率最高,例如消费者广告(优惠券、货架上标明促销)、贸易促销(远期购买、转移购买)。

4. 高效补货

从生产线到收款台,通过EDI,以需求为导向的自动连续补货和计算机辅助订货等技术手段,使补货系统的时间和成本优化,从而降低商品的售价。

（五）ECR 与 QR 的比较

ECR主要以食品行业为对象,其主要目标是降低供应链各环节的成本,提高效率。而QR主要集中在一般商品和纺织行业,其主要目标是对客户的需求做出快速反应,并快速补货。这是因为食品杂货业与纺织服装业经营的产品特点不同:杂货业经营的产品多数是一些功能型产品,每一种产品的寿命相对较长(生鲜食品除外),因此,订购数量过多(或过少)的损失相对较小。纺织服装业经营的产品多属创新型产品,每一种产品的寿命相对较短,因此,订购数量过多(或过少)造成的损失相对较大。

两者共同特征表现为超越企业之间的界限,通过合作追求物流效率化。具体表现在如下三个方面:

1. 贸易伙伴间商业信息的共享

零售商将原来不公开的POS系统产品管理数据提供给制造商或分销商,制造商或分销商通过对这些数据的分析来实现高精度的商品进货、调整计划,降低产品库存,防止出现次品,进一步使制造商能制定、实施相应的生产计划。

2. 商品供应方涉足零售业并提供高质量的物流服务

作为商品供应方的分销商或制造商,比以往更接近位于流通最后环节的零售商,特别是零售业的店铺,从而保障物流的高效运作。当然,这一点与零售商销售、库存等信息的公开是紧密相连的,即分销商或制造商所从事的零售补货机能是在对零售店铺销售、在库情况迅速了解的基础上开展的。

3. 企业间订货、发货业务通过EDI实现订货数据或出货数据的传送无纸化

企业间通过积极、灵活地运用这种信息通信系统,来促进相互间订货、发货业务的高效化。计算机辅助订货(CAO)、卖方管理库存(VMI)、连续补货(CRP)以及建立产品与促销数据库等策略,打破了传统的各自为政的信息管理、库存管理模式,体现了供应链的集成化管理思想,适应市场变化的要求。

从具体实施情况来看,建立世界通用的惟一的标识系统以及基于计算机联网的能够反映物流、信息流的综合系统,是供应链管理必不可少的条件,即在POS信息系统基础上确立各种计划和进货流程。也正因为如此,EDI的导入,从而达到最终顾客全过程的货物追踪系统和贸易伙伴间的沟通系统的建立,成为供应链管理的重要因素。

三、企业资源计划(ERP)

(一) 企业资源计划的含义

企业资源计划系统(Enterprise Resource Planning,ERP)能对企业所有的资源进行全面的管理,形成了一个集成的信息系统。它建立在信息技术的基础上,以系统化的管理思想,为企业决策层、管理层及执行层提供运行手段的管理平台。ERP 系统集信息技术与先进的管理思想于一身,成为现代企业的运行模式,反映时代对企业合理调配资源、最大化地创造社会财富的要求。成为企业在信息时代生存、发展的基石。

对 ERP 的定义可以从管理思想、软件产品和管理系统三个层次给出:

(1) 由美国著名的计算机技术密询和评估集团 Carter Group Inc 提出的一整套企业管理系统体系标准,其实质是在 MRP Ⅱ (Manufaturing Resources P1anning,制造资源计划)的基础上进一步发展而成的面向 7 条供应链的管理思想。

(2) 综合应用了客户机/服务器体系、关系数据库结构、面向对象技术、图形用户界面、第四代语言(4GL)和网络通信等信息产业成果,以 ERP 管理思想为灵魂的软件产品。

(3) 集企业管理理念、业务流程、基础数据、人力物力、计算机硬件和软件于一体的企业资源管理系统。

(二) ERP 系统的核心管理思想

ERP 系统的核心管理思想是实现对整个供应链的有效管理,

(1) 体现对整个供应链资源进行管理的思想;

(2) 体现精益生产、同步工程和敏捷制造的思想;

(3) 体现事先计划与事中控制的思想。

ERP 即企业资源计划,它是由 MRP Ⅱ (制造资源计划)发展而来的。ERP 是一种基于企业内部供应链的管理思想,它把企业的业务流程看作一个紧密连接的供应链,并将企业划分成几个相互协同作业的支持子系统,如财务、市场营销、生产制造等等,可对企业内部供应链上的所有环节如订单、采购、库存、生产制造、质量控制、运输、分销、人力资源等等有效地进行管理。

当然,要实施以上各策略,支持技术是必不可少的,因此,在引进管理体系及策略的同时,我们还要大力推广应用先进的信息技术、其支持技术,并努力提高信息技术的安全性、可靠性。

(三) 企业资源计划的作用

企业面对激烈的市场竞争,要赢得这场竞争,就必须有灵活的应变能力和快速响应市场的能力,并且千方百计地降低成本;要打破过去大而全的模式,扩大社会化合作;要充分利用现代信息技术和信息资源,支持经营决策。而 ERP 的应用正是代表了企业决策者对企业现代化方向的认同。ERP 强调的是事前计划、事中控制和事后反馈"三部曲"的统一。它是集预测、计划、决策、控制、分析和考核为一体的管理模式。它是对经营过程或作业流程进行重新思考或再设计,创造出一个适应新环境需求的管理组织结构,使企业在成本、质量、服务和反应速度等竞争要素上获得显著提升。

由此可见,ERP 的应用的确可以有效地促进现有企业管理的现代化、科学化,适应竞争日益激烈的市场要求,它的导入已经是大势所趋。

(四)企业资源计划的功能组成

1. ERP 的主要功能模块

ERP 是将企业所有资源进行集成管理,简单地说是将企业的三大流,即物流、资金流、信息流进行全面一体化管理的管理信息系统。它的功能模块已经不同于以往的 MRP 或 MRP Ⅱ 的模块,它不仅可以用于生产企业的管理,而许多其他类型的企业,诸如一些非生产型、公益事业的企业也可导入 ERP 系统进行资源计划和管理。

在企业中,一般的管理主要包括三方面的内容:生产控制(计划、制造)、物流管理(分销、采购、库存管理)和财务管理(会计核算、财务管理)。这三大系统本身就是集成体,它们互相之间有相应的接口。能够很好地集成在一起对企业进行管理。另外,随着企业对人力资源的重视,已经有越来越多的 ERP 厂商将人力资源管理纳入了 ERP 系统,成为一个重要的组成部分。

2. ERP 的扩展功能模块

一般 KRP 软件提供的最重要的二个扩展功能模块是:供应链管理(Supply Chain Management,SCM)、客户关系管理(CRM),以及电子商务(E-business,EB)。

(1)供应链管理

供应链管理是将从供应商到顾客的物流、信息流、资金流、程序流、服务和组织加以整合化、实时化、扁平化的系统。供应链管理系统可细分为三个部分:供应链规划与执行、运送管理系统、仓储管理系统。

(2)客户关系管理

客户关系管理是用来管理与客户端有关的活动,它能够从企业现存数据中挖掘所有关键的信息,自动管理现有顾客和潜在顾客数据。客户关系管理通过分析、整合企业的销售、营销及服务信息,以协助企业提供更客户化的服务及实现目标营销的理念,因此,可以大幅度地改善企业与客户之间的关系,带来更好的销售机会。目前,提供前端功能模块的 ERP 厂商数量、相关的功能模块数量都不多,而且这些厂商几乎都是将目标市场锁定在金融、电信等拥有客户数目众多、需要提供后续服务多的几个特定产业。

(3)电子商务

产业界对电子商务的定义存在分歧。电子商务一般是指具有共享企业信息、维护企业关系,以及产生企业交易行为等三大功能的远程通信网络系统。有学者进一步将电子商务分为:企业与企业之间、企业与个人(消费者)之间的电子商务两大类。目前,ERP 软件供应商提供的电子商务应用方案主要有三种:一是提供可外挂于 ERP 系统下的供应链管理功能模块。例如,让企业依整合、实时的供应链信息去自动订货的模块,以协助企业推动企业间的电子商务;二是提供可外挂于 ERP 系统下的客户关系管理功能模块,例如,让企业建置、经营网络商店的模块,以协助企业推动其与个人之间的电子商务;三是提供中介软件来协助企业整合的后端信息,使其达到内外信息全面整合的境界。

在上述三个延伸的功能中,供应链管理是最早发展且最成熟的领域,客户关系管理、电子商务都尚在创始阶段，有待 ERP 供应商投入更多的精力去研究。

(五) 供应链管理(SCM)与资源管理计划(ERP)的区别

ERP 系统最大的特点就是它的综合性。ERP 软件覆盖到销售与分销、业务规划、生产安排、车间现场控制以及物流等几乎企业运营的所有方面。一眼看上去，似乎是 SCM 能做到的，ERP 自然都可以做到。实际上二者有较大的区别。

对销售与分销功能模块来说，它涉及销售订单的确认与货品发运的排程等许多问题。为了确保按时发运，它还要对产品能够及时出产进行检查；对于那些信用评估等级较低的客户，当然还得小心从事。业务规划模块则负责另外的一揽子工作，包括需求预测、生产计划的制定、生产能力的统计以及详尽的工艺路线描述，即表述了从原材料投产到产成品制成的一系列过程中，会以何种顺序经由哪些工作单元来完成。

有效的供应链管理可以使管理者充分了解到整条供应链的信息，这条链从原材料的获得开始，到产品的生产，并一直延伸到把产成品送到客户手中，管理者有了这些信息，则可以进行更加科学、全面的决策。供应链规划把整条供应链作为一个连续的、无缝进行的活动来加以规划和优化，把整条链中各环节的规划工作集成在一起，而不是各行其是。它能够同步地考虑需求、能力、物料等约束环节，在这一点上，它是区别于 MRP 以及 DRP 的。

Gartner Group 在 1997 年 7 月提交的一份研究报告中这样说，"在 1999 年左右，对于那些有着多层销售体系的企业来说，将会面临各种各样的问题：有的是把不同的销售环节进行归并；有的则是要求把一个环节细分为多个环节；各层次之间的利益需要进行权衡；甚至有时需要跳过某些环节就把产品或服务送到了客户手中，因此，这些企业会选择在他们原有的 ERP 应用软件中追加供应链规划的功能，否则他们就将承担分销成本提高至少 10 个百分点或者交货不及时、库存失调等各种问题出现的风险。"在研究报告中，还提到，这种情况是由于 ERP 系统中的静态资源数据表而造成的，因为在 ERP 提供的诸多规划功能中，不同的物料、能力以及需求的约束因素是分开考虑的，互不相关。SCM 软件则能够同时地考虑所有相关约束因素，提供对约束因素的真正实时调整。由于 ERP 的着眼点在于事务处理，而且很多 SCM 软件不能做的事情在 ERP 中是应该进行处理的，所以，非要把 SCM 的专长追加到 ERP 软件内部去的话，并不是一件轻松的事情。ERP 系统如果负荷过重、无所不管的话，运算速度会大打折扣，所以，把 SCM 的一技之长独立出来，倒不失为一个简单而有效的办法。

相对于 ERP 的软件包而言，SCM 软件还有其他一些专长，例如把整条供应链图形化管理，使得在有些时候，问题的所在一目了然。SCM 引导你更加轻松地遨游供应链的数据汪洋，这由供应链导航软件所提供的精致的图形用户界面实现。这种界面能使您的视线穿透供应链的里里外外，无论是需求、供给，还是装卸、运输，一切尽在您的指尖。

第四节 供应链管理中其他先进管理理念的应用

供应链管理的快速发展离不开制造资源计划 MRPⅡ、企业资源计划 ERP、准时生产制

JIT、企业战略联盟、敏捷制造 AM 和价值链等管理理念的发展。因为一个理论不可能凭空产生,需要一定的基础。世界上的事务都不是孤立存在的,都是相互联系的。或许是因为 MRPⅡ、JIT 等管理理念的快速发展,才导致了供应链管理理论的快速发展。

MRPⅡ(Manufacturing Resource Planning)是美国在 20 世纪 70 年代末,80 年代初提出的一种现代企业生产管理模式和组织生产的方式。它是以物料需求计划(Material Requirement Planning,MRP)为核心的企业生产管理计划系统。

MRP(物料需求计划)是依据市场需求预测和顾客订单制定产品生产计划,然后基于产品生产进度计划,组成产品的材料结构表和库存状况,通过计算机计算出所需材料的需求量和需求时间,从而确定材料加工进度和订货日程的一种实用技术。1970 年 Joseph A. Orlicky、George W. Plossl 和 Olivers W. Wight 三人在美国生产和库存管理协会的学术年会上首先提出了 MRP 的概念和基本框架,1981 年 Olivers W. Wight 在 MRP 的基础上将 MRP 的领域由生产、材料和库存管理扩大到营销,财务和人事管理等方面,提出了制造资源计划(MRPⅡ),以后在 MRPⅡ的基础上,又发展出了企业制造资源计划(ERP)。

跨国企业的迅速发展有力地促进了经济的全球化,同时也必然带来管理理论的纵深发展。20 世纪 80 年代,准时生产制和战略联盟获得了快速发展。准时生产制的特点是:拉动式系统、生产能力与需求、匹配、柔性系统、固定生产单位和生产批量小。战略联盟的快速发展主要是由于跨国公司极力想拓展海外市场、利用对方的竞争优势等一些原因造成的。进入 20 世纪 90 年代,精细制造在美国率先获得发展,其特点是:成本在供应链上透明、多品种、小批量、每阶段连续改进、库存占用量小、消除浪费。

一、MRPⅡ的基本思想

MRPⅡ系统的基本思想是根据产品出产的时间和数量反推出所有零部件的投入产出时间和数量,进而确定对制造资源(机器设备、场地、工具、工装、人力、资金等)的需求时间和数量,由此围绕物料的转化过程组织制造资源,实现准时生产。以上的管理思想都是基于企业内部调整,然而,供应链管理的核心思想是基于企业外部调整的,可以说如今企业内部的浪费已经不多,降低成本、提高利润的空间已经有限,而企业与企业之间,尤其是有关联的上下游企业之间还存在着很大的浪费,所以供应链管理理论的发展顺应了这种潮流,是环境发展的产物。

基于企业经营目标制订生产计划,围绕物料转化组织制造资源,实现按需要按时进行生产。具体地说,是将企业产品中的各种物料分为独立需求物料和相关需求物料,并按时间段确定不同时期的物料需求,从而解决库存物料订货与组织生产问题;按照基于产品结构的物料需求组织生产,根据产品完工日期和产品结构规定生产计划;根据产品结构的层次从属关系,以产品零件为计划对象,以完工日期为计划基准倒排计划,按各种零件与部件的生产周期反推出它们的生产与投入时间和数量,按提前期长短区别各种物料下达订单的优先级,从而保证在生产需要时所有物料都能配套齐备,不需要时不要过早积压,达到减少库存量和占用资金的目的。从一定意义上讲,MRPⅡ系统实现了物流与信息流在企业管理方面的集成,并能够有效地对企业各种有限制造资源进行周密计划,合理利用,提高企业的竞争力。

二、企业资源计划(ERP)

ERP 是 MRPⅡ管理系统经过扩充与进一步完善而发展起来的,更加面向全球市场,功能更为强大,所管理的企业资源更多,支持混合式生产方式、管理覆盖面更宽。它是站在全球市场环境下,从企业全局角度对经营与生产进行的计划方式;是制造企业的综合的集成经营系统。

MRP 系统,以及后来的 MRPⅡ系统,ERP 系统都是以工业工程的计划与控制为主线的,体现物流与资金流、信息流集成的管理信息系统,从一定意义上讲,实现了物流、信息流与资金流在企业管理方面的集成,并能够有效地对企业各种有限制造资源进行周密计划,合理利用,提高企业的竞争力。

到了 21 世纪供应链管理开始迅速发展,其特点是:快速反应、供应具有柔性、顾客化定制、伙伴是集成的、电子商务、过程受控、实现双赢。供应链管理是使企业的信息流、资金流和物流能够顺畅的在供应链整体内流动。其核心思想是从企业外部来降低成本,并且使供应链变得稳定。

三、敏捷制造(AM)

敏捷制造(Agile Manufacturing,简称 AM)指的是制造企业能够把握市场机遇,及时动态地重组生产系统,在最短的时间内(与其他企业相比)向市场推出有利可图的、用户认可的、高质量的产品。以计算机网络将本地的、异地的,甚至异国的制造企业或制造资源(设备、产品设计或工艺规程)联成一个整体,为共同的目的,进行协调的努力。如果说,CIMS 侧重于企业内部各部门、各环节之间的集成与信息交流,那么,敏捷制造则发展到企业之间的集成与信息交流。通过计算机网络连接起来的企业,被称为"Virtual Enterprise"有的中文文献上译为"虚拟企业"。敏捷制造的特点具体有以下几个方面:

(1) 敏捷制造是信息时代最有竞争力的生产模式;
(2) 敏捷制造具有灵活的动态组织机构;
(3) 敏捷制造采用了先进制造技术;
(4) 敏捷制造必须建立开放的基础结构;
(5) 敏捷制造既适合军品生产,也适合民品生产。

四、企业战略联盟

战略联盟是两个或两个以上的伙伴企业为实现资源共享、优势互补等战略目标,而进行以承诺和信任为特征的合作活动(Constellation)。包括:① 排他性的购买协议;② 排他性的合作生产;③ 技术成果的互换;④ R&D 合作协议;⑤ 共同营销。

企业战略联盟是指两个或两个以上的企业为了实现资源共享、风险或成本共享、优势互补等特定的战略目标,在保持自身独立性的同时通过股权参与或契约联结的方式建立较为稳固的合作关系,并在某些领域采取协作行动,从而取得双赢效果。

五、准时生产制(JIT)

准时生产制(Just in Time,简称 JIT)方法又称及时生产,是 20 世纪 80 年代初日本丰田汽车公司创立的,是继泰罗的科学管理(Taylor's Scientific Management)和福特的大规模装配线生产系统(Ford's Mass Assembly Line Production)之后的又一革命性的企业管理模式。

JIT,即在正确时间(Right Time)、正确地点(Right Place)、正确条件(Right Condition)将正确数量(Right Quantity)、正确产品(Right Product)交付给正确客户(Right Customer)以期望达到零库存、无缺陷、低成本的理想生产模式。

六、价值链

早期的价值链思想是由美国的麦肯锡咨询公司提出来的,后来由麦克尔·波特在 20 世纪 80 年代所著的《竞争优势》一书中加以系统阐述和发展。波特认为企业是一个综合设计、生产、销售、运送和管理等活动的集合体,其创造价值的过程可以分解为一系列互不相同但又相互关联的增值活动,综合即构成"价值链"。其中每一项经营管理活动就是这一"价值系统"中的"价值链"。企业的价值系统具体包括供应商价值链、生产单位价值链、销售渠道价值链和买方价值链等。

思考与练习

1. 什么是供应链管理?
2. 实现供应链管理的流程和意义是什么?
3. 供应链的支持技术有哪些?
4. ERP 系统的核心管理思想是什么?

参 考 文 献

[1] 罗宾·库殂,罗伯特·S·卡普兰. 成本管理系统设计:教程与案例[M]. 王立彦,译. 大连:东北财经大学出版社,2003.
[2] 汤浅和大. 物流管理[M]. 张鸿,译. 北京:文汇出版社,2002.
[3] 花房陵. 物流构造[M]. 聂永有,译. 北京:文汇出版社,2002.
[4] SCOTT MENARD. Applied logistic regression analysis[M]. 2nd ed. Sage Publications,2001.
[5] STEFAN SEURING,MARIA GOLDBACH. Cost management in supply chains[M]. Springer Verlag,2002.
[6] RONALD H BALLOU. Business logistic management[M]. 5th ed. Prentice Hall,2003.
[7] JEFFREY P WINCEL. Lean supply chain managemen:a handbook for strategic procurement[M]. Productivity Press,2004.
[8] 王之泰. 新编现代物流学[M]. 北京:首都经济贸易大学出版社,2005.
[9] 崔介何. 物流学概论[M]. 3版. 北京:北京大学出版社,2004.
[10] 翁心刚. 物流管理基础[M]. 北京:中国物资出版社,2002.
[11] 丁俊发. 中国物流[M]. 北京:中国物资出版社,2002.
[12] 朱道立,龚国华. 物流和供应链管理[M]. 上海:复旦大学出版社,2001.
[13] 宋华,胡佐浩. 现代物流与供应链管理[M]. 北京:经济管理出版社,2000.
[14] 马士华. 供应链管理[M]. 北京:机械工业出版社,2000.
[15] 崔介何. 企业物流[M]. 北京:中国物资出版社,2002.
[16] 郭毅,梅清豪. 物流与供应链管理[M]. 北京:电子工业出版社,2003.
[17] 毛晓辉,王建军. 助理物流师[M]. 北京:人民交通出版社,2005.
[18] 王之泰. 现代物流学[M]. 北京:中国物资出版社,1995.
[19] 王文林. 保管合同和仓储合同[M]. 北京:法律出版社,1999.
[20] 吴彬,孙会良. 物流学基础[M]. 北京:首都经济贸易大学出版社,2006.
[21] 丁立言,张铎. 仓储规划与技术[M]. 北京:清华大学出版社,2002.
[22] 黄中鼎. 现代物流管理[M]. 上海:复旦大学出版社,2006.
[23] 梁世翔. 代理与配送[M]. 北京:高等教育出版社,2001.
[24] 俞仲文,陈代芬. 初级配送技术与实物[M]. 北京:人民交通出版社,2001.
[25] 唐纳德·J·鲍尔索克斯,戴维·J·克劳斯. 物流管理:供应链过程一体化[M]. 林国龙,译. 北京:机械工业出版社,1999.
[26] 孙宏岭. 高效率配送中心的设计与经营[M]. 北京:中国物资出版社,2002.
[27] 唐纳德·H·巴罗. 企业物流管理:供应链的规划[M]. 王晓东,译. 北京:机械工业出版社,2002.
[28] 孙焰. 现代物流管理技术:建模理论及算法设计[M]. 上海:同济大学出版社,2004.
[29] 汝宜红. 现代物流[M]. 北京:清华大学出版社,2005.
[30] 陈文安,胡焕绩. 新编物流管理[M]. 上海:立信会计出版社,2003.
[31] 中华人民共和国国家标准. 物流术语[S]. 北京:中国标准出版社,2001.
[32] 胡思继. 交通运输学[M]. 北京:人民交通出版社,2011.
[33] 刘南. 交通运输学[M]. 杭州:浙江大学出版社,2009.
[34] 张铎. 电子商务物流管理[M]. 北京:高等教育出版社,2010.

[35] 林慧丹,杨涛.运输管理学[M].上海:上海财经大学出版社,2010.
[36] 张理,李雪松.现代物流运输管理[M].北京:中国水利水电出版社,2005.
[37] 高四雄,吴刚.现代物流导论[M].北京:科学出版社,2008.
[38] 李严锋,冉文学.物流运作管理[M].北京:机械工业出版社,2008.
[39] 冉文学,李严锋.物流质量管理[M].北京:科学出版社,2008.
[40] 玉林.以现代物流理念促进物资流通企业的机制创新[J].经济研究参考,2002.
[41] 李严锋,冉文学.物流管理概论[M].北京:科学出版社,2008.
[42] 徐天亮,马永光.我国第三方物流的现状及发展思路[J].商贸经济,2002(10).
[43] 李雪松,张理.现代物流作业管理[M].北京:北京大学出版社,2004.
[44] 张理,孙春华.现代物流概论[M].北京:中国水利水电出版社,2009.
[45] 杨晓雁.供应链管理[M].上海:复旦大学出版社,2005.
[46] 祁怀锦,阎正国.我国物流成本管理存在的问题及对策[J].财务与会计,2005(5).
[47] 蒋长兵.现代物流管理案例集[M].北京:中国物资出版社,2005.
[48] 于安国,田芳.商品学概论[M].长沙:湖南大学出版社,2009.
[49] 邵晓峰,张存禄.供应链管理[M].北京:机械工业出版社,2006.
[50] 万融.商品学概论[M].北京:中国人民大学出版社,2010.
[51] 吴国新.国际贸易理论与实物[M].北京:机械工业出版社,2009.
[52] 赵登峰,江虹.国际贸易理论与实物[M].北京:高等教育出版社,2008.
[53] 苏尼尔·乔普拉.供应链管理[M].陈荣秋,译.北京:中国人民大学出版社,2008.
[54] 林正章.国际物流与供应链[M].北京:清华大学出版社,2006.
[55] 大卫·辛奇,菲利普·凯明斯.供应链设计与管理[M].季建华,译.上海:远东出版社,2000.
[56] 鲍尔索克斯.供应链物流管理[M].马士华,译.北京:机械工业出版社,2010.
[57] 巴罗.企业物流管理:供应链的规划组织和控制[M].王晓东,胡瑞娟,译.北京:机械工业出版社,2006.
[58] 中国物品编码中心.物流领域条码技术应用指南[M].北京:中国计量出版社,2008.
[59] 邓爱民,张国方.物流工程[M].北京:机械工业出版社,2002.
[60] 王晓平.物流信息技术[M].北京:清华大学出版社,2011.
[61] 陈明泉,崔发强.现代物流管理信息技术[M].北京:化学工业出版社,2012.
[62] 刘凯.现代物流技术基础[M].北京:清华大学出版社,北京交通大学出版社,2004.
[63] 张成海.供应链管理技术与方法[M].北京:清华大学出版社,2006.
[64] 方仲民.物流系统规划设计[M].北京:机械工业出版社,2003.
[65] 宋华.物流成本与供应链绩效管理[M].北京:人民邮电出版社,2007.
[66] 宋华.电子商务物流与电子供应链管理[M].北京:中国人民大学出版社,2004.
[67] 林婉如.中国经济地理[M].大连:东北财经大学出版社,2000.
[68] 齐二石,方庆琯.物流工程[M].北京:机械工业出版社,2006.
[69] 杨长春.国际货物运输[M].北京:对外经济贸易出版社,2005.
[70] 张仁侠.生产与运作管理[M].北京:中国财政经济出版社,2007.
[71] 韩伯棠.管理运筹学[M].北京:高等教育出版社,2005.
[72] 张宝生.运筹学:经营管理决策数量方法[M].北京:石油工业出版社,2010.
[73] 钱颂迪.运筹学[M].北京:清华大学出版社,2005.
[74] 胡运权.运筹学基础及应用[M].北京:高等教育出版社,2008.
[75] 蓝伯雄.管理数学(下):运筹学[M].清华大学出版社,2002.
[76] http://wenku.baidu.com/view/668f03c59ec3d5bbfd0a748b.html.
[77] http://wenku.baidu.com/view/f59c4e11f18583d0496459a9.html.
[78] http://wenku.baidu.com/view/859d2b8da0116c175f0e4842.html.